北京大学規劃教材

古籍鑒定與保護

劉玉才　陳紅彥 ◎主編

北京大学出版社
PEKING UNIVERSITY PRESS

图书在版编目(CIP)数据

古籍鑒定與保護 / 劉玉才, 陳紅彥主編. — 北京：北京大學出版社, 2024.5

ISBN 978-7-301-34359-3

Ⅰ.①古… Ⅱ.①劉… ②陳… Ⅲ.①古籍–版本鑒定–中國–教材②古籍–圖書保護–中國–教材 Ⅳ.①G256.22②G253.6

中國國家版本館CIP數據核字(2023)第163601號

書　　　名	古籍鑒定與保護 GUJI JIANDING YU BAOHU
著作責任者	劉玉才　陳紅彥　主編
責任編輯	吴遠琴　武　芳
標準書號	ISBN 978-7-301-34359-3
出版發行	北京大學出版社
地　　　址	北京市海淀區成府路205號　100871
網　　　址	http://www.pup.cn　新浪微博:@北京大學出版社
電子郵箱	編輯部 dj@pup.cn　總編室 zpup@pup.cn
電　　　話	郵購部 010-62752015　發行部 010-62750672 編輯部 010-62756449
印　刷　者	河北文福旺印刷有限公司
經　銷　者	新華書店
	787毫米×1092毫米　16開本　24.75印張　538千字 2024年5月第1版　2025年1月第2次印刷
定　　　價	78.00元

未經許可，不得以任何方式複製或抄襲本書之部分或全部内容。
版權所有，侵權必究
舉報電話: 010-62752024　電子郵箱: fd@pup.cn
圖書如有印裝質量問題，請與出版部聯繫，電話: 010-62756370

目 錄

第一章 古籍的形成

第一節 書的產生及其內涵 …………………………………………… 1
第二節 早期典籍的流傳樣式 ………………………………………… 3
第三節 漢代古籍的編次校定 ………………………………………… 6
第四節 古籍的結集、抄撰與編纂 …………………………………… 9

第二章 古籍形制與古籍管理

第一節 古籍的界定 …………………………………………………… 13
第二節 古籍版本類型 ………………………………………………… 15
第三節 古籍載體及形制概述 ………………………………………… 22
第四節 圖書館古籍工作 ……………………………………………… 30

第三章 宋元刻本的鑒定與辨偽

第一節 宋代刻書 ……………………………………………………… 37
第二節 元代刻書 ……………………………………………………… 39
第三節 宋元刻本的鑒定 ……………………………………………… 43
第四節 宋元古籍的作偽與辨偽 ……………………………………… 47

第四章 明代刻本與鑒定

第一節 明代刻本述略 ………………………………………………… 52
第二節 明代的刻書機構 ……………………………………………… 60
第三節 明代刻本的鑒定 ……………………………………………… 65

第五章　清代刻本與鑒定

第一節　清代刻本述略	72
第二節　清代刻本的類別	73
第三節　寫刻本與套印本	81
第四節　清代刻本的鑒定	84

第六章　活字印刷源流與活字本鑒定

第一節　活字印刷源流	89
第二節　活字印刷在傳統印刷體系中的定位和作用	96
第三節　活字本鑒定的任務和方法	96
第四節　如何區分刻本與木活字本	97
第五節　怎樣區分不同材質活字及泥質活字版鑒定	105
第六節　對幾種活字本的鑒定實踐	108

第七章　近代技術印本版本鑒定

第一節　鉛印本的鑒定	112
第二節　石印本的鑒定	117
第三節　珂羅版本的鑒定	122
第四節　銅凹印本的鑒定	124
第五節　孔版印刷——蠟版油印本	127

第八章　古籍寫本與鑒定

第一節　稿本概述	129
第二節　抄本概述	146
第三節　批校本概述	167

第九章　敦煌遺書與佛教大藏經鑒定

第一節　敦煌遺書的鑒定	187
第二節　佛教大藏經鑒定	192
第三節　鑒定佛教大藏經版本的幾個問題	205

第十章　少數民族文字古籍概説

第一節　概論 ··· 212
第二節　自源文字 ··· 213
第三節　借源文字 ··· 217

第十一章　域外漢籍版本的鑒定

第一節　東亞漢籍與域外漢籍的界定 ·································· 248
第二節　日本本的鑒定 ··· 251
第三節　朝鮮本的鑒定 ··· 256
第四節　越南本的鑒定 ··· 260
第五節　改裝本、代刻本和外銷書 ····································· 264

第十二章　古籍的鑒賞與收藏

第一節　古籍雕版技藝 ··· 268
第二節　稿抄本的書法藝術 ··· 277
第三節　古籍插圖與版畫 ··· 283
第四節　古籍刻書用紙 ··· 293

第十三章　古籍裝幀與修復實踐

第一節　古籍裝幀技藝 ··· 299
第二節　古籍修復設備、工具與材料 ··································· 309
第三節　古籍裝具 ··· 321

第十四章　古籍保護的科技基礎

第一節　古籍保護的概念與原則 ······································· 330
第二節　紙張的概念及性質 ··· 332
第三節　古籍用墨 ··· 341
第四節　影響古籍保存的因素 ··· 343
第五節　古籍保護科技手段 ··· 351

第十五章　古籍數字化加工與創意開發

第一節　古籍數字化是時代之需……………………………………………354
第二節　如何開展古籍數字化………………………………………………357
第三節　古籍數字化業務實踐………………………………………………359
第四節　古籍數字化成果的推廣應用——古籍元素文化創意工作…………374
第五節　結語…………………………………………………………………382

編後記

第一章

古籍的形成

第一節　書的産生及其内涵

　　古籍的成書方式，如以後人視角歸納，無外乎著、述、編、譯四類。著，亦稱"作""造""著作"，相當于原創性工作。清儒焦循説："人未知而己先知，人未覺而己先覺，因以所先知先覺者教人，俾人皆知之覺之，而天下之知覺自我始，是爲作。"（《雕菰集》卷七《述難二》）述，《説文解字》釋爲"循也"，即遵循前人所創，故孔子云"述而不作，信而好古"。焦循給予"述"的定義是："已有知之覺之者，自我而損益之。或其義久而不明，有明之者，用以教人，而作者之義復明，是之謂述。"（《雕菰集》卷七《述難二》）古典文獻中大量的傳、注、疏、解作品，都采用"述"的形式。編，包括抄撮、彙纂、輯録等形式，是依據已有文獻，編輯組合成新的作品，以便保存使用。古典目録中，《楚辭》《文選》《玉臺新詠》《樂府詩集》等總集類作品，《藝文類聚》《初學記》《太平御覽》《册府元龜》《永樂大典》《古今圖書集成》等類書類作品，《儒學警悟》《漢魏叢書》《四庫全書》等叢書類作品，都屬于"編"的範疇。譯，是指跨語種翻譯作品，歷代的佛典翻譯，漢文與西夏文、女真文、滿文等文種的互譯，明清時期的西文翻譯等，都屬此類。

　　但是，具體到早期典籍的成書問題，其性質則不可做如此簡單劃分，而必須深入探究傳世古籍的成書過程。"書"字本義當爲書寫、記録，故《説文》作"書，箸（著）也。從聿者聲"；進而指代文字、字形，以及文書檔案和現代意義的典籍。許慎《説文解字·叙》曰："著于竹帛謂之書。書者，如也。"古典文獻學研究的主要對象是作爲典籍的書，它與指代書寫文字和文書檔案者有所不同，即不是官方辦事的記録，而主要是私人著述；内容多與政務、商務之類"俗事"無關，而以源出詩書禮樂的人文學術爲主，并涉及天文曆算和醫卜農桑等實用技術[①]。但是，在戰國以前簡帛文獻尚未被發現，對早期文書檔案面貌和内涵還所知不多的情况下，目前仍無法對早期典籍的成書過程進行清晰的勾勒。根據世界古老文明發展的普遍規律，文字用于記録語言是一個漸進的過程，從文字發明到典籍形成之間，需要經歷較長的文字材料積累環節。在初始階段，言傳身教、口述記誦還是文化傳承的主要形式，逐步過渡到用文字記言記事的階段，而最先留下的文字記録，往往都與宗教儀式、政治活動内容相關。甲骨刻辭作爲占卜記録，銅器銘文作爲表功頌獎的記録，都屬于文書檔案性質。但是文字較多的卜辭、銘文,其用語、結構則已趨穩定,粗具單篇文獻的樣式,甚至可視作典籍單元的雛形。

根據傳世文獻的記述,《詩》《書》《易》《春秋》等早期典籍,其原始文本即是取資文書檔案類素材,經過選編、改寫而成。故清人章學誠曰:"六經皆史也。古人不著書,古人未嘗離事而言理,六經皆先王之政典也。"相傳《詩》即爲孔子所選編。《漢書·藝文志》云:"古有采詩之官,王者所以觀風俗,知得失,自考正也。"《史記·孔子世家》:"古者《詩》三千餘篇,及至孔子,去其重,取可施于禮義。上采契、后稷,中述殷、周之盛,至幽、厲之缺,始于衽席。故曰'《關雎》之亂以爲《風》始,《鹿鳴》爲《小雅》始,《文王》爲《大雅》始,《清廟》爲《頌》始'。三百五篇,孔子皆弦歌之,以求合《韶》《武》《雅》《頌》之音。禮樂自此可得而述,以備王道,成六藝。"柯馬丁(Martin Kern)推測《詩》并非獨立撰寫的文本,而是取自一個公共詩庫的素材(shared poetic repertoire)②。《尚書》則無論文體形式還是訓詁內容,都帶有明顯的文書檔案痕迹。《漢書·藝文志》有云:"古之王者世有史官,君舉必書,所以慎言行、昭法式也。左史記言,右史記事,事爲《春秋》,言爲《尚書》,帝王靡不同之。"又云:"《易》曰:'河出圖,洛出書,聖人則之。'故《書》之所起遠矣,至孔子纂焉,上斷于堯,下訖于秦,凡百篇,而爲之序,言其作意。"《易》是占卜材料的彙編。《漢書·藝文志》云上古伏羲氏畫八卦,周文王重六爻,作經上、下篇,孔子又爲之彖、象、繫辭、文言、序卦之屬十篇,形成傳世本面貌。《春秋》的成書,《史記》云是孔子依據魯國史記編次而成;"上記隱,下至哀之獲麟,約其辭文,去其煩重,以制義法,王道備,人事浹";"魯君子左丘明懼弟子人人異端,各安其意,失其真,故因孔子史記具論其語,成《左氏春秋》"(《十二諸侯年表》)。此外,《史記》還記載孔子訂禮、正樂,雖然"《禮》固自孔子時而其經不具",但是"《書》傳、《禮》記自孔氏"。

《史記》《漢志》把早期典籍的成書歸美于孔子,恐怕與儒家地位的尊崇、今古文之爭的學術背景相關,并無多少實據,故後世學者于此聚訟不已,其中如《詩》"四始"說、《書》百篇序、《春秋》經傳關係等,都成爲難斷的學術公案。在文獻不足徵信的情況下,糾纏于成書細節問題,實際不可能有定論。如果把早期典籍的成書置于春秋戰國學術下移的時代背景之下,反而有助于達致某些學術共識。

殷商西周時代,巫史掌管文化教育,祇有貴族及其子弟纔有接受教育的權利。教育的內容局限在禮制、法度、宗教神學的範圍之內,政教不分。因此,學爲王官之學。"樂正崇四術,立四教,順先王《詩》、《書》、禮、樂以造士。春秋教以禮、樂,冬夏教以《詩》《書》"(《禮記·王制》)。學習的目的則具有鮮明的政治實踐功能,故孔子謂"不學《詩》,無以言""不學禮,無以立"(《論語·季氏》),"誦《詩》三百,授之以政,不達;使于四方,不能專對。雖多,亦奚以爲"(《論語·子路》),"誦《詩》三百,不足以一獻"(《禮記·禮器》)。各類文化知識也屬貴族專有,王室設立各種世襲的官職,以保藏文獻資料,傳授文化知識。"有官斯有法,故法具于官;有法斯有書,故官守其書;有書斯有學,故師傳其學;有學斯有業,故弟子習其業。官守、學業皆出于一，而天下以同文爲治，故私門無著述文字"（章學誠《校讎通義·原道》）。春秋戰國時期，周天子權力旁落，公室衰敗，國學及鄉學難以爲繼，"學在王官"的局面被打破。許多原先依靠"父子相傳，以持王公"（《荀子·榮辱》）取得食祿的士階層的人不得不流落民間。而隨着士人的出走，原先深藏于王宮秘室的圖書典籍也散落民間，學術下移成爲大勢所趨。此所謂"天子失官，學在四夷"。

士人散落民間，憑藉掌握的六藝知識，或聚徒講學、著述立説，或作爲舉行典禮時的贊禮者。春秋戰國時期，私學的規模已經相當可觀。"孔子以《詩》、《書》、禮、樂教，弟子蓋三千焉，身通六藝者七十有二人"（《史記·孔子世家》），"仲尼既没，七十子之徒散遊諸侯，大者爲卿相師傅，小者友教士大夫"（《漢書·儒林傳序》）。"墨子服役者百八十人，皆可使赴火蹈刃，死不還踵"（《淮南子·泰族訓》）。孟子"後車數十乘，從者數百人，以傳食于諸侯"（《孟子·滕文公下》）。田駢在齊，"訾（資）養千鍾，徒百人"（《戰國策·齊策》）。《漢志》謂諸子出于王官，"皆起于王道既微，諸侯力政，時君世主，好惡殊方，是以九家之説蠭出并作"。聚徒講學成爲時尚，各家立派建説，相互駁難，終致百家爭鳴之勢。孔子作爲私學興教的典範人物，利用自己接觸官藏文獻的便利，編選文書檔案類材料，輔助傳道授業，當在情理之中。我們無妨即把孔子視作典籍成書時代的代表，但要意識到在其身後有爲數衆多的佚名編者，而此類典籍呈現的傳世面貌更是歷經增益改造的結果。

文書檔案是早期典籍重要的源頭，而傳道授業者又借助這些文獻，輔以故老相傳的歷史故事，發揮自己的思想學說。余嘉錫《古書通例》云："周、秦諸子，皆有以自名其學，而思以其道易天下，故無不窺世主之好惡，度時君之所能行以爲之説，其達而在上，則其條教書疏，即其所著書。其窮而在下，則與其門弟子相與講求之，或著之簡策，或傳之口耳，從遊者受而記焉。《莊子·天下》篇之論宋鈃、尹文曰：'上説下教，強聒而不舍也。'夫上説者，論政之語也，其體爲書疏之類。下教者，論學之語也，其體爲論説之類。凡古人自著之文，不外此二者。其他紀載言行，解説義理者，則後學之所附益也。"（《明體例第二》）最初的傳播形式，講者當是口述爲主，但聽者或筆録以備忘。《論語·衛靈公》"子張書諸紳"，即屬此意。弟子的記録，有別于文書檔案，亦成爲早期典籍重要的資料來源。其後門下弟子或據各自記録，以類相從，纂輯問答之書。《論語》成書當即此例，故《學而》邢昺疏曰："其篇中所載，各記舊聞，意及則言，不爲義例，亦或以類相從。"因此，傳世早期典籍有些文本可能是原始記録，有些則明顯是源于故老傳聞改編的故事，還有些可能出于後人的追述、發揮，甚至是擬作。傳世典籍在形式上歷經改變，具有更大獨立性和超越性，但也還遺留着文書檔案、口述記事的影子。

第二節　早期典籍的流傳樣式

在書籍定型化的時代，每本書的著述形式、文本結構，以及書名、著者等基本要素，都有清晰的呈現。但是早期典籍從產生到流傳，往往受到物質載體、取材來源、流傳方式的制約，呈現出結構散亂、體例不整、異本繁衆的無序狀態。我們今天看到的早期典籍面貌，多是經過漢人整齊改編的結果，書名和著者亦多爲後人所定。余嘉錫《古書通例》分析傳世文獻結構形態，總結出"古書不題撰人""古書不皆手著""古書單篇別行""古書多無大題""古書多造作故事""秦漢諸子即後世之文集"等義例。這些結論大多已成爲學界共識，并爲其後陸續出土的簡帛文獻所證實。

早期典籍，因爲載體形制所限，加之文字材料難得，通常是以篇章單行，甚至衹是摘抄，少有連篇長論者。故《史記·管晏列傳》列舉"吾讀管氏《牧民》《山高》《乘馬》《輕重》《九府》及《晏子春秋》"，《老莊申韓列傳》記秦王讀韓非《孤憤》《五蠹》之書，都是直言篇名。既然單篇別行，分合便無嚴格結構約束，可以抄纂數篇集爲一種，也可同篇編入不同書籍；可以合編，也可以析出，而且合編與單行者可以并行不悖。清人全祖望云："古人著書，原多以一二篇單行。《尚書》或衹用《禹貢》《洪範》，《儀禮》或衹用《喪服》，《大戴禮》或衹用《夏時》。即《禮記》之四十九篇，或以《曲禮》，或以《檀弓》，或以《樂記》，固未嘗不以專本也。"（《鮚埼亭集》卷四一《答朱憲齋辨西河毛詩大學證文書》）因此，早期典籍往往篇題即是書題，且題名帶有隨意性，多取篇首二字命名。王國維云"《詩》《書》及周、秦諸子，大抵以二字名篇，此古代書名之通例"，并舉字書《蒼頡》《爰曆》《博學》《凡將》《急就》以爲佐證（《觀堂集林》卷五《史籀篇疏證序》）。即便作者自撰篇章，亦非預先命題，而是文成之後，撮取篇中旨意，標爲題目，或是後人所題。

早期典籍除六藝經典外，合編者亦多無總題，而以種類名、氏名及篇數、字數稱之。如《史記·老莊申韓列傳》云"于是老子乃著書上下篇，言道德之意五千餘言而去"，"或曰：老萊子，亦楚人也，著書十五篇，言道家之用"；"申子之學本于黄、老，而主刑名，著書二篇"；韓非"作《孤憤》《五蠹》《内外儲》《説林》《説難》，十餘萬言"。直至西漢時人，著書仍多云若干篇若干言，不及總題。《漢書·董仲舒傳》："仲舒所著，皆明經術之意，及上疏條教凡百二十三篇，而説《春秋》事得失，《聞舉》《玉杯》《蕃露》《清明》《竹林》之屬，復數十篇十餘萬言。"董仲舒世傳《春秋繁露》，當是後人彙集加以總題。故余嘉錫云"古之諸子，即後世之文集"，"既是因事爲文，則其書不作于一時，其先後亦都無次第。隨時所作，即以行世。論政之文，則藏之于故府；論學之文，則爲學者所傳録。迨及暮年或其身後，乃聚而編次之。其編次也，或出于手定，或出于門弟子及其子孫，甚或遲至數十百年，乃由後人收拾叢殘爲之定著"（《古書通例》卷三）。

先秦著書强調"意"勝于"言"，"言"勝于"筆"，并無"藏之名山，傳之其人"之念，故早期典籍多不題撰人。《詩》《書》《春秋》《國語》《戰國策》之類，本屬叢編性質，編者之名不彰，自在情理之中。早期諸子之書題名缺略，撰人亦多不明，則往往是因文本來源不一、成書過程複雜所致。諸子之學以家法相尚，父子相傳，師徒相授，故某氏之學，其書即名某子之書。家法不明者，則多假托先賢問對形式，久而無能名家，傳者自然失其姓名。稱爲某子之書者，亦不一定出于親著，或爲弟子書于竹帛，或由後學編次成書。其間從思想醞釀，到口授筆錄，到整齊章句，到分篇定名，到結集成書，需要經歷較長的時間。而且在學派内部的傳習過程中，又經眾人之手，因所聞所錄各異，加之整理的方式不同，容易形成各種傳本，有時還會附益筆記、注釋、學案、傳狀之類個人心得和參考資料。因此，最後編成之書，何爲師傳，何爲弟子附益、後學補充，勢必難以釐清，祇有籠統視作某派學術之叢編。

戰國時期，撰述之風漸盛。起初或以抄撮、附會經典爲主，如"鐸椒爲楚威王傅，爲王不能盡觀《春秋》，采取成敗，卒四十章，爲《鐸氏微》。趙孝成王時，其相虞卿，上采《春秋》，下觀近世，亦著八篇，爲《虞氏春秋》"，"及如荀卿、孟子、公孫固、韓非之徒，各往往捃摭《春秋》之文以著書，不可勝紀"(《史記·十二諸侯年表序》)。進而多有獨立撰述，如莊子，"其學無所不窺，然其要本歸于老子之言"，大抵皆寓言(《史記·老莊申韓列傳》)。今傳《莊子》，内篇諸篇名寓含旨意，有别于取篇首字題名之慣例，論者以爲當是作者自名。而區分内、外篇之意，前人頗有聚訟，或以爲内容區别，或以爲體例各異，或以爲編次前後，或以爲手著與依托，不一而足。但是無論自題篇名，還是區分内、外篇，都預示着獨立撰述的興起。至于孟子，"退而與萬章之徒序《詩》《書》，述仲尼之意，作《孟子》七篇"(《史記·孟子荀卿列傳》)，不舉單篇之名，或即以獨立之書行世。此後，"自騶衍與齊之稷下先生，如淳于髡、慎到、環淵、接子、田駢、騶奭之徒，各著書言治亂之事，以干世主，豈可勝道哉"(《史記·孟子荀卿列傳》)。韓非"爲人口吃，不能道説，而善著書"，著書顯然不爲教學，直可視作著述專門家。

不過，即便是相對獨立的撰述，最後成書仍多後人編定。如《韓非子》"存韓"篇爲韓非使秦時所上書，篇末却附有李斯的駁議，當爲後人編書而備其遭遇始末，以置于首篇(今《初見秦》第一，據《戰國策·秦策》乃張儀之説)。《公孫龍子》"迹府第一"開篇即曰："公孫龍，六國時辯士也。疾名實之散亂，因資材之所長，爲守白之論。假物取譬，以守白辯，謂白馬爲非馬也……欲推是辯以正名實而化天下焉。"接下則叙述公孫龍與孔穿會于趙國平原君處，相互辯難之語。此顯然非公孫龍自叙，也是後人成書而置爲篇首綱領。

如果按照獨立著作標準，合乎預先布局謀篇、文本結構清晰、書名撰者齊備諸項要求，則當以《吕氏春秋》爲創始，《淮南鴻烈》《太史公書》奠基其後。"吕不韋者，秦莊襄王相，亦上觀尚古，删拾《春秋》，集六國時事，以爲八覽、六論、十二紀，爲《吕氏春秋》"(《史記·十二諸侯年表》)。《吕不韋列傳》亦云："是時諸侯多辯士，如荀卿之徒，著書布天下。吕不韋乃使其客人人著所聞，集論以爲八覽、六論、十二紀，二十餘萬言，以爲備天地萬物古今之事，號曰《吕氏春秋》。"西漢則有淮南王劉安，"招致賓客方術之士數千人，作爲《内書》二十一篇，《外書》甚衆，又有《中篇》八卷，言神仙黄白之術，亦二十餘萬言"(《漢書·淮南衡山濟北王傳》)。其書以《要略》篇收尾，爲全書之總括，稱書名爲《鴻烈》，後劉向校書定名爲《淮南》。司馬遷子承父志，效法孔子修《春秋》，而成《太史公書》一百三十篇，分作十二本紀、十表、八書、三十世家、七十列傳。其尾篇《太史公自序》總括全書，兼述己志，欲究天人之際，通古今之變，成一家之言，且聲稱"藏之名山，副在京師，俟後世聖人君子"。獨立著述之意，已是彰明較著。

漢魏之時，諸子餘風猶存，故士人尚有承繼學派、著書立說之志。如陸賈《新語》、賈誼《新書》、揚雄《法言》、王符《潛夫論》、王充《論衡》、仲長統《昌言》等，似均可以諸子視之。《文心雕龍·諸子》篇："陸賈《典語》，賈誼《新書》，揚雄《法言》，劉向《說苑》，王符《潛夫》，崔寔《政論》，仲長《昌言》，杜夷《幽求》，咸叙經典，或明政術，雖標論名，歸乎諸子。"其間以文名顯者，如揚雄之輩，亦鄙薄章句記誦，以文詞爲雕蟲小技，亟亟于著述一家之言。揚雄甚至以孔子自期，其《太玄》《法言》即仿照《周易》《論語》而作。直至東晉葛洪，雖平生著述宏富，仍不以爲自得，念念于立一家之言。《抱朴子》自叙云"洪年二十餘，乃計作細碎小文，妨棄功日，未若立一家之言，乃草創子書"，"念精治五經，著一部子書，令後世知其爲文儒而已"。實際漢魏以降，經術獨尊，諸子之學因不立博士，無弟子門徒可傳，日漸式微。《漢書·儒林傳》："自武帝立五經博士，開弟子員，設科射策，勸以官祿，訖于元始，百有餘年，傳業者寖盛，支葉蕃滋，一經說至百餘萬言，大師衆至千餘人，蓋祿利之路然也。"惟六藝經傳得立博士，士人遂紛入利祿之途，先秦諸子之書尚無專門傳授，時人著述更可想而知。故劉歆評價揚雄《太玄》曰："空自苦！今學者有祿利，然尚不能明《易》，又如《玄》何？吾恐後人用覆醬瓿也。"（《漢書·揚雄傳》）余嘉錫認爲，自揚雄開始，著述、文章分裂爲二。王充《論衡·書解篇》有云："著作者爲文儒，說經者爲世儒。二儒在世，未知何者爲優。或曰：文儒不若世儒。世儒說聖人之經，解賢者之傳，義理廣博，無不實見，故在官常位；位最尊者爲博士，門徒聚衆，招會千里，身雖死亡，學傳于後。文儒爲華淫之說，于世無補，故無常官；弟子門徒不見一人，身死之後，莫有紹傳。此其所以不如世儒者也。"因此，後世經傳注疏獨盛，而獨立著作衰微，文章結集則走入沉思翰藻之別途。

總而言之，早期典籍從記言到自作，從單篇到叢編，從散亂到有序，最後達到獨立完整之著述，經歷了一個漸進的過程。在形式變遷的背後，還蘊含着知識淵源的追溯和師法、家法的傳承等深層次問題，關係到學術史的脉絡展開，實有深入探究之必要。

第三節　漢代古籍的編次校定

春秋戰國時期號稱中國的軸心時代，不惟古典思想造端于此，而且承載歷史記事、先哲思考的典籍也在此期間積聚，并略具雛形。不過，典籍樣式雖然經歷以孔子爲代表的文書檔案類文獻編選，各學派以口述記錄爲核心的語類文獻結集，直至產生獨立撰述，但是總體而言，仍處于編次無序、異本繁衆的狀態。其間，又經過秦焚書的破壞，圖籍散亂更甚。因此，流傳至今的早期典籍，多有賴漢人的校訂、編次、定名，方臻于完成，尤以劉向、劉歆父子居功至偉。

秦統一之後，基于專制集權需要和家天下萬世永傳的妄念，采納倡導絶對君權的法家學説，作爲"別黑白而定一尊"的武器。但是許多儒生、博士，基于維護其學統的需要，每以古學非議時政，"事不師古而能長久者，非所聞也"。法家出身的客卿李斯，認爲儒生、博士散布的這些言論有害于國家的統一，造成上下離心離德，建議"史官非秦記皆燒之。非博士官所職，天下敢有藏《詩》《書》、百家語者，悉詣守、尉雜燒之。有敢偶語《詩》《書》者棄市。以古非今者族。吏見知不舉者與同罪。令下三十日不燒，黥爲城旦。所不去者，醫藥、卜筮、種樹之書。若欲有學法令，以吏爲師"（《史記·秦始皇本紀》）。李斯的建議迎合了秦始皇獨斷專行的性格，故被准許。"焚書"之舉，造成早期典籍的極大破壞。《史記·太史公自序》有云："秦撥去古文，焚滅《詩》《書》，故明堂石室金匱玉版圖籍散亂。"《六國表》亦曰："秦既得意，燒天下《詩》《書》，諸侯史記尤甚，爲其有所刺譏也。《詩》《書》所以復見者，多藏人家；而史記獨藏周室，以故滅。"官方收藏如此，民間私藏遭兵燹，殘缺佚脱，亦可想而知。故漢人荀悦云："秦之滅學也，書藏于屋壁，義絶于朝野。逮至漢興，收摭散滯，固已無全學矣。"（《申鑒·時事》）

漢朝建立之後，隱身山林的士人又紛紛出來，從事復興學術文化的事業。他們自秦灰中撿拾殘簡斷篇，搜集民間私藏幸免的百家殘著，憑記憶口述古代典籍，授徒講學。《漢書·儒林傳》曰："秦時禁《書》，伏生壁藏之，其後大兵起，流亡。漢定，伏生求其《書》，亡數十篇，獨得二十九篇，即以教于齊、魯之間。"其餘典籍流傳當亦如此。政府方面，漢惠帝四年（公元前191），正式廢除秦朝的"挾書令"，"大收篇籍，廣開獻書之路"。漢武帝時又"建藏書之策，置寫書之官，下及諸子傳説，皆充秘府"（《漢書·藝文志》）。但是焚燼之後，文獻殘缺，口述則異説紛呈。《隋書·經籍志》云：秦政焚《詩》《書》、坑儒士，"學者逃難，竄伏山林，或失本經，口以傳説"；"惠帝除挾書之律，儒者始以其業行于民間。猶以去聖既遠，經籍散逸，簡札錯亂，傳説紕繆，遂使《書》分爲二，《詩》分爲三，《論語》有齊、魯之殊，《春秋》有數家之傳。其餘互有踳駁，不可勝言。"漢高祖時，張良、韓信即已序次兵法。西漢成帝時，鑒于典籍散亡佚脱的文獻實際，派遣謁者陳農求遺書于天下，詔令光禄大夫劉向校經傳、諸子、詩賦，步兵校尉任宏校兵書，太史令尹咸校術數，侍醫李柱國校方技，成爲繼孔子之後，早期典籍整理編次的又一里程碑。

劉向等人校書，以文字内容校訂爲基礎，以編次定本爲目的。應劭《風俗通義》云："劉向《別録》：讎校，一人讀書，校其上下，得謬誤爲校；一人持本，一人讀書，若冤家相對爲讎。"其校讎對象是以中古文校今文，以不同傳本互校，最後繕寫成爲定本。如《漢志》之《尚書》小序曰："劉向以中古文校歐陽、大小夏侯三家經文，《酒誥》脱簡一，《召誥》脱簡二。率簡二十五字者，脱亦二十五字；簡二十二字者，脱亦二十二字。文字異者七百有餘，脱字數十。"

編次定本是劉向校書的目的，也是傳世文本的來源所在。其定本成書方式，依照余嘉錫《古書通例》歸納，約略可分作經書、諸子二途：經書如《易》十二篇、《詩》三百五篇、《春秋》十二篇之類，皆先秦已經編定，劉向祇以中古文與今文相校，訂其文字脱誤而已；但是若遇篇數多寡不同，則傳本并存，不删除複重。如《漢志》云："《古文尚書》者，出孔子壁中……孔安國……悉得其書，以考二十九篇，得多十六篇。安國獻之，遭巫蠱事，未列于學官。"劉向以中古文校今文歐陽、大小夏侯三家，但將今古文各家并著于録。再如《論語》并録"古論"二十一篇（注云：出孔子壁中，有兩《子張》），"齊論"二十二篇，"魯論"二十篇。齊、魯雖同爲今文，但"齊論"多《問王》《知道》兩篇，兩本亦不做合并。諸子傳記多單篇別行，分合無定，異本紛呈，故皆以各本相校，删除重複，著爲定本。如劉向《晏子書録》曰："所校中書《晏子》十一篇。臣向謹與長社尉臣參校讎，太史書五篇，臣向書一篇，參書十三篇，凡中外書三十篇，爲八百三十八章。除複重二十二篇六百三十八章，定著八篇二百一十五章。外書無有三十六章，中書無有七十章，中外皆有以相定。"余嘉錫概括劉向編定諸子之書的原則云："劉向校書，合中外之本，辨其某家之學出于某子，某篇之簡應入某書，遂删除重複，別行編次，定著爲若干篇。蓋因其學以類其書，因其書以傳其人，猶之後人爲先賢編所著書大全集之類耳。"然而具體到各書編次方式，實際又有所區別。如《管子》《孫子》之類，祇是定其篇第，《晏子》則并改其章次，亦有如《戰國策》《楚辭》者，合并同類之書數種，離合其篇章，編定爲一書。《戰國策書録》曰："所校中《戰國策》書，中書餘卷，錯亂相糅莒，又有國別者八篇，少不足。臣向因國別者，略以時次之，分別不以序者以相補，除複重，得三十三篇……中書本號或曰《國策》，或曰《國事》，或曰《短長》，或曰《事語》，或曰《長書》，或曰《修書》。臣向以爲戰國時游士輔所用之國，爲之策謀，宜爲《戰國策》。"可見編次《戰國策》之來源文獻，原本體例不同，書名有別，應屬散亂的語類篇章，并非一人一時之書。其原始文獻形態，據長沙馬王堆漢墓出土帛書《春秋事語》《戰國縱橫家書》（均整理者定名）可略見一斑。此前學者，如羅根澤、金德建，提出《戰國策》作者爲漢初蒯通、武帝時主父偃之說，實際未細究劉向《書録》之意，亦因不及見馬王堆漢墓帛書。

《漢志》云："劉向校書，每一書已，輒條其篇目，撮其旨意，録而奏之。"意謂每編定一書，即排列篇目，并概括其文獻來源、内容宗旨、作者背景，撰作書録，然後上奏。劉向所撰書録彙爲《別録》，原書已佚，今殘存八篇，大致可見其面貌。劉向之後，劉歆子承父業，繼續領校中秘之書，并部次群書爲六藝、諸子、詩賦、兵書、術數、方技六略，冠以概述性質的輯略，總爲《七略》。《七略》原書雖佚，但其基本內容已爲《漢志》所采録。因此，早期典籍得以著録傳布，有賴劉向、劉歆父子整理編次之功。不過，今傳早期典籍多有與《史記》所言篇數相合，而與《漢志》著録不同者，如《孟子》《孫子》《新語》即是。此或仍是民間傳本之舊，而非劉向校定之新本。因爲西漢中秘所藏，外人難以觀覽傳抄，王莽之亂又并從焚燼，未得廣泛傳布也在情理之内。

我們今天尚能見到的早期典籍，雖然不見得都傳自中秘之書，但大致都經過漢人的口傳記錄、編訂整理，方成爲定本。如今題漢伏勝撰《尚書大傳》，而據《玉海》卷三十七引《中興書目》：案鄭康成序云，"蓋自伏生也。伏生爲秦博士，至孝文時，年且百歲。張生、歐陽生從其學而授之，音聲猶有訛誤，先後猶有差舛，重以篆隸之殊，不能無失。生終後，數子各論所聞，以己意彌縫其闕，別作《章句》；又特撰大義，因經屬指，名之曰《傳》。劉向校書得而上之，凡四十一篇"。可見此書雖傳自伏生，但并非記錄其口説，而是張生、歐陽生雜以己意，書成于衆手。劉向始校理爲四十一篇，鄭玄又詮次作八十三篇。《隋志》則云："伏生作《尚書傳》四十一篇，以授同郡張生，張生授千乘歐陽生。"《經典釋文·叙録》亦云："《尚書大傳》三卷，伏生作。"因此，後人皆題作"漢伏勝撰"。《四庫全書總目》即據鄭玄之序云："此《傳》乃張生、歐陽生所述，特源出于勝，非勝自撰。"實際漢前古書成書大致如此，不獨《尚書大傳》爲然。

第四節　古籍的結集、抄撰與編纂

關于古籍結構的歷史演變，李零曾經做過形象的比喻，"戰國秦漢的古書好像氣體，種類和篇卷構成同後世差距很大；隋唐古書好像液體，雖然還不太穩定，但種類和構成漸趨統一；宋以後的古書則是固體，一切定型，變化多屬謄寫或翻刻之誤"[④]。其實，古籍結構演變總體而言始終是處在動態的過程，固定祇是針對個體而言。在紙張廣泛用于書寫和雕版印刷流行的背景下，古籍結構演變主要是内容的重組與再構，包括有總集、別集、抄撰、類書、叢書等書籍樣式。

根據前文所述，今傳先秦諸子之書，實際已粗具後世文集性質，但是因内容駁雜，體例不一，作者難辨，視作學派文獻彙編或更爲恰當。《漢志》"詩賦略"既有屈原、賈誼、揚雄等各家之賦，又有《淮南王群臣賦》《客主賦》《淮南歌詩》等合集，實際已涵蓋總集、別集類型作品。四部分類確立之後，集部内容除詩文評類具有原創和獨立性之外，總集、別集都具有彙編結集性質。總集是指多位作家詩文詞曲作品的彙集，總集的編纂方式，既可以籠而統之，又可以依據文體、時代、地域、流派、類別進行彙編，編輯方法則有全集與選集之分。《詩經》《楚辭》《昭明文選》《玉臺新詠》都是早期總集的典範之作。別集是指個人作品的結集。漢魏六朝時期，別集漸盛，見于《隋書·經籍志》者就有八百餘部。《四庫全書總目》"別集類"小序總結説："集始于東漢，荀況諸集，後人追題也。其自製名者，則始張融《玉海集》。其區分部帙，則江淹有前集，有後集；梁武帝有詩賦集，有文集，有別集；梁元帝有集，有小集；謝朓有集，有逸集。與王筠之一官一集，沈約之正集百卷，又別選集略三十卷者，其體例均始于齊梁，蓋集之盛自是始也。""集"的出現改變了簡帛時代書籍以單篇流行的形式，而這與紙張作爲書寫材料的廣泛采用，在時間上是吻合的。唐宋之後，總集、別集成爲古籍編纂的重要形式，成書數量巨大，如白居易《白氏集後記》有云："白氏前著

《長慶集》五十卷，元微之爲序。《後集》二十卷，自爲序。今又《續後集》五卷，自爲記。前後七十五卷，詩筆大小凡三千八百四十首。"延至清人，別集可考者多達三萬餘家，文人學者幾乎人人有集。時至今日，編纂總集、別集仍是古籍整理的重要內容，《全宋詩》《全宋文》《全元文》都是新整理的典型總集作品。

抄撰是指採用已有文獻，按照一定編纂目的進行的節抄、集抄類古籍整理工作。其中既有對于原書的節錄，亦有抄撰者的彙編加工，可謂編、撰合一。據其性質而論，孔子時代利用舊典編選"書""詩"，即可視爲抄撰。《漢志》"諸子略"著錄《儒家言》十八篇、《道家言》二篇、《雜陰陽》三十八篇、《法家言》二篇、《雜家言》一篇、《百家》百三十九篇，"兵書略"著錄《雜家兵法》五十七篇，均注不知作者，義例亦無可考，如循名察實，當即諸子類之雜抄。但是早期典籍中此類文獻，或源于檔案文書，或源于口傳記錄，與真正意義的抄撰之書還不可等同。抄撰性質書籍的出現應有兩個前提條件：一是有文本穩定的成書，二是紙張廣泛用于書寫，給予書籍抄寫、流通以便利。抄撰出來的新書，書名多附帶"鈔（抄）"字，或另賦新名。漢代書籍流通不廣，抄寫又不便利，故《漢志》明確著錄爲抄撰性質的書籍尚不多見。唯劉向利用中秘藏書的便利，編有《列女傳》《新序》《說苑》諸書，性質與抄撰差似，但所採文獻并非文本穩定的成書，亦可歸入諸子之書、成一家之言者。魏晉以降，抄撰性質的書籍漸次增加，故《隋志》頗多著錄，如經部著錄范寧《禮雜問》十卷，另著錄《禮雜答問》八卷、六卷本，還著錄有何佟之《禮雜問答鈔》一卷，或都是源于《禮雜問》十卷本；再如著錄何承天《禮論》三百卷之後，又錄庾蔚之《禮論鈔》二十卷、王儉《禮論要鈔》十卷、賀瑒《禮論要鈔》一百卷、《禮論鈔》六十九卷、《禮論要鈔》十卷，文獻當屬同源，祇是節抄者各取所需，以致成書面貌各異。集抄類書籍，多具有專題文獻彙編性質，有些可能是編者爲著述進行的文獻準備，如《隋志》卷三三錄有任昉《地理書抄》九卷，陸澄《地理書抄》二十卷，而他們又分別著有《地記》二百五十二卷、《地理書》一百四十九卷。魏晉南北朝時期，王公貴族有聚書風氣，往往雇人傭書，除錄寫原書副本之外，亦不乏節抄、集抄以爲己著者。官方甚至有設"抄撰學士"專職于此者。《金樓子·著書》羅列梁元帝蕭繹著述677卷，當屬學士抄撰而成。此類抄撰風氣，在佛典纂集方面亦頗爲盛行，如《略成實論記》記載南齊竟陵王蕭子良集結名僧五百餘人，抄比《成實論》，略爲九卷，寫百部以流傳天下。章學誠《校讎通例》于抄撰之編盛行不以爲然，斥之爲後世學術苟簡反映，謂宜另立書抄一類，附于諸史抄之後。其實，抄撰之書的涌現是寫本時代文獻傳播樣態的映照，符合難以接觸官方典藏的讀書人的現實需要，具有傳播保存文獻的意義。

類書，古代也稱類事之書，是指抄撮古籍中的史料典故、名物制度、詩賦文章、儷詞駢語，分門別類或按韻部排纂，以供檢索的書籍形式。因爲涉及内容廣泛，在古典目錄學中，往往難以歸類，故《四庫全書總目》"類書類"小序云："類事之書，兼收四部，而非經、非史、非子、非集，四部之内，乃無類可歸。"類書的出現，也是紙張用作書寫材料，書籍輕便易得背景下的產物。三國魏文帝曹丕命儒臣編輯的《皇覽》，是學界公認最早的一部類書。宋王應麟即云"類事之書始于《皇覽》"(《玉海》卷五十四),《四庫全書總目》也説:"考割裂古書,分隸門目者,始魏繆襲、王象之《皇覽》"(卷一百二十三《古今説海》條)。魏晉南北朝時期,適應文學創作上講究用事與辭藻的風尚,抄撮典故、辭藻的類書屢有造作,但多已亡佚,祇是在敦煌遺書和海外寫本中保存有部分殘帙。現存類書,最爲著名的是唐代編輯的《北堂書鈔》《藝文類聚》《初學記》,宋代編輯的《太平御覽》《册府元龜》《玉海》諸書;明代永樂年間編輯的《永樂大典》(22 877卷),清初編輯的《古今圖書集成》(10 000卷),則可謂是類書中的集大成之作。其中,《永樂大典》因其豐富的内容和曲折的存藏經歷,吸引了衆多研究者的注意。

類書的主要功能原本祇是便于檢索典故、詞句,然而流傳至今日的類書,却在文本輯佚、校勘和反映知識分類方面體現出重要的文獻學價值。類書都是大量抄録古籍,許多古籍的原本因爲天災人禍而亡佚或殘缺,類書就成了輯録佚書佚文的淵藪,如《太平御覽》引書凡1 689種,十之七八均已不傳;《太平廣記》引録古小説約五百種,原書已有大半失傳,原書尚存者也可從中輯出不少佚文。《永樂大典》採用按韻部排纂的形式,韻部之下往往完整抄録古籍,保存了若干佚書的原貌。清乾隆年間纂修《四庫全書》,館臣自《永樂大典》中輯出了四百餘部佚書。現在《永樂大典》全書雖已不傳,但在佚存的近千卷中,仍時有新的佚文發現。即便類書所録有傳本的古籍,因爲原本輾轉抄刻,錯訛在所難免,類書的文本正可作爲校勘的參照。號稱當時最善之本的《四庫全書》本《水經注》,即是清儒戴震據《永樂大典》抄本校訂而成。傳世本《魏書》的《禮志》《刑法志》有脱文,學人習而不察,清儒盧文弨和近人陳垣、唐長孺依據《通典》《册府元龜》引録文本校勘,方補足了脱文。今人陳尚君撰《舊五代史新輯會證》,主要依據《册府元龜》資料復原《舊五代史》的面貌,堪稱利用類書輯佚校勘的重要成果。

類書可以分爲綜合性類書和專科性類書,因爲博采群書,内容豐富,故有古代百科全書之稱。當然,類書與現代意義的百科全書,無論是内容還是形式都有根本的不同。但是,類書分門別類的形式,承繼了中國古老的分類思想,體現出不同時期知識分類觀念和知識結構的變化,對于學術史、文化史研究具有重要的意義,如近古時期大量的通俗類書,就是研究社會文化史的寶貴文獻資料。

叢書,是指把多部不同的書彙編到一起,冠以總名。類書與叢書均根據已有古籍編纂而成,但類書是割散原書,重新分類編纂,而叢書則是保持原書的完整性,一般都是整部收入。"叢書"之名最早見于唐人陸龜蒙的《笠澤叢書》,但該書性質是文集而不是叢書。後人多將成書于南宋嘉泰二年(1202)的俞鼎孫、俞經編《儒學警悟》作爲叢書之源,這部叢書收入了六部宋人著作。其次是南宋左圭的《百川學海》,收録唐宋人著作100種179卷。叢書根據性質可以分爲專科叢書和綜合類叢書,所謂叢書起源祇是就綜合類叢書而言。實際專科類叢書可能起源更古,如先秦即有的"六經"之説,三國時所稱的"三史"(《史記》《漢書》《東觀漢記》),完全可以視作叢書之名。明清時期，叢書成爲編纂刊刻古籍的重要形式，先秦至宋元的古籍文獻，大多都被收入叢書。20世紀50年代，上海圖書館根據國内41家圖書館收藏編纂的《中國叢書綜錄》，收錄叢書2 797種，子目書名七萬餘條（去除重複，共得38 891條）。陽海清編《中國叢書廣錄》，又收錄叢書3 279種，子目汰去重出，亦有四萬餘條。兩書合計子目，當在五萬種左右。這個數字顯然還不是完全的統計，釋藏和新學類叢書都不包括在内。因此，叢書是我們今天利用古籍文獻的重要來源。現存古籍的版本也以叢書本居多，大量古籍特别是篇幅較小者，都賴叢書得以流傳至今，否則早已失傳。

　　叢書的采錄標準和排列次序因編纂宗旨而異，大多祇是粗分門類，隨編隨刻，不似類書有嚴謹的結構體系，也没有嚴格的次序。但是，《四庫全書》《大藏經》《道藏》等叢書，因其體大思精而成爲古籍編纂的典範之作，影響巨大。其中，《四庫全書》以國家之力，廣集傳世古籍，選擇善本，按照嚴格的目錄體系分類編次謄錄，并撰寫提要考辨内容與形式，成爲體現古典目錄、版本、校勘、辨僞、輯佚諸學成就的集大成之作。如今，已有學者將《四庫全書》相關研究命名爲"四庫學"，成爲古典文獻學研究的重要領域。《大藏經》《道藏》都具有自己獨特的編纂體例，前者以經、律、論分部，後者以三洞六輔分類，網羅了大部分的佛道文獻，使其免于散佚。清代周永年撰有《儒藏説》，提出仿效佛、道藏的體例，纂集儒家經籍爲《儒藏》，《四庫全書》的編纂即受其啟發。

注　釋

　　①李零:《簡帛古書與學術源流》，北京：生活·讀書·新知三聯書店，2004年，第39—51頁。
　　②柯馬丁:《〈詩經〉的形成》，傅剛主編《中國古典文獻的閱讀與理解——中美學者"黌門對話"集》，北京：北京大學出版社，2015年，第27頁。
　　③李零:《簡帛古書與學術源流》，第198頁。

第二章

古籍形制與古籍管理

第一節 古籍的界定

一、古籍的定義與範圍

古籍，是中國古代書籍的簡稱，主要指書寫或印刷于1912年以前具有中國古典裝幀形式的書籍[①]。少數民族文字的古籍劃分下限在1949年[②]。

2007年，《國務院辦公廳關于進一步加强古籍保護工作的意見》（國辦發〔2007〕6號）頒布，"中華古籍保護計劃"啓動，"計劃"中一項重要工作是申報評審并由國務院公布《國家珍貴古籍名録》。在申報評審中，珍貴古籍涵蓋的範圍陸續擴展到甲骨、簡帛、金石拓片、敦煌遺書、漢文善本古籍、少數民族文字古籍、外文古籍、輿圖、雕版版片，載體涉及甲骨、金石、絲帛、紙本、雕版等。

二、善本的內涵義

（一）善本定義

在現存古籍中，凡具備歷史文物性、學術資料性、藝術代表性，或雖不全備而僅具其中之一之二，而又時代早、流傳少、價值高者，均可視爲善本[③]。善本時間劃綫爲乾隆六十年（1795），1795年以後有特殊意義的可上調至善本。

善本一詞在《漢書·河間獻王傳》即有出現："從民得'善書'，必爲好寫與之，留其真。"

宋朱弁《曲洧舊聞》説：宋人"穆修伯長在本朝爲初好學古文者，始得韓、柳善本……欲二家文集行于世，乃自鏤板，鬻于相國寺"。宋葉夢得《石林燕語》卷八説："唐以前，凡書籍皆寫本，未有模印之法，人以藏書爲貴，不多有。而藏者精于讎對，故往往皆有善本。"宋人對善本的看法，可以歸納爲凡書籍必須精加讎校方爲善本，否則便是俗本、劣本。

明清兩代學者對善本的界定大致與宋人相同，指繕寫精良、校勘無誤的書本。張之洞《輶軒語·語學》："善本非紙白、板新之謂，謂其爲前輩通人用古刻數本，精校細勘付刊、不訛不缺之本也。""善本之義有三：一足本（無闕卷、未删削），二精本（一精校、一精注），三舊本（一舊刻、一舊抄）。"

八千卷樓主人丁丙、丁申兄弟也爲善本提出了四條標準：舊刻，精本，舊抄，舊校。

黃永年先生認爲，應該把善本的概念分爲兩類：一類稱爲校勘性善本，主要指張之洞所謂足本、精本；一類稱爲文物性善本，凡成爲文物者都是善本④。

《漢文古籍特藏藏品定級第1部分：古籍》（GB/T31076.1-2014）定義善本爲：具有比較重要歷史、學術和藝術價值的書本。大致包括寫印年代較早的，傳世較少的，以及精校、精抄、精刻、精印的書本等。

（二）善本的三性九條

20世紀編纂《中國古籍善本書目》時把善本的衡量標準界定爲三性九條：

1. 三性

歷史文物性　所謂歷史文物性，當有兩個方面的含義：一是指古書版印、抄寫的時代較早而具有歷史文物價值，二是指古書可作爲歷史人物、歷史事件的文獻實物見證而具有紀念意義。

學術資料性　所謂學術資料性，除了指經過精校細勘，文字上訛誤較少和經過前代學人精注精疏的稿本、寫本、抄本、印本以外，還應包括古書中那些在學術上有獨到見解，或有學派特點，或集衆說較有系統，或在反映某一時期、某一領域、某一人物、某一事件的資料方面比較集中、比較完善、比較少見的稿本、寫本、抄本、印本。

藝術代表性　所謂藝術代表性，主要指那些能反映我國古代各種印刷技術的發明、發展和成熟水準，或是在裝幀上能反映我國古代書籍各種裝幀形制的演變，或是用紙特異，印刷精良，能反映我國古代造紙工藝的進步和印刷技術水準的古書。

2. 九條

元代及元代以前刻印抄寫的圖書（包括殘本與散葉）；明代刻印、抄寫的圖書（包括具有特殊價值的殘本與散葉），但版印模糊、流傳較多者不收；清代乾隆以前流傳較少的刻本、抄本；太平天國及歷代農民革命政權所刊印的圖書；辛亥革命前，在學術研究上有獨到見解，或有學派特點，或集衆說較有系統的稿本，以及流傳很少的印本、抄本；辛亥革命以前，反映某一時期、某一領域或某一事件資料方面的稿本，以及流傳很少的刻本、抄本；辛亥革命以前的名人學者批校、題跋或過錄前人批校而有參考價值的印本、抄本；在印刷術上能反映古代印刷術發展，代表一定時期技術水準的各種活字印本、套印本或有精美版畫、插畫的刻本；印譜，明代的全收，清代的集古印譜、名家篆刻印譜的鈐印本，或有特色親筆題記的收，一般的清代印譜不收。

（三）特藏文獻

甲骨，以及金石拓片、地圖、年畫、畫片、老照片、書畫、信札、契約文書、檔案、革命文獻、近現代名家手稿、少數民族文字古籍、外文古籍等其他紙質品在圖書館一般被劃入特藏文獻。

（四）古籍定級

2006年，國家圖書館受文化部（2018年3月起與國家旅游局合併爲文化和旅游部）

委托，聯合其他古籍收藏單位制定了一系列文化行業標準，目的是爲"中華古籍保護計劃"全面啓動做準備。其中一個重要的標準就是《古籍定級標準》（WH/T20-2006），以此爲依據將古籍定爲四級，《國家珍貴古籍名錄》從其中一、二級古籍中遴選申報，經專家評審，報國務院審批公布。評審珍貴古籍的目的主要是對古籍實現分級保護，優先保護文物級別高、存世數量少的珍貴古籍。經過八年實踐，古籍定級標準升級爲國家標準《漢文古籍特藏藏品定級第1部分：古籍》（GB/T 31076.1-2014）。隨着古籍保護工作的推進，《國家珍貴古籍名錄》的入選範圍進一步延展，一些特殊文獻也作爲珍貴的文獻資源被納入古籍保護範疇，如甲骨、金石拓片、輿圖、外文古籍等。爲開展這些珍貴古籍的申報定級等工作，分別制定了簡帛古籍定級標準、敦煌遺書定級標準、佛教古籍定級標準、碑帖拓本定級標準、古地圖定級標準等。2018年，《中國少數民族文字古籍定級》（GB/T 36748-2018）作爲國家標準頒布。

古籍定級標準確立之前，文化部曾經頒布《文物藏品定級標準》，對善本古籍的定級有所界定，文博系統藏書單位據此針對古籍開展了文物定級。

第二節　古籍版本類型

1.稿本

即已經寫完但未經修改厘定或尚未付梓的書稿。一般分爲初稿本、清稿本、修改稿本、寫樣稿本等類型。

初稿本是作者所寫的作品原稿，多呈草稿狀態，因爲記錄作者創作思路而不拘法度，塗改鈎乙隨處可見，是一部著作最原始的版本形態，歷來受到藏書家的重視，尤以作者親書手稿本爲重（圖一）。

圖一　宋司馬光《資治通鑒》手稿

清稿本，又稱謄清稿本。可由作者自己謄抄，也可由他人謄抄。其中，若爲作者親自謄抄，則可視爲手稿本。清稿本由他人謄抄，往往或鈐蓋作者藏章，或有作者另寫題識。清稿本往往是修改稿本的工作底本。

修改稿本的工作指著者親筆修訂整理自己的書稿，分作兩種情況：一是作者親自謄抄書稿後，自己進行修改，所成書稿仍可歸入手稿本；二是他人謄清的書稿，或未正式發布的刻本、已經正式印行的印本，作者在其上加以修訂，這類稱爲修改稿本。

寫樣稿本指雕版印刷前的寫樣，也有觀點認爲此類書籍并非稿本。

2. 寫本

在雕版印刷術廣泛使用之前，書籍生產的主要方式是手寫傳抄，故統稱"寫本"。《漢文古籍特藏藏品定級》中定義寫本爲繕寫而成的古籍傳本，包括宋代及宋以前的抄寫本，元代及元以後由中央政府組織編纂各書的内府抄寫本，歷代名家的抄寫本，佛經、道經的各類抄寫本等。

3. 抄本

抄本又名抄寫本，主要是指根據底本傳寫或輾轉抄寫的古籍傳本。

4. 刻本

又名刊本、槧本、鎸本，是指用雕版印刷的方式刊印的書籍。印刷術作爲我國的四大發明之一，歷史悠久。早在唐代，便出現了雕版印刷的書籍。至宋代，雕版印刷的書籍成爲了傳世書籍的主要形態，一直盛行到清代。

在刻本盛行的一千多年中，因時代、地域、刻書主體、版刻形態、印刷技術、版印早晚因素不同，產生了形態各異的刻本。具體而言，按照刊印的時代區分，有宋刻本、金刻本、元刻本、明刻本、清刻本；就地域而言，有浙刻本、閩刻本、蜀刻本等，具體又分爲杭州本、越州本、婺州本、衢州本、潭州本、贛州本、池州本、建陽本、麻沙本等；從刻書主體來區分，又有官刻本、私刻本、家刻本、自刻本、坊刻本等，具體又分爲内府本、監本、府本、州本、軍本、倉臺本、計臺本、公使庫本、郡齋本、郡庠本、興文署本、廣成局本、行中省本、儒學本、書院本、司禮監本、經廠本、藩府本、布政司本、廉訪司本、殿本、局本等；從刻版形態上看，有大字本、小字本、影刻本、巾箱本之分；從印刷技術上區別，有朱印本、墨印本、套印本等；從版刻印製的時間先後來看，又有初刻本、覆刻本、影刻本、初印本、後印本、重修本、遞修本等。

5. 活字印本

用活字排印的書籍統稱爲活字本。活字本按照時間先後，可分爲以下幾種：

泥活字本　據沈括《夢溪筆談》的記錄，北宋慶曆年間（1041—1048），畢昇首先發明了泥活字，膠泥刻字，火燒令堅，用于印刷書籍。其後，活躍于公元1241—1250年間的姚樞、清道光年間（1821—1850）的李瑶（圖二）、翟金生（圖三）均曾仿製畢昇的泥活字，印製書籍。

木活字本　即用木頭製作單字，排版印書。在活字本中，木活字的印本數量最多（圖四）。元大德年間（1297—1307），王禎製作了三萬多個木活字，印刷《大德旌德縣志》，并爲印製自己的著作《農書》做準備。此外，敦煌千佛洞還出現過元代回鶻文木活字。明清兩朝，木活字的使用達到高峰，廣泛用于江南各省祠堂的家譜、宗譜印製中。崇禎十一年（1638）以後，北京發行的朝廷"邸報"也改用木活字排印。清代,官府、私人及坊間,使用木活字印刷書籍都更加普遍。其中,以《武英殿聚珍版叢書》規模最大、最爲有名。

 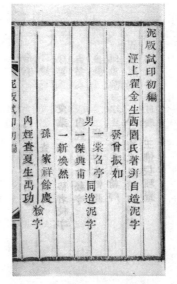 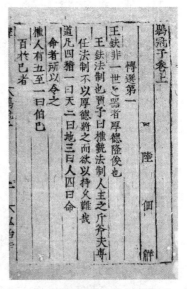

圖二　泥活字《校補金石例四種》十七卷　　圖三　泥活字《泥版試印初編》十一卷　　圖四　明弘治碧雲館活字印本《鶡冠子》三卷(四庫底本)

金屬活字本　我國金屬活字中,銅活字使用較多,其次是鉛、錫等。明代弘治、正德年間,以無錫華、安兩家印製的銅活字本最負盛名(圖五、圖六)。清雍正四年(1726),內府用銅活字排印《古今圖書集成》(圖七),是規模最大的一項金屬活字印刷工程。

圖五　明正德十一年(1516)華堅蘭雪堂銅活字印本《春秋繁露》　　圖六　明嘉靖三年(1524)錫山安國銅活字印本《吳中水利通志》

圖七　清雍正四年（1726）內府銅活字《古今圖書集成》

另外磁版、活字泥版、活字銅版等製作方式尚須進一步研究。

6.套印本

套印本是用兩種或兩種以上的顏色分版印刷的書籍（圖八）。我國傳統的套印技術發展有兩個階段，第一個階段是在一塊雕刻完成的書版上分別刷上不同的顏色，再敷上紙張進行印刷，這種彩印方法產生的具體年代已不清楚，存世最早實物是元後至元六年（1340）中興路江陵資福寺刻《金剛經注》，卷尾的《靈芝圖》和作者無聞和尚的經注，均采用朱墨兩色套印。

明代飣版技術和拱花技術相繼出現，將套印技術發展到了一個新階段。所謂飣版即分版分色套印，指將彩色圖稿用相應的顏色分別描畫下來，每種顏色雕刻成一塊木板，狀如飣飣，故此得名。印刷時，再將一塊塊不同顏色的小木板排列拼接，依次套印，最終形成完整的圖畫。如此套印出的畫面，濃淡有致，最大程度地還原了原來的畫稿。所謂拱花則是指凹凸板技術，是用一凹一凸兩板相互嵌印來完成。其所印製的圖畫，因凹凸版可使紙張拱起低凹，故能表現出圖畫中山巒起伏的立體感。

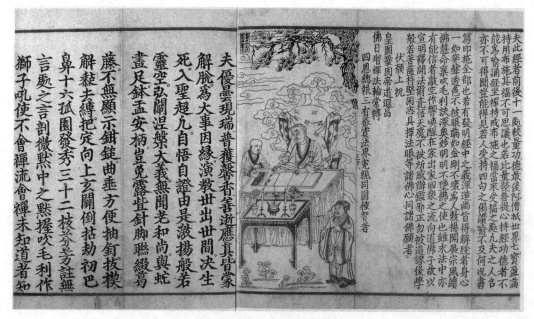

圖八　《金剛般若波羅蜜多經》一卷

浙江烏程凌濛初、閔齊伋、閔齊華等人，用分版分色技術來套印書籍。明天啓、崇禎年間，胡正言、吳發祥又發明了多版分色套印技術，兼采拱花技術所長，分別印製了《十竹齋箋譜》（圖九）和《蘿軒變古箋譜》。清初著名戲曲作家李漁印製《芥子園畫傳》，進一步發展了套印技術。

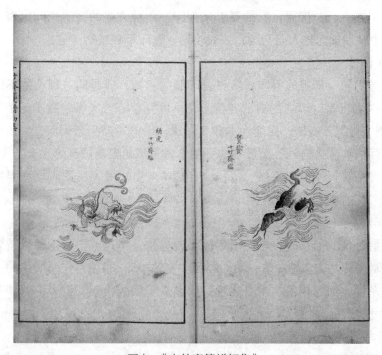

圖九 《十竹齋箋譜初集》

其中，用紅色和黑色兩色套印的書籍，通常稱作朱墨套印本。另有三色套印本、四色套印本以及五色套印本。

7.官刻本

官刻本是歷代政府出資刊刻或其附屬各級機構、單位主持刻印的書本。官刻本可溯源至我國五代時，當時的政府便已指定國子監刊刻"九經"。此後，宋、元、明、清各朝的國子監、中央各部、地方各級行政機構、各地書局、書院等，這些政府官方機構出資或主持刊刻的書籍，都可列入官刻本之列。因官方出資，不惜成本，故官刻本大多書品較好，字大行疏、紙墨精良、裝幀考究。官刻本有監刻本、公使庫本、興文署本、廣成局本、經廠本、司禮監本、內府刻本、藩府刻本、殿本、局本等。

8.坊刻本

坊刻本最早出現于唐代，至兩宋步入鼎盛時期。北宋的都城開封、南宋的都城杭州均有很多書坊。杭州坊刻從南宋到元明都很興盛。清代書坊遍布全國各地，有的書坊已專事經銷而不再刊刻書籍。一般書坊刻書，目的在于盈利，更多地是迎合社會的需要。早期的書商爲求削減製作成本，縮短印製時間，致使坊刻本多紙墨粗糙、狹行細字、疏于校勘和避諱；後期坊刻本品質有所提高，編纂仔細，校勘精當，版面設計爲迎合大衆需要亦多有創新，如大字麻沙本即堪稱精刊本。

9.家刻本

家刻本又叫家塾本、書塾本，主要是指私人出資或主持刊刻自己家人著作的本子。家刻本的刊刻方式有二：一是委托書坊，用自家選定的版式行款加以列印；二是備好木板，雇傭工匠上門，按照自家的要求來刻印。兩種方式的書版均歸出資人所有。家刻本多爲家中晚輩追念先人而刊刻，一般校勘、刻印都較精審。

10.百衲本

百衲本指用同一種書的不同書版拼合印製的書籍，或是同一種書的不同版本配在一起形成的一套書籍。以"百衲"名書，最早可見于錢曾《讀書敏求記》"史記"條："予昔藏宋刻《史記》有四，而開元本亦其一焉。今此本乃集諸宋版，共成一書……予亦戲名此爲百衲本《史記》。"而最早的百衲本書是清初宋犖拼合的八十卷《史記》，共用兩種宋本和三種元本配成完帙，俗稱"百衲本《史記》"。民國時期藏書家傅增湘先生也曾配過"百衲本《資治通鑒》"。

11.書帕本

明代官員赴任或回京時，自行用俸祿印製書籍，作爲禮物贈予權貴勢要以及官場上的朋友。贈送時，往往是一書一帕，故名"書帕本"。書帕本作爲明代的"禮品書"，多外表裝幀華麗，而忽視書本本身內容，校勘失于精細，謬誤較多，總體刻印品質較差，不爲後世所重視。

12.巾箱本

指古代開本較小，可以放入巾箱内的書籍。巾箱是古代用來裝頭巾的小箱子。"巾箱"一名始見于《漢武内傳》，其中言及王母曾在巾箱中放有一卷小書，并以紫錦囊盛之。

東晉葛洪在《西京雜記》後序中提到，"洪家遭火，書籍都盡。此兩卷在洪巾箱中，常以自隨，故得猶在"。南宋戴埴《鼠璞》有言："今之刊印小冊，謂巾箱本，起于南齊衡陽王（蕭）鈞手寫《五經》置巾箱中。"由此可見，不論是抄本或是刊印的小册子，祇要它符合開本較小，能放入巾箱的定義，都可稱作巾箱本。

13.袖珍本

開本很小，可放入衣袖隨身攜帶的書稱作袖珍本。清代武英殿刻書甚多，歷年累積留下不少小塊木板或雕版版片，乾隆皇帝希望利用這些版片，效仿前人巾箱本的樣式，刻印成袖珍版的書籍。乾隆二十年（1755）的《古香齋十種》就是用這些零星短小的版塊雕版印刷而成。

14.初刻本

第一次鐫刻的書可稱爲初刻本。初刻本是相對于重刻本而言的，強調的是最初鐫刻成的書。然而需要注意的是，我國各地對同一種書，特別是一些經典的古籍，往往都有刻印成書，我們很難斷定其中的初刻本和重刻本。同理，在不同的時代，也不斷地有印刻同一種書的情況，亦不能輕易斷定哪些是初刻，哪些是重刻。在使用"初刻本"這一概念時需謹慎。

15. 重刻本

根據原刻本文字內容重新雕刻付印的本子。除了書的內容保持不變外，重刻本行款版式不一定與原刻本相同。這一點與翻刻本完全依照原刻本樣式翻印不同。

16. 翻刻本

又叫覆刻本，是指嚴格按照原刻本的內容、行款、版式重新付刻的本子。一般情況下，確定某一版本是否爲翻刻本，必須同原刻底本進行對照，如果沒有原刻本加以對比，則不能輕易判斷。

17. 影刻本

顧名思義，影刻本實際上是原刻本的"影子"，是按照原刻本逐字逐頁摹寫下來，再以這些描摹的書葉爲雕刻底版刻版印刷成的本子。影刻本較之重刻本、翻刻本，因其版刻樣式、行款、字體等皆描摹自原書，故與原刻本相似度更高，最大程度保留了原書的樣子，更受藏書家青睞。

18. 重修本

又叫修補本，是指用修補過後的舊版片印製的本子。我國古代刻書喜用的梨木、棗木等木材，堅固耐用，可以保存數百年之久；然仍難以抵抗時間以及戰火、水災、火災等災禍，會出現殘損。當再次使用這些破損的書版時，便需要工匠們對其進行修補。這些用經修補的版片印出的本子，因時代、刻工、刻印技術的變化，較最初的版式會發生變化，如板框、字體、墨色等都會有所不同，可以此作爲判斷某種書是否爲重修本的依據。

需要關注的是地方志和家譜中重修本的判定方法。我國有很好的修志傳統，一地有一地的方志，一家有一家的譜錄。地方官每赴任，也會修訂當地的方志，錄入歷史沿革、區域規劃、山川風貌、百姓人口等更迭情況，以加強對當地的瞭解和控制。這時便會出現兩種情況：一是修補方志的舊版片，也有加刻新版的內容的，分別稱作前一版本的"重修本"和"增修本"，當然書本上的書名纂修年代就是原來的纂修年代；二是在財力充足、舊版片無法再行使用時，則重新刻版進行印製，書名上寫明"重修"二字，這便已不再是"重修本"了，而是重新纂修的意思。家譜也有這樣的情況。

19. 遞修本

殘缺的古籍書版每次印刷都需重新修補，以此種書版印製的書籍稱作遞修本。其中典型的遞修本有南宋蜀中眉山一地刻印的《眉山七史》，其原刻的版片在元之後陸續有修補；還有明朝南監本《玉海》的版片在正德、嘉靖時也在不斷地修補。世稱"三朝本"的書籍，其印刷版片往往都是經過屢次修補，不斷印製成書。

20. 朱、藍印本

用紅顏色作爲印書墨色的書，稱爲朱印本；用藍顏色作爲印書墨色的書，稱爲藍印本。朱、藍印本的出現，主要是作校正修改之用，即在書版雕刻完成之後，正式大量印刷成書之前，用醒目的紅色或藍色先行印出一些，來考察書版中是否有錯別字以及着墨是否均勻等。

朱、藍印本，因爲是書版初次印製的本子，字體清楚、紙白版新、墨光如漆、印數較少、傳世極罕，爲世人所珍視。

21. 四庫底本

用于清乾隆年間修纂《四庫全書》的本子，具體來說，就是被《四庫全書》收入其中，并作爲抄寫底本的書籍，纔能稱爲"四庫底本"。

22. 影抄本

依據某底本覆上紙張臨寫、描摹其圖文版式而成的本子稱影抄本。

23. 毛抄本

所謂毛抄本，即明末清初常熟毛氏汲古閣抄本。汲古閣主人毛晉，一生酷愛買書、刻書、抄書。包括毛晉本人在列，其子侄僮僕均擅長抄寫書籍，且字體俊秀、端正嚴謹，尤其是其影抄本，因酷似原書，加之抄寫所據底本多爲宋元難得的本子，故爲世人所珍視。

24. 彩繪本

用多種顏色書寫材料寫繪而成的書籍。

25. 批校題跋本

書上有批、校、題、跋的古籍傳本，有些爲名家批校題跋的，更具校勘資料價值和藝術價值。

第三節　古籍載體及形制概述

一、古籍的主要形制

中國古籍主要形制依時代先後有簡策、帛書、卷軸、經摺裝、梵夾裝、蝴蝶裝、包背裝、綫裝，這既與書籍的製作材料、生產技術的發展變化有關，又與人們閱讀習慣的變化有關，同時與古人書籍保護的理念不斷強化并付諸實踐相關。

（一）簡策

造紙術發明之前，甚至在造紙術發明以後數百年間，從商周至東晉，中國古代書籍主要載體是竹木。簡策意即編簡成策（册），古人將竹木加工處理成狹長的簡片，把若干簡片用繩編連起來即爲策。"策"與"册"通假。

製作竹簡有一道必備的工序叫殺青，《太平御覽》稱："《風俗通》曰，劉向《別錄》：'殺青者，直治竹作簡書之耳。新竹有汁，善朽蠹。凡作簡者，皆于火上炙乾之，陳楚間謂之汗。汗者，去其汁也。'"新竹水分大，易腐朽生蟲，保存時間短，因此，製竹簡時用火烤乾竹內水氣，竹子隨水分減少由青而黃，故稱之爲"殺青"。經過殺青的過程，竹簡不易生蟲、不易發黴，故殺青是早期圖書生產過程中的預防性保護措施。

今天能够见到大量的竹簡，以還原久遠的歷史場景，這種早期的古籍保護技術功不可沒，也顯示了中華先賢的智慧。

古人編簡成册一般有兩種方式：一種是在竹木簡上端打孔，然後以繩穿連；另一種是根據竹簡的長短，用兩道或三道繩編連。

簡策開頭兩片常爲空白簡，稱作贅簡。這可以使正文少受磨損。贅簡背面上端豎寫篇名，便於檢索；下端題書名，便於歸類保存。一般以最末一簡爲軸，卷成一束，篇名、書名在外，類似今天書的封面。把卷起的簡策捆扎之後，或裝在"帙""囊"裏，或盛在筐篋中，以免散亂。

贅簡演變成護封、封面和扉頁，"帙""囊"演變爲"函套"等。簡策是中國古籍形制的源頭和起點。

（二）帛書

我國在上古時期已經有了絲織品，甲骨文中就已出現"絲"和"帛"字。至遲在周時，縑帛即作爲書籍的載體，與簡牘長期并行。目前考古發現最早的帛書是戰國中晚期的長沙子彈庫"楚繒書"。

帛書存放形式或折疊，或爲卷子裝。卷子裝的帛書文字一般寫在半幅寬的縑帛上，根據簡的大致寬度用墨筆或朱筆畫上界行。後來則用朱絲或烏絲織出界行，稱烏絲欄、朱絲欄。

卷首仿簡策贅簡，留下一段空白，用以保護正文。卷尾粘以二三厘米寬的竹片作軸心，將帛書像簡策一樣從左向右卷成一卷。此爲後來卷軸裝的雛形。寫在整幅縑帛上的帛書，卷收不便，衹能折疊存放，時間一長，折處易斷，因此這種方式不甚流行。

縑帛有顯著的優點：潔白易着色；質地軟，可隨意折疊卷起；重量輕，便於携帶。但缺點也很明顯：一是造價高，價格昂貴便很難在民間通行；二是很容易老化損壞，所以考古發掘的竹木簡數量遠多于帛書。

（三）紙書

紙作爲書籍的載體可能始自西漢末年，曾與簡帛并行使用數百年。由于紙張價廉物美，携帶方便，因此逐漸取代了簡帛的地位。東晉末年桓玄下令以紙代簡，簡牘和帛書完全退出了歷史舞臺。

1.卷裝紙書

早期的紙書像帛書一樣卷成一束，經過長期的發展，從書寫到製卷形成了一整套完備制度，即爲兩晉南北朝至五代時期（265—960）最爲流行的卷軸裝。存世的敦煌遺書，絶大多數都是卷軸裝。

卷軸裝書每紙的高度仿照竹木簡的高度，約26厘米，每紙的長度則爲39厘米、52厘米不一。官府文書的紙幅要大一些，通常爲30厘米×45厘米。紙上下畫兩道橫綫，間距爲18至19厘米，然後均匀地畫上烏絲欄，如同把紙區分成一支支簡，間距在1.5至1.8厘米，便于行文整齊。標準的寫卷每紙28行，行17字。製作寫卷用紙的一個重要工序叫入潢。所謂入潢是古代的一種染紙技術，主要用黄檗。原因有二：一是黄檗味苦，入潢的紙張，可避蠹殺蟲；二是古人崇尚黃色。

早期抄經，卷首抄寫題目、責任者，這個題目叫"首題"或"內題"，一般使用全稱。卷尾抄寫的題目使用簡稱，稱"尾題"。尾題之後一般有題記。敦煌遺書百分之九十為佛經，題記內容包括年代、供養人和發願文。（圖一〇）

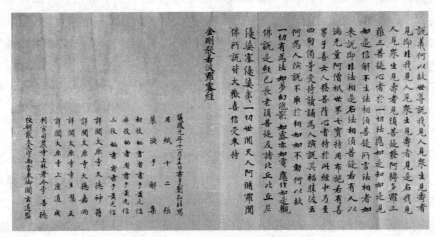

圖一〇　唐儀鳳元年寫本《金剛經》卷尾

卷軸裝書籍一般是順序抄寫，抄完一張，再抄一張，全書抄完之後，以卷為單位，依序粘貼連接成長卷。為方便卷舒，防止折損，卷尾加裝木軸或竹軸。敦煌遺書經書卷首背面常書經名，稱"外題"，外題下方還常寫所屬寺院或個人。為便於保存和管理，一般以10卷或12卷為單位，將經書用經帙包裹。如此，卷、軸、帙等共同構成了完備的卷軸形制。傅咸（239—294）《紙賦》曾描述卷軸裝書籍"攬之則舒，舍之則卷"，說明了卷軸裝書籍的特點。

2.冊頁裝紙書

卷軸後，中國古籍裝幀便以冊頁為主要形式，裝幀形式主要有七種：

一是梵夾裝。梵夾裝與佛教一起從印度傳入中國。在敦煌遺書中有將梵夾裝方式略加改造，用於裝幀豎着書寫的漢字書籍，這也屬于早期中外文化交融的實證。

二是經摺裝。經摺裝是中國古代佛教信眾借鑒印度文獻傳統裝幀方式對卷軸裝的改進，約出現在唐中葉以後。在梵夾裝的啓發下，佛教信徒將原來卷軸裝的佛經按一定行數和寬度均勻地左右連續摺疊，前後粘加硬紙板或木板製作的書皮，因大量應用在佛經上，故稱經摺裝。經摺裝規避了卷軸裝反復卷舒的煩瑣，方便閱讀。佛、道經典經常采用此裝幀方式。

三是旋風裝。旋風裝長期以來在書史界頗有爭議，主要是缺乏實物材料的佐證。目前旋風裝的實例多舉在英國國家圖書館敦煌遺書中發現的《易三備》。由於可見案例過少又不統一，旋風裝僅作為一種存在，難說是固定的裝幀形制。

四是粘葉裝、縫綴裝。出現于唐末五代，屬于過渡性的裝幀形式，後逐漸消失。

现在敦煌遗书和西夏文献中尚有实物保存。

五是蝴蝶装。蝴蝶装发端于唐末五代，盛行于宋、元（图一一、图一二）。据《明史·艺文志序》描述，"秘阁书籍皆宋元所遗，无不精美。装用倒摺，四周外向，蟲鼠不能损"。现存世原装蝴蝶装古籍极少，一旦发现应尽可能保持原状。

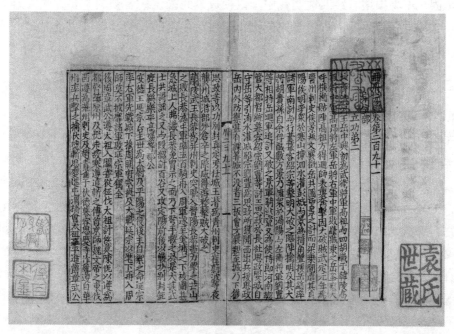

图一一　蝴蝶装《册府元龟》（一）

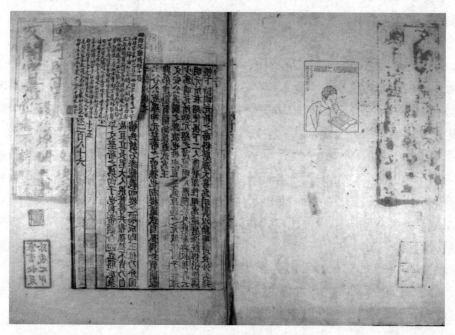

图一二　蝴蝶装《册府元龟》（二）

六是包背裝。包背裝是針對蝴蝶裝書籍的弱點而創造出的一種裝幀形式。包背裝書籍便于翻閱，也更加堅固，南宋開始流行。

七是綫裝。綫裝區別于包背裝的是，綫裝書籍前後書皮各用一紙，將書皮和書芯用綫訂在一起。相較包背裝，綫裝工序簡單，操作更加容易，裝訂速度更快；且裝訂牢固，不易損壞。綫裝從明代中葉以後成爲我國書籍裝幀的主要方式，因爲明中期以後，社會對書籍的需求量越來越大，對書籍生產的效率及裝訂質量提出了更高的要求。

二、寫本與印本

1.寫本與寫本時代

在雕版印刷術廣泛使用之前，書籍生產的主要方式是手寫傳抄，統稱"寫本"。包括稿本和傳抄本。這個時期，通常被稱爲寫本時代。

敦煌遺書是現存規模最大的一批寫本時代的文獻。1900年農曆五月二十六日，在敦煌，王圓籙道士無意發現了著名的"藏經洞"。洞中藏有4至11世紀的古代遺書和其他文物，總數約六萬號。敦煌遺書被譽爲"中古時代的百科全書"，這些赤軸黃卷中，除漢文文獻外，還有古藏文、回鶻文、于闐文、龜茲文、粟特文、梵文等多種文字，其内容涉及政治、經濟、軍事、宗教、語言、文學、民族、民俗、藝術、科技、醫學、教育等領域，涉及文獻内容、版本、書法、裝幀及紙張、印刷術等方面，形成了世界顯學——敦煌學。

寫本時代除作者稿本等產生方式外，還有替人抄書——職業"傭書"。所謂"傭書"，是受雇爲官府、寺觀和私人抄書，换取薪金，以養家糊口。《後漢書・班超傳》："家貧，常爲官傭書以供養。"《三國志》卷五三《吳書・闞澤傳》記載："闞澤，字德潤，會稽山陰人也。家世農夫，至澤好學。居貧無資，常爲人傭書，以供紙筆。所寫既畢，誦讀亦遍。追師論講，究覽群籍，兼通曆數，由是顯名。"

雕版印刷術廣泛使用後，寫本依然存在，與印本并行，在文物、文獻及藝術價值上依然被關注和研究。根據《中國古籍善本書目》統計，在其收錄的5.6萬餘種善本古籍中，抄本約占三分之一。在這些流傳至今的抄本中，宋元抄本極少，明清抄本尤其是明代中期以後的抄本數量很大。據《北京圖書館古籍善本書目》統計，館藏善本30 766部，其中宋抄本7部，元抄本8部，明抄本1 231部，清抄本5 187部，明清抄本總量在善本中所占比例約爲21%。加上稿本、檔案等，全部稿抄本占善本書總量的三分之一左右。如國家圖書館藏宋代皇族譜牒宋内府寫本《仙源類譜》（圖一三）與《宗藩慶系錄》（圖一四），明内府寫本《永樂大典》（圖一五），清乾隆内府寫本《四庫全書》（圖一六）等，均爲稿抄本。

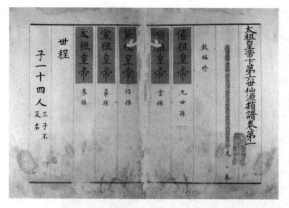
圖一三　宋內府寫本《仙源類譜》

圖一四　宋內府寫本《宋宗藩慶系錄》

圖一五　明內府寫本《永樂大典》

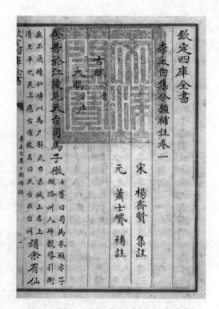
圖一六　文津閣本《四庫全書》

2. 刻本時代

晚唐時期，雕版印刷術興起，爲書籍的發展帶來了革命性的改變。宋代雕版印刷技術成熟，印本圖書的優越性越來越凸顯，逐漸成爲古代書籍傳播的主要形式。雕版印刷實物，現存有確切紀年最早者爲唐咸通九年（868）《金剛般若波羅蜜多經》（圖一七），現藏英國國家圖書館。存世第二早、有確切紀年的，也是中國境內現存最早的刻本書籍，是現藏於中國國家圖書館的天成二年（927）的《佛說彌勒上生經》（圖一八）。印刷術普遍使用後的宋本多爲南宋時期刊刻，少量爲北宋時期刻印而成。刻本時代給我們留下了豐富的文獻典籍。雕版印刷大大提升了書籍製作和傳播的效率，對人類文明建設起到了無可替代的作用，有"文明之母"的美譽。

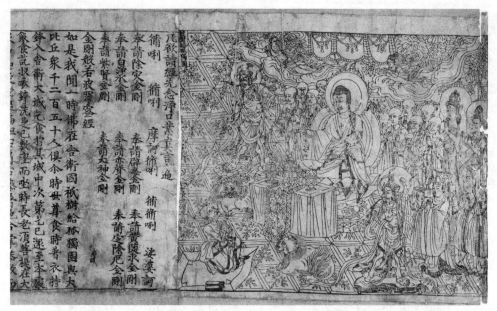

圖一七　唐咸通九年《金剛經》

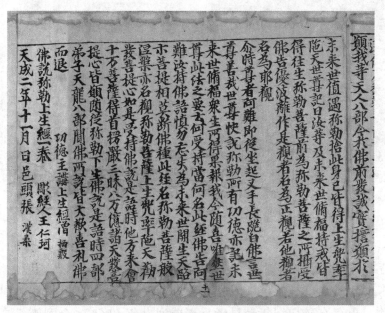

圖一八　後唐天成二年《佛說彌勒上生經》

3. 活字印刷

雕版印刷外，中國還有活字印刷技術的使用發明。北宋布衣畢昇發明了泥活字。其後又陸續出現了木活字、銅活字、錫活字、鉛活字等。早期的泥活字和木活字的印刷實物在漢字文獻中少有留存，但在西夏文獻中有實物存留。泥活字的製作方式在宋沈括《夢溪筆談》第十八卷中有詳細的記載（圖一九）。

图一九　古迂陳氏家藏元刊本《夢溪筆談》

木活字印書的記載始于元代，王禎首次成功地製作了三萬多個木活字并用木活字印書。其製作使用的過程在其《農書》上有記載。他用木活字印製《農書》《旌德縣志》等，可惜兩書的活字印本皆未傳到今天。王禎在《農書》後留下了《造活字印書法》，還創製了活字輪盤（圖二〇），提高印書效率的同時，對降低工人的勞動強度頗爲有效。現存早期木活字印刷的實物留存是在千佛洞出土的回鶻文木活字。明代木活字使用已經較爲普遍，清朝更爲通行。清乾隆三十八年（1773），乾隆采取金簡建議刻製了25萬枚木活字，擺印了134種書，稱《武英殿聚珍版叢書》。

圖二〇　《農書·活字板韻輪圖》

泥活字、木活字外還有金屬活字印書。明中期開始有了銅活字印書。最大的一套銅活字印書當屬清雍正間的《古今圖書集成》。錫活字在王禎時就有"鑄錫爲字"的記載，但錫活字印書的實物却不得見。

活字印書在中國出現很早，但是早期實物留存却很少。活字印刷和雕版印刷相比有可以重複利用、成本低的特點，但也有其弊端，因此并未廣泛流行。

對活字印刷的研究詳見本書第六章。

第四節　圖書館古籍工作

古籍是中華文明的重要載體。浩如烟海的中華古籍是中華文化綿延不絕的保障。中華先賢從典籍產生開始，就用自己的智慧保護古籍，收藏古籍，傳播文化。在中國古代文獻收藏史上有官藏、私藏兩大體系，遍布全國的私人藏書家、藏書樓對國之重寶的傳承也做出過重大貢獻。

中華人民共和國成立後，爲更好地保護古籍，傳承中華文脉，陸續將古籍藏書調整爲以公藏單位爲主的格局，各級各類圖書館成爲古籍收藏、保管、服務、研究的重地，承擔着傳承文明、服務社會的職責。

2007年，國務院辦公廳頒布《關于進一步加強古籍保護工作的意見》（國辦發〔2007〕6號），更加注重各級圖書館在古籍保護中的作用。先是2007年5月，在國家圖書館加掛"國家古籍保護中心"的牌子并成立國家古籍保護中心辦公室，其後各省圖書館加掛省級"古籍保護中心"的牌子并成立相應的省古籍保護中心辦公室，中醫系統成立行業古籍保護中心并設辦公室等，以分層管理的模式建立古籍保護工作體系。十餘年來，各級圖書館大力推進古籍保護事業，古籍工作越來越規範。

國家圖書館是中文古籍藏量最大的單位，古籍業務門類相對全面。此以國家圖書館爲例，對古籍工作加以介紹。

一、古籍基礎工作

圖書館古籍部門的基礎工作，主要有采訪、編目、古籍庫房管理、讀者接待、文獻修復、文獻保護、基礎研究等。

1.采訪

對采訪，外界經常誤解爲新聞采訪。圖書館古籍的采訪是指通過各種渠道搜訪藏家和藏書的信息，并按照規定采集入館。古籍館藏品的采訪，包括善本古籍、普通古籍、輿圖、金石拓片、甲骨、地方文獻、少數民族文字文獻、外文善本等特藏文獻的采訪與入藏。目前采訪的主要渠道是政府撥交、民間購藏、拍賣市場購買補藏、社會捐贈等。捐贈又分爲有償捐贈和無償捐贈等。采訪時經過真僞鑒定、估價議價、報批、與藏家簽署協議、購買付款等流程。

2. 編目

指編制古籍特藏目錄，起到内部管理和讀者導引作用。目錄一般從形式上分有卡片目錄、機讀目錄、書本式目錄，從涵蓋範圍分有館藏目錄、聯合目錄、一定範圍的總目錄（如某一專題，或全國的，或省、館的總目）、普查登記目錄（登賬式目錄）等。古籍分類法一般使用傳統的經、史、子、集四部分類，也有使用劉國鈞十五大類等分類法的。機讀目錄目前使用多是marc格式。特藏類機讀目錄根據藏品類型使用《新版中國機讀目錄格式使用手册》《古籍著錄規則》《古籍機讀編目手册》《中文拓片機讀目錄格式使用手册》《測繪製圖資料機讀目錄格式使用手册》等。館藏的文獻根據專題需要編制館藏目錄，方便讀者查詢，如《北京圖書館古籍善本書目》《國家圖書館普通古籍目錄》等。聯合目錄則指某一區域不同收藏單位編制的聯合目錄，如《東北地區古籍綫裝書聯合目錄》，總目如《中國古籍善本書目》《中國中醫古籍總目》等，可以方便準確地查詢古籍分布。

3. 古籍入藏及庫房管理

經過登賬、編目、給出唯一對應的編號、鈐蓋印章，以及入庫前的殺蟲消毒等環節，古籍特藏可以入藏上架，經審核後便可以提供服務使用了。古籍特藏庫屬於國家規定的保密部位，庫房管理是全館各書庫中最嚴格的。庫房一般必須具備溫濕度恒定的條件，采取安防消防等控制措施。庫房工作人員也有必須遵守的嚴格的入庫出庫、提書歸書等規章制度，以確保古籍的絕對安全，如：非庫房管理人員和相關業務科組的人員入庫，需要部門或館領導書面簽批；入庫不得穿大衣，不得帶相機、包、食品和易燃易爆物品；出入庫房嚴格登記，提歸書清點到葉等。庫房的垃圾需要經過三人檢查纔可以倒掉。目的就是保證藏品安全萬無一失。

4. 讀者接待

按目前的技術手段，讀者接待主要是到館讀者接待和非到館讀者服務。古籍特藏品不外借，閱覽原件衹能在指定的閱覽室閱覽。一般情況下，古籍特藏類藏品如果有替代品就不再提供原件，目的是保護原件，避免因動用頻繁對原件造成損壞。替代品指的是拍攝完成的縮微膠片、數字化古籍、影印出版的古籍等。縮微膠片需要使用縮微膠片閱讀機，須到館閱覽。數字化産品可以通過網絡閱覽。非到館讀者除通過網絡查閱館藏外，還可以委托工作人員代爲查詢、複製。

5. 文獻修復

指對破損文獻進行維護修補復原的工作，同時在修復中進行技術傳承及科學研究。以國家圖書館文獻修復爲例。建館至今的百餘年間，國圖完成了國寶級珍貴文獻包括《趙城金藏》《永樂大典》、西夏文獻、敦煌遺書和西域文獻、宋元善本、清《賦役全書》、"天祿琳琅"書的專題修復等，百年間制定的修復原則"整舊如舊""搶救爲主、治病爲輔"等成爲業界共同遵循的原則。修復機構幾經更名，現爲"文獻修復組"，人員也由高中、大專學歷的修復技術人員到近幾年由老師傅與入館碩士研究生結合的團隊。目前的修復內容有對內、對外兩方面。對內，一是專項修復及研究，如"天祿琳琅"書修復；二是常規修復，隨書庫人員日常順架提閱發現破損嚴重、有礙正常使用的古籍修復，展覽前維護性修復；三是通過修復培養人才。對外，一是承接一些館外珍貴古籍的搶救性修復，二是爲没有修復力量的收藏單位提供專題修復或修復技術培訓和指導。修復方面的科研工作也在展開，有了紙漿補書機、高清攝影修復臺等專利產品，引進了紙漿紙張纖維分析系統及檢測設備；制定了修復相關的國家或行業標準，出版了修復案例叢書供業界參考。文獻修復組成爲由文化和旅游部命名的"國家級古籍修復中心""國家級古籍修復技藝傳習中心"。國家圖書館"裝裱修復技藝·古籍修復技藝""傳統書籍裝幀技藝"被文化和旅游部正式確認爲國家級非物質文化遺產，杜偉生成爲國家級非物質文化遺產項目古籍修復技藝代表性傳承人。國圖的"敦煌遺書修復技藝"也成爲北京市市級非物質文化遺產。文獻修復組被中組部、中宣部、人社部、科技部評爲"全國傑出專業技術人才先進集體"，三位修復師被授予"全國技術能手"稱號。十幾年間，修復從經驗到科學的提升成果豐碩，令社會矚目。這也大致代表了修復行業的基本狀況和發展趨勢——用更科學的手段爲古籍續命。

6. 文獻保護

指對文獻的預防性保護及對損傷文獻的及時搶救等，也包括對文獻保護環境的檢測，以及文獻保護標準的制定、技術的研發、理論研究。以國家圖書館爲例，文獻保護組早已有之，一直開展相關工作，但囿于經費等限制，主要開展庫房環境監控和防蟲工作。2007年，"中華古籍保護計劃"啓動，國家圖書館作爲國家古籍保護中心籌建古籍保護實驗室（圖二一），下設物理實驗室、化學實驗室、生物實驗室、耐久性研究實驗室和精密儀器室等，後又增加脫酸實驗室。這是全國首個從事古籍保護科技研究的專業型實驗室。實驗室以現代科技爲手段，以保存保護中華民族寶貴歷史文化遺產、延長古籍文獻保存壽命爲主旨，重點研究古籍載體和字迹、保護設備和材料、保存環境及有害生物防治、紙張加固和脫酸等關鍵理論和技術問題，爲古籍保護科技創新與技術進步服務。

圖二一　古籍保護科技文化和旅游部重點實驗室局部

實驗室負責全館重點文獻庫房監控，定期開展溫濕度、蟲黴檢測并提出預防性處理方式和改進方案，定期投放防蟲藥物等；對其他收藏單位的庫房監測給予指導。

　　實驗室重點開展文獻致損機理的研究，制定文獻保護相關標準，如古籍庫房、民國文獻庫房的標準，古籍函套的標準，古籍冷凍殺蟲的標準等。開展保護原理研究、技術設備研發（如文獻脫酸設備），開展有害生物防治研究、修復及出版等用紙的檢測等，爲文獻的保護提供科學依據。2015年國家圖書館古籍保護實驗室被當時文化部命名爲第一批"古籍保護科技文化部重點實驗室"（現"古籍保護科技文化和旅游部重點實驗室"）。

　　實驗室還爲開展古籍保護提供新材料、新設備研發，提升古籍保護科技領域重大關鍵、基礎性和共性技術的攻關能力，如對甲骨及名家手稿紙張脆化的研究等；爲古籍保護科學技術的創新技術集成與應用提供技術準備，爲傳統古籍保護及修復技藝的科學化、規範化提供指導與支撐；同時努力培養古籍保護領域需要的高水準工作者。實驗室研究領域爲多學科交叉與綜合應用，包括理學、工學、文學、歷史學等的交叉，以及物理、化學、生物、環境和造紙等學科的綜合應用；基礎理論研究和應用技術研發并重，以基礎研究支持應用技術研發，科技研究與工作實踐有機結合，其目的是科學、規範地讓古籍文獻安全地傳之永久。

二、古籍工作的擴展

　　隨着近年技術和讀者需求的提升，古籍的工作範圍在不斷拓展。展覽、講座、文創產品的研發，古籍文獻的影印、整理、數字出版，以及數字資源建設和服務成爲古籍工作的拓展內容。

　　1.展覽展示

　　屬于古籍的延伸服務。近年通過展覽展示普及傳統文化知識成爲各個收藏單位的共識，也是對傳統服務的拓展和延伸。通過展覽讓珍貴古籍文獻走出地庫，讀者可以通過觀展瞭解古籍，認知古籍中承載的知識、文化，從而更加熱愛中華優秀傳統文化。近年各圖書館還紛紛成立典籍博物館，博物館的展覽有常設展覽和臨時展覽之分，不同主題的展覽成爲社會教育的極好方式。展覽還走出國門，讓外國人通過典籍瞭解中國文化，作爲中國文化走出去的一種途徑。在國內也可以通過各館間的換展，讓不同地域的觀衆有機會看到更多的展品。一些學校還將觀展作爲課程的一部分，展覽的社會效益隨之不斷增長。

　　2.講座沙龍公開課

　　歷史文化系列講座、典籍文化講座、藏書講座、傳統文化慕課等拆除了圖書館的圍牆，使館藏走出地庫，爲更多的人瞭解、喜歡。除現場聽講以外，很多講座采用精加工、深度標引等手段，通過新的傳播途徑走入人們的生活，便于受衆利用碎片化的時間接收新的知識，獲得新體驗。這不但成爲學生課堂生活的延伸，也豐富了大衆的文化生活。

3.古籍數字化

將古籍數字化，通過不同的加工方式和處理手段滿足不同群體的使用需求也是目前服務的趨勢，這種服務不受時間地點限制，讀者享受的是更加便捷的服務。目前的數字產品有幾個不同層次：書目數據、影像庫、全文庫等，從內容組織還可以有專題數據庫等方式。

1900年在敦煌藏經洞發現的藏品總數約6萬號，但當時的國家積貧積弱，致使大批敦煌文獻流出國門，分藏多處。對敦煌遺書和絲綢之路其他考古遺址出土的文獻的研究衍生出敦煌學、吐魯番學等世界性的顯學，百餘年來始終是國際學術界關注的熱點領域。然而歷史原因導致敦煌西域文獻散藏于世界各地數十家收藏機構，致使學者利用敦煌西域文獻存在種種不便。20世紀末，國際學術界日益認識到解決上述問題的緊迫性。同時，數字攝像與掃描技術、數據庫技術與網絡技術日臻成熟，爲解決這些問題提供了機遇。在這樣的背景下，國際敦煌學項目（簡稱IDP）應運而生。

2001年起，中國國家圖書館與英國國家圖書館合作開展國際敦煌學項目，項目的工作內容是將分藏各處的敦煌文獻以數字化的方式上傳數據庫，也是中國國家圖書館早期的數字化項目。2002年11月11日，中文網站正式開通，讀者可隨時上網查閱中國國家圖書館、英國國家圖書館及其他機構收藏的敦煌及其他遺址出土文獻，以及大英博物館、華盛頓弗利爾美術館收藏的繪畫。目前這個以"敦煌遺珍"爲題的數據庫仍然在繼續加緊建設中。不斷有學者利用此庫將由于歷史原因分藏兩處的文獻殘片和文獻實現綴合，形成了新的研究成果。

IDP的成員機構有英國國家圖書館（英文版）、中國國家圖書館（中文版）、俄羅斯科學院東方學研究所聖彼得堡分所（俄文版）、日本龍谷大學（日文版）、德國柏林勃蘭登堡科學與人文科學院（德文版）、敦煌研究院（中文版）、法國國家圖書館（法文版）、韓國高麗大學校民族文化研究院（韓文版），合作機構有匈牙利科學院圖書館、柏林亞洲美術博物館、巴黎吉美博物館、大英博物館、倫敦維多利亞與阿爾伯特博物館、美國普林斯頓大學東亞圖書館、中研院傅斯年圖書館（臺北）等，各中心有自己的服務器，通過互聯網互相連接組成一個數據庫。各中心數字化的文獻大圖都儲存在各自的服務器上。每兩個服務器間即時進行數據同步。

各成員機構的權利規定：圖像與數據的版權歸製作者所有；不得修改和刪除對方的數據；各機構可以存取圖像，但不得複製，也不得用于其他目的。服務器分散，發布平臺統一。應該說這個數據庫起步早，設計合理，是各收藏機構在彼此尊重的前提下資源共建共享的理想模式。

近年大量數據庫邊建設邊服務，除各個收藏機構自建數據庫外，以購買方式添加數據庫也是常見的方式。社會上數據公司組織建設的數據庫也在不斷開展服務。目前數據庫建設的不足在于缺少統籌和協作的組織機制。一方面重複建設，形成數據的冗餘；另一方面大量資源急需數字化，但缺少經費。還有數據庫商在建設速度快的優勢背後，不重版本選擇，用劣本代替善本的情況并不少見。數據庫建設還需要進一步做好頂層設計，協調發展。高質量的數據庫和專題庫纔是目前學界和用户需要的。

值得注意的是，在古籍數字化加工中選用的設備應是冷光源、非接觸式的，避免掃描加工過程對藏品造成損壞；加工過程要一次到位，避免重複動用珍貴古籍；提歸書時要逐頁核對，浮簽的位置不可移動；特别是不能爲了保證掃描質量而拆書，損壞書的完整性和原狀。

4. 古籍出版

古籍出版主要有影印出版（含高仿等原樣印刷的方式）、整理出版、研究著作等方式。幾種方式可滿足不同人群需求，但也各有利弊。影印出版產品基本可以保證是學界需要的一手資料，但是產品使用效果與出版者的投入相關。以原件掃描的彩色印刷可以最大限度地保留書籍的原來面目，使用時可信度高，但是印製成本和購買成本也高。整理出版的古籍適用範圍較廣，價格也適宜，但是產品質量受制于整理者的水準和選取的底本校本，無法作爲一手資料使用。研究著作可以作爲導引，但學者掌握材料的多寡和研究結果的準確權威與否直接決定了使用者學習和引用的效果。幾種類型結合，特别是與質量高的數據庫或高仿古籍結合使用應該是更好的方式。當然，選題、出版組織以及優秀的編輯實力是古籍出版的基礎和形成優秀出版成果的前提。

5. 文創產品

指的是使用古籍元素製作的文化創意產品。近年文創產品逐漸走入人們的生活，浸潤着更多人的心靈，成爲促使人們對中華傳統文化從瞭解到感興趣再到熱愛的重要途徑和方式之一。文創領域發展的餘地還很大，需要進一步投入和挖掘。

三、圖書館古籍人才培養

古籍人才不是一朝一夕便可培養成的，需要長期實踐經驗的積累和持續的學習打磨。圖書館古籍工作從采訪、編目到保管、服務、數字化建設、修復保護、講座展覽以及出版的選題組織都需要深厚的積澱。

人員專業匹配固然重要，但是上述工作需要的版本鑒定、目録組織、數據庫設計、出版選題組織都需要對藏品的深入瞭解。版本目録學家冀淑英先生有句座右銘——"爲學不做媚時語，實踐方能出真知"，道出了圖書館古籍工作者成才的真諦。

目前圖書館古籍人才培養的主要途徑有以下幾個方面：一是師徒傳承。師傅帶徒弟模式在古籍鑒定、古籍修復人才培養上都是適配的。老師將多年積累的經驗傳授給學生，避免了過程的重複，縮短了成才的周期，利于後學站在前人的肩膀上繼續攀升。二是在職繼續學習。近年看到入職的人員經過幾年的工作，對未來個人感興趣的學術方向逐漸明晰，對自身知識結構中的欠缺點也更加明確，于是再重返學校，進一步完成更高一層的學歷教育，學習成效顯著。三是以工作對人才的配比需求爲方向。以研究和工作項目的方式逐漸培養古籍工作中最爲緊缺的古籍版本鑒定，古籍目録組織，中國古代書籍史、印刷史、收藏史，古籍數據庫設計實施等學科的後備力量，以及古籍保護學科隊伍，應是可行的方式。

注　釋

① 《漢文古籍特藏藏品定級第1部分：古籍》（GB/T 31076.1-2014）。
② 《中國少數民族文字古籍定級》GB/T 36748—2018。
③ 《漢文古籍特藏藏品定級第1部分：古籍》（GB/T 31076.1-2014）。
④ 黄永年：《我怎樣學會了鑒別古籍版本》，齊魯書社編《藏書家》（第6輯）。

第三章

宋元刻本的鑒定與辨僞

第一節　宋代刻書

一、宋代刻書基本情況

唐五代時期印刷術開始使用，在此之前的文獻基本是以寫本方式流傳。宋代，伴隨着農業、手工業和商業的發展，雕版印刷技術得到極大提升，爲順應當時政治、文化發展的需要，雕版印書行業迅速發展。兩宋時期雕版刻書規模大，刻印質量精，流通範圍廣，成爲當時文化的主要傳播手段；出現了許多刻書機構和個人，官私刻書共同發展，形成刻書業的繁榮局面。

從組織印書的主體劃分，有官刻、私刻之分。官刻指中央、地方各級機構使用公款刻印的書籍。私刻指私宅、家塾、書棚、書坊、書籍鋪以及寺院、道觀等刻書主體組織刊刻的書籍。

宋代中央政府的國子監、崇文院、秘書省、國史院、刑部、大理寺、太史局印曆所等殿、院、監、司、局都兼刻書的職能。地方政府各府、州、軍、縣，各路使司、公使庫，府州縣學、書院都有刻書。

宋代私宅刻書、坊肆刻書也很普遍，分布很廣。刻書者往往也是藏書者，或者賣書者。私刻往往刻印快、選題新、銷售廣。宋臨安陳宅書籍鋪等刻書非常著名。

宋代刻書集中的地區是浙、蜀、閩、贛，被稱爲浙刻、蜀刻、建刻和江西刻本。這些刻書中心形成的主要原因有以下几點：一是這些地區政治、經濟、文化發達，對書的生產需求量大；二是刻印書的材料易得，距離紙墨的產地近；三是大多交通發達，刻印的書籍便于運輸出售；等等。

現存宋刻本多爲南宋刻本，北宋刻本存世極少。國家圖書館的千部宋本書中，被普遍認可爲北宋時期刻書的僅有三部（圖一、圖二）。

二、宋代刻書的特點

宋刻本，版式特點是書口初多白口，後有細黑口。字的行間比較寬闊，字體較大。版框多爲單邊，或上下單邊、左右雙邊。書內不固定的部分，常印有刻書人的牌記。宋版書中，在版面左欄（右欄有時也有）往往刻印一小方格，格內略記書的篇名，稱書耳或耳子。版心有魚尾，上魚尾象鼻處鐫大小字數，上下魚尾間多爲簡化的書名、卷次、葉次，下魚尾下鐫刻工姓名或齋堂室名。前期刻書首行常是小題在上、大題在下，序、目錄、正文互相連屬不分開，表現出從卷子裝過渡册頁裝的特徵。

圖一　北宋刻本《范文正公文集》二十卷

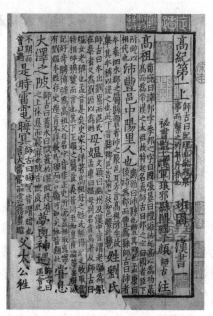
圖二　北宋刻本《漢書》一百卷

宋刻本的字體頗有特點。明代張應文在《清密藏》中説："大都書寫肥瘦有則，佳者絕有歐、柳筆法。"謝肇淛在《五雜組》中説："凡宋刻有肥瘦兩種，肥者學顔，瘦者學歐。"各地所宗書家的不同也形成了各地刻書時字體的特色：蜀刻多顔體、浙刻多歐體、建刻多柳體，江西刻書兼有。

宋代刻書用紙以皮紙、竹紙爲多。當時紙的造價高，也有使用公文紙背印刷者，稱爲公文紙本。這些公文紙本在宋本書的價值外，還保留了當時的檔案資料。

宋刻本的裝幀以蝴蝶裝爲多。宋刻本避諱較爲嚴格。避諱，是帝制時代對君主和尊長的名字必須避免直接説出或寫出，以表尊重。有避帝諱，也有避家諱。避諱的風俗自周已有，成于秦，盛行于唐宋。宋代刻書避諱主要方式是缺末筆避諱、改字避諱等，以及以"今上御名"等代替皇帝的名字。這些避諱字是我們斷定刻印年代的輔助手段。

三、宋刻本的價值

一是文獻價值高。宋代刻書距古本產生的時間更近，也就更爲接近書的原貌。後代翻刻本雖然大都直接或間接出自宋元本，但或經有意更改，或因疏忽失校，與宋元原刻相較，常有出入。歷代學者整理古書時都是極力搜求宋本作爲校勘的依據。後世印本可能出現各種錯訛，宋本的文獻價值就顯得更珍貴。書籍傳抄容易出現錯漏，也難免被傳抄者有意無意更改字句。以雕版印刷的方式印書，一副版片印出來的書文字都相同，實際是給一部書確定了一個統一的文本。特別是宋代皇家和官府大規模主持校定的古代重要典籍，以及私家不斷搜集整理的前人著述，經過校勘訂正刻印流傳，成爲各書的定本，價值就更加珍貴。

二是藝術價值高。不同地域的宋刻字體具有不同特徵，浙江歐體、福建柳體、四川顏體；而且書寫雋美。明人高濂曾評論宋版書説："宋人之書，紙堅刻軟，字畫如寫。格用單邊，間多諱字。用墨稀薄，雖著水濕，燥無湮迹。開卷一種書香，自生異味。"（《遵生八箋》）字大如錢，墨如點漆，紙白如玉，也是人們對宋本書評價時常用的詞彙。

三是文物價值高。宋代刻書時間久遠，傳世稀少，文物價值不言而喻。特別是北宋時期刻書，傳世尤其孤罕。國家圖書館藏北宋時期刻《范文正公文集》、北宋開寶年間刊刻的《開寶藏》之《佛説阿惟越致遮經》被國家文物局定爲限制出境的文物，其珍貴程度可想而知。

第二節　元代刻書

一、元代刻書基本情況

元朝，是蒙古貴族靠金戈鐵馬建立起來的封建王朝，是中國歷史上的又一次大統一。元朝是中國歷史上版圖最大的朝代，在當時也是世界上最強大、最富庶的國家，其聲名遠及歐亞非三洲。《元史·地理志》説："自封建變爲郡縣，有天下者，漢、隋、唐、宋爲盛；然幅員之廣，咸不逮元。"蒙古族原來沒有文字，鐵木真戰勝乃蠻部後，命乃蠻部畏兀兒人用畏兀兒文字母拼寫蒙古語，創造了蒙古文字，建元後通行全國。

忽必烈的登基詔書中明確："朕惟祖宗肇造區宇，奄有四方，武功迭興，文治多缺，五十餘年于此矣。蓋時有先後，事有緩急，天下大業，非一聖一朝所能兼備也。"（《元史·世祖本紀》）元朝統治文治的缺乏讓他在進一步向中原推進的過程中，先後採取了尊經重儒、興學立教，科貢并舉、舉賢招隱，保護工匠等一系列文治措施。雖然最初目的是鞏固統治，但客觀上爲圖書業的傳承與發展提供了學術、物質和技術方面的條件。

元朝統治者先是"以許衡言，遣使至杭州等處取在官書籍版刻至京師"，有了最初的書版，可以隨時刷印；再是選擇有利于統治的典籍譯爲"國語"，便于蒙古貴族學習。

從刻書機構性質看元代有官私兩類，官刻有中央官署、地方官署以及各路儒學、各地書院，私刻有私宅、坊肆、寺院等。

早在南宋理宗端平時期，蒙古人便在燕京設編修所、在平陽設經籍所編纂圖籍。元代中央刻書機構主要有中書省、樞密院、御史台。刻書者有藝文監廣成局、秘書監興文署、國子監、翰林國史院、集賢院、太史院印曆局、太醫院醫學提舉司、司農司、徽政院等。秘書監掌歷代圖籍、陰陽禁書并兼管天文曆數，同時負責刻書，特別是每年的曆書，由秘書監承辦。秘書監刻書人員的設置，元代王士點、商企翁《秘書監志》卷八記載："至元十年（1273）十一月初七日，太保大司農奏過事内一件，興文署掌雕印文書，交屬秘書監。（興文署）原設官三員，令一員，丞二員，校理四員，楷書一員，掌紀一員。事故官一員，楊時煦；校理二員，今改大都儒學教授孫英、劉震；見任官二員，署令馬天昭，署丞王鼎；校理二員，李嘉、古申；楷書呂勖，掌紀趙謙；雕字匠花名計四十名，作頭一名，匠三十九名，印匠一十六名。"

中書省組織刊刻《宋史》《遼史》《金史》。至正五年（1345）江浙、江西行中書省奉旨開雕《遼史》一百六十卷、《金史》一百三十五卷。書前有牒文，稱："准中書省咨：……右丞等奏：'去歲教纂修遼、金、宋三代史書……令江浙、江西二省開板，就彼有的學校錢内就用，疾早教各印造一百部來呵。'"至正六年刻《宋史》四百九十六卷、《目錄》三卷，書前牒文稱："精選高手人匠，就用齋去净稿依式鏤板，不致差訛。所用工物，本省貢士莊錢内應付；如果不敷，不以是何錢内放支，年終照算。仍禁約合屬，毋得因而一概動擾違錯。工畢，用上色高紙印造一百部，裝潢完備，差官赴都解納……"反映了當時的官方刻正史的管理方式、制度，由皇帝直接下令編纂刻印的情況。

地方有行中書省、各路儒學按照管理規範完成中央分派的刻書任務。主要渠道是各個機關下達各路儒學、書院、郡學刻書。元代官刻書管理非常嚴格。著作要由本路進呈，經過上級逐級批准，纔能出版。陸容《菽園雜記》卷十："嘗愛元人刻書，必經中書省看過，下所司，乃許刻印。"《天禄琳琅書目·茶宴詩注》説："元時書籍，并由中書省牒下諸路刊行。"清蔡澄《雞窗叢話》云："先輩云：元時人刻書極難，如某地某人有著作，則其地之紳士呈詞于學使，學使以爲不可刻，則已。如可，學使備文咨部，部議以爲可，則刊板行世，不可則止。"元代的官方刻書必須經過中書省批准，但對私宅坊肆的刻書管理并没有這麽嚴格。

元代各路府、州、縣都設有儒學，中央、地方的政府機構多通過行政手段令儒學刻書，在各道肅政廉訪司發動下，各路儒學刻書著名者有大德年間九路儒學刻十七史。大德九年（1305）江東建康道肅政廉訪司副使伯都，以爲"經史爲學校之本，不可一日無之，板籍散在四方，學者病焉。浙西十一經有全板，獨十七史未也。職居風憲，所當勉勵"，故以"十七史書艱得善本，從太平路學官之請，徧牒九路，令本路以《西漢書》率先……板用二千七百七十五面，工費俱載學計，兹不重出。始大德乙巳仲夏六日，終是歲十有二月廿四日。太平路儒學教授曲阜孔文聲謹書，承務郎太平路總管府判官劉遵督工，中順大夫江東建康道肅政廉訪副使伯都提調"（元大德九年刻本《漢書》孔文聲跋，圖三）。

儒學刻書外，書院刻書也是元代刻書的特色。元統治者頒布一道命令："其他先儒過化之地，名賢經行之所，與好事之家出錢粟贍學者，并立爲書院。"（《元史·選舉志

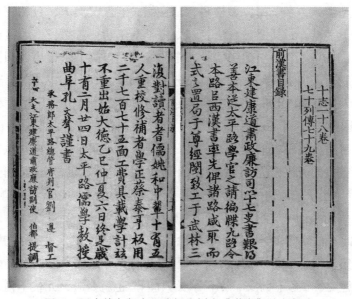

圖三　元大德九年太平路儒學刻本《漢書》孔文聲跋

一》)《日下舊聞》稱"書院之設，莫盛于元，設山長以主之，給廩餼以養之，幾遍天下"。顧炎武在《日知錄》中評價："聞之宋元刻書，皆在書院。山長主之，通儒訂之，學者則互相易而傳布之。故書院之刻有三善焉：山長無事而精于校讎，一也；不惜費而工精，二也；板不貯官而易印行，三也。"

官刻加上遍布各地的私刻，構成了發達的刻書網絡。元代刻書分布地域主要在北京、平陽、杭州及建陽地區。

二、元代刻書的特點

現在對元刻書風格的描述是：黑口、趙字、無諱、多簡。所謂黑口，即指每一版中縫的上下兩端，或者稱爲版口的地方，爲墨印的又寬又粗黑條，這就是黑口。當然，元代的刻書也有不少是白口，有些是元代初年南方刻印的書籍，因爲主持刻書的人多爲曾經的宋人。所以元人刻的書籍也有一部分是白口，所謂的元代刻書多黑口是指一般情況而言。

書口是雕版印書的產物，刻成白口，需要鏟去版口的木面，如果還要刻上每版的大小字數，就要更加精細。南宋中期出現了細黑口，也稱爲綫黑口。白口也好，綫黑口也好，雕版時都要精工細作，勞工費時。這種做法需要較強的經濟實力，說明當時的經濟比較發達，刻書比較精細。元代的刻書之所以多爲黑口，而且是大黑口，原因可能是當時經濟上比較拮据，沒有能力精雕細刻，在鎸刻的刀法上、印紙敷墨上顯得毛草；或許也是刻工追求速度，而對技術不認真，敷衍了事，這樣形成了元代刻書書口多爲黑口的特點。

趙字是指元代印刷字體中最具特色的最流行的趙體字，即元代趙孟頫的字體，也稱趙吳興體。趙孟頫，字子昂，號松雪，謚文敏，浙江吳興人，延祐三年（1316）官翰林學士，精于字畫，尤其擅長書法。宋太祖子秦王趙德芳之後。趙孟頫仕元後非常得寵，政治地位很高。忽必烈把趙孟頫與李白、蘇軾等同，讚揚趙孟頫博學多聞，操履純正，書畫絕倫。加上孟頫"篆、籀、分、隸、真、行、草書，無不冠絕古今，遂以書名天下。天竺有僧，數萬里來求其書歸，國中寶之"（《元史‧趙孟頫傳》），更加深了他的社會影響。

趙孟頫的書法吸收歷史上眾名家之長，形成了自己獨特的風格。他勤于抄書，流傳的有他親筆書寫的《道德經》、小楷《四十二章經》等。親書上版的有《道德寶章》《曹漢泉集》等。至于他人仿照趙體刊行的有花溪沈氏伯玉刊趙氏《松雪齋集》、吳澄《禮記纂言》，張伯顏刻《文選》等。這些書都是筆仿子昂，字畫端楷。因元時士大夫競學趙書，因此官私刻書亦仿趙體。清代徐康在《前塵夢影錄》中說："昔在申江書肆，得《黃文獻公集》二十二卷，狹行細字，筆筆趙體……元代不但士大夫競學趙書……其時如官本刻經史、私家刊詩文，亦皆摹吳興體。"也就是說，元代不僅士大夫競學趙字，就是一般文人也在刻意模仿，在刻書上都以趙字為美。

也有學者對通行趙字有不同意見，認為趙字在存世元刻中並不多見，可進一步研究。

元刻的另一個顯著特徵是不行避諱。避諱是中國歷史上特有的風俗，大約起于周，成于秦，盛于唐宋，沿及明清，前後兩千餘年。但元朝是蒙古貴族建立的封建王朝，元朝初年，諸帝並不習漢文，他們的名字譯為漢字均為譯音，已不再是漢字的原始意義，以海字為例，元代人名、地名、官名中幾乎比比皆是，根本就不用避諱。針對元代諸帝的御名是否要避諱和如何避諱的問題，元代禮部專門進行了幾次討論，討論的結果是仍然立諱法，但是實際行文却很難遇到，因此有諱法而無諱例。也有特例，最早降元、參與修撰《武宗實錄》的程鉅夫，名文海，避武宗廟諱，以字行（《元史‧程鉅夫傳》）。因元武宗名海山，程文海便主動回避，以字行了。他用避諱，一是宋代人的積習難改，二是借此機會表示對元人的尊重，甚至不免阿諛嫌疑。

漢字從使用規律上看，歷來都是刪繁就簡。在寫本時代這個特點已經顯現，敦煌遺書中很多異體字就是寫手們對字簡化的結果。因為簡體字刻起來比繁體字簡單，省工省力，特別是在刻書時，書鋪圖快，書手圖簡，刻工圖省，所以元刻本一種情況是俗體字、簡體字出奇地多。特別是在坊刻的小說、戲曲等刊本中，這個特徵就更加突出，如"禮""無""氣""雙"等，都使用和現在一樣的簡體字，還有一些字簡得與現在筆畫稍有不同。元刻本另外一種情況是用筆畫少的同音字代替原來的字，如用"朱葛"代替"諸葛"，用"周余"代替"周瑜"等。

三、元刻本的價值

元刻本的價值在于承前啟後。許多宋本依靠元人重刻得以流傳下來，元本又為明清重印古書提供了豐富的資源。當朝人的作品在當代首刻首印也是始自元刻。這些刻本也是元人作品的最早刻本，資料價值極高。

元人對印刷技術的推進也有突破。一是朱墨套印的使用，一是王禎對木活字排版的創新和使用。元成宗元年（1295）到大德四年（1300），王禎任宣州旌德（今安徽省旌德縣）縣尹。在任間，他纂修《旌德縣志》，并總結自己多年積累的農學知識，撰寫《農書》。如用傳統的雕印方式付梓，王禎無力實施，于是他請工匠創製了木活字。他大約用了兩年的時間，製作了三萬多個木活字，計劃不但用以印刷自己的《農書》，也可以爲他人印書創造便利。爲此，在《農書》的卷尾還附載了《造活字印書法》，全面闡述了木活字印書法的全部工序。

木活字的《農書》和《旌德縣志》沒能傳下來，但《造活字印書法》概括而具體地分爲寫樣刻字、鎪字修字、作盔貯字、造輪擺放、唱字摘字、排版印刷等步驟，講述得非常清楚，是王禎多年實踐經驗的總結，也是具體施工的藍圖。

王禎使用木活字，還有自己的獨創。他認爲排字工人找字時走來走去非常不便，浪費精力也浪費時間，于是設計發明了轉輪排字盤。他把活字按韻分類存在輪盤中，排字工人坐在中間，可以左右推轉輪盤，以字就人，減輕了工人勞動強度，提高了工作效率，使活字排版的技術和工藝大大向前推進了一步。王禎在《造活字印書法》中還有這樣一段記載："近世又鑄錫作字，以鐵條貫之作行，嵌于盔內界行印書。但上項字樣，難于使墨，率多印壞，所以不能久行。"留下了金屬活字的記載。

第三節　宋元刻本的鑒定

古籍鑒定一般有四種主要方法：

一、"觀風望氣"——根據書籍直觀特徵鑒定

就是根據經驗通過觀察古籍的形態特徵判斷版本年代。過去說觀風望氣是舊書店的鑒定方式，甚至被學院派排斥。其實，觀風望氣是實際經驗積累練就的初步判定版本的本領，是最常用的初步鑒定版本的手段。就宋刻本的"風氣"而言，其書口初多白口，後有細黑口；字的行間比較寬闊，字體較大；版框多爲單邊，或左右雙邊；印書用紙多用皮紙、竹紙；行文中避諱嚴格；裝幀蝴蝶裝較多；等等。元刻本的"風氣"風格爲黑口、趙字、無諱、多簡等。通過直觀觀察，有個初步印象。

二、根據書籍本身信息特徵鑒定

如根據原書序跋輔助鑒定版本是斷定版刻年代常用而且比較可靠的方法，序跋書寫的年份，序跋中記載的有關刻書人、時、地的情況，均可作爲斷定版刻年代的參考。讀通序跋也就成爲版本鑒定的基本功。這個方法需要特別注意的是必須結合版刻特點等其他因素，避免被重刻保留的舊序舊跋誤導，造成判斷錯誤。古人著述後，常自己或讓當地官紳、同鄉、師友等寫一篇序；有些作者去世，由師友門生子嗣後學將其著

作編纂成書、版行于世，并撰寫序或跋。以上兩類書籍通常序跋撰寫年代距離刻書的年代不遠，可以輔助鑒定版本。但也有相距比較遠的，如元任士林著，元刻《任松鄉先生文集》，刊刻之年與成書、師友寫序之年，相隔20年。古書中這種現象很多，不能輕易將序撰寫年作爲刻書年，應綜合分析。跋文也如此，跋文一般在卷尾，後跋對書的成書始末進行交代。撰寫跋文的一般是刊刻此書的實際主持人，其身份一般是子嗣門生、下級僚屬、鄉賢後裔等。跋文不但可以考訂本書的版本，也可以考訂其他書的版本，如宋兩浙東路茶鹽司《易》《書》《詩》《周禮》《禮記》等版本就是通過《禮記正義》後黃唐的一段跋文弄清的。阮元、楊守敬、傅增湘沒有見到此跋，對版本都有過誤解，黃唐跋中稱："紹熙辛亥仲冬……遂取《毛詩》《禮記》疏義，如前三經彙編，精加雠正，用鋟諸木……壬子秋八月三山黃唐謹識。"（圖四）說明了《毛詩》《禮記》版刻是紹熙二年（1191），也證明《易》《書》《周禮》爲本司舊刻。幾部書的諱字都到高宗止，據此推斷刊刻應在高宗年間。

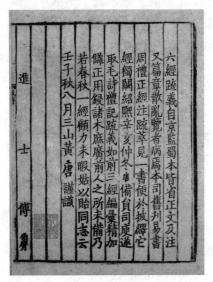

圖四　宋兩浙東路茶鹽司《禮記正義》

讀序跋時，遇到"壽之梨棗""梓行""令梓行之""鋟版""鎸版"等關鍵詞時要特別注意上下文，將其與序跋撰寫年份和撰寫人綜合分析，往往可以得出正確的結論。

根據牌記鑒定版本也是常用的辦法。牌記又稱爲墨圍、碑牌、墨記、書牌子、木記、木牌、條記等。古人在刻書特別是坊肆刻書時有時在書的内封面、内文首尾或序後、目錄後刻一牌記，用以記錄書名、著者、批點評論者，刊印者的姓名、堂號，開雕的時間、地點，甚至所用的底本、書的内容、校勘水準、版權的歸屬等，大致與後世的商標或現代出版物的版權頁有相似之處。所起作用一是作爲刊印的標志，二是解釋版本。由于這樣的特殊作用，所以牌記是鑒定古籍版本的重要依據，也是研究出版史、印刷史的重要資料。最初的牌記多爲刊語或題識，大多沒有邊框。後來到南宋中期，或許是爲了更加醒目和美觀，便在刊語周邊加上墨色圍欄，成了名副其實的牌記。這種牌記可以作爲鑒定版本最直接的根據。國家圖書館藏《黃氏補千家集注杜工部詩史》一直作爲宋刻本著錄，刊刻者詹光祖，字良嗣，號月崖，福建崇安人。宋景定二年（1261）做武夷山紫陽書院山長，從事講學和刻書。爲表達對朱熹的崇信，先刻朱熹《資治通鑒綱目》。入元後繼續擔任教授，精于教書刻書。後山東魯荒王墓中出土此書的相同版本，卷三十二末有條記稱武夷詹光祖至元丁亥（1287）重刊于月崖書堂，此《黃氏補千家集注杜工部詩史》編目的問題從宋改元，糾正了一個編目的錯誤。

牌記被我們恃爲版本鑒定利器。但牌記祇是刻版過程的一個標志，它標的日期可能是開版之初，可能是一個階段，也可能是完工的時間，没有一定之規。不結合書的内容、序跋以及其他材料，牌記也衹是一個孤證。《集千家注杜工部詩》曾經余氏勤有堂刊刻，後余氏家境變化，將書板賣給廣勤堂。廣勤堂剜改牌記，將書作爲三峰書社廣勤書堂的刻本出售。查詢牌記可參考林申清編著《宋元書刻牌記圖録》（北京圖書館出版社，1999）。

　　刻工信息也可以幫助我們鑒定版本。當時屬責任制，有計算薪金的意義，古籍版心多鐫刻有刻工姓名以及本葉的字數，有的還會加上刻工的籍貫。刻工生存或從事刻書的時間最多幾十年，所以我們今天可以根據不同書籍出現相同刻工的情況，互相參照，斷定版刻的大致時間、地點，這是非常客觀的依據。刻工有時僅爲姓，有時衹有名。使用這一方法時還要注意，改朝换代時，刻工跨入新朝繼續從事刻書的情況以及刻工流動各地從事刊刻工作的可能。另外還必須注意刻工的同名同姓現象、刊刻遞修的問題和影刻本照録刻工問題。上海古籍出版社曾經出版過《宋元刊工姓名索引》（上海古籍出版社，2012），可在辨析宋元刻工時參考。如宋沈樞的《通鑒總類》，南宋嘉定初刻于潮陽，元至正重刻于蘇州。元刻本版式字體有宋本之風，大概是覆宋本。書前有周伯琦的序，説明此書初刻重刻的經過（《鐵琴銅劍樓目録》中周序尚存），但是今傳本往往撤去本序，僞稱宋本。真宋本今未見，如没有周序，不認真核查，確實真假難辨。幸虧元刻本有刻工名"平江張俊"，爲元蘇州郡庠刻工，得以斷定爲元刻本。

　　避諱是中國古代綿延兩千餘年的一種習俗，陳垣先生在《史諱舉例》中稱利用這種習俗可以解釋古文書之凝滯，辨别古文書的真僞及時代。避諱字對我們鑒定版本具有重要的參考作用。利用避諱字斷定版刻年代要熟練地查找皇帝、諸王、后妃等的名諱和他們的祖諱、家諱，熟悉歷代的諱法、諱例、諱字、諱類，這不是一件容易的事，況且在一部部頭極大的書中找全所有的避諱字，判定哪個字是本書避諱的下限，也要花很大的工夫。而一旦能够準確地找到諱例，判定版刻時代應該是比較準確的。需要注意的是官刻一般避諱嚴謹，私刻就不敢完全依賴避諱來鑒定版刻年代，還有有時翻刻重刻時避諱字照刻，也容易造成錯誤判斷。影刻本、影印本就更是如此了。所以利用避諱判定版本年代一定要參照其他條件。相臺岳氏翻宋本《九經三傳》被定爲宋本，但宋本未見著録，又不避宋諱，刻工見于其他元刻本，後被改定爲元刻本。

三、根據書中内容鑒定

　　古籍中涉及的地理建置、職官沿革、銜名、尊稱、謚號、書名冠詞稱謂、卷端上下題名等常隨時間等因素發生變化，可以根據此類信息對書撰寫、刻印的時間做出一定的推斷。所以書中的内容和版本鑒定也具有一定的關聯，如根據地理建置沿革來輔助判斷版本。中國歷史上朝代的更迭帶來行政建置沿革、名稱改變頻繁，掌握古地名的變化，對于鑒定版本非常有幫助。所以應該儘量多地掌握地理沿革和地名變遷方面的知識。同時在使用這個方法時也要注意影刻覆刻等情況的影響，要綜合其他因素進行判斷。

中國歷代機構設置的官職，不但內容許可權性質不斷變化，名稱也在不斷變化，就是因爲避諱的關係改變官名的也不在少數。這些時代特徵對版本鑒定很有裨益，可以幫助我們斷定成書的時代和刊刻的時間。銜名、尊稱、謚號的獲得都是有時間和地點的，運用得法，對斷定版本時代頗有幫助。但同樣需要注意翻刻、覆刻等情況。書名冠詞的稱謂有時也可以幫助鑒定版本的時代。中國古書有時帶有朝代名稱，本朝刊刻時在朝代前面還加上帶有褒揚色彩的文字，如皇宋、聖宋、大宋之類，而這個朝代逝去的時候，這種詞便不會出現，這可以是我們判斷版本時代的一個參照。另外，卷端上下題名在鑒定版本時也可作爲參考。不同的書或一部書的不同版本，其卷端的題名或有不同，如《夢溪筆談》，當題名爲《古迂陳氏家藏夢溪筆談》時，就可以斷定爲元代陳仁子刻本或是其後據此覆刻翻刻的版本。卷端上下題的變化就更有利于我們發現不同刻本及其版本之間的聯繫。古籍卷數變化也可以輔助我們鑒定版本，如朱熹《詩集傳》宋時爲二十卷，元時并爲十卷，至明，不僅書名變爲《詩經集傳》，內容也并爲八卷。

四、根據遞藏題跋、藏書鈐印以及前人目錄輔助鑒定

古代藏書家遇到孤本珍本，多會竭力收歸己有。藏家經常收藏後將收藏過程、對書的評價和判斷等以題跋形式留在書上或另附葉介紹，這些內容對鑒定版本非常有益。書上的題跋識語，有些是自己撰寫，也有請他人撰寫的。題跋中不論揭示書的內容體例，還是記錄校勘異同、卷數的分合變遷，或者是記下令自己得意的得書經過，都可能涉及書的刊刻時間地點及版本優劣等個人看法。當年藏書家的書很多秘不示人，但對自己的親朋故舊是例外，其中善于鑒賞的朋友更是能得到優待。過去的收藏家和鑒賞家對典籍的見識往往優于今人，特別是那些藏書大家和文獻學家鑒定珍本的過程和心得，以題跋的形式留在書中，可以成爲今人鑒定版本的重要參考依據。宋元時期古書的跋文多是明清時期收藏家和文獻學家留下的，這些題跋可以作爲我們今天鑒定版本的依據，如明、清、民國知名收藏家或鑒賞家錢謙益、錢曾、季振宜、徐乾學、鮑廷博、翁方綱、黃丕烈、顧廣圻、楊以增、羅振玉、張元濟、傅增湘、王國維、袁克文等人的題跋。國家圖書館藏《顔魯公年譜》就是根據翁同龢的一則跋文最終確定爲錫山安國銅活字本。

根據藏書印幫助判斷版本時代也是非常常見的。我國公私藏書的歷史非常悠久，無論是政府的公藏，還是私家珍藏，一般都會在藏書上鈐蓋印章。傳世書籍上可見的公藏的藏書印，從南宋緝熙殿到清末期的都有。私家藏書印就更加豐富，不但有藏書樓印，還有名氏印和閒章雅印，一些非常珍貴的藏本上還有手校鑒賞印等。這些印章帶有時代的信息，對我們推斷版刻的時代有一定幫助，如見到"緝熙殿書籍印"，我們就可以判斷書最晚應在南宋初期完成刊刻；見到"翰林國史院"印，就可以判斷書的刊刻不會晚于元代。藏書印之始很難詳考，一部雕印精美的善本書上鈐幾枚古雅別致的藏書印，朱墨粲然，開卷一樂，藏者又可以聲名遠播，傳諸永久，藏家治印用印因

此成爲時尚。

藏書用印，形制不一，風格各異。就印文内容而言，包括印主姓名字號、生年行第、鄉里籍貫、家世門第、仕途經歷、志趣等。藏書印的史料價值不但可以幫助我們考察書的源流、判斷書的版本，還可以補充書史資料的不足。許多藏印出自名家之手，藝術價值更是不言而喻，如汲古閣的印章多出自汪關之手，潘祖蔭滂喜齋印章多出趙之謙之手等。經大家收藏并鑒賞的書籍，一般鑒定結果比較可信，可作爲我們今天鑒定版本的參考。另外，藏書印還可以提供信息，讓我們按圖索驥，找到名家是否有過著錄，從著錄中獲得其鑒定意見。從藏印中，我們還可看出書的遞藏情况，藏品流傳有緒，可以增强版本的可信程度。但是後人也有僞造前代藏印的情况，辨别真僞是個難題。

探索一部古書的流傳和收藏歷程時，常用的方法是看書上的印章和題記，其次是查閱藏家的目録和題跋記載，然後泛及其他有關資料的記載。另外，平時要養成注意閱讀論述古書版本的文章，現在整理出版的古籍一般都有關於版本的説明，而且還會輯録古往今來有關的記載，這些都是很好的參考資料。關於印章和題跋，近年也出版了一些參考書、工具書，如林申清《中國藏書家印鑒》（上海書店出版社，1997）、《明清著名藏書家藏書印》（國家圖書館出版社，2000）等，可以爲我們提供學習參照。這類書目前還是少了一些，現在如能使用新技術以數據庫的形式加以梳理，不但便於查閱，還能更便捷地解决相關的問題。

前人目録著録也可以幫助我們鑒定版本。公藏、私藏、史志等多種類型的目録記録着浩如烟海的古代典籍，特别是一些詳細記載古籍信息的提要式目録，對我們今天鑒定版本具有重要的參考價值。與前人著録一致，我們作出結論就有一定的根據，如果一部書不見於前人任何目録記載，判定起來多會心存疑慮，如《張承吉文集》見於《直齋書録解題》，是被斷爲宋蜀刻的依據之一。常用的公藏目録：宋《崇文總目》《中興館閣書目》，元《西湖書院重整書目》，明《文淵閣書目》，清《四庫全書總目》《天禄琳琅書目》等。常用的私藏目録：宋《郡齋讀書志》《直齋書録解題》《遂初堂書目》，清代多家目録《楹書隅録》等。史志目録：《漢書·藝文志》等。私編目録：《千頃堂書目》《藏園群書經眼録》等。目録核查内容包括書名、卷數、著者、分類、版本等各個方面，以及行款、書口字體等信息，這些信息一些題跋式目録都有記録。其他如現當代書目《中國古籍善本目録》等，圖録類《中國版刻圖録》等，也都是很有價值的版本鑒定用參考書。

第四節　宋元古籍的作僞與辨僞

古書作僞主要是兩種類型：

一種是内容或作者的作僞。一部書標明的作者、時代與其實際作者、時代不相同，習稱爲僞書。這種作僞主要目的是宣揚某種理論和觀點，或者借名人讓自己的著作得以推廣，或是爲取得利益製造僞書或僞托名人之作擴大書籍銷量，或是爲出名將他人成果署自己之名，或是爲在論辯中取勝僞造證據，或爲避禍不得已改作者名，還有爲避嫌在有違背主流思想的作品上規避作者真名。改作者有自己認爲名氣不夠或者不想署真名者，也有後人爲營利將作者改爲名人者，或者以舊書名做新書，或以新書名冠之舊書者，還有爲降低刻印成本將書的內容縮編者。古書作僞早已有之，朱熹就曾慨歎：天下多少是僞書！辨僞甚至形成辨僞學。作者內容作僞多爲文人所爲，如爲使自己的著作或觀點擴大影響，僞托名人之作，如兵書僞托諸葛亮、醫書僞托孫思邈。如國家圖書館藏蒙古憲宗三年至五年（1253—1255）張宅晦明軒刻本《增節標目音注精議資治通鑒》一百二十卷，序後鐫有張氏晦明軒刻書牌記，署泰和甲子下癸丑，相當于蒙古憲宗三年。張存惠晦明軒是金元時期平陽（今山西臨汾）著名刻書坊。蒙古時期的刻本傳世無多，至爲珍貴。卷端署宋人東陽呂祖謙伯恭撰。呂祖謙是南宋文學家。此書署呂祖謙，應爲書鋪之假托。

另一種是版本的作僞。這種作僞一般以晚充早、以殘充全、以習見充孤罕。版本作僞主要是爲提升書的版本價值，書商所爲占大多數。通常作僞的方法：紙張做舊或者直接用舊紙僞造、冒名人批校、撕去序跋、殘本充全、叢書零種充單刻、加蓋僞章、僞造牌記、增刪刻書年款、挖改描補等。

一、宋元古籍常見作僞方法

1.以晚充早

有用舊紙僞造者。明高濂《遵生八箋》稱："近日作假宋版書者，神妙莫測。將新刻摹宋版書，特抄微黃厚實竹紙，或用川中繭紙，或用糊扇方簾綿紙，或用孩兒白鹿紙，筒捲用槌細細敲過，名之曰刮。以墨浸去臭味印成……或改刻開卷一二序文年號。或貼過今人注刻名氏留空，另刻小印，將宋人姓氏扣填兩頭角處。或粧茅損用砂石磨去一角。或作一二缺痕，以燈火燎去紙毛，仍用草烟薰黃，儼狀古人傷殘舊迹。或置蛀米櫃中，令蟲蝕作透漏蛀孔。或以鐵綫燒紅錘書本子，委曲成眼，一二轉折，種種與新不同。用紙裝襯綾錦套殼，入手重實，光膩可觀，初非今書仿佛，以惑售者。或劄夥囤，令人先聲指爲故家某姓所遺。百計瞽人，莫可窺測。"

2.殘本充全者

如上海圖書館藏《金石錄》，南宋時有龍舒郡齋（安徽舒城）刻本及開禧元年（1205）浚儀（安徽亳州）趙不譾刻本，皆不顯于世，元明兩代未見重刊，明代惟有抄本流傳。清初，馮文昌曾藏有十卷宋刻《金石錄》，因而特地刻了一方"金石錄十卷人家"的印章，一時傳爲佳話。以後又經藏書家朱石文、鮑廷博、江立、趙魏、阮元、韓泰華、潘祖蔭等遞藏，書上印章累累，斑斕絢麗。又經著名學者顧廣圻、翁方綱、姚元之、洪頤煊、沈濤等先後鑒賞，或題詠，或寫跋，是書中瑰寶。

三百多年來，其所以讓學術界迷惑，主要原因有兩條：一是所存的十卷跋尾應爲全書的卷十一至二十，但該本却題作"卷一至十"；二是它的文字與國圖藏本有異。經將兩部宋本相較，發現殘宋本的卷次早在馮文昌收藏前已被剜改，由于剜改者技術高超，許多收藏家、鑒定家的"法眼"都被騙過，造成了與其他傳本體系不同的假象。而文字歧異，是因爲此殘本乃後印本，後印者除了修補損壞的版片外，還補刻了初印時留下的一些缺字，并對原來的文字作了某些校正。由于當時以爲此書是《金石錄》僅傳的宋刻本，所以此本雖屬殘卷，却被公認是宋板書無上珍品。

3. 剜改書名、著者

過去的藏家選擇善本書時，罕見是一條重要的標準。書賈利用藏家以稀爲貴、奇貨可居的心理，便剜改書名、著者，僞造罕見的書。明徐弘祖《徐霞客遊記》是地理方面的名著，書賈爲了製造罕見書的假象，把書名改爲《遊名山記》。

4. 叢書零種充單刻者

如《四書集注》中的《論語集注》單行。近年"中華古籍保護計劃"評審《國家珍貴古籍名錄》，時常有藏書單位將叢書零種誤認爲單刻者編目、申報。如叢書《三子音義》由《老子二卷音義一卷》《莊子四卷音義四卷》《列子一卷音義一卷》構成，或許歷史上就將書打散出售，藏館于是單獨申報。

5. 增删刻書牌記

增删刻書牌記也是作僞常見的方式。古書中的牌記是考證一書的出版人、出版地和出版年代的重要依據。有無這塊牌記，書的版本價值很不一樣。如元代建陽是書坊刻書集中的地方，其中余氏刻書始于北宋，南宋以余仁仲萬卷堂最爲著名。元代余氏勤有堂刻書最多，影響最大。余氏勤有堂曾經刊刻有《集千家注杜工部詩》，後余氏家境變化，將書板賣給廣勤堂，廣勤堂剜改牌記，作爲三峰書社廣勤書堂的刻本出售。

6. 剜改序跋

剜改序跋中的時間、地點、人物、事件，或撤換序跋冒充古刻舊刻而從中獲利，在古書版本造僞中亦屬司空見慣的現象。尤其是在配合其他作僞手段時，挖改序跋中緊要之處更是屢見不鮮。如明崇禎六年（1633）趙均刻本《玉臺新詠》，書後有趙均的刻書跋文，但此書翻刻精美，與宋本難以區分，所以趙均翻刻本常被書賈撤掉跋文充宋本。

7. 剜改書名著者

如明李贄的《藏書》六十八卷，明天啓陳仁錫刻本，某公共圖書館藏的此書，書名"藏書"被剜改爲"國書"，作者也被剜改成"李應祥"，還僞蓋了藏印。這或許是爲了規避李贄離經叛道的影響所做的僞裝。因此，凡古書中無序有跋，或序與跋的内容自相矛盾時，切不可輕信其中所題的時間、地點、人物、事件，而應當多方考證後，再作決斷。

8. 版本雜拼

用幾種不同版本雜拼成一部書，是書賈出售殘本的一種作僞手段。一般以一種較好的殘本作爲基礎，殘缺卷用其他版本或其他書拼配，再進行加工，掩飾雜拼的痕跡，以完整的原刻本的面貌出現。有一家公共圖書館藏有一部《唐詩品彙》九十卷，該館藏本的原本僅存八卷，其餘均是書賈用其他兩三種明刻本拼湊而成的。

9. 割改目錄、卷數

目錄是全書的綱目，在一定程度上反映古書的章節體例，古書由于刊刻者、刊刻時間不同，目錄卷數會產生差異。書賈常常利用這個特點，刪割目錄，剜改卷數，以殘本充全書。書賈除剜目錄、改卷次外，還有僞加目錄一法。此法常見于叢書零種作僞，即將幾種叢書零種合在一起，加上一個目錄，另成一書。

10. 加蓋偽章，偽造題跋

藏書印是鑒定版本輔助手段，鈐蓋的藏書印表示的是書的遞藏關係。鈐蓋上名人的印鑒，往往能抬高書的身價。所以國家圖書館編目的卡片上偶會看到前輩著錄的印文，後注"疑僞"，這些印有趙孟頫、文徵明、季振宜等名人的藏印，一些古舊書店也會用這個辦法作僞，抬高書的身價。

11. 染紙充古刻

將紙張做舊作僞也是書商常用的方法。紙張做舊常用茶、糖水、醬油等染色，也經常采用烟熏、醋熏等方式。也有用舊紙新印書的方式。這種造假方式現在也還有人在利用。

12. 裝幀作僞

裝幀形式帶有時代特色。嘉慶時著名藏書家黃丕烈在修復古籍時會將宋元時蝴蝶裝改裝成所謂"黃裝"。一些作僞者將新書做出黃裝的式樣，偽造成古董式樣。如國家圖書館藏光緒本《周易》是《古逸叢書》零種，書賈將其裝爲"黃裝"，之前張元濟先生都被其蒙蔽，將其定爲元刻本。

二、宋元古籍辨僞

古書作僞的方式很多，研究作僞的手段，剖析作僞的規律，對提高版本鑒定的準確率是很重要的。前人從內容考辨古籍真僞的方法主要有以下三種：

（1）利用各種書目和提要，從文獻的流傳綫索上去發現問題和尋找區別真偽的佐證。對文獻的真偽產生疑問，是辨偽工作的起點，而這些疑問有很大部分是從流傳上發現和提出的。至于區別真偽的佐證，更離不開查考作者生平和從目錄學、版本學角度對文獻形成、流傳過程的考察。

（2）根據其他文獻對一書的引證來核實該書真偽。任何一部真實存在的文獻都會或多或少地在流傳過程中留下其形式和內容的蹤跡，特別是當時能見到這部書的人對它的引證，這些資料可以作爲鑒別真偽的有力佐證。例如當發現"後人謂某書出現某時，而彼時人未見此書"，或"甲書未佚之前，乙書有引用，而甲書今本無乙書所引之文"（梁啓超語），則可基本斷定此書係出于偽造。

（3）從文獻的內容和文體上鑒別其是否與著作年代相符。例如可從作品所表現的史實、學術思想、文體、文法、語言文字（包括特定時代的方言）以及稱謂、提法等方面去尋找佐證。如書中引及了後代的史事和學說，出現了與特定時代環境不符的語言現象，則至少可確定其書在著作年代上存在問題。爲了更正確地運用這一方法，還要求人們對古書的著作體例有所瞭解。古代典籍尤其是先秦文獻，有其獨特體例，一些著名典籍往往不是出于一時一人之手，而是經過較長時間的流傳增補纔定型的。這和嚴格意義上的偽書有所區別，張心澂說："大抵戰國及戰國以後之偽書，由于後人之偽造者居多，其過多在作偽者；戰國及戰國以前之偽書，有由于讀者之誤會，其過或在于讀者，此又辨偽者所宜知也。"（《偽書通考·總論》）

版本辨偽需要針對作偽的不同途徑，熟悉歷代目錄，通過查詢古籍著錄的客觀情況，并仔細觀察，不斷積累經驗。

參考文獻

王禎：《王禎農書》卷二十六，清廣雅書局刻《武英殿聚珍版叢書》本。
李致忠：《古籍版本知識500問》，北京：北京圖書館出版社，2001年。

第四章

明代刻本與鑒定

第一節　明代刻本述略

　　明代是中國古代印刷史上的輝煌時期，刻書的數量之多、地域之廣、技術之高、影響之大，是以往各代無法相比的。據有關資料統計，明代刻書數量多達35 000種；從中央到地方、從官府到書坊幾乎都在刻書；刻書地域遍布全國，江蘇、浙江、福建等地刻書尤多。這個時期，活字印刷、套版印刷日漸風行，"餖版""拱花"的發明和應用把雕版印刷的技術水平推向巔峰。文學、藝術、醫學、科技諸方面的名篇巨著，不僅影響着當時也影響着未來，不僅影響着中國也影響着世界。

一、明代刻本緣起

1.安定社會秩序，恢復生產，經濟迅速發展

　　1368年，朱元璋建立大明帝國，定都金陵（今南京），年號洪武，是年即洪武元年。元末各地的連年戰亂，使得社會秩序極混亂；而沉重的租稅與徭役，又造成農民大量逃亡，人口銳減，土地荒蕪，民不聊生。朱元璋采取了一系列休養生息的政策，對減輕農民負擔、安定社會秩序、解放社會生產力都起到了積極的作用。值得一提的是，政府下令改變工匠的服役制度，規定不願去官府服役的工匠繳納頂工銀即可。工匠在服役以外的時間可以自己從事生產，產品可以在市場上自由出售。工匠政策的調整，直接關係到包括刻書工匠在內的切身利益。這些政策的實施，激發了工匠的生產積極性，手工業也逐漸發展起來。

　　農業和手工業的恢復與發展，不但鞏固了明朝政權的社會經濟基礎，同時也是其他一切事業，如文化、教育、科學以及刻書出版等事業發展的前提。

2.重教興學，培養選拔人才；舉賢招隱，重用賢能之士

　　朱元璋雖然家境貧寒，又出身行伍，僅粗通文墨，但他對文化却有深刻的認識，他認爲"武定禍亂，文致太平"（余繼登《典故紀聞》卷一）。因此，朱元璋非常重視文治的作用。在他的倡導下，全國各府州縣皆設立儒學。社會上形成了廣泛的讀書風氣。朱元璋還特別重視舉賢招隱，在應天營造禮賢館，給予招聘來的賢能之士以優厚的待遇。這一系列重教育、拔人才、聘賢士的政策，對於促進明代社會的文化發展起了不可忽視的推動作用，也爲刻書事業的發展開闢了廣闊的天地。

3.注意采集圖書,重視教化作用;詔除書籍稅收,刺激刻書行業

對圖書及其教化作用的重視,是明太祖一貫的思想,是其大政方針中的一個重要組成部分,這對明代書業的發展、繁榮起到了重要的促進作用。

明代刻書事業之所以蓬勃發展,與朱元璋對刻書實行了特殊政策是分不開的。據《明史·太祖本紀二》載,洪武元年八月,"除書籍田器稅"。這一政策的推行,對刻書事業無疑是個極大的刺激和解放。明代上自朝廷內府、諸王藩府、布政使司、按察使司,府、州、縣及其儒學,都以刻書為風尚;下至南北兩京、福建、江蘇、浙江、安徽等地區,則書鋪如林,書溢市肆。如今大量流傳于世的明代官刻私雕書籍,是其有力證明。

4.寬鬆的出版政策,為書籍出版提供了良好的環境

元朝對著述和刻書的管理非常嚴格,官刻書要由本路進呈著作,經過逐級批准纔能出版。這種管理方式主要是出于對知識分子的防範。其結果使很多非常有價值的書失去了出版的機會,失去了流傳下去的機會。明代政府雖然也有書禁,但是明代的圖書出版政策,與元代相比還是相當寬鬆的。明政府對于民間一般的學術和創作活動干涉也不多。所以,明代著述急劇增加,叢書、類書的編輯亦十分活躍。在明代無論官府、私宅、坊肆,或達官顯宦、讀書士子、太監備役,祇要財力所及,皆可刻書。多則易濫,不能不說是一個弊病,但也從側面反映出明代刻書之盛。明人刻書,據統計不下35 000種,其中明人著述超過半數。

5.發達的經濟,刺激圖書的消費

明王朝建立後,通過采取一系列恢復生產、發展經濟的政策,社會變得相對穩定,經濟快速發展。尤其是江浙地區,比其他地區更為繁榮。明中葉以後,出現了資本主義萌芽。商品貨幣經濟的發展,手工業者和市民階層的擴大,都對刻書出版業有很大的影響。

首先,城鎮居民迅速發展,當他們物質生活得到一定的滿足之後,隨之對精神生活也提出相應的要求。于是戲曲、小說等平民文化作品便大量產生并版行于世。明代的小說、戲曲在宋元兩代的基礎上又有發展,因為通俗易懂,貼近人民大眾的生活,深受人民大眾尤其是市民階層喜愛。由于有需求,不少戲曲、小說連續出版印行。

其次,明代的官府和私人藏書規模大大超過前代,有力地刺激刻書業的發展。明代中央政府藏書十分豐富,楊士奇編的《文淵閣書目》著錄7 294種;編纂《永樂大典》時,抄錄的圖書約有七八千種。據范鳳書先生著《中國私家藏書史》統計,明代有897位藏書家,其中藏書數量在10 000卷以上的有200多人。不少明代的藏書家致力于刻書事業,如毛晉就不是為藏書而收書,而是獲得善本便刊刻流布,以廣其傳。毛晉的汲古閣雖然是書坊,但是所刻之書,底本好,校讎精,具有較高的質量,因此暢銷海內外。此外,范欽、袁褧、趙用賢和趙琦美父子等藏書家同樣有刻書的善舉。

6.製書材料的進步,為刻書業提供了良好的物質基礎

筆、墨、紙、硯等是書業發展的基礎,與書業的發展興衰有直接的關係。筆、

墨、紙、硯等行業的發展，可以滿足刻書、抄書的需要，書業的興盛又帶動其他相關行業的進步。明代兩者之間就是在這樣的良性循環中相互促進與發展。明代筆、墨、紙、硯的製作，數量之大、製作之精、品種之豐富，皆超邁前代，進入了一個前所未有的繁榮期。

以筆而言，生產規模大、分布地域廣、新品名筆多是明代製筆業的特點。湖筆、湘筆、京筆是主要的支柱產品，時人有"南有湖筆，北有京筆"之譽。

墨是印刷的主要材料之一。在明代，製墨業有大規模的發展。徽州是明代最著名的產墨地，不但產量大，而且質量好。據有關資料記載，這裏的製墨作坊有近百家，所產的墨行銷全國，甚至出口海外。製墨名家輩出，流派衆多，墨質精良，墨式新奇。徽州製墨多以黃山松爲主要原料，宋應星在《天工開物》中介紹了用松烟製墨的方法。明代還出現用藍靛印刷書籍的現象，這是一種印刷的新材料。

紙是書籍的載體。明代造紙業又有新的發展，紙張的產量和質量都超過宋、元時期。江西、福建、浙江、安徽是明代紙張的四大產地。明代紙張的品種有一百多種，用于印刷者祇有一部分。明人胡應麟在《少室山房筆叢》中稱："凡印書，永豐綿紙上，常山柬紙次之，順昌書紙又次之，福建竹紙爲下。"總之，明代造紙業的發達，爲印刷業提供了足够的原材料。

明代的製硯業亦頗發達。入明之後，傳統的名硯如端硯、澄泥硯等繼續廣泛使用。一些新開發的硯材亦不斷出現，如北京的潭柘紫石硯、東北長白山的松花石硯、四川的嘉陵峽硯等，爲明代文化的繁榮，作出了應有的貢獻。

7. 勞動力資源豐富，降低了刻書成本

明朝中葉，隨着土地兼并愈演愈烈，大批農民傾家蕩產，流亡城鎮，資本主義開始萌芽，城鎮和城鎮居民迅速發展。這給手工業提供了大量廉價勞動力，刻書業也是如此。低廉的刻書工價，不僅降低了刻書成本，也大大提高了刻書業自身的競爭力，從而有力地刺激了刻書業的發展。

上述政治、經濟、文化、教育等諸多因素，正是明代刻書業發展的主要原因。

二、明代刻本的版式特徵

明代刻書的版式特點，概括起來可以說前期爲"黑口趙字繼元"，中期"白口方字仿宋"，後期"白口長字有諱"。版本學家李致忠先生經研究認爲，這些特點均可在彼時彼地的政治、經濟、文化的發展演變中找出其形成的原因。

1. 明初至正德時期的版式特徵

明初至正德（1368—1521）一百多年間的刻書版式，無論官雕還是私刻大多數有"黑口趙字"的特點，而"黑口趙字"本是元代刻書的版式風格，但是在明代前期的一百多年間却没有什麽大的變化，原因有二：

其一，入明以後，朝代雖然變了，但許多元朝舊有的刻書鋪子和刻書工匠，其刻書技術和風格却没有新的變化。明初匠户分爲住坐匠和輪班匠兩種形式爲官府服務，來內府刻書的工匠，習慣于自己原有的刻書方法，因此形成內府刻本幾乎都是粗大黑口的版式風格。

其二，明朝某些敕撰、官修或御製之書，政府明令地方翻刻時祇能依式翻雕，不能隨意改變款式和風貌，這就統一了官刻書籍的版式風格。各地的書坊和私宅自刻書籍由於受官刻本版式風格的影響，多數刻本也是粗大黑口。刻書字體也和版式風格一樣，入明以後，特別是明初，仍然效法趙孟頫字體，沒有太大的變化。

2. 嘉靖至萬曆時期的版式特徵

明代嘉靖至萬曆（1522—1620）這一時期的刻書，除司禮監刻書仍遵舊式很少變化外，其餘無論官刻私雕的版式風格幾乎都發生了變化，形成"白口方字仿宋"的特點。這種版式風格的變化也有其重大原因：

明代社會發展到弘治、正德時期，政治極其腐敗，學術文化空氣沉悶。前後七子高舉文學復古的旗幟，向八股取士法展開了猛烈的衝擊。這場文學復古運動影響了整個社會風氣，也影響了刻書業。刻書版式風格上提倡的復古就是要復宋刻之古。宋代版刻具有刀法剔透、白口大字、端莊嚴肅、古樸大方等風格，也被歷來的版刻家尊爲典範。明代正德以後，特別是嘉靖一朝，無論官刻私雕，不但把宋元舊籍照樣翻刊，而且在版式風格、字體款式上亦全面仿宋。嘉靖時期刊刻的書籍，不少是紙白墨黑，行格疏朗，白口，左右雙邊，頗有宋版遺韻。

3. 萬曆後期至崇禎時期的版式特徵

明代社會發展到萬曆以後，已是危機四伏。這些反映在版刻風格中，就出現了"白口長字有諱"的變化。白口的保留，是刻書精細的表現，也是對明代中期版式的繼承；字體改爲瘦長，可以多刻文字，節省板材。明朝自天啓皇帝起，特別強調避諱，目的是鉗制人們的思想，也是政權虛弱的表現。

明代中後期，市民階層迅速擴大。爲了滿足市民階層精神生活的需求，私宅書坊刻印了大量的戲曲小說。爲了吸引讀者，許多戲曲小說不僅配有精美插圖，甚至邊欄也鎸雕成雲紋、竹節、花草、博古圖案。這些奇特的版式風格雖然不是明代刻書的版式主流，但也迎合了顧客心理，更加適應市場競爭的需求。

三、明代刻本的印刷技術

（一）活字印本述略

進入明代，活字印刷技術前進了一大步。這個時期不僅有木活字印刷品，而且還出現了很多金屬活字的印刷品。但這并不意味着中國金屬活字印刷技術的發明是在明代纔有的，而是在更早的時期。2018年，從日本回流了一批羅振玉舊藏的古代銅活字，經國內相關專家學者鑒定，以及有關機構儀器檢測，初步認爲是中國宋元時期鑄造的青銅活字。因此明代金屬活字印刷技術普遍使用，而且達到了一個較高的水平，也是順理成章的事。

1.金屬活字印書

無錫華氏家族是明代活字印書的代表者，其中最有名的是華燧。華燧（1439—1513），字文輝，號會通。明無錫鵝湖人。懂經史，好校讎。喜愛藏書和刻書。其書室名"會通館"（圖一）。

應該提出的是，華燧用何種金屬原料製作活字，多年來一直是個謎。不少專家學者認為華燧製作活字的材料不是銅，而是錫。據明代人華渚《勾吳華氏本書·華燧傳》中記載"既乃範銅板錫字"，已明確指出華燧印書使用的是錫活字。李致忠先生在他的著作《歷代刻書考述》中曾指出："從印刷術發展的角度看，則無論其是銅活字還是錫字，其意義當是相同的。"

華珵（1438—1514），字汝德，號尚古，別號夢萱，是華燧的堂叔。他精于鑒賞，喜歡收藏。他的書室名曰"尚古齋"。他與當時的名人雅士文徵明、沈周、祝枝山等人關係非常密切。弘治十五年（1502），華珵得到一部宋代著名詩人陸游五十卷本《渭南文集》（圖二），如獲至寶，以其為底本，用金屬活字重新擺印。

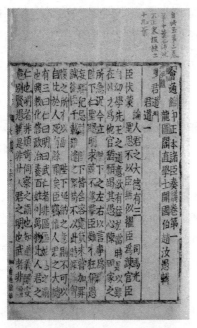

圖一　會通館活字本《宋諸臣奏議》一百五十卷

圖二　《渭南文集》五十卷

華堅，字允剛。他以"蘭雪堂"為名，用金屬活字擺印過不少書籍。如明正德八年（1513）擺印過唐代元稹《元氏長慶集》、白居易《白氏長慶集》，正德十年擺印漢蔡邕《蔡中郎文集》，正德十一年擺印漢董仲舒《春秋繁露》。

安國（1481—1534），字民泰，曾常年居膠山，并在長達二里多的山坡上種植了大片桂樹，自號"桂坡"，室名亦稱"桂坡館"。他曾擺印了《吳中水利通志》(圖三)、宋代魏了翁《重校鶴山先生大全集》等。

用金屬活字印書者還有金蘭館,弘治十六年(1503)擺印了宋代范成大《石湖居士集》、明代孫僨《西庵集》;五川精舍曾擺印《王岐公宮詞》;明嘉靖三十年(1551)芝城擺印了《通書類聚剋擇大全》,三十一年擺印了《墨子》。但是芝城是什麼地方一直是個謎。經版本學家張秀民先生、韓琦博士考證,確認"芝城"是明代的建寧府。蘇州地區五雲溪館擺印過《玉臺新詠》《襄陽耆舊傳》。其他金屬活字印本還有《唐五十家詩集》《朱文公校昌黎先生集》、金屬活字藍印本《毛詩》等。

2.木活字印書

明代用木活字擺印書籍的現象更爲普遍。明人胡應麟説:"今世欲急于印行者有活字,然自宋已兆端……今無以藥泥爲之者,惟用木稱活字云。"這裏胡氏祇講了木活字印刷術一方面的優點,即"欲急于印行者有活字"。也就是説,用木活字擺印書籍非常快捷。而另一方面的優點則是其靈活性,木活字不僅可以自用,而且還可以借人。這是雕版所不如的。如明人徐兆稷就是借别人的木活字,擺印了其父徐學謨的著作《世廟識餘録》。明代上至藩府,下至民間私宅,都有木活字印書。據版本學家張秀民先生考證,流傳至今的明代木活字印本仍有上百種之多。經、史、子、集各類書籍都有涉及。例如,弘治年間碧雲館擺印的《鶡冠子》(圖四)、蜀藩王朱讓栩于嘉靖二十年(1541)用木活字擺印的宋蘇轍《欒城集》、隆慶三年(1569)黄美中擺印的《鳳洲筆記》等,都是著名的明代木活字印本,爲歷代版本學者所重視。

圖三 《吴中水利通志》十七卷

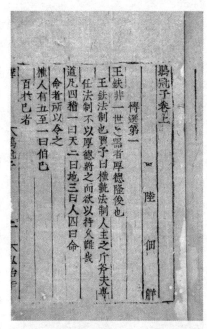

圖四 明弘治碧雲館活字印本《鶡冠子》三卷

另外,用木活字擺印家譜更能體現其優越性,從明中後期開始,用木活字擺印的家譜、族譜越來越多,到清代達到了鼎盛。明代活字印刷技術大量使用,不僅繼承了前人的發明創造,而且將此技術進一步發揚光大了。

（二）版畫印刷的黄金時代

我國的木版畫起源很早，唐咸通九年（868），王玠爲其雙親刻印《金剛般若陀羅尼經》一卷，卷首附有一幀精美的扉畫，雖仍有些古拙，但畫面布局繁簡得當，所刻人物意態生動；刻工刀法純熟，綫條流暢，充分反映了我國唐代版畫雕印技術已達到很高的水平。

經過數百年的發展，明代的版畫雕印技術又有更大的提高，進入了中國古代版畫的黄金時代。正如1931年魯迅先生在《木刻紀程·小引》中所說的那樣："中國木刻圖畫，從唐到明，曾經有過很體面的歷史。"明代版畫大致可以劃分爲兩個大的時段：第一個時期是洪武至隆慶（1368—1572），這一時期是明代版畫從繼承到逐漸發展、壯大的過程；第二個時期是萬曆到明朝滅亡（1573—1644），是明代版畫推陳出新、百花齊放的過程。自民國以降，研究中國古代版畫的學者很多，如魯迅、鄭振鐸、郭味蕖、王伯敏、周蕪、趙萬里、張秀民、錢存訓、李致忠、周心慧、徐小蠻等先生，從各自不同的領域或角度對中國古代版畫進行探求。有關明代版畫的詳細介紹見本書第十二章。

（三）套版印刷技術的大發展

我國早在公元14世紀就發明了套印術。一般認爲，元代後至元六年（1340）中興路（今湖北江陵）資福寺刻印的朱墨二色《金剛經注》，是目前我國發現的最早的套印作品。

明代，套版印刷技術得到很大發展。最著名的是吴興的閔、凌兩家。閔家最早從事套版印刷的是閔齊伋。閔齊伋（1575—？）字及五，號遇五，晚年自號"三山伋

圖五 《春秋左傳》十五卷

客"。諸生出身，志趣博雅，有《六書通》一書傳世。閔齊伋與其兄閔齊華合作，于萬曆四十四年（1616）刻印出閔家第一部朱墨套印本《春秋左傳》十五卷（圖五）。凌氏的代表人物是凌濛初。凌濛初（1580—1644），字玄房，號初成，別號"即空觀主人"或"即空居士"。其編撰的《初刻拍案驚奇》和《二刻拍案驚奇》爲人們所熟知。據不完全統計，閔、凌兩家共刻印了一百多種套印書籍。而"閔刻""凌刻"也以其獨特的套版印刷，名播海內外。閔、凌兩家其他重要刻書者，閔氏有閔于忱、閔昭明、閔振聲、閔振業、閔一栻等十餘人；凌氏也有凌瀛初、凌啓康、凌雲等近二十人。其中凌雲刻印的《文心雕龍》爲五色套印本，當是"閔刻""凌刻"中的佼佼者。

初期的版畫彩印法，是用幾種顏色塗在一塊雕版上，如用紅色塗在花上，綠色塗在葉上，棕色、

黄色塗在樹幹上，然後覆上紙張，一次刷印出來。這種方法被稱爲"敷色法"。也有學者認爲，是先用墨色刷印出版框，其他數種顏色塗在另一塊版上，然後刷印上圖案。這種方法雖然也是套印，但實際上是套印技術與塗版技術的結合。《花史》和《程氏墨苑》（圖六），就是采用上述方法印製的。初印的《程氏墨苑》有施彩圖近50幅，多半爲四色、五色者，但仍處于套印技術的初級階段。人們繼續鑽研探索，終于又發明了"餖版"印刷法。

圖六 《程氏墨苑》十四卷

所謂"餖版"，就是根據一幅畫作設色的深淺濃淡、陰陽向背的不同，分別刻成多塊印版，多者可達數十版。印刷時色彩由淺到深，由淡到濃，一版一印。由于印版塊小且多，猶如宴席上擺盤的餖飣，因此明人稱其爲"餖版"。天啓六年（1626），江寧人吳發祥運用"餖版"和"拱花"印刷技術，編印《蘿軒變古箋譜》，大約與此同時采用"餖版"和"拱花"印刷技術印製的還有《殷氏箋譜》。但真正具有重大影響的代表人物，則是明末著名的出版家胡正言。胡正言，字曰從，徽州休寧人，寓居南京雞籠山側，因在居所栽竹十餘株，故名其室曰"十竹齋"。其人能書善畫，精于雕刻。他用"餖版"法，于天啓七年編印完成《十竹齋書畫譜》，書中各種花卉動物色彩逼真，栩栩如生。總之，無論吳發祥的《蘿軒變古箋譜》、同時期的《殷氏箋譜》，還是胡正言的《十竹齋箋譜》，都反映了明代印刷技術的最高水準，同時也代表了中國古代印刷技術的最高水平。"餖版"和"拱花"印刷技術，至今還在流傳、使用。

四、明代書籍的裝幀形式

明代書籍的裝幀形式主要是包背裝。卷軸裝、經摺裝則多用于佛教經卷。綫裝，是明代興起的一種新的裝幀形式，正德元年（1506）司禮監刻印的《少微通鑒節要外記續編》，正德六年刊印的《大明會典》等書，均采用綫裝方法。從萬曆年間開始，綫裝已普遍應用，逐漸成爲占主導地位的裝幀形式。

明代後期的綫裝工藝已十分成熟，所用的訂綫有棉綫和絲綫，訂孔有四眼或六眼不等。有的書也有五眼、七眼、八眼，有的甚至多達十眼。書皮一般多用較厚的紙張，有的是幾層紙褙在一起。比較考究的綫裝書籍，書皮用絲綢褙成。書簽多爲寫好或印好後貼在書皮上。胡應麟這樣評論明代書籍的裝幀："凡裝，有綾者，有錦者，有絹者，有護以函者，有標以號者。吳裝最善，他處無及焉。閩多不裝。"這裏所說的各種書皮面料，實際是指那些裝幀比較考究的書籍，或内府、藩府的印本。一般的坊刻本，爲了降低成本，還是以紙面爲主。

第二節　明代的刻書機構

一、官府刻書

（一）內府刻書

明太祖朱元璋非常重視文化教育事業，通過一系列發展文化教育事業的舉措，以及洪武元年（1368）書籍田器不得徵稅等相關詔令的實施，使明代的刻書事業得到長足發展。內府刻書起到了表率作用。明朝內府早期的刻本由皇宮內的一些機構負責。司禮監成立後，內府的刻書逐漸由司禮監所管轄的經廠接替完成。司禮監是明朝內廷特有的建制，爲內廷十二監之首、二十四衙門之一。經廠的刻書規模隨着司禮監權力的不斷擴大而發展，監中專司鐫刻刷印的工匠數目也隨之變化。洪武時有500多名，其中刊字匠150名，每二年一班；裱褙匠312名，印刷匠58名，一年一班。據《大明會典》，嘉靖十年（1531）時，司禮監內工匠1 583名，其中專事刻書者近1 300名，分別爲牋紙匠62名、裁曆匠81名、刊字匠315名、刷印匠134名、摺配匠189名、裝裱匠（裝訂匠）293名、筆匠48名、畫匠76名、黑墨匠77名。其分工精細，規模可觀。經廠本的主要特徵爲版式寬闊，行格疏朗，字大如錢，多用趙體，以白綿紙印製，開本舒展大方，多包背裝，首册或鈐"廣運之寶"朱印。

在明內府刻書中，以下幾類書籍應予以關注：

1. "大藏經"

明代內府最大的刻書工程就是雕印佛教的"大藏經"。"大藏經"共雕印過三部，分別爲《洪武南藏》《永樂南藏》和《永樂北藏》。有關"大藏經"的詳細論述見第九章。

2. 《正統道藏》和《賜號太和先生圖相贊》

明成祖朱棣不僅刻印了兩部佛教"大藏經"，而且還敕令編修道藏，正統十年（1445）竣工。全藏480函，千字文編號從"天"字至"英"字，共5 305卷。這部大藏被命名爲《正統道藏》。萬曆三十五年（1607），明神宗命第五十代天師張國祥主持刊刻"續道藏"，得32函，180卷，內容包括道書56種。《正統道藏》和《萬曆續道藏》自萬曆年間合印後，被稱爲《道藏》，共計512函，5 485卷，千字文編號自"天"字至"纓"字。

嘉靖十八年（1539），內府刻印了一部《賜號太和先生圖相贊》（圖七）。這是目前所知明代雕版印刷書籍中開本最大的一部。此書高76厘米，框高53厘米；書寬55.4厘米，半框寬45.8厘米。太和先生即嘉靖年間著名的道士邵元節。此人因多次爲明世宗占醮靈驗，得到明世宗推崇。《賜號太和先生圖相贊》正是爲了宣揚邵元節所取得的那些"業績"，可見當時的道教在皇帝心中所處的位置。

圖七　明司禮監刻本《賜號太和先生圖相贊》

3.《元史》與制書的編撰

明代内府還刻印過大量其他書籍。《元史》（圖八）可以説是明太祖朱元璋登基後，由南京内府刻印的比較早的一部史書。洪武三年（1370），《元史》完成編纂并刊行，這不僅説明了明太祖朱元璋對總結歷史的重視，雖然當時元朝的殘存勢力還没有被完全肅清，但是《元史》的完成，正式向世人宣布了元朝的完結，一個新興的大明王朝已經建立。明成祖朱棣即位後撰寫了不少著作，其内容主要是教導子孫及大臣的，如《聖學心法》《務本之訓》《爲善陰騭》《孝順事實》等。另外，明成祖朱棣還命大臣編輯或纂修了很多書籍，如《歷代名臣奏議》，并刊印賜皇太子及諸大臣。洪武、永樂父子自撰及命儒臣纂修的書籍，當時通稱爲"制書"，約有一百餘種。這些書籍是由皇宫内的一些機構或司禮監所管轄的經廠負責雕印的。

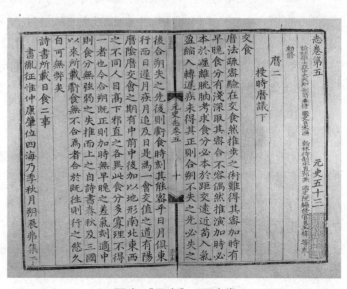

圖八　《元史》二百十卷

(二)中央政府刻書

1.國子監

國子監刻書是中央政府刻書的主要構成部分。1368年，朱元璋稱帝，定都應天府（南京），稱國子學爲"大明國子學"。後因考慮到國學規模較小，難以容納全國生徒，洪武十四年（1381）親臨雞鳴山麓巡視後，朱元璋詔建國子學于此。第二年三月，國學建成，并改稱"國子監"。

永樂元年（1403），明成祖建北京，以北平府學爲北京國子監。十九年，遷都北京，南京成了陪都，規制照舊，其國子監則稱"南京國子監"，北京的國子監成了大明國子監，後人分別稱它們爲南監、北監或南雍、北雍。南、北國子監都刻印了很多書籍。

據明周弘祖《古今書刻》著錄，南監先後刻印圖書270餘種，有新編輯刻印的，也有利用前代版片修補重印的。其中，有重要史籍，如《二十一史》《通鑒紀事本末》《古史》《南唐書》《文獻通考》《通典》等；有傳虞世南、歐陽詢等人書寫的《百家姓》《千字文》等多種法帖；還有一些科技及農醫方面的書籍，如《天文志》《營造法式》《農桑撮要》《大觀本草》《脉訣刊誤》等。其中最著名的是《二十一史》。

北監刻書不如南監多，但據統計也有85種之多。目前所知，北監最早的刻本是成化四年（1468）刻印的《山海經傳》。此外還有《楚辭》《唐詩》《淮海集》《古史》《千字文體》《大學衍義》等。北監萬曆年間還刊印過《十三經註疏》和《二十一史》，然校勘極粗，訛謬極多，甚至整段地脱落，被後來學者稱之爲"灾木"。

2.其他機構

除國子監之外，其他中央機構也都有刻書。如明初御製敕撰之書，當有不少是秘書監鐫刻的；欽天監負責印造每年奏准的《大統曆日》；御馬監刻有《馬經》；都察院刻書有33種之多；禮部奉命刷印《通鑒》《史記》《元史》等書，每三年還要刻印《登科錄》和《會試錄》；兵部要刊刻《武舉錄》；工部刻印過《御製詩》；太醫院刊有《銅人針灸圖》《醫林集要》等，還刊印過《大明律直引》，蓋與法醫有關；史局曾刊刻《明倫大典》。

(三)地方政府刻書

明代地方政府刻印最多的書籍是地方志、鄉試錄、地方文獻等，也刻印過不少其他方面的書籍，如：嘉靖十三年（1534）江西布政使司刻印《蘇文忠公全集》及《年譜》，嘉靖二十三年刊印《大唐六典》，萬曆七年（1579）刻印《山谷老人刀筆》；嘉靖十七年西安府刻《新編漢唐通鑒品藻》；嘉靖三十一年無錫縣刻印《唐雅》；萬曆二十六年邵武府學刻《詩家全體》等。當然，明代地方政府所刻印的各類書籍絕不止上文所述。

明朝中央政府及地方政府刻書的內容，一定程度上反映了明代社會風氣。究其最主要的原因有兩點：一是洪武元年八月下令免除了書籍稅。一般來説，免徵行業稅款，經營者便有利可圖，因此會蜂擁而上；二是明代的基本國策是重文輕武，因此文化發達，對書籍有大量的需求。

（四）藩府刻書

明代藩府刻書，即指明代藩王及同藩宗室所刻書籍，研究者或稱"明藩刻書""藩王刻書""明宗室刻書"等。

明代封藩的特點在于"之藩"，即親王被封藩後，必須前往藩地建府。藩府刻書就是在封藩和"之藩"背景下産生的。

明藩府刻書約占明代刻書總量的1.4%。例如：秦藩于嘉靖十三年（1534）重刊《史記集解索隱正義》一百三十卷；晉藩藏書、刻書處有寶賢堂、志道堂、虛益堂、養德書院，曾于嘉靖四年重刻《文選注》六十卷；周藩于永樂至宣德間刻過《誠齋雜劇》二十二卷、《誠齋樂府》二卷。此外，楚藩、蜀藩、趙藩、崇藩等都曾刻過許多書籍。藩府刻書作爲明代貴族正統文化的體現，數量雖少，却頗具代表性。

二、坊肆刻書

明太祖朱元璋在洪武元年（1368）即下令書籍田器不得徵税。在這一政策鼓勵之下，明代的刻書得到長足發展。全國各地很多坊肆都在大量刻書。刻書的坊肆應該有上千家，或許還要多一些。

（一）金陵坊肆刻書

金陵即現在的南京，明洪武、建文、永樂都曾在此建都。明成祖朱棣後來遷都北京，南京爲陪都，仍然是南方的政治、經濟、文化中心。南京（金陵）刻書坊很多，有九十餘家，大多集中在三山街和太學前。所以不少傳本都有"三山街書林""金陵三山街某某堂"刊識。在金陵刊本中，現存最早爲洪武三年（1370）王氏勤有堂刻《貞觀政要》（圖九）。宣德十年（1435）積德堂刊《金童玉女嬌紅記》，爲目前所知南京刊刻最早的戲曲書籍。從内容上看，戲曲、小説等最多，尤以戲曲爲盛。其他如日用讀物、醫藥、史傳、文集等也有刻印。此外，萬曆初年，西方傳教士來華，帶來了西方的科技知識，在書坊的刻書中也有反映。

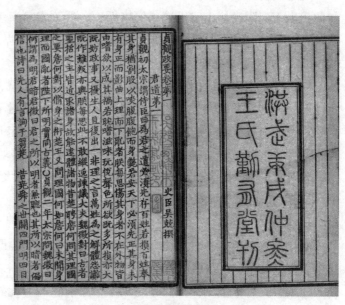

圖九 《貞觀政要》十卷

(二)建陽坊肆刻書

從宋代開始,建陽一直是全國重要的刻書地之一。入明以後,建陽坊刻業持續發展,進入了一個空前繁榮的時期。明代建陽的書肆幾乎都集中在崇化里書坊街。崇化里還有專門進行書籍交易的墟市,"書市在崇化里,比屋皆鬻書籍,天下客商販者如織,每月以一、六日集"。由此可見刻書業的繁榮。弘治十二年(1499)崇化書坊遭遇大火。數年後,崇化書坊刻書業又重復舊觀,甚至比以往的刻書有增無減。

明代建陽有很多著名的刻書坊肆,其中最大的家族,當數建陽余氏。此外,建陽著名的刻書世家還有劉氏家族、熊氏家族、葉氏家族、鄭氏家族、楊氏家族、詹氏家族、蕭氏家族等。

建陽書坊所刻圖書,經、史、子、集無所不包,尤以小說、戲曲等通俗文學作品為最多。醫書、科舉用書、生活用書也多由書坊梓行,這與社會上有廣大的讀者群有直接的關係。至于經史文集,建本傳世者亦不少。此時建本無論品種還是數量,均堪稱第一。

在建陽書坊中,有一些書坊坊主不僅刻書、售書,本人也編書。因此他們的書坊成為編、印、售合一的出版機構。這些書肆的主人,本身就是有一定學問造詣的讀書人。如種德堂主人熊宗立,字道軒,著有《醫方大全》《通書大全》等書。還有一些受雇于書肆的讀書人,也將自己的作品交書肆刻印。如鄧志謨,將自己編寫的《咒棗記》《飛劍記》《鐵樹記》三部小說以及輯錄的《藝林聚錦故事白眉》《精選故事白眉》等,讓余氏萃慶堂刻印。此類作品雖粗製濫造,文筆拙劣,但因有一定的情節和可讀性,在下層民眾中擁有相當廣泛的讀者。

建陽刻書雖多,但因校勘粗略,紙、墨俱劣,受到當時讀書人的強烈批評。儘管如此,由于建陽書坊出書迅速,價格低廉,所刻書籍又多是百姓喜聞樂見的小說、戲曲及實用圖書,因此在競爭激烈的圖書市場中,占有一席之地。

(三)杭州坊肆刻書

杭州曾是南宋朝廷的所在地,同時也是政治、經濟、文化的中心,因此,當時杭州地區的刻書業非常發達。明代杭州地區的書坊刻書遠不如南宋時期發達,但仍然是全國重要的書籍交易中心,明人胡應麟就說:"今海內書凡聚之地有四:燕市也、金陵也、閶闔也、臨安也。"臨安即杭州。杭州著名的刻書坊肆有文會堂、雙桂堂、白雪齋、容與堂、夷白堂、藏珠館、臥龍山房等,曾刊刻過大量的各類書籍。

(四)其他地區的坊肆刻書

1.北京

明代的北京也有一些書坊。明嘉靖年間,設在正陽門內西第一巡警更鋪對門的汪諒金臺書鋪,所刻《司馬遷正義解注史記》《梁昭明解注文選》《唐音》《武經直解》諸書,據宋、元善本翻刻,在北京坊刻本中享有盛譽。此外,還有金臺魯氏、國子監前趙鋪、刑部街住陳氏、宣武門內鐵匠胡同葉鋪等。

2.徽州

明萬曆時,徽州成爲當時重要的刻書中心。吳勉學的師古齋、汪光華的玩虎軒等名肆刻印了大量的小説、戲曲及其他書籍。此外,萬曆以後的徽派版畫,以其精美在中國版刻史上爭得了特殊地位。

3.蘇州

蘇州刻書有悠久的歷史,入明之後,刻書業又有新的發展,其刻書質量得到當時文人的讚賞。明代蘇州書坊刻本,常冠有"金閶"二字,這是因爲蘇州有金門和閶門,刻書的坊肆多集中在閶門内外。蘇州書坊刊行了大量小説、戲曲、尺牘、占卜、棋譜等書籍。

三、私家刻書

明代私家刻書現象是非常普遍的。據繆詠禾先生《明代出版史稿》統計,明代私家刻書者有4 200餘家,實際當遠遠超出此數。刻書的人群主要是文人雅士和一些官吏,當然還有少數平民百姓。他們刻書的目的不同,刻書數量的多少也不相同。一般來説,他們所刻的書籍不是商品,也就是説,他們刻書并不是爲了賺錢,這是與書坊刻書最大的不同點。當然,私家刻書也不排除有一定數量的出售。另外,私家刻書大多數都比較講究,不惜工本。這也是一般書坊刻書不能比的。私家刻本中有不少被歷代文人雅士視爲精品的書籍。葉德輝在《書林清話》卷五中説"明人家刻之書,其中爲收藏家向來珍賞者"如江陰涂禎弘治十四年仿宋刻《鹽鐵論》(圖一〇)、吳郡袁褧嘉趣堂嘉靖十四年仿宋刻《世説新語》等,"此皆刻書有根據,不啻爲宋槧作千萬

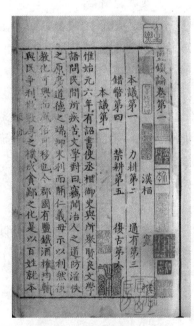

圖一〇 《鹽鐵論》十卷

化身者也"。可見葉氏所説的精品是明人翻刻或影刻宋元版本的書籍。實際上,由于年代久遠而流傳稀少的明代私家刻書,早就被視爲善本中的精品。

第三節 明代刻本的鑒定

一、明代刻本鑒定要點

1.封面與牌記

明刻本中有不少刻有封面,封面除書名外,大多刻有作者、雕版時間、書坊字型大小等。一些書賈蓄意作僞,挖改雕版時間、書坊字型大小以充善本,這就需要鑒定

人有豐富的版本知識，并熟悉該書的版本特徵，去識破作僞方法，以免上當受騙。牌記又叫書牌，多刻在序目後或卷尾書末。有些書賈挖改或撤掉牌記，以次充好，以晚充早。

2.序、跋

序、跋是著者或與之有關的師友、後學撰寫的有關該書成書過程、寫作緣起等内容的文字，一般序在前，跋在後，撰寫時間一般距刻印時間不遠，可以作爲鑒定年代的一個依據。但單純靠序跋題寫的時間來判斷刻印時間是不夠的。因爲不少書籍在翻刻或修訂時，將原序依樣收録，因此要注意共有幾篇序、跋，以最近的一篇來判斷刻印時間。當然，遇到將序跋年款挖改作僞的情況，還要憑字體、紙張等其他特徵來辨別。

3.題跋、識語

題跋、識語是藏書家、鑒定家直接寫于其所藏之書卷首或卷尾的個人研究心得，或叙述該書的流傳情況，同時也提供了前人的鑒定見解。與題跋、識語同時出現的還有藏書印鑒。這也是鑒別時代、瞭解流傳的一個依據，但同樣也有僞作。

4.書名的冠詞與避諱

書名的冠詞有時可直接反映該書的寫作年代，如稱"國朝""皇朝""皇明""大明"等，一般都作于當代。避諱是遇到當朝君主或所尊者名字時采用的改字、空字、缺筆等文字書寫現象，如明熹宗名朱由校，"由"字缺末筆，"校"作"較"。諱字在鑒定版本時，也是一個重要依據。

5.行款、字數及版式

行款、字數及版式是鑒定明本書籍的一個重要條件。因爲不同的版本，其版框尺寸不一，行款、字數也不同。另外，邊欄、魚尾、書口也不相同。因此在鑒定版本時，這些内容是不可忽視的。

二、明代刻本鑒定實例

（一）對《六家文選》的鑒定

北京保利國際拍賣有限公司2007年秋季拍賣會古籍善本專場2378號拍品是一册《六家文選》，存卷三二、卷三三。該書半葉11行18字，小字雙行26字，白口，左右雙邊。框高24厘米，寬18.5厘米。刻工：宗信、周永、李清等。鈐印：琅琊王氏珍玩、琅琊王元美氏、南州高士東海豪家、于氏家藏、楚王之章、乾隆御覽之寶、五福五代堂古稀天子寶、八徵耄念之寶、太上皇帝之寶；另外，卷首鈐"天禄繼鑒"，卷末鈐"天禄琳琅"。《天禄琳琅書目後編》卷七著録，稱："同上，廣都裴氏本，摹印稍後。明楚府藏本，又入于氏、王氏，其八字一印則徐氏也。元美，王世貞字。"如果按《天禄琳琅書目後編》卷七著録，那麼這册《六家文選》當是宋代廣都縣北門裴宅于宋開慶辛酉至咸淳甲戌年間刻本，祇是印刷時間晚一些而已。也就是説此本是宋刻殘册。但是從紙張、墨色等方面考查，此書應不是《天禄琳琅書目後編》卷七著録的宋代的"廣都裴氏本"。究竟是何時的刻本，需要進一步探討。

《文選》是現存中國古代最早，也是影響最大的文學總集。此書由蕭統編輯而成。蕭統（501—531），字德施。梁武帝蕭衍長子。天監元年（502）立爲皇太子，未及即位而卒。諡號昭明。因此後人也稱《文選》爲《昭明文選》。

注釋《文選》最有名者是唐朝學者李善。李善注引用書近1700種，前後數易其稿。唐高宗顯慶三年（658），書成進呈。他的注釋偏重于説明語源和典故，體例謹嚴，引證賅博，但對文義的疏通則有所疏漏。凡作品有舊注而又可取者，即取舊注入書。他自己對舊注的補正，則加"善曰"以志區別。流傳的另一種唐人注本是唐玄宗時期的《五臣注文選》。所謂五臣，即由工部侍郎呂延祚所組織的呂延濟、劉良、張銑、呂向、李周翰五人。李善注和五臣注問世以後，宋代就有人把兩者合并刊刻，稱"六臣注"。現存六臣注《文選》的版本很多，在眾多版本中，題名爲《六家文選》的刻本有以下兩種版本：

明丁觀刻本。半葉10行18字，小字雙行26字。白口，四周單邊。

明嘉靖十三年至二十八年（1534—1549）袁褧嘉趣堂刻本。半葉11行18字，小字雙行26字，白口，左右雙邊。

我們通過行款可以判定這册《六家文選》不是丁觀刻本。那麼我們可以初步斷定爲明嘉靖十三年至二十八年袁褧嘉趣堂刻本。

袁褧嘉趣堂刻本是根據宋蜀郡廣都裴氏刻本翻雕的。爲了翻刻《文選》，他從家藏的數十種《文選》中選定了該本。在此書自序中他説："余家藏書百年，見購鬻宋刻本《昭明文選》，有五臣、六臣、李善本、巾箱本、白文、小字、大字，殆數十種。家有此本，甚稱精善。而注釋本以六家爲優，因命工翻雕。匡郭字體，未少改易。刻始于嘉靖甲午歲，成于己酉，計十六載而完。用費浩繁，梓人艱集。今摹拓傳播海內，覽兹册者，毋徒曰開卷快然也。"該書刊刻時間長達十六年之久，可見校刻精細。

袁褧翻雕的《文選》，在當時就被藏書家視作珍品。因此書賈往往作偽冒充宋本，以售好價。清人葉德輝在《書林清話》中列舉了不少用袁褧翻雕的《文選》冒充宋版書的實例，他在卷十《坊估宋元刻之作偽》一章中是這樣記述的："《六臣注文選》六十卷，袁褧刻本……又一部，末葉李宗信、李清之名俱被書估割去，袁褧識語亦經私汰。"葉德輝看到的《六臣注文選》的"末葉李宗信、李清之名俱被書估割去，袁褧識語亦經私汰"。北京保利國際拍賣有限公司2007年秋季拍賣會出現的這册《六家文選》的書口處有刻工宗信、周永、李清等。毫無疑問，這個"宗信"就是李宗信，而"李清"正是"末葉李宗信、李清之名俱被書估割去"的李清。如果繼續查閱資料，還會發現李宗信、周永、李清都是明代嘉靖年間蘇州地區的刻工，李宗信不僅刻過袁氏嘉趣堂的《六家文選》，還參與刻過明嘉靖六年至七年（1527—1528）胡纘宗、陸采刻本《藝文類聚》，以及嘉靖二十五年袁褧刻《夏小正戴氏傳》（見瞿冕良編著《中國古籍版刻辭典》）。

我們確定了這册《六家文選》是袁氏嘉趣堂刻本，書前所鈐"楚王之章"似也有可疑之處了。因爲這個"楚王"指的是朱元璋的兒子朱楨。洪武十四年（1381），朱楨在武昌建藩，封號爲"楚王"，號稱"楚藩"。藩王之國前，不但分封給大量的田地以及豐厚的財物，還要送給他們大量的書籍，其内容不僅有訓誡，更多的還是文學方面書籍，希望以此陶冶性情，消弭其政治野心。故有"洪武初年，親王之國，必以詞曲一千七百本賜之"（見李開先《張小山小令》後序）。如果這册《六家文選》是洪武初年的賞賜，那麽無疑是宋代刻本或元代刻本。但是，我們通過考證，確認此册《六家文選》是明嘉靖十三年至二十八年袁褧嘉趣堂刻本，那麽"楚王之章"當是僞印。

（二）對黄丕烈題跋明金屬活字本《劉子》的鑒定

2004年，國家圖書館接收了一批陳國琅收藏的善本古籍。陳國琅是陳清華之子。陳清華（1894—1978），字澄中，出生于江蘇揚州，祖籍湖南祁陽，是近現代著名金融家、收藏家。陳清華酷愛藏書，曾以萬金得宋刻本《荀子》，故將書齋命名爲"荀齋"，用于收藏宋元古槧、明清精抄以及名家校跋等珍貴善本典籍。20世紀30年代，陳清華的藏書名重一時，與北方著名藏書家周叔弢并稱"南陳北周"。陳國琅出讓的此批典籍，就是來源于陳清華的舊藏。在這批書中，有一部《劉子》，引起了關注。

這部《劉子》共十卷（圖一一），作者北齊劉晝，唐袁孝政注。框高16.4厘米，寬12.8厘米。半葉9行，行15字。左右雙邊，黑口。卷末有黄丕烈一道跋文。

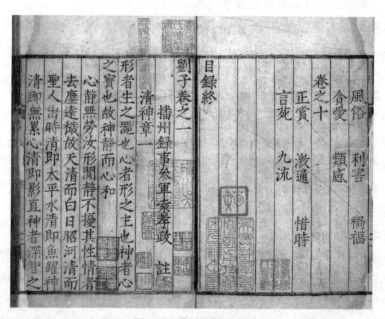

圖一一 《劉子》十卷

此書鈐印：柯氏敬仲（此印僞）、臣陸尉聲、璜川吴氏收藏圖書、惠棟之印、字曰定宇、汪士鐘印、閬原甫、潘叔坡圖書印、叔坡藏書、汪澂别號鏡汀圖章、鏡汀、澂印、許厚基印、懷辛居士、吴興許厚基博明甫收藏宋元善本之章、雪溪許氏懷辛齋圖籍、懷辛齋珍藏印、許氏秘笈、志萬印信、海甯陳琰友先氏曾觀。

黄丕烈跋文稱：

《劉子》有宋刊本，系小字。向爲五柳居物，後以贈陽湖孫伯淵者。又有舊抄本，向爲五硯樓物，後以歸余者。有舊刻專本，向爲香巖書屋物，今以售余者。三本各不同。余曾借伯淵藏本校五硯本，又曾借香巖本參校于五硯本上，故知之詳如此。此皆昔年事也。春初，香巖主人殁，遺書分貯各房，有目錄傳觀于外，余遂檢向所見過者，稍留一二種。惜年來力絀，宋元舊刻散失殆盡，而區區舊刻，又復思置之。且賣書買書牽補殊艱，自笑兼自媿也。己卯季冬望後一日，復翁。（《士禮居藏書題跋記》卷四）

衆所周知，黄丕烈是清代著名藏書家、版本目錄學家。通過這道黃跋可知：這部《劉子》，原爲蘇州著名藏書家周錫瓚香巖書屋插架之物，周氏殁，其書散出，黄丕烈購藏；黄氏曾將此書與另一位蘇州著名藏書家袁廷檮五硯樓所藏抄本《劉子》進行參校，發現異同。黄丕烈題此跋時，是嘉慶二十四年（1819），此時黄氏財力已經不支，故有"惜年來力絀，宋元舊刻散失殆盡，而區區舊刻，又復思置之。且賣書買書牽補殊艱，自笑兼自媿也"之歎。雖然如此，黄丕烈仍"又復思置之"，可見其對古籍的癡迷。該跋文兩次提到這部《劉子》的版本，皆稱"舊刻專本"或"舊刻"。但是，以我們對古籍版本的認知，可以判定這部《劉子》絕非刊刻之書，而是擺印而成的金屬活字本。

之所以説這部《劉子》是金屬活字印本，是通過以下幾個方面進行鑒定的：

1. 根據字體受墨狀況進行辨別

打開這部《劉子》後就會發現，版面的字迹有深有淺，墨色濃淡不勻。我們以卷一首頁爲例（圖一二），此頁面中：第二行的"註"、第五行的"而"、第七行的"白"、第八行的"即"等字，墨色濃重；而第八行的"水清"、第九行"深智"等字墨色淺淡。這是因爲活字版是由單枚活字擺印而成。不論是什麽材質的活字，儘管製字者盡力把每一枚活字修得高矮一致，但是在擺印時，出于種種原因，仍然會有高低不平的情況出現，致使同一版面刷印出來的字迹有深有淺，墨色濃淡不勻。而雕版則不同，無論是獨塊板材還是拼接而成的板材，在雕版之前，都會采用刮、刨等多種工藝，使板面平整，便于刊刻。因此雕版印出來的書籍，其字迹墨色濃淡基本一致。

圖一二 《劉子》卷一首頁

2. 根據每行字體排列狀況進行辨別

由于在雕版之前，都會采用刮、刨等方法使板面平整，因此雕版印出的書籍，每行字體都非常工整。而用活字擺印的書籍，在同一行中，會出現字體歪斜不齊的現象。例如卷三第十九頁B面第二行"晉"，第三行"日""渡""其"（圖一三），卷三最後一頁第三行"審其"（圖一四）等字明顯向右偏。此外，在明代其他活字版書籍中，還出現過活字被橫置的現象。

 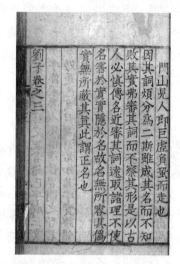

圖一三 《劉子》卷三第十九頁B　　圖一四 《劉子》卷三末頁

3. 根據書中是否有字形完全相同的單字進行辨別

如果書籍中有兩個或更多的字形完全相同的單字時，那麼可以肯定此書是用活字擺印而成。道理很簡單，一個活字在一部書裏被使用過兩次或者更多次時，纔會出現這種現象。在這部《劉子》中，"劉子目錄"的"錄"字（圖一五）與卷三首頁下題"播州錄事參軍袁孝政註"的"錄"字（圖一六）相同，因此可以判斷這部《劉子》是活字擺印而成的。

圖一五 《劉子》目錄　　圖一六 《劉子》卷三首頁

4.根據書中是否有字體異樣的單字進行辨別

這部《劉子》卷一的第一頁B面第七行第一個字是"清"（圖一七），該字"青"的第三橫左側多出一個黑點；卷二的第二十二頁B面第四行第十個字是"知"（圖一八），在該字"口"的左上方多出一個黑點。根據艾俊川先生判斷，這種情況出現，像是流銅的痕迹。另外，卷二的第十七頁A面第二行第六個字是"鞅"（圖一九），放大後能夠看到此字筆畫中有白點黑心的現象，這種現象在此書中還有很多。艾俊川先生認爲，這是鑄字時出現的氣孔。以上現象，祇有鑄造金屬活字時纔會出現。

  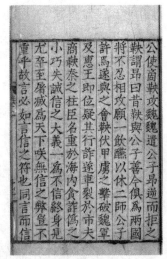

圖一七 《劉子》卷一第一頁B　　圖一八 《劉子》卷二第二十二頁B　　圖一九 《劉子》卷二第十七頁A

綜上所述，這部《劉子》應是明代金屬活字擺印本。

第五章

清代刻本與鑒定

清代既是封建社會發展的頂峰時期，也是被迫邁向近代化的時代。清代的雕版印刷在承續明代的基礎上，又獨具自身的特點。本章在簡要叙述清代刻本之後，按照官刻、坊刻、家刻的順序介紹各類刻本的發展情況，同時還重點介紹寫刻本和套印本，并結合具體事例闡述如何鑒定清代刻本。

第一節　清代刻本述略

本節主要介紹兩個方面的内容：一是分析影響清代出版的因素，從而對整個清代的刻本有一個整體的把握；二是介紹兩部與清代版本相關的著述，可以作爲瞭解清代刻本的參考書。

一、影響清代出版的因素

影響出版的因素有很多，歸納起來大致有以下三個方面：

第一，政治因素。清朝是少數民族掌握政權，在文化方面實行嚴厲的管控。特别是在清前期，凡是不利于清朝早期歷史和統治的文字都要進行更改、删削，因一言或一語而身陷囹圄的文字獄案件特别多。由此導致清代中期以前禁毁書數量龐大，反映在雕版印刷上則是避諱嚴苛。咸豐、同治時期的太平天國運動對江南文化影響深遠，諸如文宗閣、文匯閣《四庫全書》等大量的公私藏書毁于戰火，衆多的雕版也毁于兵燹，而官書局刻本在此時期大量涌現。

第二，經濟因素。從地域來看，江浙地區自隋唐以來一直就是全國的經濟中心，經過明末清初的戰亂，在短時間之内，江浙地區的經濟很快得到了恢復，也成爲全國文化最爲發達的地區，刻書、藏書蔚然成風；北京因爲是政治中心，文化比較發達；廣州在嘉慶、道光之後刻書日益豐富；上海作爲晚清新興的城市，石印、鉛印等新的印刷技術比較發達，刻本反而并不多。從時代來看，清代的經濟出現"康乾盛世"與"同光中興"，在這兩個時期裏，大量的出版物被雕印面世，而且刊刻品質也比較高。

第三，學術因素。清代考據學比較發達，到乾隆時期已到頂峰。在考據學學風的影響下，音韻訓詁類書籍大量刊刻，極力保留原本風貌的影刻宋元本也大量涌現。隨着鴉片戰爭之後國門洞開，西學著述如潮水般涌入，這是繼明末清初西學東漸之後的又一個高潮，大量反映現代科學的西方人著述被譯介、出版。

掌握上述影響出版的因素，對于我們開展清代刻本的鑒定及其價值的判斷不無幫助，如咸豐時期的刻本往往因爲剛雕版刊印就被戰火焚毀了，有時反而比存世量巨大的康熙、乾隆時期刻本更加珍貴。

二、清代版本研究的參考書

清代版本，在民國以前尚不受藏書家的"待見"。近些年來，有關清代版本研究的論文和專著大量涌現，可謂汗牛充棟。他們不僅有對一書一人的微觀研究，也有對某一時期、某一派別、某一類型版刻的宏觀研究。現介紹兩部專論清代版本的書籍，以作爲計劃進一步學習者的參考書。

其一是黃裳先生的《清代版刻一隅》。該書選取清代版本中的精品三百餘種，按照刊刻時代，從順治直到宣統進行編排，一書一書影，并附注釋。注釋的內容既有書名、著者、版本的說明，也有黃裳先生的點評。例如《凝香集》，黃先生的評價是"雕槧甚精，爲康熙中蜀刻佳册"。

其二是黃永年、賈二強編纂的《清代版本圖錄》。該書選印清代版本350種，分爲五卷，按刊刻年代依次排列，後附綜合索引，檢索書名和著者。該書力圖全面反映清代版刻狀況，不拘泥于佳刻善槧，孤秘罕傳，更多地注意較常見的有代表性的版本。

以上兩書都是著名藏書家、版本學家所編纂，內容以圖爲主。如果能够多看幾遍這兩部書，相信對清代刻本概況就會有一個整體的、直觀的認識。

第二節　清代刻本的類別

按照刊刻主持者分類，清代刻本可以分爲官刻本、坊刻本和家刻本三類。

一、官刻本

清代各級官府，從中央到地方，都有刻書的記錄，不過其中影響最大的還是內府刻書和官書局刻書。由于封爵制度的不同，清代諸王也偶有刻書，但是其影響力遠不及明代藩府刻書。這是明清兩代官刻本間一個顯著的區别。

（一）內府刻本

清朝統治者在入關以前就已有刻書記載。統一中原後，清政府于康熙十九年（1680）設立了專門刊印書籍的機構——修書處。據《欽定日下舊聞考》卷七十一記載："康熙十九年，始以武英殿左右廊房共六十三楹爲修書處，掌刊印及裝潢書籍之事。"以後雖然名稱偶有變化，但是刻書地點基本都在武英殿，所以內府刻本又稱爲武英殿刻本或殿本。

圖一　《御纂周易折中》

作爲一個機構，武英殿修書處"向以親王領殿事，而設總裁、提調、總纂、纂修、協修等"（《清宮述聞》卷三），由監造處和校勘翰林處組成。武英殿所刻書，基本都是與皇帝有關係，諸如欽定、御纂、御製、御選之類的書，《御纂周易折中》《御定歷代題畫詩類》《欽定八旗則例》《御選唐宋詩醇》《欽定武英殿聚珍版書》等都屬于武英殿刻書的範疇（圖一、圖二）。《清代内府刻書目錄解題》著録書籍1 310種，其中武英殿刻本572種[①]。康乾時期，皇帝重視文教，國力富庶繁盛，這個時期的刻書數量占整個清代全部内府本的一半有餘。道光之後，由于國力衰竭，内憂外患嚴重，皇帝無心顧及于此，内府刻本的數量大不如前。

康熙四十四年（1705）四月，江寧織造曹寅在揚州設立專門出版機構，刊刻《全唐詩》（圖三）。該出版機構成爲"揚州詩局"。除了《全唐詩》之外，揚州詩局還奉旨刊刻了十餘種其他内府之書，如《御定歷代賦彙》《淵鑒類函》等[②]。因此，揚州詩局所刻書一般也列入内府刻書之中。

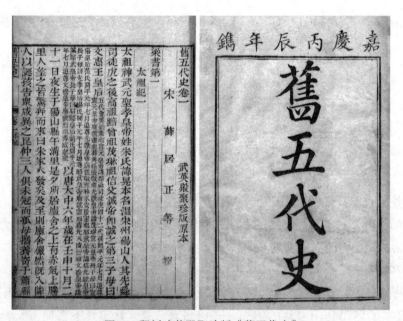

圖二　翻刻武英殿聚珍版《舊五代史》

内府刻本寫刻精美，特別是其中的軟體字書寫者尤其值得稱道，書籍的裝訂也十分考究。總之，内府刻本堪稱清代刻本中的白眉。

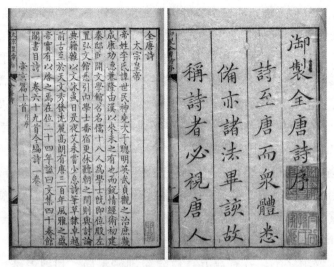

图三 《全唐诗》

（二）官书局刻本

太平天国运动之后，作为文化发达之地的江南诸省饱受战乱之祸，大量的雕版、藏书毁于战火，众多的学者、藏书家亡于兵燹，整个江南文化处于凋敝的状况。为恢复、振兴文化，承担刊刻书籍使命的官书局应运而生。

最早的官书局以金陵书局为滥觞。况周颐《蕙风簃二笔》载："咸丰十一年八月，曾文正公克复安庆，部署粗定，命莫子偲（友芝）大令采访遗书，商之九弟沅圃（国荃）方伯，刻《王船山遗书》。既复江宁，开书局于冶城山，延博雅之儒校雠经史。"曾国藩《曾文正公手写日记》载："同治二年，沅甫弟捐资全数刊刻（《船山遗书》），开局于安庆。三年，移于金陵。"最迟在同治三年（1864）之时，曾国藩就已设立金陵书局，主要刊刻王夫之的《船山遗书》（图四）。

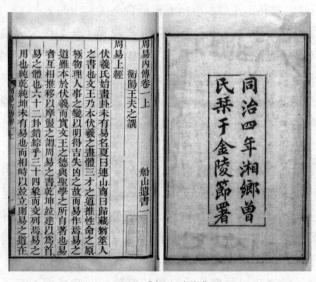

图四 《船山遗书》

同治六年（1867）五月，江蘇學政鮑源深曾向朝廷上奏《請購刊經史疏》，其中談到江蘇一地的文化教育情況："近年各省因經兵燹，書多散佚。臣視學江蘇，按試所經，留心訪察，如江蘇松、常、鎮、揚諸府，向稱人文極盛之地，學校中舊藏書籍蕩然無存，藩署舊有恭刊欽定經史諸書版片亦均毀失，民間藏書之家，卷帙悉成灰燼……以東南文明大省，士子竟無書可讀，其何以興學校而育人才？"江蘇尚且如此，其他江南省份可想而知。因此，他奏請廣刻書籍，并提到"現在江寧省城已設局刊刻四書五經，惟所刊皆係學中讀本，于經史大部尚未遑及"，請旨敕下各撫藩先行敬謹重刊欽定、御纂之書，"其餘各書，再行陸續刊刻"③。針對鮑源深的奏摺，清廷經過討論後，下旨要求："著各直省督撫轉飭所屬，將舊存學中書籍廣爲購補，并將列聖、御纂、欽定經史各書先行敬謹重刊，頒發各學，并准書肆刷印，以廣流傳。俾各省士子得所研求，同敦實學，用副朝廷教育人才至意。"④

在朝廷旨意要求之下，各省地方官員紛紛創辦書局，刊刻書籍。其中比較著名的有：同治六年浙江巡撫馬新貽在杭州設立的浙江書局，同年湖廣總督李瀚章在武漢設立的崇文書局，七年江蘇巡撫丁日昌在蘇州設立的江蘇書局，八年兩淮鹽運使方浚頤在揚州設立的淮南書局，十一年江西巡撫劉坤一在南昌設立的江西書局；光緒五年（1879）山西巡撫曾國荃在太原設立的濬文書局，十三年兩廣總督張之洞在廣州設立的廣雅書局等。朱士嘉在《官書局書目彙編》中評價說"官書局創始于同治，極盛于光緒"。

官書局所刻書，以各種御纂、欽定以及經史之書爲主，兼及部分學者著述和詩文集等，總之多是與讀書人參加科舉考試以及學術研究相關的書。當然，各地官書局也往往會結合自身特點選擇刊刻的書籍，如陝西味經書局以刊刻算學類科技書爲主。各書局所刻書中，有些比較著名，如浙江書局的《二十二子》；有的後來還彙集成大套叢書，如廣雅書局的《廣雅叢書》，崇文書局的《崇文書局彙刻書》。官書局之間還合作出版，比較著名的是金陵、浙江、湖北、江蘇、淮南五書局合刻《二十四史》。

官書局由于是公辦，所以經費來源以官方經費爲主，如厘金、稅收等。同治六年馬新貽在成立浙江書局的奏摺中說，書局"一切經費在牙厘項下，酌量撙節提用"。官員及士紳的捐資也是官書局經費的重要來源。張之洞在設立廣雅書局的奏摺中談及書局的經費來源說："臣之洞捐銀一萬兩，臣大澂捐銀三千兩，順德縣青雲文社捐銀一萬兩，仁錫堂西商捐銀一萬兩，省城惠濟倉紳士捐銀五千兩，潮州府朱丙壽捐銀五千兩，共銀四萬三千兩。"

相較于坊刻本，官書局刻本校勘精良，不少書局聘任當時的著名學者承擔校勘之役，如金陵書局有張文虎、戴望、劉毓崧、唐仁壽、李善蘭、劉恭冕等，浙江書局有譚獻、李慈銘、張鳴珂、黃以周等，廣雅書局有屠寄、繆荃孫、王仁俊、葉昌熾等。由于官書局刻本品質高、印刷好、價格便宜，因而發行量比較大，對推進同光時期文化教育的發展，發揮了重要的作用。

光緒末年以後，隨着政局的變化、科舉的廢除、財政的捉襟見肘，各地官書局或撤或合，或用石印、鉛印等新技術，已不復之前的繁盛。辛亥之後，官書局刻書更是基本成爲了歷史。

二、坊刻本

書坊刻書依然是清代刻書的重要組成部分。明末清初，受戰亂影響，書坊刻書一度沉寂。康熙中期以後，隨着經濟的逐步恢復與發展，書坊刻書開始再次活躍。乾隆時期，國力昌盛，《四庫全書》纂修等文化活動進一步推進學術文化的繁榮與發展，書坊刻書達到頂峰。道光之後，國門被外國侵略者的堅船利炮打開，中國逐步淪爲半殖民地半封建社會。隨着西方印刷新技術的傳入，傳統的雕版印書日漸式微，石印、鉛印等印書逐漸成爲主流。相應地，書坊刻書也走向衰落。

清代書坊的分布，以北京、蘇州、南京等爲主。北京的書坊主要分布在琉璃廠和隆福寺，據統計有一百多家，有刻書記錄的達三十多家，比較著名的有五柳居（刻有《太玄經集注》等）、二酉堂（刻有《增補都門紀略》等）等。李文藻《琉璃廠書肆記》、繆荃孫《琉璃廠書肆後記》詳細記錄了清代北京書坊情況。蘇州的書坊主要分布在金門、閶門一帶，據統計僅清道光以前蘇州就有六十九家書坊⑤，比較著名的有柱笏堂（康熙時刻有《凌烟閣功臣圖》，圖五）以及掃葉山房。南京的書坊主要分布在三山街、狀元境，主要有芥子園、李光明莊。嘉慶、道光之時，廣州的書坊刻書逐漸興盛，成爲南方出版重鎮，書坊主要集中在西湖街、龍藏街等地，據統計書坊有二百三十四家，著名的有富文齋（刻有《鐵樹堂詩鈔》等）、丹桂堂（刻有《宋太祖三下南唐》等）、五桂堂（刻有《繡像二度梅》等）、翰墨園（刻有六色套印本《杜工部集》）⑥。此外，福建連城的四堡、江西撫州的滸灣也是書坊比較集中的地方。

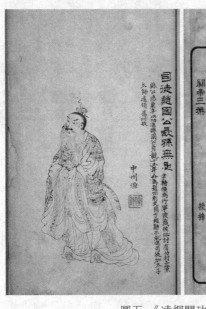

圖五 《凌烟閣功臣圖》

清代書坊所刻書主要包括以下幾類：第一類是科舉用書，包括蒙學書、常用經史書、硃卷、時文集等；第二類是日常應用之書，包括醫書、曆書、楹聯、堪輿等；第三類是通俗文學之書，包括各種戲曲小説、鼓詞唱本等。書坊刻書以牟利爲主，主持刻書之人多非專業學者，因此絕大部分書坊刻書校勘不細、刻印不精。儘管如此，書坊刻書對于傳承與傳播文化仍然具有重要的意義。

掃葉山房是清代歷史最爲悠久的書坊。它由蘇州席世臣創設于乾隆後期，之後歷經清代、民國的曲折發展，直至1954年方纔歇業，歷史長達近二百年。掃葉山房刻書的數量十分巨大，據統計，僅同治、光緒時期刊印書籍近四百種。掃葉山房刻書中，比較著名的有《唐詩百名家全集》《四朝別史》《東觀漢記》《唐六典》等。晚清之後，掃葉山房及時借助新技術，大量出版石印本書籍。[7]

李光明莊是清代另一個著名的書坊。創辦者李光明，字椿峰，號曉星樵人，曾任職于曾國藩軍營，後于南京三山街創設李光明莊，又在狀元境開設分店。李光明莊刻書一百六十七種[8]。所刻書主要有兩個明顯的特點：一是版心下往往鎸"李光明莊"字樣，二是内封常有刻書廣告。（圖六）

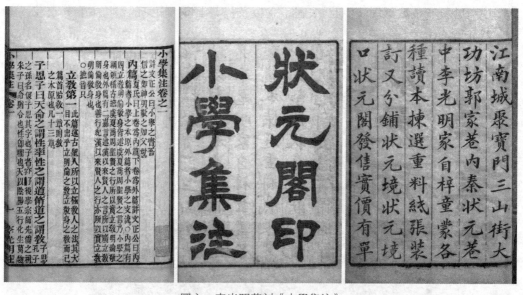

圖六　李光明莊刻《小學集注》

三、家刻本

家刻本主要指私家刻書。刻書的内容或爲自己、家族人員所著之書，或爲地方文獻，或爲其他四部之書。家刻本的出版除了與個人財力有關，同時也與社會經濟的繁榮有關。"康乾盛世"時期，家刻本大量出現。家刻本不爲牟利，往往鎸刻精緻，印製較好，校勘也比較精善。所以一般家刻本要優于坊刻本。有清一代涌現了大批私家刻書者，例如盧文弨、鮑廷博、黃丕烈、阮元、葉德輝、徐乃昌、劉世珩等。現選擇黃丕烈、阮元、葉德輝三位著名的私家刻書者予以介紹。

黃丕烈（1763—1825），字紹武，號蕘圃、復翁等，又別署士禮居主人等。江蘇吳縣（蘇州）人。乾隆五十三年（1788）舉人。無意爲官，居家著書、藏書、校書、刻書。乾隆、嘉慶時期著名的藏書家。黃丕烈不僅喜好藏書，而且也孜孜于刻書，他曾經説："余喜藏書，而兼喜刻書，欲舉所藏而次第刻之，力有所不能辦。"黃氏刊刻之書結爲《士禮居黃氏叢書》，共三十多種。黃氏所刻書，書寫精美，點畫之間，一仍其舊，校勘精細，堪稱善本。黃丕烈的刻書，可稱爲清代家刻本的代表。（圖七）

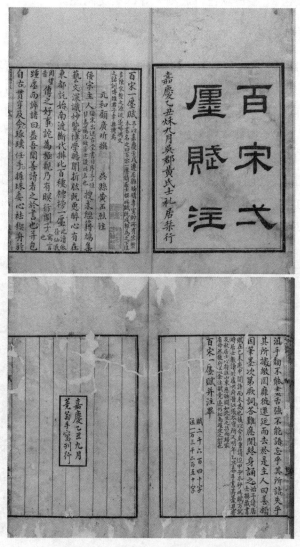

圖七　士禮居刊刻《百宋一廛賦》

阮元（1764—1849），字伯元，號芸台、雷塘庵主。江蘇儀徵人。乾隆五十四年（1789）進士，曾任山東學政、浙江學政、户部左侍郎、浙江巡撫、江西巡撫、兩廣總督、雲貴總督等職。阮元爲官之餘，究心學術，著述豐富。此外，阮元還熱心刊刻書籍，有不少大部頭典籍就是他主持編纂的，如嘉慶五年（1800）刊行《經籍籑詁》一百一十六卷，道光二十一年（1841）重刻《十三經注疏》，任職廣東時刊刻《學海堂叢刻》等。

葉德輝（1864—1927），字煥彬，號郋園，湖南湘潭人。光緒十八年（1892）進士，曾在吏部短暫任職，後辭官歸里，潛心學術。葉德輝是清末民初著名的藏書家，藏書處名觀古堂。他還是著名的版本目錄學家，所撰《書林清話》是古代書籍史的重要著作。葉德輝還是著名的刻書大家，所刻《觀古堂彙刻書》《觀古堂所刊書》《麗樓叢書》《雙梅景闇叢書》《觀古堂書目叢刻》等都廣受關注。

四、太平天國刻書

清咸豐元年（1851），洪秀全在廣西金田村率領"拜上帝會"信眾起兵，建號太平天國，從而拉開了太平天國運動浩浩蕩蕩的序幕。同治三年（1864），清軍攻入太平天國的首都天京（現南京），標志着太平天國運動的失敗。在這短短的十三年中，太平天國刊刻了不少書籍，由于獨具特色，故而在此特別予以介紹。

從辛開元年（1851）起，太平天國就已經開始刊刻書籍了。癸好三年（1853）定都南京後，太平天國設立刪書衙和雕刻衙，負責天國書籍的編輯整理與鎸刻出版。太平軍注重宣傳鼓動，每至一地，大量印書，發給民眾，宣傳天國的思想主張。同時，太平天國還將書贈給來訪的各國傳教士和官員。（圖八）

圖八　太平天國刻《太平救世歌》

天平天國究竟刊刻了多少種書，説法不一，有説四十三種的，也有説五十多種的，實際數量當不止這些。所刻書的內容以反映天國的詔書旨令（如《天命詔旨書》《天條書》）、典章制度（如《天朝田畝制度》《欽定士階條例》）爲主，也有個別的天文曆法、科舉文獻、詩文集以及刪改後的儒家典籍等。

太平天國的刻書比較顯著的特點主要有以下幾點：第一，由于施行"旨准頒行詔書總目"制度，強調刻書必須經由天國批准，所以在書名頁上時常鐫刻"旨准頒行"等字樣，有的還會在書前附刊已准刻書目錄；第二，太平天國實行嚴厲的避諱制度，多次頒布《敬避字樣》，諸如"龍""德"等日常用字也在避諱之列，所以書中常見因避諱而改字的現象；第三，太平天國在紀年方面使用一些特別的文字，如使用"太平天囯"或"天父天王天兄"等字樣，"辛亥"改爲"辛開"等[9]。把握以上三個顯著的特點，我們就能較快、較準確地鑒定太平天國刻書。曹之《中國古籍版本學》還從封面設計、多匠體字、多白話、簡單標點、刻書內容等方面總結了太平天國刻書的特點。

太平天國覆亡之後，所刻書遭到清政府的嚴厲禁毀。現在國內保存有太平天國印書的機構寥寥無幾，所存書籍數量也非常少。南京太平天國博物館藏有三種太平天國刻書，《欽定英傑歸真》一卷、《欽定軍次實錄》一卷、《欽定士階條例》一卷，于2016年評選入《第二批國家珍貴古籍名錄》。國外不少藏書機構陸續發現藏有不少太平天國刻書，如英國大英圖書館、法國國家圖書館、荷蘭萊頓大學圖書館、俄羅斯科學院遠東研究所、澳大利亞國家圖書館等。

第三節　寫刻本與套印本

寫刻本與套印本是刻本中的特殊類型。有清一代出現了大量的寫刻本和套印本，與前代相比較，獨具特色。故而于此單列一節，分別予以介紹。

一、寫刻本

雕版印刷就流程而言，一般由書手在紙上書寫內容，然後交由刻工在木板上鐫刻，最後由其他人刷印成張、裝訂成冊。從廣義的涵義來說，所有的刻本都是寫刻而成。不過，在版本學上之所以特別強調寫刻本，往往是從狹義的涵義來講，即所印之書字體具有書法藝術價值。

在雕版時代的各個時期，由書法家或擅長書法的人手寫上版印刷的寫刻本所在皆有。葉德輝《書林清話》中曾對此專門加以總結，如卷六有《宋刻本一人手書》，卷七有《元刻本多用趙松雪體字》《元刻本多名手寫》《明人刻書載寫書生姓名》等。

在宋元明清諸朝中，清代的寫刻之風最爲盛行，流傳下來的寫刻本也最爲豐富。嘉興人錢泰吉（1791—1863）曾在《曝書雜記》卷一"刻書用宋體字"條小注云："秀水朱梓廬先生《小木子詩三刻》《梓廬舊稿》爲同邑辛啓文書，仿柳誠懸體；《壺山自吟稿》，嘉興陳寓新螰書，用文衡山體；《俟寧居偶詠》爲先生兄子聲希吉雨書，體兼顏趙，亦吾鄉一佳刻也。"嘉興一地即有數種寫刻精品，遑論其他。

對清代寫刻本進行總結者，首推葉德輝。他在《書林清話》卷九《國朝刻書多名手寫錄亦有自書者》中羅列了眾多名家手寫上版的寫刻本，如侯官林佶所書王士禛

《古夫于亭稿》（圖九）、汪琬《堯峰文鈔》、陳廷敬《午亭文編》，李福爲士禮居書明道本《國語》等。著名版本學家魏隱儒先生在《中國古籍印刷史》中認爲："清代寫刻精本，肇于康熙，盛于乾、嘉，手寫精槧，蔚然成風。"⑩

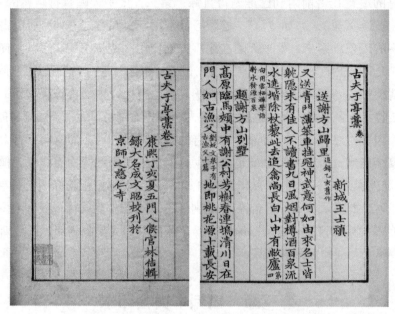

圖九　侯官林佶所書王士禛《古夫于亭稿》

著名文獻學家王獻唐先生在《雙行精舍書跋輯存》之"爲政忠告"條中指出，"書刻以名人寫抄上版者，亦濫觴于宋"，及至清代此風尤盛；并且將清代寫刻分爲數種類型，"一以秀整圓潤爲歸"，"一則不拘行草，不計行格，散髻科簪，自成馨逸"，"一則篤志復古，亦篆亦隸"⑪。

清代寫刻本的書手，有主持刊刻者本人，如黃丕烈出版《士禮居叢書》，自己親自手書上版《延令宋板書目》；有主持刊刻者的門生、幕友，如潘祖蔭刊刻《松壺先生集》，囑門人徐琪手書上版；有著者的子女、親屬、朋友等，如盛昱書寫其母那遜蘭保《芸香館遺詩》、陳寶琛書寫友人吳觀禮的《圭盦詩錄》等。當然，也有專門的書手書寫，如湯鳳手書《冬心先生集》。一般我們稱呼某人寫刻本時，往往是由該人手寫上版；但是也有例外，如道光七年（1827）張敦仁寫刻本《資治通鑒刊本識誤》係據張氏手稿臨摹上版刊刻。

在寫刻本中，有一種類型比較特殊，那就是由翰詹之士所書寫的。此類刻本版心下往往鎸書寫者姓名，一人一葉。書寫者往往是翰林院或詹事府之人，以館閣體書法寫就，例如《字學舉隅》《臨文便覽》等。此類寫刻本在書法上沒有個人特色，但是書寫工整，可供讀書人學習臨摹之用，所書的內容也往往與科舉有關。

寫刻本的書手由數人承擔時，往往每人承擔一部分，合而爲一。不過也有例外，國圖藏有一部光緒刻本《吳貞女傳》，孫家鼐、陳寶琛、袁善、趙爾巽、馮文蔚、陳懋侯、馮金鑒等人書寫的都是李元度所撰《吳貞女傳》的内容。

寫刻本往往由名家手書，因此其篇幅一般不大。寫刻本多爲集部，特別是詩文集文獻，也間有其他部類文獻。寫刻本不僅因其書法獨特而具有藝術鑒賞價值，而且還因爲其保留了一些不大著名的書法者的筆迹，從而成爲對這類人開展研究的重要書法資料。近些年，書法藝術史學者開始關注寫刻本，他們從版刻書法的角度展開研究，從而拓寬了版本學和藝術學的交叉研究領域[12]。

二、套印本

套印是雕版技術的發展。它分爲單板套色印刷和多版套版印刷。從目前所存實物來看，早在宋代即已出現采用套印技術印刷的文獻。明代中期以後，套印技術日臻嫻熟，以吳興凌、閔兩個家族爲代表，大力刊刻套印本，數量衆多，鐫刻精美。凌、閔二氏成爲明代套印本的代名詞。明末出現的餖版和拱花，將套印技術推向高峰。

雖然清代的套印技術相比明代没有明顯的突破，但是套印本的品質和數量都有了較大的發展。就數量而言，現存清刻套印本的數量遠遠多于明刻套印本。石光明依據《中國古籍總目》統計，現存套印本538種、不同版本625部，其中明刻套印本186部，清刻套印本438部[13]。由于《中國古籍總目》所收并不全面，統計資料因此并不完全準確，但是清刻套印本存世多于明刻套印本的迹象可見一斑。就文字套印本而言，清代出現六色套印，而明代最多是五色。清代各個朝代都有套印本產生，而且刊刻套印本的地域比較廣泛。廣東所刊套印本比較突出（孫毓修在《中國雕板源流考》中說"廣東人爲之最精"），其他各地也有零星的出版。此外，清代套印技術還與活字印刷技術相結合，產生了不少活字套印本文獻[14]，這在明代是没有的。

在清代套印本中，内府刊刻的套印本不僅數量衆多，而且比較精美。據翁連溪統計，清代内府刊刻的套印書籍有三十三種：二色套印二十七種，四色套印四種，五色套印二種。其中還有四種活字套印本：《御製律吕正義後編》八卷、《萬壽衢歌樂章》六卷、《欽定詩經樂譜全書》三十卷、《欽定樂律正俗》一卷[15]。

下面，選擇數種比較重要的套印本予以重點介紹：

《芥子園畫傳》，初集出版于康熙十八年（1679），二、三集出版于康熙四十年。該書是古代版畫的代表作，甫一出版即廣受歡迎，成爲學習中國畫技法的重要入門之書，後來多次重印、翻刻、影印，影響深遠。此書的初刻初印本十分珍罕，鄭振鐸認爲：書中的彩色木刻畫，"其彩色是後來刷印上去的。技巧并不高明，但部分襲用了《西湖佳話》式的印法，就顯得比較突出。但這一類的彩印方法，後來却并没有什麼人繼承下來"[16]。

清句曲山農撰、道光二十八年（1848）彩色套印本《金魚圖譜》爲清代套印本中的精品之作（圖一〇）。該書正文分爲十一部分：原始、池畜、缸畜、配孕、養苗、辨色、相品、飼食、療疾、識性、徵用，詳細闡述了金魚的飼養歷史、技術、品種以及用途等。文後爲圖五十六幅，形象地描繪了各種金魚品種的樣式，圖像均爲彩色套印，十分精美。書名頁及文字部分的欄綫爲竹、梅、松圖，圖像部分的欄綫爲貝殼形。

圖一〇　彩色套印本《金魚圖譜》

　　道光十四年（1834）盧坤芸葉盦刊刻的《杜工部集》是清代最著名的套印本之一。盧坤（1772—1835），字靜之，號厚山，順天涿州（今屬河北）人。嘉慶四年（1799）進士。曾任湖北按察使、甘肅布政使、廣東巡撫、陝西巡撫、湖廣總督、兩廣總督等職，卒於任。盧坤在兩廣總督任上刊刻此書。該書彙集了明清時期五家杜集評語，這五家分別是：明代王世貞、王慎中，清代王士禛、宋犖、邵長蘅。為有所區別，五家之語各用不同顏色，其中王世貞為紫色、王慎中藍色、王士禛朱墨色、宋犖黃色、邵長蘅綠色。各色評語整齊清晰，朱墨燦然，令人賞心悅目，為清代套印本之上駟。光緒二年（1876）廣東翰墨園曾據此重刻六色套印本《杜工部集》，無論是開本還是精緻程度，都遠遜于道光原刻本。

　　宣統三年（1911）天津文美齋彩色套印本《百花詩箋譜》雖不及明代的《蘿軒變古箋譜》及《十竹齋箋譜》，但是其繪製精美、刷印細緻，自問世以來頗受好評。書中繪畫出自著名畫家張兆祥之手。張兆祥，字和庵，生於咸豐二年（1852），擅長寫生，精于花草。張祖翼在該書的序中稱讚道："張和庵精六法，尤工折枝花卉，海內賞鑑家莫不許為南田後身。"文美齋以張兆祥所畫花卉製為詩箋百幅，鋟板行世。《箋譜》上的花卉極盡嬌妍之態，顏色層次分明，與彩繪無異，體現了精湛的套印技術。

第四節　清代刻本的鑒定

　　如何確定一部古籍是否為清代版本，以及具體是何時、何地、何人刊刻的出版物？清代的刻本中是否存在作偽的現象？這是本節將重點解決的問題。

一、清代刻本鑒定要點

清代刻本的版本鑒定，其方法與手段與鑒定宋元明刻本類似，可以借助書中的牌記、序跋等内容，參考相關書目的著録情况等。以下兩點在清代版本鑒定中會經常使用到：

1. 避諱字

清代以前的宋代、明代刻本，比較講究避諱，清朝避諱尤爲嚴苛。因此，依據書中的避諱字可以判斷該書的刊刻時期。在實際工作過程中需要記住的主要避諱字有：康熙的"玄"，避諱方法一般是缺末筆或改爲"元"；雍正的"禛"，避諱方法是缺末筆或改爲"正"或"禎"；乾隆的"弘"，避諱方法是缺末筆或改爲"宏"；道光的"寧"，避諱方法是缺末筆或改爲"甯"；等等。通過尋找書中的避諱字，能夠比較快地斷定刻本的大致刊刻時間。

2. 版刻字體風格

和明代相比較，清代各時期的字體風格并不是特别明顯。儘管如此，仍然可以作一個簡單的總結：清初多沿用明末的扁長宋體字；康熙後期至乾隆時期，流行軟體字；嘉慶以後，則多見横輕竪重、方正的匠體字。

在鑒定清代刻本的時候，需要注意以下三方面的問題：

第一，原刻本與翻刻本。翻刻本的内容、版刻信息與原刻本完全相同，這給版本鑒定帶來了困惑。有的翻刻本與原本相去甚遠，如道光文選樓刻本《列女傳》，清末有翻刻本，不過文字和圖片與原刻本相差不止千萬，兩種版本并列在一起比較，優劣頓現。有的翻刻本與原刻相較，却"難分李逵與李鬼"，所以需要特别慎重。

第二，初印本與後印本。初印本版框完整、字迹清晰，後印本往往版框漫漶、多有斷版、字迹間有模糊之處。五百七十四卷《乾坤正氣集》初刻于道光二十八年（1848），之後同治五年（1866），光緒元年（1875）、七年、十八年都有重印本，在版本鑒定時不能將重印本定爲一個新的版本。

第三，單行本與叢書本。單行本被收録到叢書的時候，叢書編者往往會對序跋、正文内容作一定的修改，所以在版本鑒定、研究參考的時候需要特别注意。陳澧輯《漢儒通義》七卷，刻于咸豐八年（1858），後被收録入《番禺陳氏東塾叢書》中，兩者的書名頁不同，書末的胡錫燕跋雖然都是署"戊午七月"，但是内容已經作了修改。

二、清代刻本辨僞方法

文獻作僞歷史悠久，寫本時代有，雕版時代也存在。作僞手段多樣，五花八門，其目的無外乎名與利。既有成書過程中的作僞，也有流通過程中的作僞。前者有編造書名、僞題著者、挖改版片等手段，後者有僞造名人批校題跋、藏書印，以殘充全等手段。清代刻本中也不乏僞造之作，在鑒定過程中不可大意。現以實例就清刻本成書過程中的作僞手段加以辨析。

1. 編造書名

國圖藏有一部光緒十一年（1885）刻本《非想非想非非想》，實際就是道光刻《昭代叢書》本《瘦詞》，作者都是黃周星。之所以取另外一個書名，大概是爲了將其炮製爲黃周星的一部"新"著作而引人注意。明人陸紹珩所撰清言小品集《醉古堂劍掃》，原刻本在清初即已不多見，雍正時有人將其改名爲《山房積玉》刊刻行世[17]，乾隆時又有人將其改名爲《小窗幽記》，著者也被改爲陳繼儒。對此書版本考辨可參看國圖藏清刻本《山房積玉》中周作人題記[18]。

2. 僞題著者

《學海類編》收錄元賈銘撰《飲食須知》，實爲清初人朱本中的同名之書[19]。雍正刻本《食憲鴻秘》，著者題朱彝尊，據考證可能是雍正時期南方書商所僞造[20]。此類手段往往僞托名人，使得一部普通的書頓時身價百倍。

3. 挖改版片

古籍刻版在保存過程中經常會流轉他人，這給有心作僞的保存者提供了可乘之機。他們往往直接在刻版上進行挖改，從而使之成爲一部"新"的書或"新"的版本。國圖藏一部清李紱撰、道光元年（1821）刻本《穆堂詩文鈔》，其實是據李紱弟李紘撰、嘉慶二十五年（1820）刻本《南園詩文鈔》的刻版挖改而成（圖一一、圖一二）。道光二十八年歐陽棨刻本《廬陵周益國文忠公集》的刻版，光緒二十五年流入周氏後人之手，保存者將書名頁上的出版年、藏版地以及卷端的出版者進行挖改，儼然成爲一種新刊刻的版本。

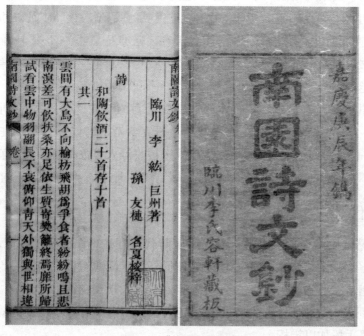

圖一一　《南園詩文鈔》

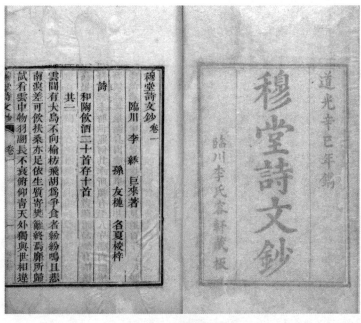

圖一二　《穆堂詩文鈔》

清代刻本的鑒定離不開知識積累和經驗積累。知識積累就是儘量掌握豐富的清代歷史文化知識以及版本鑒定知識。經驗積累就是多看刻本實物或者版本圖錄，積累對各類型版本、各時代版本的感性認識。經驗豐富了，鑒定的時候就會得心應手。此外，適當地開展版本學或文獻學專題研究，對於提高鑒定能力也是大有裨益的。

注　釋

① 朱賽虹、曹鳳祥、劉蘭肖：《中國出版通史（6）》，北京：中國書籍出版社，2008年，第87頁。
② 王澄：《揚州刻書考》，揚州：廣陵書社，2003年，第57—59頁。
③ 陳弢：《同治中興京外奏議約編》，清光緒元年（1875）刻本。
④ 《大清穆宗毅皇帝聖訓》卷十三。
⑤ 戚福康：《論明清蘇州的坊刻》，《南昌師範學院學報（社會科學）》2014年第4期。
⑥ 林子雄：《明清廣東書坊述略》，《圖書館論壇》2009年第6期。
⑦ 楊麗瑩等：《掃葉山房史研究》，上海：復旦大學出版社，2013年。
⑧ 曹之：《中國古籍版本學》（第二版），武漢：武漢大學出版社，2007。
⑩ 魏隱儒：《中國古籍印刷史》，北京：印刷工業出版社，1988年，第156頁。
⑪ 王獻唐：《雙行精舍書跋輯存》，濟南：齊魯書社，1983年，第100頁。
⑫ 祁小春：《古籍版刻書跡例說》，杭州：浙江人民美術出版社，2018年。
⑬ 石光明：《清代套印本圖錄》，北京：國家圖書館出版社，2018年。
⑭ 范景中：《清代活字套印本書錄》，《藏書家》（第1輯），1999年。
⑮ 翁連溪：《清代內府刻書概述》，《清代內府刻書圖錄》，北京：北京出版社，2004年，第50頁。
⑯ 鄭振鐸：《中國古代木刻畫史略》，上海：上海書店出版社，2006。
⑱ 成敏：《從〈醉古堂劍掃〉到〈小窗幽記〉——版本變化及其背後的文化風尚變遷》，《中國文

化研究》2014年第4期。

⑲程杰:《元賈銘與清朱本中〈飲食須知〉真僞考——〈我國南瓜傳入與早期分布考〉補正》,《閩江學刊》2018年第3期。

⑳孫鐵楠:《〈食憲鴻秘〉及其作者考證》,《四川烹飪高等專科學校學報》2011年第1期。

第六章

活字印刷源流與活字本鑒定

中國古代的書籍印製，長時間以雕版印刷爲主流，同時也使用活字印刷。所謂活字印刷，是將每個字都製成相同規格的獨立的字印，印書時按文撿字、逐字排列組成印版，然後印刷。活字版在印刷完成後即行拆散，字印用于排製另外的版。相對于雕版上的字不可分割和移動，這種版上的字是活動的。對這種版，宋人叫"活版"；元代人叫"活字版"，并一直沿用到現在。用活字版印成的書，其版本類型就叫"活字本"。

古代活字有多種材質，應用最多的是木活字，木活字版排好版後直接印刷。其他材質的活字版一般也是直接印刷，但存在先使用活字排版、再加工成其他類型印版的情況。如清康熙年間的"泰山瓷版"，是先用濕泥活字排版，然後入窑燒製成瓷版；現代的鉛印，是先用鉛字排版，然後打製紙型，再用紙型翻鑄鉛版。從最終印刷用的版看，瓷版和鉛版上的字印都結成整體，無法分割和再利用，已經不是"活字"了，但其製版過程中使用活字，而且排版是整個印刷活動的基礎，所以用這類版印成的書，一般也歸入活字本來研究。

雕版的版面上，有時也會使用少量活字，如宋元時用銅版印刷紙鈔，紙鈔需要編號，古人就在鈔版上鑄出一個凹槽，用來放置隨時變換的編號用字；又如清代書坊編印"縉紳錄"一類書籍，因爲官職等内容固定不變，任職人員隨時改變，書坊爲節省成本，往往將固定内容刻成雕版，而在官員姓名處刻成凹槽，以便隨時變換姓名。這類版，即使"活"的部分占有一定比例，從本質上看仍是雕版，其印成品被歸入刻本，而非活字本。

活字本鑒定，就是確定一部古書爲活字本以及何種活字本的過程。這需要觀察古書的版面特徵，尋找活字排印工藝印迹，分析文獻記載，還要瞭解活字印刷技術的變革。下面先簡要瞭解一下中國古代活字印刷的源流。

第一節 活字印刷源流

活字印刷術發明于北宋，是中國古代最重要的技術發明之一。

最初的活字版爲宋慶曆間（1041—1048）畢昇發明的"膠泥活版"。宋人沈括《夢溪筆談》卷第十八對此有詳細的記載（圖一）：

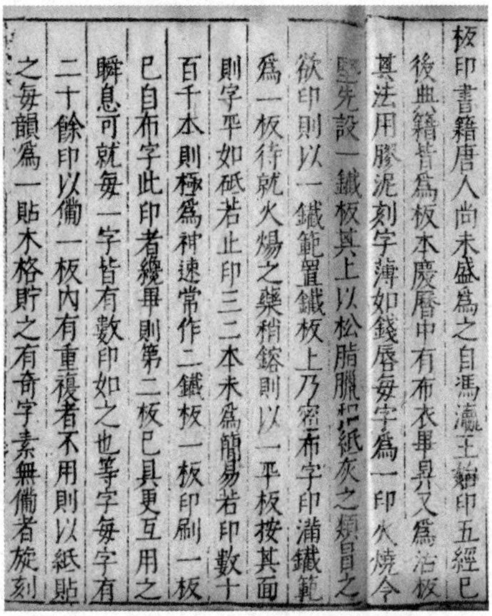
板印書籍唐人尚未盛爲之自馮瀛王始印五經已
後典籍皆爲板本慶曆中有布衣畢昇又爲活板
其法用膠泥刻字薄如錢唇每字爲一印火燒令
堅先設一鐵板其上以松脂臘和紙灰之類冒之
欲印則以一鐵範置鐵板上乃密布字印滿鐵範
爲一板持就火煬之藥稍鎔則以一平板按其面
則字平如砥若止印三二本未爲簡易若印數十
百千本則極爲神速常作二鐵板一板印刷一板
已自布字此印者纔畢則第二板已具更互用之
瞬息可就每一字皆有數印如之也等字每字有
二十餘印以備一板内有重複者不用則以紙貼
之每韻爲一貼木格貯之有奇字素無備者旋刻

圖一 《夢溪筆談》對畢昇發明活版的記載

板印書籍，唐人尚未盛爲之，自馮瀛王始印五經，已後典籍皆爲板本。慶曆中，有布衣畢昇又爲活板。其法用膠泥刻字，薄如錢唇，每字爲一印，火燒令堅。先設一鐵板，其上以松脂、臘和紙灰之類冒之。欲印，則以一鐵範置鐵板上，乃密布字印，滿鐵範爲一板，持就火煬之。藥稍鎔，則以一平板按其面，則字平如砥。若止印三二本，未爲簡易。若印數十百千本，則極爲神速。常作二鐵板，一板印刷，一板已自布字。此印者纔畢，則第二板已具。更互用之，瞬息可就。每一字皆有數印，如“之”“也”等字，每字有二十餘印，以備一板内有重複者。不用則以紙貼之，每韻爲一貼，木格貯之。有奇字素無備者，旋刻之，以草火燒，瞬息可成。不以木爲之者，木理有疏密，沾水則高下不平，兼與藥相粘不可取，不若燔土，用訖再火令藥鎔，以手拂之，其印自落，殊不沾污。昇死，其印爲余群從所得，至今保藏。

這是一篇詳明的技術文獻，在畢昇的發明未能傳世的情況下，仍能讓千載之下的我們清楚地瞭解他進行這項發明的時代背景、技術背景、製字原料、製造方法、配套工具、排版工藝、產品特點等幾乎所有細節，可以方便地復原這一技術。

需要説明的是，今人對畢昇活字的認識，有些地方不够嚴謹。一般研究中，都把這種活字稱爲“泥活字”，實際上“膠泥”衹是字印原料的初始形態，膠泥印坯刻字後要火燒硬化纔能使用，而泥經火燒就變成了陶，畢昇的活字實際上是“陶活字”。另外還有人認爲“膠泥刻字薄如錢唇”指的是“刻字筆畫的深度”而非字印的高度，而且有人複製出的“畢昇活字”像後世的木活字、鉛字一樣，是細高的立方體。畢昇活字版的固版方法，是利用松脂和蠟冷凝，將活字粘結在鐵板上，其字要粘結牢靠，必須重心低、接觸面大，不可能是那種細高的物體。而且沈括寫得也很明白:“不用則以紙貼之，每韻爲一貼，木格貯之。”大家都知道，衹有薄片狀的物品纔足以言“貼”，所以“薄如錢唇”，説的就是整個字印的高度與銅錢的邊緣類似。畢昇的活字形狀是扁平的，可以想象爲從銅錢上鑿取的一個字，但是是反字。

畢昇的泥製活版技術試驗成功後，不知印過些什麼書。他死後，字印被沈括的“群從”寶藏，退出實用，成了收藏品，這一技術未能流行。但由于沈括留下了詳細的技術説明書，宋元時期不時有人仿效。如南宋時周必大“近用沈存中法，以膠泥銅板，移換摹印，今日偶成《玉堂雜記》二十八事”，時在紹熙四年（1193）。又如由金人蒙古的姚樞“又以小學書流布未廣，教弟子楊古爲沈氏活版，與《近思録》、東萊經史論説諸書散之四方",其時約當于南宋淳祐年間(1241—1252)。這些都是成功模仿畢昇活版印刷的例子,從"沈存中法""沈氏活版",也可見沈括《夢溪筆談》的影響力。

至元代,泥製活版仍有人使用。大德年間(1297—1307),永豐縣尹王禎在其《農書》所附《造活字印書法》中説:"有人別生巧技,以鐵爲印盔、界行,内用稀瀝青澆滿,冷定取平,火上再行煨化,以燒熟瓦字排于行内,作活字板。"使用的正是畢昇活版的原理和方法,衹是將粘結劑松脂和蠟改爲瀝青。

畢昇的技術還東傳到朝鮮。高麗和朝鮮早期的銅活字印刷,也用蠟作爲粘結劑固版。朝鮮的木活字印刷,甚至到19世紀晚期還有使用印蠟的。這説明畢昇活版印刷技術,無論從原理還是實踐,都是可行的。

從沈括的記載可以知道,畢昇在試驗活字印刷時,首先選用木製活字,由于種種原因未能成功,這纔轉而使用膠泥活字。但木頭是最適合刻字的材料,而且雕版印刷在宋代已經非常發達,擁有熟練的刻字工人、刷印工人,用木活字來製作活版更能適應出版業需求。因此在畢昇之後,木活字印刷也被發明出來。至于何時、何人發明了這項技術,史無記載,但20世紀以來在寧夏、甘肅等地出土了不少西夏文書籍,其中就有一些是木活字版印刷的,如1991年在寧夏賀蘭縣拜寺溝方塔出土的《吉祥遍至口和本續》(圖二),經鑒定就是木活字本。西夏滅亡于1227年,木活字的發明顯然要早于這一年。現存西夏活字本,據史金波先生研究,印刷年代有的可早至西夏仁宗時期,相當于南宋紹興間(1131—1162)。這些活字本有的被認爲是泥活字本,但鑒定依據未能令人信服,很有可能是木活字本,那樣的話,西夏文木活字印刷產生的時代就更早了。

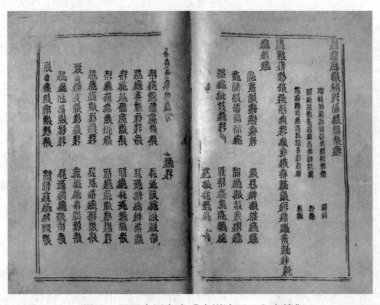

圖二 西夏木活字本《吉祥遍至口和本續》

在元代,根據王禎的記載,他曾在大德二年(1298)創造木活字排印技術,印刷了《旌德縣志》。在《造活字印書法》中,他在介紹了當時存在的并不成功的瓦字、錫字排印後，詳細説明了自己的創意及實踐。他先總括説：

> 今又有巧便之法，造板木作印盔，削竹片爲行，雕板木爲字，用小細鋸鏃開，各做一字，用小刀四面修之，比試大小高低一同，然後排字作行，削成竹片夾之。盔字既滿，用木楔楔之，使堅牢，字皆不動，然後用墨刷印之。

然後他分别介紹了"寫韻刻字法""鏃字修字法""作盔嵌字法""造輪法""活字版韻輪圖""取字法""作盔安字刷印法"，這些是從製字到排版、再到刷印的貫穿木活字印刷全程的技術原理和操作方法，"活字"和"活字版"概念也就此誕生。《造活字印書法》是中國印刷史上難得的一篇詳盡的技術文獻，木活字印刷技術至此（1300年前後）已經成熟，并成爲傳統活字印刷的絕對主流。一直到清末，木活字印刷的工藝與王禎介紹的方法基本相同。

王禎排印的《旌德縣志》及元代其他木活字本也没能流傳下來。

元代人還嘗試使用金屬活字印書。在《造活字印書法》中，王禎説："近世又鑄錫作字，以鐵條貫之作行，嵌于盔內界行印書。但上項字樣難于使墨，率多印壞，所以不能久行。"當時的錫字印刷雖然不成功，但是是一項重要的嘗試。

明代活字印刷有了長足發展，留下的印本不少，印刷品質也不錯。其中有木活字本，也有金屬活字本，尤以金屬活字本爲後世所重。明代的金屬活字印刷是中國印刷史的重要內容，但也存在一些至今未能完全解決的認識難題：首先是活字的材質究竟是銅還是錫，其次是活字的製作方法是鑄還是刻。

現存最早的明代金屬活字本，是弘治三年（1490）無錫華燧會通館排印的《會通館校正宋諸臣奏議》（圖三）。華燧隨後又用活字印了十幾種書。華氏家族的其他人如華珵、華堅等，也在弘治、正德年間印了一些活字本，這些書的版面特徵與常見的木活字本有異。華燧在校印《宋諸臣奏議》《容齋隨筆》等書的序中都説到使用"活字銅版"；華堅所印書的版心或題寫"活字銅版"四字；華燧同時代人邵寶《容春堂集》後集卷八有《會通君傳》，説華燧"既而爲銅字版以繼之，曰吾能會而通之矣"，説他印書使用的是銅活字。故自清末以來，人們都把華氏所印活字本，看作銅活字本。

但在20世紀80年代，潘天禎先生提出，明代無錫會通館印書用的是錫活字，引發對華氏活字材質的討論。潘天禎的理由是，一些華氏家族文獻中記載，華燧的活字乃是"銅版錫字"，或"範銅爲版，

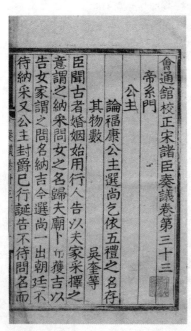

圖三　明弘治三年（1490）活字印本《會通館校正宋諸臣奏議》

鏤錫爲字"，包括上引邵寶《會通君傳》，收入《華氏傳芳集》的文本"銅字版"也作"銅版錫字"，因此華家的活字版應是用銅鑄造承擺活字的版盤，用錫鏤刻活字，版盤和活字的材質不同。隨着研究深入，其他否定銅字的理由也被提出，如華氏活字同一個字的字形、筆畫位置均不相同，并非用同一個模子翻砂鑄造，祇能是逐字雕刻的，而青銅堅硬，難以雕刻；明代法律又禁止民間用銅，等等。辛德勇先生則認爲明代并没有銅活字。

除了華氏家族印的書，明代還有不少活字本也標榜"活字銅版"，如正德間同爲無錫人的安國所印書、嘉靖間芝城所印《墨子》等；還有些活字本則標榜"銅版"。對這些書，早年均徑直根據"銅版"二字認定爲銅活字本，現在版本界受新觀點的影響，相對謹慎，或著錄爲金屬活字本，但究屬何種金屬，還須深入辨析。

另外，僅憑"銅版"二字，并不能說印書所用活字材質就是銅或其他金屬，因爲在中國出版史上，"銅版"多用來表示"監本""定本"之義。至晚在宋元之際，人們就認爲國子監最初頒行的儒家經典是用銅版印刷的。堅固是青銅的特性，銅版不會像木版那樣日久損壞導致缺筆少劃、文字訛誤。這本來祇是一個傳說，但經常有出版商拿"銅版"來作廣告，誇讚自己用木版印的書品質精良、没有錯字。明代那些使用金屬活字乃至銅活字的出版者，更有可能使用這個廣告詞，畢竟他們的書版材質與銅有關，用起來更加名正言順。這也是華燧印書多在書名中標榜"會通館印正"的一個原因。從語言角度看，明代"活字銅版"一語，并不能直接認定爲"銅活字本"。

至于明代是否存在銅活字印刷的問題，現在看不必急着下結論。因爲在文獻方面，有關明代銅活字的記載雖然不多，也有數條，如唐錦《龍江夢餘錄》卷三説："近時大家多鎸活字銅印，頗便于用。"劉獻芻《談林》説："計宗道……其家有銅鑄字，合于板上印刷，如書刻然。"這兩條記載產生的年代，正是無錫華氏用"活字銅版"印書之時。萬曆間（1573—1620），利瑪竇《天主實義》卷上説："又觀銅鑄之字，本各爲一字，而能接續成句，排成一篇文章。苟非明儒安置之，何得自然偶合乎？"這些都是比較明確的銅活字書證，如果說所記不實，需要辨明其致誤緣由和真實語義。

在技術方面，也需要針對明金屬活字本的版面特徵作細緻研究，再下結論。例如銅活字的製作方法，近些年研究者多認爲按照古代鑄銅生產實際和朝鮮的做法，應爲同模翻砂鑄造，即用一個模子翻鑄出多個活字。明代活字逐字不同，不符合翻鑄原理，應該是雕刻的。但華燧等人也有可能借用一副完整的木活字，一次性翻鑄出全部活字，那樣，出現如今我們看到的現象也不爲怪。

總之，明代是否使用"銅活字"問題尚未徹底解決，還需要結合版本鑒定和文獻記載，進行深入研究。

清代活字印刷比起明代更加發達，由于距今時代較近，留存下來的活字本也多，今天在版本鑒定中遇到的活字本，絕大多數是清代版本。清代的活字印刷具有以下特點：

一是朝廷重視，官方應用。清代先後有三次大規模的由朝廷組織的活字印刷工程。先是康熙末年，清内府武英殿製作一副銅活字，排印了《星曆考原》《數理精蘊》等幾部御製書。至雍正初年，又用這副活字排印了《古今圖書集成》一萬卷（圖四），總字數達到一億六千萬字，加上目錄四十卷，分訂五千零二十册。這是古代用活字印成的最大規模的一部書。可惜的是，這套銅活字在乾隆初年被熔毁改作他用。原來人們相信乾隆皇帝的説法，即因爲錢荒，銅字被鑄成了銅錢，但數年前項旋先生根據清宫檔案，揭出銅字其實被用來改鑄雍和宫的佛像。至乾隆中期，爲刊印纂修《四庫全書》時從《永樂大典》中輯出的罕見書，清廷采用負責武英殿刻書事務的大臣金簡的建議，在乾隆三十九年（1774）雕刻木活字二十五萬餘枚，陸續印書一百三十四種、兩千三百八十九卷，總名爲《武英殿聚珍版書》。金簡還編纂了《武英殿聚珍版程式》，對傳統木活字印刷技術作了集大成式總結，留下了完整的歷史檔案和技術資料。後來在光緒十二年（1886），朝廷根據户部的提議，在全國推行民欠徵信册制度，規定由各省布政使司用木活字印刷《民欠徵信册》。這一全國性的活字印刷工程持續了十年左右。

二是民間普及，深入鄉村。清代的木活字印刷得到廣泛應用，《紅樓夢》的第一個印本（圖五），就是乾隆五十六年（1791）萃文書屋木活字印本。除了印書，清人還用木活字印刷原始報紙性質的《題奏事件》《京報》等，更印刷了大量一次性、局域性、臨時性的民間印刷品，包括需求龐大而單位印量極小的家譜、祠譜等。目前存世的清代木活字本，家譜等占比在90%以上。印刷報紙和家譜，充分説明當時人們對木活字印刷的成本、效率、專業優勢有着清晰認識。

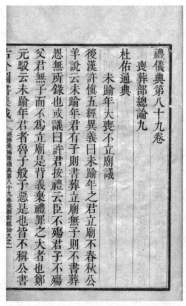
圖四　清雍正武英殿銅活字印本《古今圖書集成》

圖五　清乾隆五十六年萃文書屋木活字印本《紅樓夢》（程甲本）

三是創新仿古，多方探索。清人對嘗試多種材質的活字版抱有興趣，也仿製成功泥（陶）活字。在金屬活字方面，道光間福建人林春祺費時二十年，鑄成大小銅活字各二十萬枚用以印書，稱爲"福田書海銅活字板"，印刷了顧炎武《音學五書》（圖六）以及《四書便蒙》等數種書。另有廣東人鄧氏在道光、咸豐之際鑄造錫活字印刷彩票，同時開設壽經堂書坊印書，印成《通志》等"三通"及《十六國春秋》《陳同甫集》等書。在泥製活字方面，康熙後期山東人徐志定創製"泰山瓷版"，用模具塑製單個泥字，排成版後入窯燒製成瓷版印書，存世的有《蒿庵閒話》和《周易說略》兩種書。道光間，涇縣人翟金生帶領子侄，用十年功夫燒製成大小幾副泥（陶）活字，印了《泥版試印初編》（圖七）、《水東翟氏家譜》等幾種書。清代民間這些獨出心裁的活字印刷嘗試，具有創新精神，但都未能推廣，印成品極少，可以用曇花一現來形容。

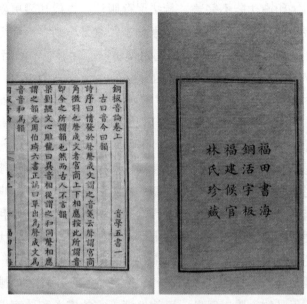

圖六　清道光間林春祺福田書海銅活字版印本《音學五書》

四是西術東漸，鑄以代刻。在19世紀，隨着西方傳教士來華傳教，西方的鉛印技術也傳入中國，西方人雕刻鑄造了多種型號的漢文鉛字，并在中國推廣機器鉛印技術。鉛字最終在20世紀初取得壓倒性優勢（圖八），不僅淘汰了傳統木活字，也淘汰了雕版，給古籍版本鑒定劃出了下限。

圖七　清道光間翟金生泥字版印本《泥版試印初編》

圖八　清同治十三年（1874）同文館鉛印本《儷白妃黃册》

第二節　活字印刷在傳統印刷體系中的定位和作用

　　從北宋被發明，到民國被淘汰，中國的傳統活字印刷使用了近千年。與雕版印刷相比，它在成本、效率、專業等方面具有明顯優勢，是一種先進的技術，却始終未能取代雕版印刷，而且流傳至今的活字本數量與刻本相比，也差別懸殊，不成比例。其中緣由何在？

　　究其根本，主要有兩大原因。

　　一個原因是活字印刷功能不完善，無法保存版片。古代知識更新緩慢，一部書在多年後仍有相當規模的讀者，因此無論是家刻本，還是坊刻本，都需要保留雕版以備隨時印刷。雕版既是知識載體，又是重要的可傳承財產，形成中國出版史上的"藏版"傳統和需求。活字印刷無法保存版片，就在很大程度上失去競爭力。黃永年先生曾指出，這是封建社會活字本不能取代刻本的"唯一原因"。實際上，這也是制約鉛印更早普及的重要因素。鉛字最終取代雕版，與打製紙型和電鍍銅版等配套技術傳入中國是分不開的，没有這些近現代"藏版"技術，鉛印也不會那麽迅速地淘汰雕版。

　　另一個原因是活字印刷在傳統印刷體系中所處的"便捷印刷"地位帶來的影響。無論古今，社會對印刷的需求總是分爲兩個層次，一是技術複雜的專業印刷，用于印刷正式發行的、流傳久遠的出版物，如古代的雕版、近現代的鉛印和當代的膠印；一種是技術簡單的便捷印刷，用于滿足日常生活中的印刷需求，如古代的活字、近現代的蠟版油印和當代的複印及桌面打印。兩者相輔相成、一顯一隱，構成完整的印刷史。古代活字版是一種便捷印刷技術，多用來印製臨時性、一次性、局域性的印刷品，往往被認爲不正規、不雅致、難以傳世，這就抵消了它的成本和效率優勢。就像今天我們寫出一本書，總要找出版社到印刷廠印出來，而不會選擇自己打印一樣。

　　但正是便捷印刷技術的特點，讓活字本難以保存流傳。一是其印刷物品種雖多，但印量極小，流傳概率自然就小；二是人們對非書籍的日常印刷品不重視，用過即丟，不會專門去收藏保存。清光緒間朝廷推行的《民欠徵信册》，十幾年間印刷總量達數十萬册，流傳至今、由圖書館收藏的祇有區區十幾册，就是一個很好的説明。我們今天的複印件、打印件也是這樣，收藏家不收，圖書館不存，如果後人僅根據圖書館裏的少數藏品進行研究，他們是無法瞭解複印機和桌面打印機在今天的普及程度的。從現存大量活字本家譜看，至少在清代，活字印刷深入村莊、家族，是與社會結合最緊密的印刷技術，也是發達的印刷技術。一旦條件成熟、功能完備，活字印刷的創造力和先進性就會爆發出來，鉛字迅速淘汰雕版就是明證。

第三節　活字本鑒定的任務和方法

　　活字本鑒定的任務是：從各種版本類型中區分出活字本，在活字本中區分出木活字本、金屬活字本、泥質活字本等，考訂活字本的出版者、出版年代和出版地。因爲金屬活字本和泥質活字本存世極罕，在日常實踐中，主要任務是區別刻本和木活字本。而對出版時間、出版地點的鑒定，與刻本一樣，需要從觀察字體、版式、紙張入手，再結合序跋等文字資料來研究，這裏就不多講了。

活字本鑒定的方法是以觀察版面印迹、還原印刷技術和過程爲主，以辨析文字記載爲輔。

從版面印迹爲何能還原出印刷方式？因爲印版的技術特徵能通過刷印映射到紙上。活字版的製作材料、排版技術與雕版不同，反映到紙面上的印迹也就不同。熟悉了這種對應關係，就可以根據版面印迹反推印刷方式。這是一種客觀有效的鑒定依據。

文字記載爲何不能作爲主要鑒定依據？這是因爲：一是并非每部活字本都寫明自己的印刷方法（其實寫明的是少數），觀察版面印迹即"觀風望氣"，是版本鑒定必須掌握的基本功。二是很多活字本都有雕版翻刻本，其說明"活字本"的刊記、序跋也會被原樣翻刻下來，造成誤導，如《武英殿聚珍版書》由内府發給各省雕版翻印，這些翻刻本多數在目錄卷端下方寫着"武英殿聚珍版"字樣。翻刻本比原本的發行量要大得多，如果按照文字内容來鑒定，犯錯誤的幾率就太大了。三是古人作文浮誇不實，好用典故，沿襲成語，都會影響今人對文義的判斷，如很多活字本的序跋，也會說"付梓""鋟版"等，其實祇是用一般概念來說明書的出版，并非強調印刷方式，如果輕信，就會誤導鑒定過程。（圖九）

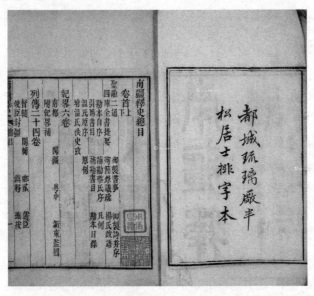

圖九 "都城琉璃廠半松居士排字本"《南疆繹史》（實爲清末刻本）

第四節　如何區分刻本與木活字本

中國古籍中，刻本占絕大多數；活字本中，木活字本占絕大多數。因此，活字本鑒定的主要工作，是區分刻本和木活字本。雕版印刷和活字印刷工藝不同，在書葉上呈現出不同的印迹特徵。對那些書中沒有記載印刷方式的古籍，要從觀察版面印迹來尋找技術特徵，倒推使用了何種印刷技術；對那些書中寫明印刷方式的，要通過版面特徵驗證其記載是否屬實。活字本可以通過以下幾個方面進行鑒定：

（一）無斷版現象

雕版使用木板，木頭的物性決定了溫度、濕度的變化，特別是墨汁的反復浸潤、乾燥，會使其開裂，印到紙上表現爲一根橫穿書葉的無從着墨的白綫，俗稱"斷版"。斷版又分兩種情況：如果木版原是一塊整板，它會順着木紋發生細微的斷裂，從版框開始穿過欄綫和文字，木版不至于完全斷開，斷版綫也不是筆直的，如圖一〇，木板在右邊裂開，穿過框綫、"編""之""原"三字及欄綫，未再向左延伸。如果木版是用兩塊以上窄板通過榫卯拼成的大板，在使用中反復上墨和刷印的壓力，往往會使木版連接處鬆開，產生縫隙，印到書葉上會有一條貫穿全版的筆直的斷版綫（圖一一）。因爲雕版多是兩面刻字，斷版往往會影響相鄰兩葉。

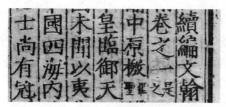
圖一〇　隨木紋裂開的斷版綫

圖一一　木板從拼接縫斷開產生的斷版綫

活字版是用單個字印拼成的版，文字彼此并不相連，也就不會出現貫通的斷版綫。斷版是雕版印刷的獨有瑕疵，凡是有斷版的書，"一票否決"，都不會是活字本。

不過，活字本鑒定中會遇到一種疑似斷版的情況，即使用武英殿聚珍版工藝的活字本。這種工藝用活字排印文字，用雕版刻印版框、行格，然後套印在一起，所以其雕版部分會發生斷版，斷版綫會穿過版框和多條欄綫，但不會穿過文字。

（二）字間筆畫無穿插

雕版寫樣，是在一張紙上連續寫下來的，字與字之間容易相互牽連，筆畫交錯（圖一二、圖一三）。中國活字版的字印都是獨立的，且是規則的正立方體，每個字的筆畫再長，也不會伸到別的字中去。所以在鑒定時發現字間筆畫穿插，基本可判定爲刻本而非活字本。

説"基本"，是因爲有少數活字本存在筆畫穿插情況。前面説過，古代朝鮮的木活字印刷，有的會使用印蠟來固版。這種技術從活字底部粘結固定，活字不用互相擠緊，不必是規則的正立方體，而可以是隨意形狀的。比如"人"字，可以刻得前部凸出，後部凹進，這樣在排"人人"的時候，下面一字的凸出部分或會插入上面一字的凹進部分，形成筆畫穿插（圖一四）。這是朝鮮木活字本的獨有現象，中國的木活字印刷不采用這種技術。

圖一二　刻本中的字間筆畫穿插現象（一）　　圖一三　刻本中的字間筆畫穿插現象（二）

不過中國活字本中偶爾會出現另一種筆畫穿插現象，即有的字印不是單字，而是若干字組成的詞句，這樣，在寫樣的時候連寫，可能形成筆畫穿插，多見于家譜中的固定標題等。圖一五是同治間木活字本《蒸陽興頌》中的雙行注文，橫向看，"未依""膌依""月不""赴捨"等字筆畫穿插；縱向看，"任士民"三個字擠在兩個字的位置。這是因爲排印這部書的活字，祇有大字，沒有小字，遇見需要排小字的地方，祇能取一塊木條臨時刻字排進去。上述情況，本質上是小塊雕版作爲一個部件被排進活字版，也說明通過字間穿插來排除活字本，并不是絶對的。

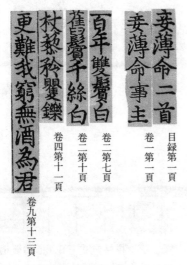

圖一四　朝鮮活字印本《後山詩注》中的字間筆畫穿插現象　　圖一五　活字版中排入的小塊雕版

以上兩種鑑定方法是從雕版的材料和工藝特徵着眼的。發現相關版面特徵,可以排除掉活字本。但刻本也有很多是不斷版、字間筆畫不交叉的,在這種情況下,需要找到活字印刷工藝自身的特徵。

(三)版框四角、版框與欄綫上下端、版心魚尾與鄰近的欄綫有縫隙

活字版的版框,是用四根框條圍起來的,往往不能嚴絲合縫。特別是木活字版,由於活字遇水膨脹,會把版框撐開,產生較大縫隙。活字版上的欄綫、版心魚尾等部件也是裝配進去的,與周邊部件本非一體,又不能結合得十分緊密,都會留有縫隙,這是活字本一個比較直觀的特徵。

如圖一六爲清末木活字印本《九賢祕典》,印工精細,瑕疵較少,但也可觀察到版框拼接縫隙,版框與欄綫、魚尾之間的空隙。

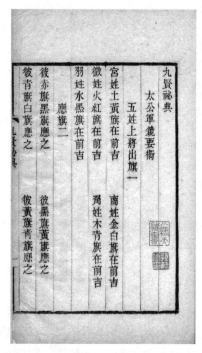

圖一六　清咸豐間活字印本《九賢祕典》

活字版版框拼接的方式大致可分三種:第一種呈45度角斜接(圖一七);第二種呈90度角平接(圖一八);第三種是雙欄綫,拼合點不在對角處(圖一九、圖二〇)。

圖一七　拼接方式一,框綫45度角拼接

圖一八　拼接方式二,框綫90度角平接

圖一九　拼接方式三A,框綫雙邊,90度平接

圖二〇　拼接方式三B,框綫雙邊,拼接點不在框綫頂端

觀察到第一種版框，可以確定是活字版。

觀察到第二種和第三種A，基本可以確定爲活字本，但要排除雕版刀痕。雕版在刻版框時，如果没控制好力度，刀會衝出去刻斷相對的欄，版新的時候，可以彌合得没有痕迹或表現爲細細的刀痕，與活字版版框的縫隙不同；使用久了，木質缺損就會産生小缺口，其印迹容易和第二種、第三種A即平接的活字版框縫隙混淆（如圖二一，書葉四角有三個角缺損）。

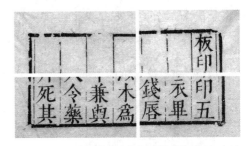

圖二一　明崇禎刻本《夢溪筆談》卷十八第九葉版框四角缺損情況

不過，一般衝刀形成的刀痕較細，木質缺損後雖然也有缺口，但兩條欄綫原本一體刻成，綫條的粗細、高低一致，刷印出來總體墨色均匀，不會像活字版那樣，綫條一粗一細，或墨色有深有淺。更重要的是，活字版的版框有縫隙是常態，整部書的每葉都是這樣；雕版的版框殘缺是瑕疵，並非葉葉都有，因此鑒定時多看幾葉書、每個角都觀察到，這個干擾也就排除掉了。

觀察到第三種B的縫隙，則要排除雕版版框殘缺斷裂，但這也是祇要多看幾葉，即可確定。

通過版框接縫鑒定活字本，還要注意幾種特殊情況：一是前面説過的武英殿聚珍版，它的版框是雕版印成的，框綫交接處没有縫隙；二是清代武英殿銅活字本及明代一些金屬活字本，它們的版框是整體鑄造的，也没有縫隙；三是有極少數木活字本排印品質較高，版框縫隙不明顯。這些都需要在鑒定中綜合運用各種方法進行確認，但觀察版框接縫，是鑒定活字本首要好用的辦法。

（四）字的大小、新舊、字體不一致

木活字刻成以後長期使用，使用頻率高的字會率先損壞，壞到不能用要更換新字。新字有可能與舊字的字體風格、大小不同。因此，新、舊活字雜用，會造成同一版上印出的字大小、破損程度、字體不一致。圖二二，"勹"字寫法不同，"欠"字新舊不同。圖二三，"小心防"與周邊字體不同；"據署歸"比周邊的字損壞更嚴重。

（五）字行不整齊，字歪斜，乃至有卧字、倒字

這是排版品質差造成的瑕疵。卧字、倒字是活字本鐵證，但不容易發現。圖二四，"循蜚捃殘竹"五字向左側傾倒。圖二五，"鳳""德""敦"等字傾斜。

（六）墨色不均匀

活字規格未能一致，有高有低，導致排好的版高低不平，在刷印時，高出版面的字着墨重，低於版面的字着墨輕，後者甚至會因爲紙被高字頂起而刷不上墨，書葉看上去墨色不均，有時欄綫斷斷續續。有的貼近版框的字高出來，導致旁邊的版框没刷上墨，使框綫中斷或出現空白。這也是排印品質差造成的瑕疵。對那些單葉、殘葉和没有邊框的活字本來説，第四至六項鑒定方法尤爲重要，這些都是"觀風望氣"所説的"風氣"。（圖二六）

圖二二　字體、新舊不同情形　　圖二三　字體、新舊不同情形　　圖二四

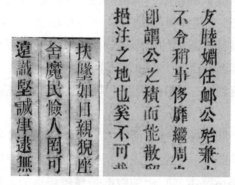

圖二五　　　　　　　　　　圖二六

（七）頂木、夾條印迹

活字版在拼版時，要用夾條來分行，用頂木填充空白處。頂木、夾條是活字版的深層部件，比字印的高度要低，刷印時一般不會與紙接觸。但如果刷印技術不精，紙張下陷，頂木、夾條上的墨汁有時會沾染到紙上，印出墨綫、墨塊（圖二七）。多數活字本這一特徵不明顯，那些沒有界行、欄綫的活字本容易出現這種情况。如圖二八是單張木活字印刷品，没有版框，其頂端漏出的夾條印迹，成爲一個重要的鑒定依據。

以上現象都和木活字的物理屬性、活字版的排印工藝有關，是木活字本自身的版面特徵。在鑒定活字本時，未必每部書都會具備上列所有特徵，如有的書没有版框，有的書活字新製，墨色匀稱等，這就需要綜合運用各項特徵，分析判斷，得出準確的鑒定結果。

在這裏，再説一下對活字版套印本的鑒定。套印本指用兩塊以上印版、經過兩次以上印刷纔能印成的書，套印一般是爲了實現多色印刷，每一塊版印一種顔色，分辨起來一目瞭然。活字本也有套印本，如道光、咸豐間江西人謝蘭墀擺印的五色套印本《御選唐宋文醇》《御選唐宋詩醇》，清後期四色套印本《陶淵明集》等。幾塊版都是活字版的套印本，鑒定方法和普通活字本相同，也是要尋找活字版特徵，在確定活字本的基礎上揭示出它經過幾次套印。清代古籍中還有一種特殊的套印本，是以武英殿聚珍版爲代表

第六章 活字印刷源流與活字本鑒定 | 103

圖二七 武英殿聚珍版《絳帖平》
版面上漏出的頂木、夾條痕迹

圖二八 清咸豐木活字排印本
《討粵匪檄》

的，用活字版和雕版套印而成的書。這種書用活字排印文字，用雕版刷印版框和行格，其版面兼有活字本和雕版的特徵，而且祇有黑墨一色，其特殊性容易被忽略。這種書版框、行格、版心是雕版印的，版框四角沒有縫隙；邊框、欄綫會出現斷版，但不會穿過文字（圖二九左）。其活字版特徵，主要是高低不平、墨色不匀，出現頂木、夾條印迹概率較大，有時套印定位不準，會導致文字疊壓邊欄、行格（圖二九右）。目前所知，這種套印本主要是武英殿聚珍本，此本目錄頁卷端下題"武英殿聚珍版"字樣，也算特點明顯，不難被發現，但難在準確區分雕版覆刻本，因爲一些活字本的特徵如文字大小不等、排列歪斜等也多少會被複製下來，所以需要重視斷版是否貫穿文字、文字是否壓綫等套印技術形成的版面現象。清末聚珍堂所印書和光緒時的《民欠徵信册》偶爾有不穿過文字的斷版綫，以及雕版欄綫疊壓活字版夾條的印迹（圖三〇）。

圖二九 武英殿聚珍版印本《絳帖平》

圖三〇 《屯留縣民欠徵信册》

（八）字印、版框等組版部件重複使用，從書口看版框高低一致

活字是"活"的，可以重複使用，這是活字印刷技術最本質的特徵。在一部活字本中，總會有同一個字印被用到兩次以上，印過不同書葉，祇不過這種印迹不是很直觀，需要認真查找。鑒定活字本時，一般經過前面幾個步驟已解決問題，用不到這個方法。但對那些爭論較大、難以定論的版本，在不同版面上找到同一個字印或其他組版零件，是終極解決辦法。

除了活字，活字版中版框等部件也多是重複使用的，這讓看書口成爲一個簡便有效的鑒定方法。排版時受人手限制，往往全書祇用一個版框，這樣從書口看上去，各葉版框的高度都是一樣的（金屬版框的書更是如此），與版框高度參差不齊的雕版印本形成對比，甚至不打開書就可以據此鑒定出活字本。但如果用多個版框排版，其版心高度就未必一致，祇看書口解決不了問題，而是要打開書尋找相同的版框、魚尾、文字等部件。

圖三一朝鮮銅活字本《雅誦》，版框嚴絲合縫，墨色匀稱，銅活字也難分新舊，如果没考慮到活字爲同模鑄造，同一個字字形都一樣，就屬于比較難鑒定的活字本。這時就可以通過尋找相同的版框來提供依據。圖中這三個版框具有共同殘損點，是一副版框重複使用，證明是活字版。再如圖三二、圖三三，取自民國活字印本《珠泉草廬師友録》。此書版框拼合嚴密，墨色匀稱，活字特徵不明顯，但書口上欄齊平（圖三四），類似活字本。經翻檢，全書用兩副相同高度的版框輪流排版，其中一個版框特徵明顯，證明了它是木活字本。

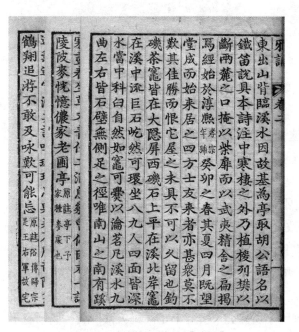

圖三一　朝鮮銅活字本《雅誦》

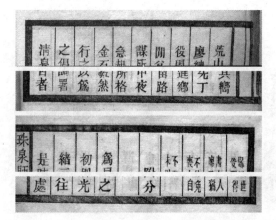

圖三二　《珠泉草廬師友録》的版框四角

（九）用貼改、鈐蓋的辦法改正錯字，書後附有勘誤表

刻本發現有錯誤，可以隨時在版上改正，很少去改印好的書。活字版因爲版隨排隨拆，全書印好再

發現錯誤，已經無法改版，祇能附送一張勘誤表，或將勘誤表的正字剪下，覆蓋誤字。因此若書中附有勘誤表或貼改、挖改以及鈐印改正誤字（圖三五），多數情況下是活字本。

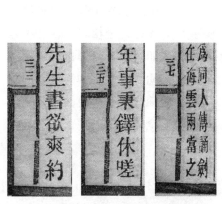
圖三三　同一版框特徵相同

圖三四　部分活字本書口兩欄齊平

圖三五　鈐印更正誤字

（十）文獻記載爲活字本

有些活字本書，會在牌記、版心、序跋等地方寫上"活字""排印""擺印""聚珍版"等表明印刷方式的内容，這會引起人們的關注。有時在其他文獻中也會記載某本書是活字本，可以作爲鑒定參考。但前面説過，這些説明很多都不屬實，需要根據版面特徵驗證後再行采用。

第五節　怎樣區分不同材質活字及泥質活字版鑒定

（一）活字材質的區分

從中國活字印刷史來看，活字的材質有木、銅、錫和泥等。過去對各種類型活字印本的區分，没有歸納出比較直觀、客觀的辦法，祇是憑文獻記載和個人感覺，造成很多問題。近些年，一些鑒定技巧被提出來，其着眼點爲木活字與其他材質活字的物理屬性和製作技術的不同。木活字本以外的活字本，平時不易見到，但一旦遇到，就會帶來重大學術發現，所以其鑒定方法值得認真探討。

1.金屬活字本的鑒定難題

在版本鑒定中，怎樣有效區分木活字本和金屬活字本，一直是一個難題。現在比較明確的金屬活字本如明、清"銅活字本"已有多種，但多是前輩學者憑經驗直接給出的結論，并未留下詳細論證過程和一目瞭然的判斷依據，給驗證鑒定準確性以及發現新的同類版本帶來困難。

實際上，由于木頭和金屬的物性不同，木字與金屬字的製作方法不同，它們在紙上的印痕也有明顯不同。因此在活字本鑒定過程中，如果能在版面上找到反映活字材質特點的印痕印迹，鑒定就有了客觀依據，也就可以傳授交流并讓同行複驗了。

2. 可用模具鑄造，是金屬活字的本質特徵

唐代以來，中國和朝鮮在鑄造錢幣、活字等帶有文字的小金屬件時，多使用翻砂鑄造法。一般情況下，翻砂需要先製作一個木模或泥模，再用這個模子翻鑄出多個複製件。活字若是同模鑄造的，則同一葉書上的同一個字，字形會完全相同（圖三六）。鑒定時發現這種情況，首先就排除了雕版和木活字的可能。如果再排除掉也可以用模子塑製的泥質活字，就可以確定爲金屬活字。在活字本中，朝鮮銅活字、清道光間福田書海銅活字，以及道光末年嶺南壽經堂錫活字，都屬于這種情況。同模鑄字，是金屬活字的自證性特徵。圖三七的幾個"廓"字，不僅字形完全相同，其"子"部起首處均有一中斷點，這是模子原有的缺陷。

圖三六　朝鮮銅活字本《自省編》中的相同字

圖三七　錫活字本《陳同甫集》同一書葉上相同的"廓"字

3. 活字字面有氣孔，也是金屬活字的本質特徵

古代的金屬活字，并非全部是同模鑄字。前述明弘治、正德間無錫華氏的活字，就不是同模鑄造的，其"活字銅版"印本無法自證爲金屬活字本。

不過，鑄造方式不明，并不影響鑒定這些活字的材質，因爲金屬在鑄造過程中會產生氣孔（砂眼）、流銅等瑕疵，青銅尤其容易產生氣孔，故可通過版面上的氣孔（砂眼）等金屬鑄造形態的印迹來鑒定金屬活字版。衹是活字筆畫上的氣孔很是微小，難用肉眼觀察，可攝影放大後觀察。圖三八取自明弘治五年（1492）《會通館印正錦繡萬花谷》，"山"字下筆的氣泡非常典型，"牛"字上的氣泡則很密集。

4. 雕刻金屬活字上的"雕痕"與木活字的"刀痕"不同

雕刻木字，遇到筆畫交叉時，往往刀鋒會通過交叉點，將相對的筆畫刻斷，形成細微的"刀痕"。這種刀痕因木頭遇水膨脹可以彌合，在木字尚新時不易顯露，在敝舊時則會顯現，乃至出現圍繞筆畫交叉點四面斷開的情形。

雕刻金屬，薄刃的刀無所用力，需要使用刀鑿錘擊鏨刻。刀鑿刃厚，行迹皆爲楔形，特別是金屬没有彈性，無法彌合刻痕，往往將筆畫刻斷（圖三九），甚至會影響到周邊的筆畫。如果要避免將筆畫刻斷，就需要在遇到交叉筆畫時，將一筆斷爲兩筆，繞着交叉點分別雕刻，再對接起來。又因爲鏨刻需要兩隻手操作，比起一手持刀的刻木難度更大，手眼稍不配合，就會使兩個半筆無法對齊，形成錯位（圖四〇）。這讓金屬活字的雕痕明顯區別于木活字的刀痕，也讓判定那種雕刻的金屬活字本有了客觀依據。明代徐縉印刷《唐五十家詩》和安國印刷《吴中水利通志》使用的活字（圖四一、圖四二），均帶有明顯的雕痕，應是雕刻的金屬活字。

圖三八 《會通館印正錦繡萬花谷》活字上的氣泡印痕

圖三九 明金屬活字印本《武元衡集》中筆畫刻斷缺損現象

圖四〇 《武元衡集》中活字筆畫錯位現象

圖四一 明安國活字印本《吴中水利通志》中筆畫刻斷缺損現象

從《武元衡集》和《吴中水利通志》可見，金屬活字的雕痕瑕疵可分爲兩類：一是不計較刻字品質，將筆畫刻斷，造成嚴重損害，如圖三九"生"字刻豎畫時連斷三橫畫，"朝"字刻豎畫時連斷五橫畫。二是爲避免刻斷筆畫而造成錯位，圖四〇、圖四二的字非常典型。

圖四二 《吴中水利通志》中活字筆畫錯位現象

5.大面積圖形是否墨色匀稱

木頭吸附墨汁的能力强，刷印出來的文字、圖形無論大小均墨迹均匀。金屬表面光滑，吸附墨汁能力差，遇到版心黑口、象鼻、魚尾這樣面積稍大的圖形，就難以保證墨色均匀。古人製作金屬活字版，會盡量消除這類圖形，改變象鼻、魚尾式樣。如清代武英殿銅活字本、林春祺福田書海銅活字本，都使用綫魚尾，而非當時流行的實心黑魚尾。朝鮮銅活字版則將魚尾刻上花紋，減小刷墨面積。花魚尾也是鑒定朝鮮活字本乃至朝鮮刻本的主要特徵。（圖四三）

圖四三 中國和朝鮮銅活字本的不同魚尾

6. 活字是否筆畫殘缺、新舊不一

木質鬆軟,在墨汁的浸泡和棕刷的反復衝擊下,木字容易損壞。損壞較輕時,印出來的字往往筆畫殘缺,特別是幾道筆畫會順着同一木紋斷裂;損壞嚴重時,就需要用新字更換壞字,在印出的書葉上,會出現新字與破舊字摻雜,字形、字體不一等現象。金屬字一般不會出現上述情形,看上去清晰整潔。

7. 版框是否脹大

木材有遇水膨脹的特性,經過墨汁浸泡,木活字會慢慢脹大,版框會被撐開,四角產生縫隙,越刷印到後面縫隙越大。銅和其他金屬活字遇水不膨脹。還有一些金屬版框是鑄爲一體的,都不存在版框被撐開的問題。這也使銅活字印本看上去要比木活字印本更加整齊、美觀。

(二) 如何鑒定泥質活字版

清代的泥質書版,可以確定的有三種:泰山瓷版、呂撫泥版、翟金生泥活字版(圖四四),其中祇有翟氏版是真正的活字版。這幾種版雖然製作方法不同,但有一個共同特徵,就是其字印均用模具製成,同一個字字形都一個樣。這帶來泥質活字本與木活字本的根本區別,可以據此輕鬆鑒定分別。

但這一特徵與同模鑄造的金屬活字相同。用肉眼仔細比較,泥質活字印出的字相對粗糙,不如金屬活字字劃清晰,字面也沒有金屬活字平整,墨色不匀。放大看,泥質活字墨迹淺淡,沒有氣泡。不過泥質活字的親水性比金屬活字好,故翟氏印本的版心使用了黑魚尾。

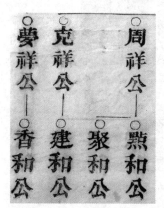

圖四四　泥活字版印本《水東翟氏族譜》中相同的字

第六節　對幾種活字本的鑒定實踐

綜合運用以上鑒定方法,可以比較準確鑒定出各類活字本,也可以解決版本學中一些疑難問題。下面舉幾個例子:

(一) 吹藜閣木活字本《文苑英華律賦選》

《文苑英華律賦選》,錢陸燦編選,清康熙二十五年(1686)吹藜閣活字印刷。此書封面及目錄頁均題"吹藜閣同版"五字,張秀民先生等認爲"同版"就是"銅版"的簡寫,將其定爲銅活字本。實際上,此書中"銅""同"二字均多次出現,各守本義,沒有一處是混用的,因此不能説"同版"就等同于"銅版",更不能據此認定它是銅活字本。觀察版面,其活字殘損嚴重(圖四五),木刻刀痕明顯,版框愈向後膨脹愈甚(圖四六),均呈現典型的木活字特徵,應爲木活字本。

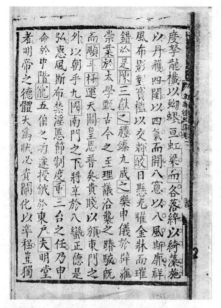

圖四五 《文苑英華律賦選》中殘損的字

圖四六 《文苑英華律賦選》活字的木質特徵（左爲漫漶的刀痕，右爲脹大的邊框）

（二）泰山瓷版《蒿庵閒話》

康熙末年，徐志定"偶創磁刊，堅致勝木"，印刷了張爾岐的《蒿庵閒話》和《周易説略》二書，自稱"真合齋泰山磁板"，別具一格。但泰山瓷版是怎樣製作的，一直衆説紛紜，没有定論。今觀察版面，可以發現如下現象：一是很多具有相同特徵和缺陷的字，在不同葉都有出現，證明其版確由活字排成。二是這些具有相同特徵和缺陷的字在同一葉也有出現，證明它們是用同一個模子製造出來的，應是泥質活字（圖四七）。三是有兩處版面的行間空白處露出正方形的字釘痕迹（圖四八），説明空白的地方是用一個個高度低於活字的字釘填滿的，再次證明這是由活字排成的印版。四是很多版面有從版框和文字中間穿過的斷裂綫，證明最終印書使用的版已非活字版。因爲如果排版用的是已焙燒堅硬的瓷活字，它們是不會沿着某種軌迹一起斷裂的，祇有濕泥整版入窰燒製，纔會出現這種龜裂現象。

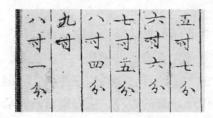

圖四七 泰山瓷板印本《蒿庵閒話》中相同的字

圖四八 《蒿庵閒話》版面中的字釘痕迹

根據這些特徵，結合書中"磁板""磁刊"的文字記載，泰山瓷版的製作工藝應是這樣的：先用陰文範母將瓷土製成濕泥單字，再排成版面，然後入窯燒成瓷版用來印書。

（三）公慎堂木活字本《題奏事件》

因爲來華傳教士的著作中有清人用蠟版印刷報紙的記載，印刷史界遂把帶有連續出版物性質的《題奏全錄》《題奏事件》等書看作蠟版印刷品。實際上傳教士們對中國"蠟版"的記載來自輾轉傳聞，均未經目驗，并在一些重要問題上説法分歧，如對用來刻字的蠟究竟是軟還是硬，就有兩種截然相反的説法，"蠟版"之説令人生疑。

今觀察乾隆間公慎堂印《題奏事件》版面，可見其字新舊不一，有的字殘損嚴重；字形完全相同的字會出現在不同葉；有些字的周邊有方形印痕，屬于活字雕刻面的底邊（圖四九）；很多地方暴露出夾條和頂木印迹（圖五〇）。各種特徵均説明，《題奏事件》是木活字印刷品，而不是"蠟版"印刷品。

圖四九 《題奏事件》重複使用的活字"旨"及雕刻面底邊印迹

圖五〇 公慎堂《題奏事件》的頂木與夾條印迹

（四）李瑶木活字印本《南疆繹史》

清代蘇州人李瑶，于道光九年（1829）、十年，兩次用活字印刷《南疆繹史》。書的牌記上題寫"七寶轉輪藏定本仿宋膠泥版印法"，今人遂以爲李瑶復原了宋代畢昇發明的膠泥活字版，并用來印成這兩部書。

今觀察《南疆繹史》版面，兩次印刷使用的并非同一套活字；每套活字的同一個字均不相同，并不是用模子塑造的。不符合清代其他泥質書版的做法。考察文獻，道光九年本《南疆繹史》是一部四十多卷八百多葉的大部頭書，李瑶用在排版、印刷上的時間祇有五個月，根本没有燒製泥字的時間；而他花費的銀錢，正好與當時請活字鋪排印一部同等規模的書相似。因此，李瑶印書用的活字不可能是"泥活字"，而是普通的木活字。所謂"膠泥版印法",祇是借用典故表示活字版而已。

(五)清嶺南壽經堂錫活字印本《陳同甫集》

美國傳教士衛三畏曾報告,清道光、咸豐之際,廣東佛山一位"Tong"姓人士(現譯爲"鄧")曾鑄造二套錫活字,共二十多萬枚,用來印刷彩票,也用來印書。鄧氏的錫活字後來在戰争中散失,他印的書也一直沒能甄別出來。

國家圖書館藏有兩部陳亮所著《陳同甫集》,一部著錄爲"清活字本",一部著錄爲"清刻本"。其中一部封面題"嶺南壽經堂版"。仔細觀察,排印此書的活字每個字都一樣,顯係同模鑄字(圖五一、圖五二)。衛三畏的書中保留了鄧氏活字的三個字樣,與《陳同甫集》中的字完全契合,可見這部書就是鄧氏用錫活字所印。

圖五一 錫活字本《陳同甫集》　　圖五二 《陳同甫集》中完全相同的"超"字

第七章

近代技術印本版本鑒定

19世紀中葉，西方近代印刷技術傳入中國，在幾十年内取代了中國傳統的雕版和木活字版，到民國建立時，用西方技術印刷的書已成爲市場主流，極大豐富了中國古籍的版本類型和研究對象。不過，長期以來，中國古籍版本鑒定的對象仍主要是刻本和活字本，對近代技術印本的鑒定并未能成爲古籍版本學的重要内容。一個原因是這些書均爲當時讀書人每天在讀的書，屬于身邊事物，人們能準確地分辨出它們是何種版本，經云"常事不書"，自然不必專門爲這些版本的鑒定編寫講義。

如今情況有所變化。一是從晚清到現在，時間已過去一百多年，即使以辛亥革命爲下限，很多使用近代技術印刷的書也已進入古籍範疇，古籍鑒定理應覆蓋它們。二是這些技術已被現代印刷技術淘汰，今人特別是年輕人對近代版本已不熟悉，有必要講清楚它們各自的版本特徵，以準確地鑒定、著録版本，特別是準確地將它們與刻本和傳統活字本區分開來。三是近代印刷技術門類衆多，圖書版本複雜多樣，而且與中國傳統技術也有交叉融合之處，形成一些特殊的版本現象。作爲版本學的一個分支，從學術角度出發，應該對近代版本進行深入研究。

從技術層面看，近代印刷技術分凸版印刷、平版印刷、凹版印刷和孔網印刷等若干門類。每種技術又因工藝不同，内部還可分出多個小類，如凸版有鉛活字版和鉛版、鋅版，平版中又分石印、珂羅版、金屬版等。古籍中常見的近代版本是鉛印本、石印本、珂羅版本。

區分傳統版本和近代版本，或說區分刻本與鉛印本、石印本，應是版本鑒定實踐的第一課。近代印刷與傳統印刷在技術上完全不同，其印成品的版面上留下了鮮明的技術特徵，因此近代版本鑒定，主要以書籍實物爲對象，以觀察版面爲方法，以版面反映的技術特徵爲依據。近代版本很多都寫明印刷方式，大多數是真實的，可以據此著録，但也有記載失實的情況，這就需要通過鑒定來確認其實際印刷方式。

近代版本特徵明顯，最好的學習方法是上手觀察實物，不妨備幾册不同類型的版本標本，如石印本《四部叢刊》、鉛印本《四部備要》的零册，與刻本對比着看，很快就能熟悉各自的特徵，掌握鑒定技能；也可以多利用現代手段，如遇到憑眼力難以決斷的版本，不妨掃描放大，進行更仔細的觀察。總體上說，如果不是要細化到區分印刷年代和印刷機構的程度，鑒別近代不同技術形成的圖書版本并不困難。因此，下文先簡要介紹各種版本的基本特徵及差異，重點提示一些容易導致鑒定錯誤的特殊現象。

第一節　鉛印本的鑒定

鉛印本是用鉛合金活字排版，再用機器印刷的書。早期鉛印本，使用鉛字排成的版直接印刷。後來發明了紙型等存版技術，又多通過紙型翻製鉛版來印刷。這樣既可長久保存排好的版，又可以隨時複製多個印版。西方國家鑄造中文鉛字始于19世紀上半葉，法國人于道光十七年（1837）鑄成一套鉛字，在巴黎印刷《大學》（圖一）和《道德經》二書，是世界上早期漢字鉛印本。後來英國基督教會購買這套鉛字，運到澳門印刷《聖經》和教義書，這是鉛字進入中國的開端。再後來英國人在香港、德國人在柏林、美國人在上海，都研製過不同型號的中文鉛字，經上海美華書館整合，到同治、光緒之際，形成大小六種字型、可以印刷各種書籍報刊的成套鉛字。至此，鉛印本開始逐漸取代刻本和傳統木活字本。

鉛印版與雕版相比較，有幾個明顯區別，都是各自的技術工藝造成的。

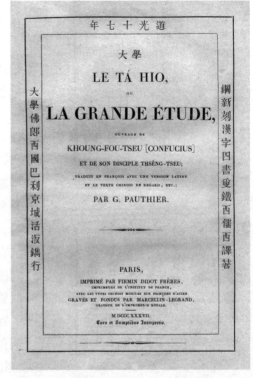

圖一　1837年法國巴黎所印《大學》

（一）鉛印版屬于活字版，版框是拼起來的，框條呈45度角相交，拼合處多有縫隙；且鉛字是用字模鑄造的，同一個字的所有字印，都出自一個模子，字形完全一樣。雕版的版框四角無縫隙，即使破損缺口，一般也不會呈斜角狀，版中的相同字字形會有差異。

（二）雕版會有斷版和欄綫殘缺等瑕疵。鉛印本的版框和欄綫都是金屬鑄成的，一般不會斷裂殘缺。

（三）鉛印本使用油墨，刻本使用水墨，二者印迹不同。油墨施墨均匀，邊緣整齊。水墨則因版面木紋和手工用刷子上墨影響，墨色有時不均匀，嚴重時會有黑白紋路，版框等處尤爲明顯；墨會洇出版框的邊緣之外。

（四）鉛印本印刷時使用印刷機，在紙背均匀加壓，不使用棕刷。刻本或傳統活字本刷印時，要用棕刷在紙的背面反復刷過，有時刷子不慎沾墨，會在紙背留下或濃或淡的刷痕，乃至留下棕絲或棕絲的印迹（書葉的正面也經常見到棕絲）。因此，若遇到實在難以區分的本子，不妨看看紙的背面。

王錫元、王揖唐父子選編的《童蒙養正詩選》（圖二），民國十四年（1925）鉛印本，是鉛印成熟期的典型面貌。民國二十年，王揖唐又用雕版重印此書，兩個版本版式一致，正好可用來比較鉛印與刻印的異同。圖三上圖爲鉛印本，下圖爲刻本。

童蒙養正詩選第一集
澤齋老人原選 男揖唐補輯
堯戒 淮南子
戰戰慄慄日謹一日人莫躓於山而躓於垤
武王盥盤銘 大戴禮
與其溺於人也寧溺於淵溺於淵猶可游也溺於人不可救也
衛彪傒引諺 國語
從善如登從惡如崩
徐人歌 新序
延陵季子將聘晉帶寶劍徐君不言而色欲之季子已心許之矣使返而徐君已死徐乃以劍挂徐君墓樹而去
第一集
合肥王氏印行

圖二

童蒙養正
澤齋老
堯戒
戰戰慄慄
武王
與其溺於
衛彪
從善如登

圖三

再如《儷白妃黃册》（圖四）。同治十二年（1873），總理各國事務衙門下屬的同文館從香港英華書院購置一套鉛字和鉛印設備。爲調試機器，管理同文館的董恂用鉛字排印了《儷白妃黃册》，這是清朝官方機構使用鉛字印刷的第一本書。此書印成後，董恂有所增輯，在年底又用雕版刻印一部。圖五上圖即爲鉛印本的局部，下圖爲刻本的局部。這兩部書都有刊記説明印刷情形，但若忽略刊記，只從版面觀察，也很容易分清它們的版本性質。兩個本子在字體、墨色和整體感等方面有明顯區別：鉛印本此葉版框縫隙不明顯，但“鳥”“花”“松”“桂”等重複字字形一致；欄綫與版框、魚尾之間有縫隙；每個字空間獨立，間距大且相等。刻本整體設計，版框欄綫銜接緊密；字與字之間有聯絡、避讓，間距較小；版框和欄綫皆有中斷點；上述重複的字，字形均有差異。

儷白妃黃册一 集璧書 金石 甘泉董恂醖卿甫輯
鳥囀歌來花濃雪聚 庾信華林園馬射賦
桂深冬暖松踈夏寒 王少頭陀寺碑
質潤珪璋文兼黼黻 潘嶽韻纂序
門傳鐘鼎家嗇山河 隋書長孫晟傳贊
花鳥縈紅萍魚漾碧 王勃九成宮東臺山池賦
松楹坐月桂席攀風 王勃上明員外啟
落葉半牀狂花滿屋 庾信小園賦
長松一樹幽蘭數叢 王績答刺史杜之松書

圖四

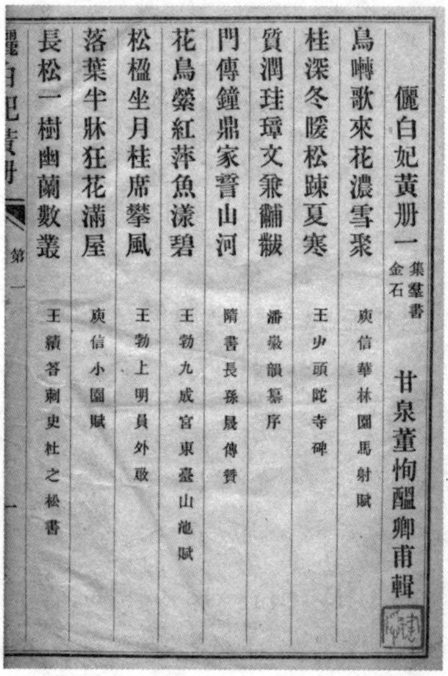

鉛印本與木活字本都屬于活字本，本質區别在于，鉛字是用模子翻鑄的，同一個字的字形一致；木活字逐字不同。二者的版框都是拼合的，鉛版對角45度拼接；木活字版也有45度拼接的，但更多是90度（圖六）。其餘就是油墨和水墨、機器壓印與棕刷刷印的區别。

總體來説，鉛印本的特徵是：版是拼的；字是鑄的，同一個字字形都一樣；使用油墨；不使用刷子。我們鑒定古籍“觀風望氣”，觀望的就是這些特徵。刻本的版面没有這些特徵，所以很容易區别。不過，在一些特殊情況下，還是需要仔細比對。

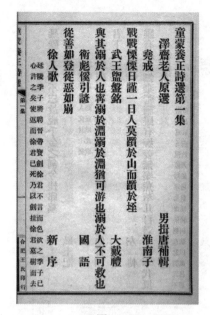

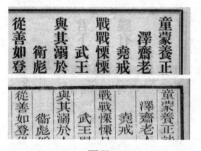

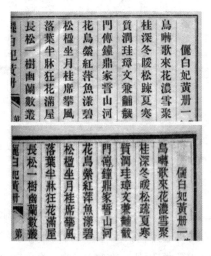 

圖五　　　　　　　　　　　　圖六　木活字本《九賢秘典》

一是用雕版翻刻鉛印本的刻本。清末有一些書坊，會用雕版翻刻鉛印本，并把原來鉛印本的刊記或書名頁照樣刻下來。這種書如果按刊記來著錄，就會出現錯誤，把刻本當成鉛印本。此時就需要根據版框、字形、墨色、刷痕等特徵來鑒定了。

下面這本《兒女英雄傳》（圖七），是根據申報館鉛印本翻刻的，實爲刻本。

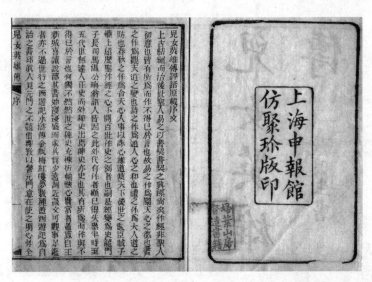

圖七

嚴復的名著《群學肄言》，初版爲上海文明編譯書局（即文明書局）鉛印本，光緒二十九年（1903）五月出版，當年就有五個盜版翻印本，其中至少兩種是刻本。有的即將書前刊記和卷末新式版權頁一起翻刻。圖八左圖爲鉛印本刊記，右圖爲刻本刊記。圖九是二書序言的局部，上圖爲鉛印本，下圖爲刻本，可見鉛印本與刻本的不同特徵。

圖八

圖九

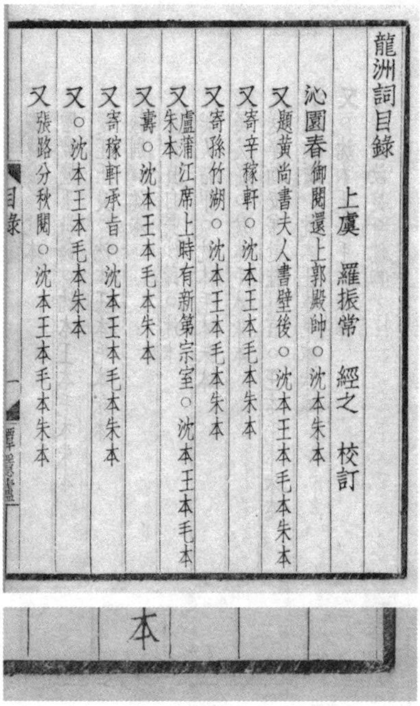

圖一〇

圖一一

二是用鉛字排版，然後用傳統方法刷印的書。清末民初也偶有一些書坊，用鉛字排好版後，不用印刷機印刷，而是用傳統方法刷印。常見的有羅振常蟬隱廬印的《經進東坡文集》等幾種書，使用的是仿宋體鉛字，但排版以後使用水墨和棕刷刷印。若嚴格按照版本學概念，這不能算鉛印本，祇能說是鉛活字本。這種印法使用鉛字，版框、字模等特徵都與鉛印本相同，要說明其特殊性，主要就得依據水墨和刷痕這兩個特徵了。蟬隱廬印的《龍洲詞》（圖一〇），同一個字都出于同一個模子，但使用水墨，刷痕明顯。

鉛印本鑒定中還有一個有趣的工作，即找出拼合活字印本。最初西方人研製中文鉛字，爲提高效率，采用拼合組字，即對不常用的字不鑄全字，只鑄偏旁，需要的時候用這些偏旁組成漢字，過去也叫叠積字。這種字拼的時候，幾個部分離得較遠，偏旁又大小不一，組合起來不太好看，到光緒以後就基本被淘汰了。使用拼合活字的鉛印本都是早期鉛印本，在中國印刷史和版本史上有其獨特意義。上文法國巴黎印《大學》所用活字即爲拼合字，同治三年（1863）上海美華書館印的《舊約全書》例言（圖一一），其中也使用了一些拼合鉛字，如"約""新""餘""創""續""拉"等。此時鉛印技術經過改良，需要拼合的字已經不多了。

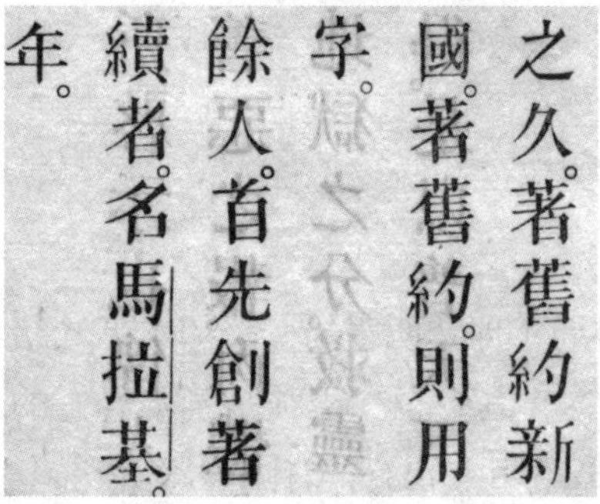

第二節　石印本的鑒定

　　石印的原理，是利用油和水互相排斥的特性，在磨平的石板表面繪製圖文并形成親油膜層，在空白處形成親水膜層，成爲印版。印刷時在石版上刷油墨、刷水，有圖文的地方吸納油墨，沒有圖文的地方吸水并排斥油墨，于是版面就分爲黑白區域，轉印到紙上形成文字圖案。這是完全不同于雕版和活字排印的、利用化學原理進行印刷的技術。石印版的版面是平的，毋須雕刻，故稱平版印刷。平版技術影響深遠，雖然後來製版材料放棄了笨重的石材，改用金屬和膠片，但其印刷原理一直應用到今天。現代印刷廠大量使用的膠印，仍屬于平版印刷範疇。

　　石印在製版方面，有三種辦法可以將圖文繪製到石版上。最初是直接用筆在石版上寫繪，但必須寫反字，難度較大。後來發明了轉寫紙，在這種紙上用特製墨正常繪寫，然後反貼到石板上，將圖文轉印到石上。在照相機發明後又出現照相石印，即將照片洗印到石上，製成印版。清道光年間（1821—1850），石印技術已經隨傳教士來到中國，但祇零星印刷一些教會讀物，至光緒間（1875—1908）得到大規模應用。

　　中國第一家商業化的石印機構是光緒四年（1878）由英國商人美查籌建的點石齋。點石齋從一開始就使用照相石印之法，翻印中國古書。後來其他石印書局紛紛設立，石印在中國得到充分發展，印刷了大量書籍及其他出版物。石印本成爲近代書籍版本的一個重要類型。

　　照相石印采用的底本，又可分爲三種。一是在紙上寫好書樣，然後拍照上石。常見一些小開本的石印本，寫滿密密麻麻的小字，都是甜熟楷書。這些書的底樣其實也是寫在大張紙上的，甚至比雕版書的葉面要大得多，寫完後拍照，洗印時再縮小，印出書來就變成蠅頭小楷，可以極大地降低成本。二是用現成的雕版書拍照上石，通稱影印，製版時也可縮小和放大，乃至將幾葉拼成一葉。三是將名人手稿、書畫、碑帖等拍照上石，也叫影印。

　　鑒定石印本，總體上要把握油墨和平版兩個特點。

　　油墨墨色厚重均匀，沒有任何深淺區別。品質不好的油墨，會在字迹周邊泛出油漬。水墨則有時略見深淺不同，版框等處能見到木紋或刷痕，墨色會泅出邊緣。另外放大看，刻本的筆畫是雕刻出來的，邊緣爽利，石印本筆畫不够平直。

　　石印是平版，印刷的時候又是用機器從上向下均匀加壓，因此紙張受力均匀，油墨一般不會透過紙背，背面光滑整潔。雕版因爲使用水墨，墨汁會洇透紙張，再加上使用棕刷手工刷印，用力不匀或刷的次數不同，會導致透過紙背的墨色不匀，有的地方重，有的地方輕。透墨多的地方，墨又會沾染到棕刷上，在紙上顯示刷過的痕迹，同時書葉正反面時常會看到掉下來的棕絲或掉落棕絲的印迹。

　　那些根據現成刻本影印的石印本，除了上面説的特徵外，一般開本和版面要比原刻本小，以此獲得成本優勢。另外，一般影印的時候要描欄，修補原刻本版框、欄綫斷裂的缺陷，所以邊欄看上去十分整齊而又墨色濃黑。當然也有不作加工原樣影印的。如果是原大影印又無文字說明，包括現代一些故意作假的影印本，就要根據上面說的鑒定方法認真辨別。

石印本總的直觀特點，就是墨色爲沒有層次的均匀黑色，邊欄整齊，不用刷子。仔細觀察，有時會發現筆畫周邊的油漬和濺出的微小墨點。

圖一二爲道光六年（1826）刻本《蜀石經殘字》和民國間石印的影印本。石印本沒有自己的刊記序跋，内容完全與刻本一樣。但我們根據版面特徵可以區分二者。左圖爲刻本，右圖爲石印本。

二本正面局部對比，可見墨色差異。圖一三上爲刻本，下爲石印本。從背面看，可見刷印方式差異（圖一四）。刻本透墨重，墨色不匀，有刷痕；石印本透墨輕，墨色均匀，無刷痕。圖一四左圖爲刻本，右圖爲石印本。刻本的背面有棕刷刷過的痕跡（圖一五）。

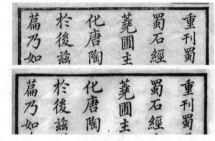

圖一二　　　　　　　　　　　　圖一三

圖一四　　　　　　　　　　　　圖一五

那些專門書寫版樣的石印本，也有自身特點。一是字都是手寫的，無刀痕；字字相連，少有空隙；而且開本小、字數多；用的紙張多爲機製有光紙，與雕版使用的手工紙區別明顯。圖一六是民國元年（1911）上海振新圖書社石印本《中華第一女傑軒亭冤傳奇》，這是常見的石印本樣式；圖一七《小題三萬選》，石印巾箱本，半葉寫滿可達三千多字，可稱石印本縮印的極致。

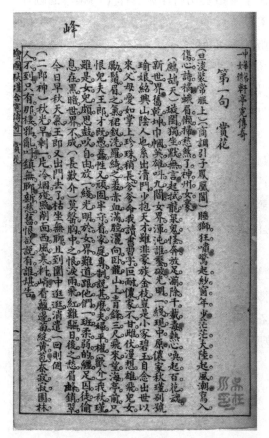

圖一六　　　　　　　　　　　圖一七

至于用石印影印的名人手迹，主要特點也是墨色濃黑均勻。手寫的書法，墨有枯潤濃淡，筆有牽絲飛白，筆畫交叉時能觀察到兩筆叠壓，蘸墨重起時能看到墨色變化。在石印時，這些細節都會損失掉，只剩下一味黑色。圖一八爲清范當世書詩卷，左爲手迹；右爲民國十四年（1925）蔡可權石印本，題《兩琮室藏范伯子遺墨》。

圖一八

石印本鑒定，也要注意幾個特殊情況。

一是與其他印刷方式合作形成的套印本。這主要是因爲石印可以方便地影印圖片，因此出版者在采用雕版或鉛印處理文字時，會用石印來印刷插圖。通常是單印一張圖片，與雕版書裝訂在一起。但也有極特殊的情況，即在同一葉上，集合了兩種印刷方式。如民國三十三年（1944）刻本《滕縣金石志》（本爲《滕縣志》卷五，改卷端書名單行），是先用雕版印好文字，留出空白，再于空白處用石印來套印金石拓本的圖片。這樣的書，所見還有民國間印《四明人鑒》和清光緒間印《四川鹽法志》等數種（《四川鹽法志》的多數插圖是雕版的，少數是雕版和石印套印）。

也有反其道而用之者，如光緒間石印本《朱批諭旨》，是用武英殿刻本縮小影印的巾箱本，因原書朱墨套印，影印本也應兩色套印，不知出于何種考慮，此書在用石印印好黑色的大臣奏議後，沒有再用石印來套印朱色御批，而是刻木版來套印。

還有在鉛印本的書葉上套印石印圖案的。英國傳教士馬禮遜在道光間曾編《華英字典》，英文用鉛字排印，因爲沒有漢文活字，就留出漢字的空間，再用石印的辦法把漢字套印上去。民國間朝鮮學者金九經著《諺文柳解》，也是因爲印刷廠沒有朝鮮諺文活字，于是先用鉛字排印漢文，留出諺文的位置，再將手寫的諺文用石版套印在預留之處。圖一九爲《諺文柳解》中的套印情形。

上面說的，都是因技術條件限制采用的變通辦法，不是石印本的常態，但在鑒定中遇到這樣的情況，也應指出其特殊之處，揭示其複雜的印刷過程。

石印本鑒定中還應注意的就是雕版翻刻石印本現象（圖二〇）。清末書坊喜用雕版來翻刻石印本，實際上是盜版行爲，常常連原書表明石印的刊記一起翻刻下來。對這

圖一九

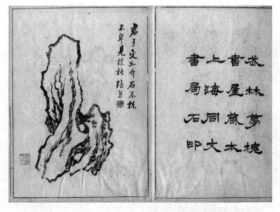

圖二〇　雕版翻刻石印本《海上名人畫譜》

種書，如果我們有所瞭解，心裏保持警惕，就不會被其刊記誤導，而根據上面介紹的鑒別知識，也不難判定它們是雕版翻刻本。圖二一爲嚴復《天演論》富文書局石印本和它的雕版翻刻本。左圖爲石印本，右圖爲刻本。也是正文、刊記原樣翻刻，但可以根據墨色、刀痕、斷版等特徵將二者區別開來。刻本版面中間有一道貫通的斷版。圖二二上圖爲石印本，下圖爲刻本。

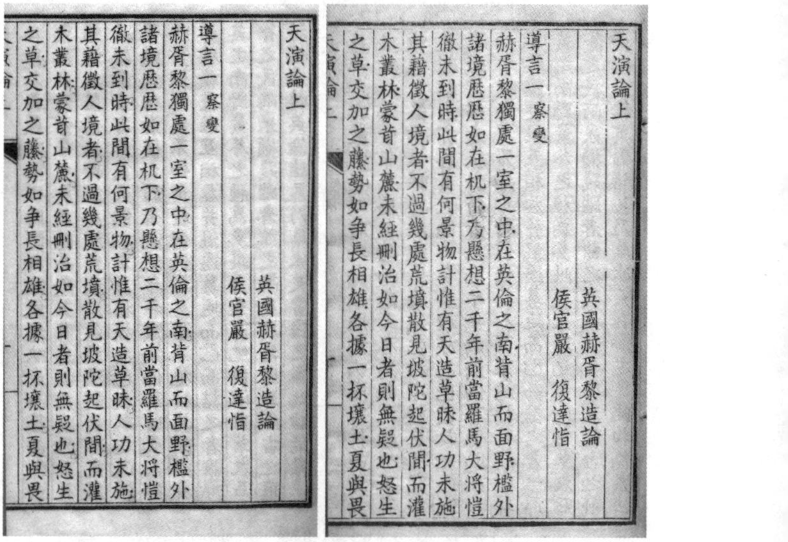

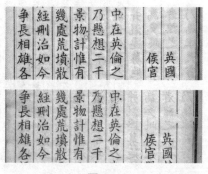

天演論上
英國赫胥黎造論
侯官嚴復達恉
導言一　察變
赫胥黎獨處一室之中在英倫之南背山而面野檻外
諸境歷歷如在机下乃懸想二千年前當羅馬大將愷
徹未到時此間有何景物計惟有天造草昧人功未施
其藉徵人境者不過幾處荒墳散見坡陀起伏間而灌
木叢林蒙茸山麓未經刪治如今日者則無疑也怒生
之草交加之藤勢如爭長相雄各據一抔壤土夏與畏

圖二一

英國
侯官
中在英倫之
乃懸想二千
景物計惟有
幾處荒墳散
經刪治如今
爭長相雄各

圖二二

石印本鑒定中較難分别的是用石印技術翻印的鉛印本。因爲在鉛版印刷時，若使用特殊油墨，可以印出直接上石的石印轉寫版，也可用攝影上石，所以用石印技術翻印鉛印本的情況不算罕見。石印和鉛印都使用油墨、機器印刷，又是原樣翻印，字形也没有區别，所以容易混淆。如吴保初《北山樓集》，民國二十七年（1938）陳詩石印本，主體内容是以光緒末年鉛印本爲底本影印的，但在很多圖書館都被著録成鉛印本。要區分這兩種印本，衹能從平板印刷和凸版印刷的技術差異入手了。鉛版因是陽文凸起的，壓在紙上會造成紙面輕微變形，紙的正背面或有活字凹入凸起的壓痕，石印則没有。另外，石印畢竟是翻印，會造成原本的細節流失，印出的筆畫輪廓和版框、欄綫没有鉛印清晰爽快，顯得臃腫、斑駁。這種差别也難用語言描述，可以通過觀察認知，放大了看也較明顯。

圖二三爲石印本《北山樓集》，上石之前描過欄，字形是鉛字，但版框看上去没有鉛印的拼接特徵，四角也無縫隙，屬于容易鑒别的。

北山樓文　淮南郘已氏舊學之二
上本部堂官說帖　丙申
貴州司主稿幫辦現審山東司主事吳保初謹獻書於司寇大人座下蓋聞
天下之治亂由於風俗之隆汙風俗之隆汙視諸人倫之厚薄故先王之世
司徒敷五教於天下其有不順於五教者司寇從而刑之所以厚人倫端風
化也竊觀本司承審直隸藩司裕長福州將軍裕祿都察院左都御史裕德
呈送其故堂弟已革理藩院員外郎裕善之妾裕董氏及其幼子如格來歷
不明挾辭訛詐一案司員隨同聽審已經半月研究前後供辭據裕董氏供
該氏納娶年月及生子年月爲裕善之子確無可疑裕善逃後久仰諸兄贍
郵所控該氏訛詐之言自屬虛砌乃藩司裕長等既挾其權勢以淩孤寡而
其家丁張福又挾其主之權勢以抗問官自承審以來該家丁每次上堂語
出不遜信口頂撞至斥司員等一味姑容不肯刑求又請將伊收監傳訊伊

圖二三

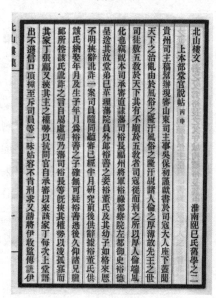

圖二四是民國二十三年（1934）商務印書館印《畏廬續集》，版權頁稱"國難後第一版"。在1932年的"一·二八"淞滬抗戰中，上海商務印書館毀於兵燹，館藏紙型滅失，這部《畏廬續集》再版時利用印好的書攝影石印，看上去是鉛印本，實際是石印本。

圖二五上為商務印書館"國難後第一版"石印本《畏廬續集》，下為民國十三年（1924）中華書局鉛印本《南湖集》。放大觀察，可見《南湖集》鉛印本版框、筆畫的邊緣界限清晰順直，具有金屬切削後的銳利感。《畏廬續集》石印本經過翻印，版框和筆畫的邊緣時見贅墨，顯得毛糙，不再像鉛印那樣銳直。

圖二四

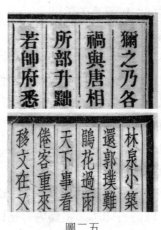

圖二五

第三節　珂羅版本的鑒定

珂羅版是用玻璃做載體的平版印刷方式，基本技術與石印類似，但工藝更為精細，印成品有明顯區別，主要表現在兩方面：

一是珂羅版本的墨色能分出層次，即著墨的地方有深有淺，帶有灰度，影印書畫可以通過單一顏色的濃淡表達原作的不同色彩。而石印本的墨色沒有層次，祇要是有墨的地方，都是一樣黑。如果用石印來影印字畫，原來畫作上的不同顏色就分辨不出來，往往印成一團濃墨，分不清花和葉；影印書法，也看不出墨色的濃淡和起承轉合，印刷效果均不佳。因為這個緣故，石印的畫冊如《吳友如墨寶》等多是綫描畫，以揚長避短。二是珂羅版本有規則的底色，即整個畫面無字無圖案的地方，也會印上淺淡的墨色，與四周的白紙形成對比，印版有整齊的邊緣。這是因為珂羅版還原能力強，善於表現細節，根據原作拍照製版，原作紙張輕微的變色也被印刷還原出來。石印本達不到這種能力，它沒有文字和圖案的地方，就是紙的本色，看不出版的邊界。

如果用珂羅版來印刷書法手迹和刻本書籍，它的版面内也是有底色的，與周圍白紙形成反差。因此，珂羅版和石印本、刻本都比較容易區别。圖二六爲珂羅版印本袁世凱《洹村逸興》。圖二七爲《北山樓集》中石印的吴保初手迹，因墨色無層次，字迹與箋紙的圖案混在一起，無法辨認。

鑒定珂羅版本，要注意一個特殊情況，即"彩色珂羅版"問題。

珂羅版可以印刷彩色圖片，其方

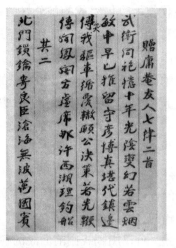
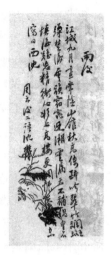

圖二六　　　　圖二七

法是每一種顔色都製作一塊版，印的時候一層層套印。簡單的，如用墨版印刷書畫，用紅色版印刷圖章；複雜的，就是全彩色的畫，需要製作多塊印版，第一種顏色印好以後，再套印第二種、第三種……這個辦法成本高、效率低，而且複雜的顏色要通過"撞色"纔能實現，需要技師經驗豐富、技術高超，一般的印刷廠印不出高品質的彩色珂羅版書。因此，民國時很多號稱"彩色珂羅版"的書，實際上是單色珂羅版印好後再手工上色的。鄭振鐸《中國版畫史圖録》序中説："嘗見狄平子重印《芥子園畫譜三集》，以珂羅版作圖底，而以木版套印彩色于上，或竟加以手繪，狼狼徘徊，無一是處。"

狄平子名葆賢，自清末開辦有正書局，用珂羅版影印書畫。圖二八爲有正書局珂羅版本《惲南田寫生册》中的一頁，底色爲珂羅版印，彩色爲手工填塗，花蕊所用顔料是半流質的，乾後凸起于紙面，印章用印油手鈐。

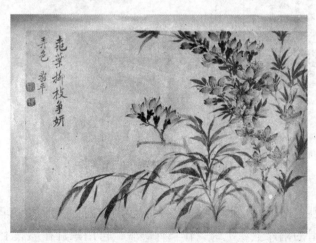

圖二八

鑒定這種冒牌的"彩色珂羅版"，可用幾個辦法：

一是看彩色部分是否溢出圖像的界綫之外。珂羅版不同顏色的分色，是運用光學和化學原理，用近代技術設備完成的，分好的色版，套印時能很好重合，即使套印不準，其輪廓綫以意移動，也可吻合。而用毛筆塗繪的顏色，很容易塗到界外，邊緣既不整齊，也無法吻合。

二是對着光轉動書頁，可看到油墨和水彩的分層。珂羅版使用的油墨，着墨均勻，不反光；而手工塗上的顏料，是用水調和的，裏面加了動物膠，會破壞整體的光感。

三還是老辦法，看背面。珂羅版書的油墨一般不會滲到紙背；而塗色的地方因爲有水，會洇到紙的背面，形成一片片的水漬。

民國十年（1921）上海美育真賞社出版的《香艷花影》，繪十二花神像，對題花神掌故和詩文。此書分普通版和完全彩色版兩種，實際上，完全彩色版即在單色珂羅版印書頁上塗彩，而對題的文字部分爲了節省成本，使用的是石印技術。此書集石印、珂羅版和手工描繪爲一體，可以用到我們前面說的各種鑑定方法。圖二九爲石印的文字，可見版面內無底色，祇有墨色和紙色的對比。圖三〇是珂羅版印圖畫，空白處有底色，與版外紙張形成對比；畫面內有灰色；彩色爲手工塗畫，從紙背能看到帶顏色的水漬。

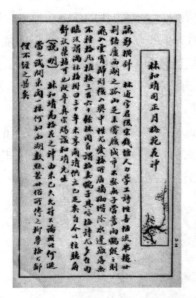

圖二九

圖三〇

第四節　銅凹印本的鑑定

用銅等金屬製造凹版，是西方歷史悠久的印刷技術，一般用來印刷圖畫。其原理是，先在平整光滑的銅片上塗上蠟，作爲保護膜，再用鋼針在蠟膜上刻畫圖案，將銅片放入強酸液中浸泡，蠟膜被破壞的地方，銅質暴露，會被酸液腐蝕掉，形成低于平面的凹槽，洗去蠟膜，即成銅版。印刷的時候，在版面上塗油墨後，把表面的墨擦掉，覆紙加壓，凹槽中留存的油墨即轉印到紙上，印出圖案文字。這種銅版，又叫腐蝕銅版或蝕刻。清康熙時，銅版技術曾由傳教士帶來中國，印刷了《避暑山莊圖》等圖畫。乾隆時宮廷中的中國工匠，也能製作凹版，曾印《平定兩金川戰圖》等，都是大幅的銅版畫。但用銅版來印書，還是清末的事。

明治維新以後，銅凹版在日本大行其道，不僅用來印製圖畫，也用來印刷文字。這種版用針刻畫，筆畫纖細，可以清楚地印刷細小的漢字，縮小書籍開本，減少製作成本，所以日本人又用它來印刷清人需要的小本科舉書，販運來華，也有中國人到日本定製銅版。

光緒十四年（1888），清人馬晚農在日本開設邁宋書館，請日本技師用銅凹版翻印乾隆刻本《西清古鑒》四十卷、《錢錄》十六卷，訂成二十四冊，運回中國出售，後來銅版由廣東紳士劉學詢購回。這是清末少見的用銅版印製的大部頭書。

常見的銅版書，是光緒時日本人岸田吟香在上海開辦的樂善堂印製的科舉用書，如《四書合講》《尚書體注》等（圖三一）。這些書也是在日本印好運來中國出售的，特點是開本小、字體小，香烟盒大小的半葉，可以刻上1500字，方便携帶。

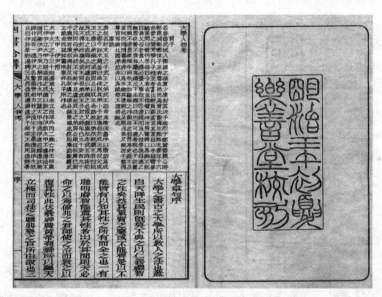

圖三一　樂善堂銅版《四書合講》

凹版印刷品的版面特徵，主要體現在三個方面。

（一）因爲凹版是由油墨聚留在凹槽內印到紙上，所以乾燥後的油墨是高出紙面的。就像鈔票上的主景圖案一樣，用手可以摸出來。

（二）凹版，衹有刻綫形成凹槽的地方纔能容納油墨、印出墨色，所以大面積墨色的圖案是由細密的凹綫組成印出的，如版框、魚尾等稍大的綫條圖案，放大來看，都是由密集的細綫或縱橫交錯的細綫組成的，後者狀如布紋。圖三二爲放大的《四書合講》版面。

（三）使用油墨。晚近的日本書，用銅版印刷的不少，但中國書中這種版本并不算

圖三二

多，常見的是樂善堂售賣的小字書，一般會在封面印"樂善堂銅版"等字樣。如果書中沒有明確提示，鑒定中又不加注意，銅版本與其他版本類型的書也會混淆，如《第一批國家珍貴古籍名錄》中的《西清古鑒》（編號1708），著錄爲乾隆十六年武英殿銅版印本，實際上是木雕版印本。

區別銅版書和刻本。大開本的，可先看所用墨是水墨還是油墨。如果是油墨，大面積的墨塊上又有橫豎紋，則必是銅版。小開本的，如果字徑小到1毫米左右，就不可能是雕版了，因爲木頭刻不出這麼小的字，此時再通過橫豎紋來確定銅版。

區別銅版書和鉛印本。鉛字也有小號字，但字型大小再小，都是用模子鑄出來的，同一個字的字形一致；而銅版書的字是用鋼針刻畫出來的，字形不能完全一樣。而且刻畫字體筆道纖細，沒有波折。鉛印本的版框是拼起來的，拼合處有縫隙；銅版本是刻畫的，版框拼合處沒有縫隙。早期鉛印本的魚尾爲着墨均匀，偶爾也會刻上紋路，如《申報》館印的小册子，但綫條不像銅版那樣細密。

區別銅版書和石印本。照相石印本能縮印小字，但石印本的字，或是用筆寫的，或是影印刻本，筆畫都有波折，與銅版本用鋼針刻畫出來的僵硬字形不同。也有銅版本的字相對較大，筆畫會被刻畫出波折來，此時就要看大面積墨塊是否有細密的橫豎紋，有紋的就是銅版本。

有一部《爾雅音圖》，封面後題"光緒十二年春王正月上海石印"，但其魚尾、版框乃至文字筆畫，都有縱橫紋或縱紋，説明此書爲銅凹版所印，但底本是一個石印本，在翻印的時候，連原刊記一起翻了下來。圖三三即爲用銅版翻印的石印本，圖三四爲局部放大圖。

圖三三

圖三四

這説明，銅凹版的最明顯特徵是圖案和文字筆畫是用細綫組成的。

第五節　孔版印刷——蠟版油印本

油印在技術上屬于孔板印刷，是在塗膜的紙上製造微孔，由這些微孔組成文字和圖案，形成孔版。印刷的時候，將紙版覆在紙上，用蘸了油墨的滾筒在版上滾過，油墨就透過孔洞印到紙上。

孔版的製作方法又分數種。一種是將蠟紙放到布滿細紋的鋼板上，用尖鋭的鐵筆在紙上刻寫，去除筆下的蠟質，形成印版。這個技術是美國發明家愛迪生在1876年發明的，後來傳入日本，經過改良適應漢字後，又傳入中國，時在20世紀最初幾年，稱爲"鋼筆版""鐵筆版"，通稱"謄寫版"。作爲20世紀最盛行的便捷印刷技術，謄寫油印在中國大行其道，被機關、學校乃至家庭廣泛使用，一百年間印製了海量印刷品，如講義、考卷、文件及自印書籍等，一直到近些年纔被複印機和桌面打印機取代。

製作蠟版還有一種方法，即用打字機上的字模擊打蠟紙，以代刻寫，稱爲"打印"，多用于機關印製文件。

另一種製作孔版的方法，是在紙上塗布膠膜，然後用毛筆蘸弱硝酸液直接書寫，酸液將筆下的膠腐蝕掉形成孔洞。這是歐洲人在1874年發明的，後來也經日本傳入中國。這種印法能復現書寫者的書法原貌，故稱爲"真筆版"，在初入中國時很受歡迎，但終因效率低下、印刷品質難以控制而被淘汰，民國中期以後就沒有人用了。

無論是謄寫版還是真筆版，由于均爲孔版印刷，原理相同，現在統稱其印成品爲"油印本"。其中，用鐵筆刻製蠟版印成的油印本是主流，也最好辨別，主要特徵一見便知：一是筆畫均爲鐵筆刻成的細綫，没有漢字書法的波折和筆鋒；二是字迹均爲手寫，每字各不相同；三是使用油墨。墨迹往往不匀稱，有的字筆畫不清楚。圖三五爲清宣統二年（1910）孫雄刻印《三君酬唱集》，圖三六爲民國三十年（1941）湯國梨用大明速印機自印的《影觀詞稿》。

圖三五

圖三六

用打字機製版印成的打印本，版上的同一個字都是用同一個字模打出的，與鉛字使用模子翻鑄的原理相似，所以看上去與鉛印本也有些相似。但打印本也有自己的特點：一是大多數爲非正式出版物，不具備書籍的正常形態；二是没有版框，而早期的鉛印本均有版框；三是墨色不匀，這是因打字時用力不均匀，打透蠟紙形成的微孔也不均匀，導致不同字、同一個字的不同部位透墨程度有差别。印出的字，有的墨重，有的墨淡，乃至同一個字的一邊墨重，另一邊墨淡。如果打字機調試得不好，打出的字還會歪斜。

宗室覺羅八旗高等學堂圖畫科範本

圖三七

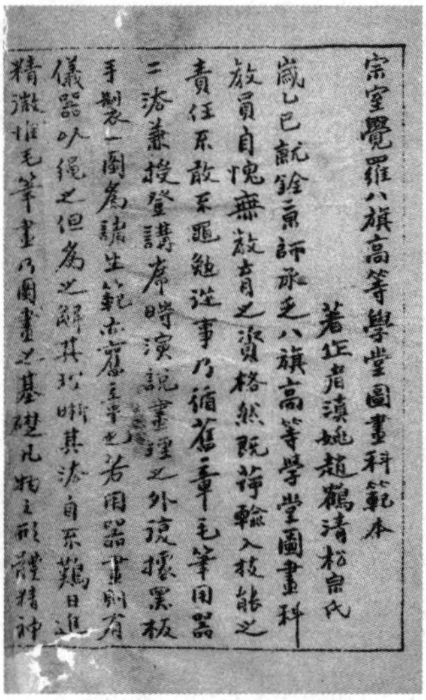

用"真筆版"印成的油印本，因能保存書寫原貌，容易與石印本混淆。但它的特點也很明顯，即印刷品質不高，多有印"糊"之處，表現爲幾個方面：一是寫版時腐蝕不足，孔隙不透，導致有的字没印出或印得不完全；二是腐蝕過度，使筆畫之間没有空隙，印出一團黑墨；三是因版紙膠膜缺陷，有時無字的地方也會透墨，在紙上形成墨點；四是印刷時若紙版移動，會兩次着墨，形成重影。圖三七爲清光緒三十一年（1905）趙清泉寫印《宗室覺羅八旗高等學堂圖畫科範本》，圖三八爲清光緒三十四年何正熙寫印《覺羅宗室八旗高等學堂圖畫範本》，圖三九爲清宣統元年（1909）《上海中等商業學堂己酉上學期同學録》。

圖三八

上海中等商業學堂己酉上學期同學錄

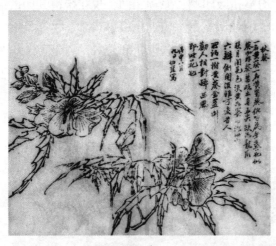

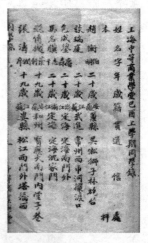

圖三九

"真筆版"由于使用時間不長，印刷的又都是非正規出版物，不利于保存，現在很難見到，所以着重介紹一下。以上這幾種書都是用真筆版油印的，從中可以看出它的優點和劣勢。石印是工業時代的機器印刷，在品質控制方面遠優于手工操作的油印，因此少見上述問題。

第八章

古籍寫本與鑒定

古籍版本總體可分寫本與印本兩類。寫本主要爲稿本與抄本；由于批校之本批評校勘之語也出于手寫，故我們根據習慣，將批校本也納入寫本範疇。而印本則包括刻本、各種活字本、影印本等刷印之本。寫本與印本關係密切，互爲因果。故此章雖專講寫本，但不會忽略與印本之關聯。

第一節 稿本概述

一、稿本的種類

稿本是詩文的原始文字記錄。"稿"又作"槀"，亦作"藁"。《史記·屈原賈生列傳》有云："懷王使屈原造爲憲令，屈平屬草藁未定，上官大夫見而欲奪之，屈平不與。"則"稿"的含義之一即指文字作品的草稿，即未經修改厘定或正式發布（傳抄或印行）之前的文本。但對稿本的認定，又非那麼簡單，因爲一部著作發布後，仍有被作者或他人再事修改的情況，這就要從實際出發，做出客觀準確的鑒定。

稿本的名目繁多，就其形成過程而言，大致可分爲初稿、修改稿與定稿三種。

初稿本是作者首次撰寫的書稿，除極少一氣呵成不事修改者外，大都成草稿狀態。作者信手寫來，不拘法度，塗抹勾乙，隨意爲之，但求構思成文，至于文本之視覺效果則無暇顧及。因而閱覽初稿本，即便作者是書法家，讀者亦每有辨文識字不易之困難，如現藏澳門中央圖書館的翁方綱纂《四庫提要》稿（圖一。有上海科技文獻出版社2000年影印本、2005年標點整理本），舊爲吳興劉氏嘉業堂插架之物，主人劉承幹曾委人整理抄錄一過，抄錄本（今藏復旦大學圖書館）與原稿文字頗有出入。

修改稿本是指經作者或其親屬、門生、友朋修訂改寫過的稿本。俗話説"三易其稿"，即一書（文）的成立，需經多次修改，因此修改稿本往往并非一種。祇不過有的修改稿在發布之前或被有意毀棄，或在流傳過程中亡佚，後人不得而見罷了。清代著名學者全祖望爲了整理辨析《水經注》各傳本數百條淆亂的經文與注文，曾先後進行了七次校勘整理，也就是說有七種不同的稿本，相對首次校稿，其後六次皆可視爲修改稿本，今上海圖書館所藏之稿題爲"重校本"（圖二）。

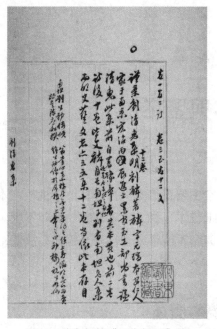
圖一　翁方綱纂《四庫提要》稿

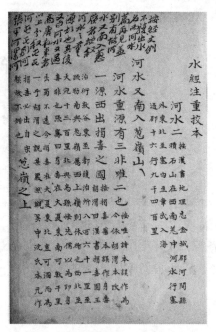
圖二　全祖望重校《水經注》

對書稿的修改，通常是在對初稿重新謄錄後的本子上進行的（如全祖望重校《水經注》），但亦有直接在初稿本上進行修改者。現藏美國伯克利加州大學東亞圖書館的五種翁方綱手稿，即《易附記》《書附記》《詩附記》《禮記附記》《春秋附記》，皆在初稿本上數事修改，如《易附記》歷經嘉慶五年庚申（1800）、嘉慶八年癸亥、嘉慶十七年壬申、嘉慶二十年乙亥四次覆核修改，都有翁氏題署；《書附記》雖未注明修改年月，但觀其目錄，初稿僅以墨筆書其篇名葉數，修改時則以朱筆分其卷次，并增小序云："讀《尚書》舊積諸條，通加次第排訂之，成一十四卷。愚以古文之真否，概不置辨。于前儒所謂錯簡脫亂者，則不敢以爲然，是以寧多缺焉。嘉慶二年夏閏六月二十八日。"後又以朱筆旁注："此小序寫于首卷三行'虞書'一行之前。抄寫之式照《詩附記》。"則該稿至少兩度修改後方始定稿。《詩附記》（圖三）除有翁氏嘉慶元年與八年覆核題署外，卷首又有其題識云："《詩附記》始自癸丑秋，至今嘉慶癸亥夏。溫肄'十四經'，凡得《附記》粗具草稿七十二卷。更當日日虛衷研覈，無怠無怠。夏六月，方綱又識。"此題識告訴人們兩點：一是《詩附記》草創于乾隆五十八年（1793），歷經修改後于

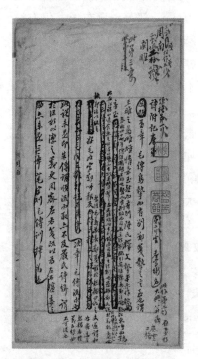
圖三　翁方綱手稿本《詩附記》

嘉慶八年大致完稿。遼寧省圖書館亦藏一部翁氏《詩附記》稿本，係經他人謄錄後翁氏復作修訂，除改正訛字外，還間增注文，則是稿當爲在加州大學伯克利分校所藏手稿之後再事修改者。二是翁氏共撰諸經《附記》十四種凡七十二卷，總體上說，至嘉慶八年仍未修改完成。《禮記附記》有"癸亥（嘉慶八年）五月七日覆核""丙寅（嘉慶十一年）七月五日覆核"題署，卷內凡于謄清時需作版式提示者，均以朱筆記注。《春秋附記》據其題署，于嘉慶六年辛酉、八年癸亥、十一年丙寅、十四年己巳及二十年乙亥先後覆核，并經兩度厘訂。此爲在初稿本上進行修改的典型例子。

此外，作者對其著作之修改，不僅在謄錄本或初稿本上進行，也有在未正式發布的刻本上進行，也應視爲修改稿本。所謂未正式發布的刻本，即漸次撰寫成文，隨刻隨校，并未厘定全書卷次之本，僅供校改修訂之用。這種本子往往還會刷印若干部分呈師友徵求意見，目的也是爲了修改，如王引之的《經義述聞》（圖四），有不分卷本與分卷本的不同。不分卷本即需作修改尚未厘定卷次之本，存世既少，各本篇帙與文字也有差異，與最終通行的分卷本更相出入，從中可窺王氏成書經過，故不分卷本頗爲珍貴。

圖四　王引之校清嘉慶初刻本《經義述聞》

再者，即使該書正式印行之後，在印本上繼續作批校修改者，同樣應視爲修改稿本，而不是像有的書目那樣著錄爲作者的批校本。復舉翁方綱《春秋附記》爲例，翁氏曾先將此稿中的卷六《春秋分年系傳表》刻印單行（今中國國家圖書館藏有此刻本之底稿），但印行之後又在刻本上修改，并在目錄中注云："獨此一卷有刻板，然內有添入處。如再刷印一本，仍照添入。已有刷樣一本，已添入矣。"其添入之文，在"僖公二十四年"條末，曰："又按《史記·年表》，亦以公子重耳過衛、曹、鄭皆叙入魯僖之二十一年，此則似乎在史遷時，已將此段追叙之文舉歸于重耳入晉之前一年，其誤不自杜氏始矣。然此自是史遷之誤，非由其誤繫傳年與杜同也。且即以公子重耳由狄至衛、由衛至齊，至齊二歲而齊桓公卒，公子重耳留齊五歲而後去，此在《史記·晉世家》所叙，明知過衛、過齊非一年事，而《年表》乃于衛叙云重耳從齊過無禮，又與其所叙《晉世家》自相違戾；且《晉世家》先衛後齊，而《年表》云由齊過衛，同在史遷之書而牴牾如此，何足資考據乎？"

再舉章太炎《訄書》爲例，該書光緒二十五年（1899）在蘇州刻印後，章氏曾在刻本上數次修改，上海圖書館即藏有其修改并重訂目錄之本（圖五）。光緒三十年重新出版鉛印本，而在宣統二年（1910），他于日本又在鉛印本上作大量增删，最後連書名亦作了更改，題爲《檢論》，今藏國家圖書館。

定稿本，是指最終修改完成的稿本，通常經過重新寫定，書面整潔，而不是草稿面目。但有的修改稿本因已修改完成，實際上亦是定稿本，或者說是最初的定稿本，而重新寫定之本祇是其副本。這種情况就比較複雜，需通過與初稿本、其他修改稿本或者寫定副本甚至印本的校勘比對之後纔能確定。經重新寫定的副本稱爲清稿本，又稱謄清稿本。謄清稿本一般請門人録寫，也有由作者自己書寫的。

有的定稿本爲了付刻，直接用宋體或楷體寫在雕版格式的紙上（多爲紅格紙），以便給刻工粘貼在木板上雕刻付印，這也屬于謄清稿本的一種形式，但因其功用，專稱爲寫樣本或寫樣待刻稿本（圖六）。按理，如經雕刻，寫樣本當不存在，現之所以有寫樣本流傳于世，其原因大致有三：一是該寫樣不符要求而被棄用，二是寫樣後仍有修改，三是該書因故失刻或未及刊刻。不過，翻刻本亦須寫樣，如果有這種寫樣本流傳，須作考訂分析予以辨別，因爲這種寫樣本嚴格説來不屬稿本之列。

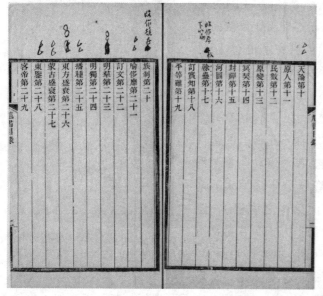

圖五　章太炎稿本《訄書》

圖六　寫樣待刻稿本《山左書畫志略》

雖然稿本有初稿、修改稿與定稿之分，但曩昔各家公私書目却每以"手稿本""稿本""清稿本"等名稱著録之（即全文皆爲作者親筆書寫者稱"手稿本"，由他人謄録復經作者親筆修改者稱"稿本"，全文爲他人謄録者則稱"清稿本"或"謄清稿本"。如果由作者親自謄録，當然亦稱"手稿本"）。這主要是因爲編目者囿于客觀條件，難以對各稿本進行深入的校核辨識，祇能就其形態予以客觀著録。再者，一般傳統目録的著録要求較簡略，只需著録對版本鑒定的結果便可，如果欲對稿本的形成過程與相互間的内在聯繫作進一步揭示，唯有通過考辨，以撰寫藏書志的方式纔能做到，而這又不是輕而易舉之事。

二、稿本的價值

評判稿本的價值如同評判其他版本一樣，不出文物價值與文獻價值兩個方面，當然也要結合稿本固有的特點。假如從廣義上説各類寫本（泛指稿本、抄本與批校本）都是孤本的話，稿本就更顯可貴，因爲它是一書不同版本的祖本。至于名人手稿，其書迹往往便是藝術珍品，其文物價值是不言而喻的。那麽稿本是否歷來一直受到人們珍惜呵護呢？我們先檢覽《中國古籍善本書目》，其著録各種版本約五萬七千餘部，而收録的稿本不足四千部。在這批爲數寥寥的稿本中，明代中期以前的稿本更極稀見，大多爲明代後期及清代的稿本。于是人們意識到保存稿本要比保存其他版本困難，因其流傳稀少，所以更可珍貴。結果是客觀存在的，但原因何在呢？似乎沒人認真思考過。我們認爲，除了天灾人禍等原因造成古籍損毁之外，當古籍版本學尚未形成與成熟，尤其當人們對古籍版本的文物價值尚未充分認識之前，稿本其實并未得到特別的重視，似乎該書一旦刻印流布，稿本的作用也就隨之消亡，不再被刻意保存。這是明中期以前稿本流傳稀見極爲重要的原因，并非妄加揣測，其他古籍版本的保存與流傳也有類似情况。譬如宋代雕版印刷興盛之後，寫本隨之式微，唐五代以前的寫本也逐漸消亡。如果不是1900年敦煌藏經洞的發現，存世唐五代以前寫本的數量甚至比流傳至今的晉唐書畫的數量還要少。因爲人們一直視法書名畫爲文物，書籍則不然。同樣，宋刻本直到明代前期，也不見珍貴，迨至明代中期宋本日趨稀少，市場上出現作僞的宋本，藏書家纔視宋本爲文物而奉若至寶。由于印本總比稿本數量多，故客觀上稿本流傳更少。即如國家圖書館珍藏的宋代司馬光《資治通鑒》殘稿（圖七），歷來衹是作爲書法作品而幸獲保存傳世的（詳見明汪珂玉撰《珊瑚網》卷三《宋范忠宣手簡司馬温公史草短啓帖》）。在清代以前的藏書目録中，幾乎見不到稿本的蹤影，而在書畫目録中，却有早至元代以前手稿的著録，説明當時人們注重的僅僅是名家的書法。而《中國古籍善本書目》尚能收録近四千部明末及清代的稿本，即這批稿本尚能流傳至今，主要原因也是在它們顯現出文物價值，或者説是人們在明代中期開始認識到書籍具有文物價值之後纔得以保存下來的。從這一現象也可説明版本學的形成在明中期以後，清代則進入較爲成熟的時期，而版本學的重要功用之一就是評估版本的文物價值。明乎此，一個具有前瞻意識的古籍版本愛好者，是不會對稿本（包括近當代有價值的稿本或名人手稿）輕忽而放棄任何收藏機會的。

圖七　司馬光手稿本《資治通鑒》

稿本儘管形態、名目不一，但具有一個共同特點，即無傳抄、刊刻可能帶來的訛誤，具有很高的文獻價值。在評判稿本的文獻價值時，人們習慣將稿本分爲未刻稿與已刻稿。確切地說當爲未印稿與已印稿，因爲除了雕刻，還有活字印刷與影印等流通方式。而討論重點則放在已刻稿本上，因爲未刻稿本無論形成過程還是内容，都是真正意義上的孤本，其版本價值是人所共知的。通常名家手稿大都已有印本，但也有例外，如上海圖書館所藏清顧廣圻撰《釋梧溪集訂譌》（圖八）迄未印行；而對於已刻稿本的文獻價值，則有被忽略的情況，似乎一經刻印或抄寫流傳，該稿本僅存文物價值而已。其實不然，原因如下：

第一，稿本的勾乙增删面貌，刻印本或傳抄本往往不得而見，衹有通過原稿，方可識得作者著書爲學之歷程。前文所言章太炎從《訄書》到《檢論》的數種修改稿至爲典型，無疑是研究其思想發展脉絡的重要資料。又如上海圖書館藏有清代學者沈大成（1700—1771）的《學福齋詩文集》稿本（圖九），與沈氏去世後刻於乾隆三十九年（1774）的五十七卷本《學福齋詩文集》相比較，此稿本篇帙不全，卷次亦不相連屬，計存詩卷十二至卷十六前半（以上題名《百一詩鈔》），卷十九至卷二十一前半、卷二十五後半至卷二十六、卷三十一至卷三十五（以上題名《竹西詩鈔》）；存文卷五、卷十至卷十四。當非最終定稿，但皆經作者親筆修改校訂，或選或删，或選而未刻，或删而復收，字斟句酌，極爲慎重，從中可以獲知作者對自己詩文的評判，并可瞭解他在生前對該書的出版傾注了大量心血。在删去的文字中，有《項貢甫畫梅短歌》七古一首，中有句云："我聞冬心老狂客，一幅一縑索畫直。豈知皆出兄手中，可憐贋鼎無人識。"沈氏自注曰："金壽門在日，常倩兄畫梅而自署其上。"金壽門即"揚州八怪"之一金農，號冬心，畫

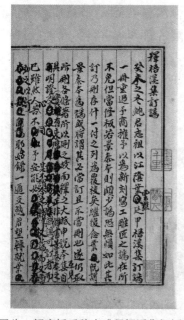

圖八　顧廣圻手稿本《釋梧溪集訂譌》

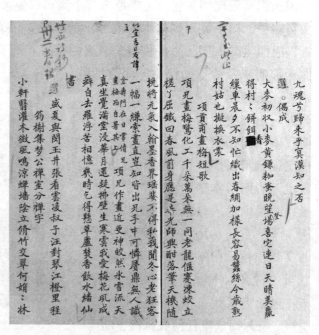

圖九　沈大成稿本《學福齋詩文集》

梅冠絕一時。其所著《畫梅題記》一書中有關於弟子項均追隨他學詩作畫的記載，并讚譽項均畫梅"小心作瘦枝，盡蕭閑之能"，爲師得意之情躍然。則項貢甫應當就是項均。學生爲師代筆，似乎尋常，但每流于傳聞，捕風捉影，眞如沈氏鑿鑿言諸詩文者却也少見。然而慮及朋友情誼，沈大成終究不願此事顯露于世而一筆予以刪削。金農畫梅之作世人奉若珍寶，可以想見，曾經上當受騙而花了冤枉錢之人不知凡幾，若不是此部稿本得以幸存，那麼這段有趣的藝林掌故或許至今不爲人所知。稿本之珍貴，于此可見一斑。

第二，一書雖已經抄寫或刻印流傳，但作者再事修改整理而未及重新刊刻，這種稿本則可補通行本的不足。如清臧庸（字用中）所撰《韓詩遺説》一書，傳世抄本及刻本皆源出校正前之舊稿，而上海圖書館所藏的稿本（圖一〇），正是其後來重校釐定之本。這部稿本是應阮元高足朱爲弼求賜此書抄本而重加修訂的。其題跋云："此庸舊輯本。嘉慶己巳三月，晤嘉善朱椒堂駕部於杭州撫署，索鈔此册寄都中。余假歸里門，爲校正數事，命孥潘壽寫以詒之，余爲覆勘。時四月十九日，用中記於常州岳園。"將該稿與通行本作比勘，知臧氏此次對舊輯本的校正包括三個方面：首先在體例上（包括格式、行文等）作了調整；其次是糾正了原本的衍奪訛誤；最後也是重要的是在内容上進行了補充，如《權輿》"于我乎，夏屋渠渠"句，《韓傳》"殷商屋而夏門也"，刻本則無此條，而是將"殷商屋而夏門也"列入《諸書引韓詩未詳所屬者十七條》内。今檢此稿，未詳所出者僅十六條，因知此條屬臧氏後來考訂而出者。可見這部稿本比現存的抄本與刻本來得精確完備。

第三，稿本可糾正刻本之舛誤。清沈欽韓所撰《兩漢書疏證》，雖然已有光緒間浙江書局刻本通行，且浙局刻書于校勘一事素有較好口碑，孰料該書錯得離奇，竟然將《後漢書》中的缺卷，謬以《藝文志》羼入。而沈氏《兩漢書疏證》的稿本今仍存于世（圖一一），如果將它們彙集整理出版，則浙江書局本可以廢置。

圖一〇　臧庸稿本《韓詩遺説》

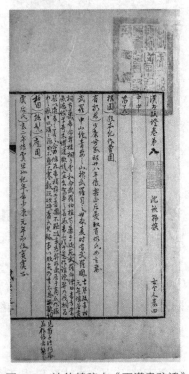

圖一一　沈欽韓稿本《兩漢書疏證》

第四，某些内容印本未收，稿本可作補充。所謂印本未收，既非指作者自己刪削，也不是如臧庸《韓詩遺說》稿本那樣後來又作校正，而是指其內容原本固有，但事出有因，刻印時未予收入。清焦循所撰《憶書》手稿（圖一二），凡一百三十餘條，趙之謙刻入《仰視千七百二十九鶴齋叢書》時刪去了十條專門揭露社會陰暗面的文字。趙氏十分欽佩焦循，本人也是憤世嫉俗之士，他刪去這些或許有影射時局與相關人物的內容肯定有苦衷。但對讀者而言，一旦知道稿本還藏在上海圖書館，那麼對刻本是不會感到滿足的。又如清林則徐的《粵海即事詩》（圖一三），稿本錄詩十八首，撰于鴉片戰爭時期琦善所主和局失敗、廣州被圍時，編刻林氏《雲左山房詩鈔》者恐觸時忌，未予收錄，則後來重輯林氏詩集者，可據此稿本補入。如此種種，都說明已刻稿本同樣值得珍視。

圖一二　焦循手稿本《憶書》

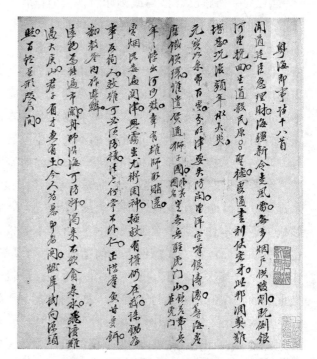

圖一三　林則徐手稿本《粵海即事詩》

第五，稿本經他人任意刪改，導致文意失實，惟賴未被別人更易的原稿，纔能瞭解作者的真實思想。太平天國忠王李秀成的自述，刻印本即出于曾國藩的刪定，以資料可靠程度而言，無疑以原稿爲佳。李慈銘《越縵堂日記》二十八卷手稿本（圖一四），記事自咸豐四年（1854）春至同治二年（1863）三月，生前曾被其表弟山陰陳壽祺（字珊士）借讀，業經陳氏塗改，李氏氣憤之極，于壬集封面題曰："是書爲珊士借去，中被墨渖甚多"，"文之佳惡吾自荷之，何勞他人饒舌"；并言"剜補以後，日記更不假人"。然其去世後，民國二十五年（1936）上海商務印書館影印此稿時，又經蔡元培刪改，或許蔡氏出于善意，但終非李氏原來思想。該稿今藏上海圖書館，蔡氏刪改之粘簽仍保留其上，其文獻價值自然要高于影印本。

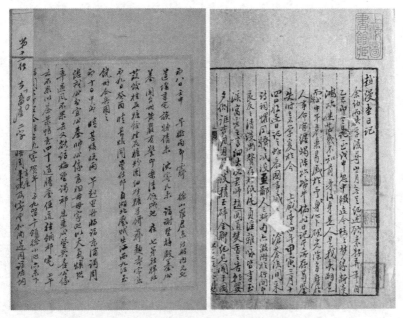

圖一四　李慈銘手稿本《越縵堂日記》

附帶説一下，書信亦是手稿的重要組成部分。古代書信稱名或異，如帖、啓、箋、移、簡、牘、書、劄等。其文字長者可累數百言，短者僅單辭片語。有的述事闡幽，有的宣情吐臆，旨雖專于辭達，語則可以觀文。至于其書法，信手寫來，自然天成，氣韻生動，姿態萬狀，鑒賞家、收藏家們珍之若美珠文玉。

歷代學者皆注重書信的學術價值，先秦兩漢之史傳每有采撷，魏晉六朝的別集、總集則獨辟類目。迨至兩宋，或一人之手劄單刻別行，或衆人之尺牘薈萃發布。自是而後，書信代有專刻，其于研究文學、歷史與社會、個人，起着其他史料不可替代的作用。

儘管如此，前人于傳世書信手稿的研究與整理成果有限，今人在此學術領域有着廣闊的馳騁空間，大可作爲。即從版本學角度而言，書信同其他稿本相類似，亦存在不同版本。明人葉向高自序其《後綸扉尺牘》有言："余生平尺牘皆焚其稿，惟前次在綸扉有關係時政者間存之，以附于奏草之後。"又曰："檢諸尺牘，凡屬寒暄，悉投水火。所餘無幾，乃政地之艱難，疆事之得失，大較可見。他日尚論者，亦或有考焉。"可見古人寫信有留存底稿的情況，以待將來刊刻別集之用。這種底稿相對對方所收之信件當屬另一稿本。其面貌有的是草稿，乃所發信件之初稿；有的書寫頗規正，則是所發信件之録副。而當其書信公開發表時，文字又會因人事或辭章需潤色等各種因素有所改動，人們祇要檢覽上海圖書館所藏明末侯峒曾、岐曾兄弟尺牘手稿（圖一五），即可略知古人書信之原件、留存底稿與印本的内容往往存在異同。因而書信存在着不同版本，具有不同的文獻價值。對此，以往人們很少關注。

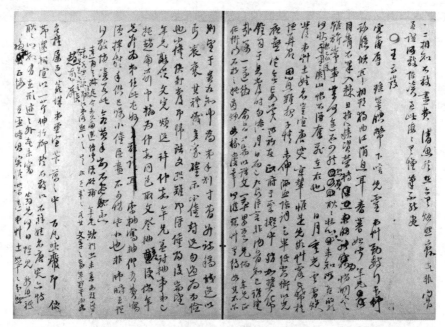

圖一五　侯峒曾、侯岐曾尺牘手稿

　　當然，欲對傳世書信作廣泛深入的研究，編製專題目錄是首要而最基礎的工作。不可否認，書信因其爲零簡散劄，較之其他稿本更不易收集保存，而許多收藏家往往又是將書信作爲書法藝術作品加以收藏。因此，歷來私藏之家幾乎沒有以書信爲專題的收藏目錄，而公藏之家亦未對所藏書信作過全面的整理。誠然舊物日益難得，但事實上當今各大圖書館、博物館已擁有大量明、清、近代藏品，若能有計劃有規模地進行整理，摸清家底，編成專目（館藏目錄乃至各館聯合目錄），對書信本身及相關學術領域的深入研究，其所產生的影響與幫助將是無可估量的。

三、稿本的鑒定

　　鑒定稿本比鑒定印本難度大。首先，一書之稿本雖可能有初稿、修改稿、定稿數種存在，但每種面目各自不同，都爲單一的版本品種，皆可視爲孤本。況且很少有各種稿本都完善保存至今者，那麼相較印本，客觀上便缺乏鑒定參證資料。其次，稿本的書面風格雖然每含時代氣息，但又極具個性化，不似印本能大致總結出規律性的現象與特徵。再者，稿本與抄本之間亦存在不易區分的情況，如經謄清的稿本，若無編著者的標記（專用稿紙、鈐印等）或手迹，很容易與抄本混淆；而一些較爲冷門的抄本，因其書罕見流傳，亦往往會被誤定爲稿本。

　　鑒定稿本的要點在于確定該書出自哪個時代、何人之手（簡單判斷是否稿本，并不太困難，尤其是初稿或修改稿，卷面每有塗改、勾乙、粘簽、剪貼等特徵），其真僞如何，以及該稿本的性質與價值。關于判斷稿本的性質與價值，我們可以借助考訂、校勘等手段，而鑒定其真僞則往往要依仗字迹的比對。與鑒定抄本、批校本相通，儘管鑒定稿本也可采取如同鑒定印本之法，即通過紙張、諱字、鈐印等因素識別（參見本章《抄本的鑒定》），但要斷定其出自何人之手（包括正文與題跋），倘若沒有字迹比對，是很難把握的。因此，鑒定稿本（包括抄本、批校本），除了需要一定的書法修養之外（鑒定印本也如是），更强調實踐經驗，書本知識至多是入門的參考。正是出于這樣一種理念，陳先行等人編纂了《中國古籍稿抄校本圖録》一書（上海書店出版社出版，2000年初版，2014年再版），其資料已被人們廣泛借鑒取用，但毋容諱言，此書收入品種有限，有待充實完善。當然，圖書館、博物館所收藏的尺牘、題跋以及相關的影印文獻皆可作爲鑒定手迹的參考比對資料，應儘可能加以利用。

對有些個案，須作考證纔能判定是否爲稿本的情況，因其特殊性，無法一一例舉。而有些稿本的鑒定問題存在于人們認識上的差異，因其具有共性，兹例舉如下。

（一）有該書作者批校題跋者應作稿本例

有的書雖然是抄本或刻本，但有作者親筆批校題跋者應視作稿本，然而這樣的稿本往往被編目者忽略，其版本價值未被充分揭示。上海圖書館所藏清吴騫撰《觀復堂藏書總目》一卷《分目》一卷《拜經樓分撥總記》一卷，有吴騫手書題跋，亦僅著録爲"吴氏拜經樓抄本"，實際上是吴騫的稿本。上海圖書館所藏清錢儀吉撰《廬江錢氏藝文略》（圖一六），雖然是嘉慶十三年（1808）刻本，但書中有錢氏親筆批語，亦應定爲稿本。或許編目者不識錢氏筆迹，抑或不以爲是稿本，遂將其逐出善本之列而長期置于普通本書庫。中國國家圖書館所藏清黄丕烈撰《求古居宋本書目》一卷，著録爲"清嘉慶十七年黄氏求古居抄本"，此本雖係黄氏家抄，但復經黄丕烈手校并題跋，應當也是稿本。

這裏再舉兩部原被視爲普通抄本而實爲稿本的例子。兩書皆清代文學家、鑒賞家、書法家翁方綱所編，一爲《唐人七律志彀集》（圖一七），一爲《唐五律偶鈔》（圖一八）。作爲王士禛的再傳弟子，翁方綱嘗以王士禛所選《唐人七律神韻集》原本不獲一見爲憾，遂秉承其旨意，新編一部，名爲《唐人七律志彀集》。但此事僅見于乾隆四十七年（1782）其弟子曹振鏞刊刻翁著《七言律詩鈔》之識語，因該書未曾付梓，故後人皆未看到。孰料此書尚存于世，就湮没在上圖普通古籍書庫之中。檢覽其書，分上下兩卷，初輯于乾隆二十六年辛巳，翌年壬午訂定。其《凡例》開首即曰："昔王阮亭司寇嘗舉

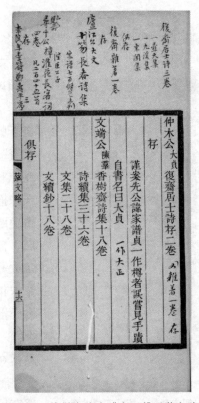

圖一六　錢儀吉稿本《廬江錢氏藝文略》

圖一七　翁方綱稿本《唐人七律志彀集》

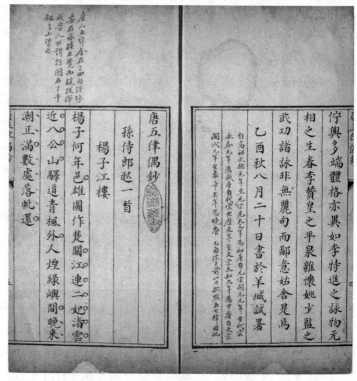

圖一八　翁方綱稿本《唐五律偶鈔》

圖一九　翁方綱稿本《唐人七律志彀集》書皮手題書籤

劉吏部公㦸之言曰，七律較五律多二字耳，其難什倍。譬開硬弩，祇到七分，若到十分滿，古今亦罕矣。"翁氏謂"此語誠道盡七言律詩秘妙，茲集顏以'志彀'，蓋取諸此"。而其姐妹篇《唐五律偶鈔》一卷，也以王士禎《唐人五律神韻集》刻本不傳而編，成書于乾隆三十年乙酉，序題"乙酉秋八月二十日書于羊城試署"。是時，翁氏在廣東學政任上，年三十有三。此書未見記載，其編例與《志彀集》相同之處是，間錄前人評箋或采摘相關文獻以作注文；不同之處是不分時期。但其手書題跋明言："自高祖武德元年至元（玄）宗先天元年爲初唐，自元（玄）宗開元元年至代宗永泰元年爲盛唐，自代宗大曆元年至文宗太和九年爲中唐，自文宗開成元年至哀帝末年爲晚唐。"按兩書皆抄寫于相同的黑格黃竹紙之上，翁氏批注頗夥，偶有校改誤字。《唐五律偶鈔》有"乙酉除夕前一日批點五、七律，因記"之題署，則兩書繕錄與批點當在一時。而翁氏于兩書書皮又手題書簽，一曰"唐七言律讀本"（圖一九），一曰"唐五言律讀本"，并各鈐"覃溪草稿"白文方印其上。然則，這兩部書分明是翁方綱的稿本，緣何舊時編目者皆以抄本著錄呢？度其原由，除兩書未見公私書目著錄者外，其題簽及批校之字體似與常見翁氏書法不同，使編目者產生係他人過錄之疑惑。其實今人所見翁氏墨跡大多爲其晚年率意所書，呈大開大闔之態勢，與此兩稿之題簽、批語出于年輕時代謹慎所爲略顯規整者稍有差異，但細加辨識，其風格韻致一也。而兩稿都鈐有"又任"朱文方印，即曾經于右任庋藏，自非等閑之物。批沙而獲真金，鑒別版本之樂趣每在于此。

（二）謄清稿本誤作抄本例

有的同行將謄清稿本歸入抄本之列，似有其道理。但我們認爲謄清稿本的價值與抄本不能同日而語，擬以區分爲妥，如中國國家圖書館所藏清祁寯藻輯《甘肅查辦全集》不分卷，有祁氏手書題款，著錄爲"清抄本"，頗疑此本實爲謄清稿本。

而更多情況是，編目者不知爲謄清稿本，誤以爲是抄本，如上海圖書館所藏清凌廷堪撰《禮經釋例》十三卷（缺卷十一至十三），原以抄本著錄，檢覽其本，雖無凌氏手跡，亦無其印章，但用版心下鎸"校禮堂"藍格稿紙抄寫，校禮堂即凌氏室名，因而該本當定爲謄清稿本（圖二〇）。凌氏專精《禮》學，《禮經釋例》即其代表之作，而此本經重新鑒定爲謄清稿本，著錄于《中國古籍善本書目》，成爲該書現存最早版本，其于《禮》學、于凌氏之研究無疑具有重要意義。反之，若作爲抄本著錄，則人皆以爲抄自嘉慶十四年（1809）阮氏文選樓刻本，不會入善本之列，其版本價值有被埋沒之虞。

又如上海圖書館所藏清阮芝生撰《春秋傳説從長》十二卷，原著錄爲清抄本。是書乃阮氏讀《春秋》心得，前存翁方綱序，謂"傳説從長"者，蓋芝生謙不敢自任也。該本卷端題署"山陽阮芝生紫坪纂"，之下鈐有"道南阮氏"白文方印（圖二一）；卷內有墨筆刪正批校，多出翁氏之手，則此當爲阮氏之謄清稿本復呈翁方綱閱正者

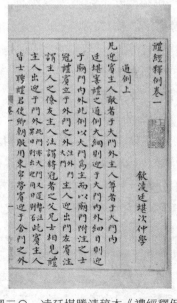 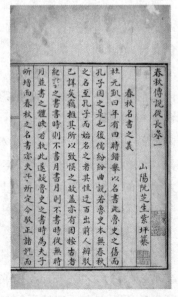

圖二〇　凌廷堪謄清稿本《禮經釋例》　　圖二一　阮芝生謄清稿本《春秋傳説從長》

（圖二二）。或因翁氏之序文係請人謄録，所鈐印章之印色又欠佳，編目者失察，故《中國古籍善本書目》亦未收録。

再如《上海圖書館地方志目録》著録清抄本焦循《邗記》六卷（圖二三），間有勾乙改正之處，并鈐有"焦循學""里堂草稿"印章，實爲謄清稿本，但《中國古籍善本書目》失收。今中國國家圖書館藏有二卷、六卷稿本各一部，疑皆爲早于上圖藏本之初稿或修改稿本，可互校異同。

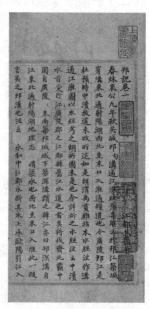

圖二二　阮芝生謄清稿本《春秋傳説從長》内墨筆批校　　圖二三　焦循謄清稿本《邗記》

同樣未被收入《中國古籍善本書目》，甚至迄今仍晦湮在上海圖書館普通古籍書庫的還有一部謄清稿本《春帖子詞》（圖二四），值得揭示。按"春帖子詞"之作始于宋代，每當立春日，由翰林們撰書春詞，剪貼于宮中門帳，謂之"春端帖子"，也稱"春端帖"或"春帖"。其文字多用絶句，或粉飾太平，或隱喻規諫，時以蘇軾、歐陽脩之作最爲俊逸清新，膾炙人口。迨至清代，遺風猶存，每立春先一日，軍機大臣暨南書房翰林皆撰春帖子詞恭進，"帖式不尚紛華，詩句務崇直樸"（奕訢《春帖子詞·自序》）。但除極個別如奕訢留存底稿收入別集者外，鮮有刻印流布，更不見彙輯衆人之作以傳世者。而這部原被視爲尋常抄本的《春帖子詞》，乃乾隆時直上書房、嘉慶時官至體仁閣大學士的大興人朱珪所輯，上中下三册不分卷，目録起乾隆十年（1745）乙丑，迄嘉慶二年（1797）丁巳，前後凡收録四百五十人次春詞之作。下册末又有乾隆三十三年戊子至三十四年己丑曹文埴、彭元瑞、沈初、董誥之作及嘉慶七年壬戌董誥之作，則目録未有反映，當係後來增補者。全書以秀麗工楷書寫于紅格紙上，每年各自起訖，起始之葉皆鈐"臣朱珪"白文方、"虎拜"朱文方印，雖未題署纂輯者名氏，但上圖別藏朱氏所輯宋人《春帖子詞》《端午帖子詞》、清汪由敦《中秋帖子詞》以及

《御製紀實詩》，皆鈐相同兩方印章；《御製紀實詩》卷首又有朱珪進表（圖二五），則此書纂輯者乃朱珪無疑。而視其版格紙與書寫風格，加之作者鈐印，當爲謄清稿本而非傳抄之本。因此書無別本流傳，故該稿本于研究清代春帖子詞頗顯貴重。

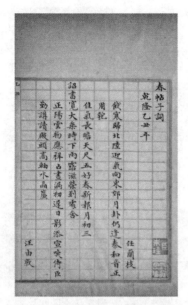 

圖二四　朱珪謄清稿本《春帖子詞》　　　圖二五　朱珪謄清稿本《御製紀實詩》

（三）批校本實爲稿本例

有的批校本作爲刻本之底本，應作稿本觀，如《三朝北盟會編》一書，向以抄本流傳，缺文錯簡，所在多有；魯魚亥豕，難能卒讀。而上海圖書館所藏一部清抄本，曾經吴城、江聲、朱文藻、彭元瑞等先後校勘，稱善于該書諸傳本；又嘗作《四庫》底本，館臣竄易刪削面目宛然（圖二六）。光緒三十一年（1905），許涵度藩蜀時即據以刻印流傳，則此本應視爲稿本而非尋常抄本或批校本。二十多年前，上海圖書館曾擬印館藏稿本叢書，顧廷龍先生即將此本列爲首選。又如上圖所藏明馮夢禎校本《三國志》（存《魏志》卷一至二、六至八），雖然校于宋刻元明遞修本之上，但恰是馮氏于萬曆二十四年（1596）任南京國子監祭酒時校刻《三國志》的底本，相對萬曆南監新刻本（此本甚有影響），該馮氏校本當然應被視作稿本（圖二七）。

此外，又有看似批校本，實爲批校者自成一書的情況，這種本子實即稿本，如上圖所藏清陳鱣所撰《恒言廣證》六卷，寫于嘉慶十年（1805）刻本錢大昕纂《恒言録》之上（圖二八）。陳氏于錢氏各條皆有補證，楷書于天頭，又于原本引書篇第及訛誤之處亦注改在行間，卷末有跋文一篇，因紙敝損蝕，其秉筆之意及從事之年均不可曉。顧廷龍先生因檢羊復禮所刻陳氏《簡莊文鈔續編》，中有《恒言廣證叙》一篇，遂校讀兩文，發覺構造雖異，大旨則同。《叙》云"疏記上下，積而成帙"，知當別有謄録之本，改定跋文爲序，以冠諸首；而光緒十四年（1888）羊氏刻《簡莊文鈔》跋文中又有"《恒言廣證》六卷，舊爲吳氏竹初山房所藏，今亦存亡莫卜"之語，顧先生因據以考定此本正是陳氏《恒言廣證》稿本。不過，要將類似本子定爲稿本須愼重，如果不通過考訂，缺乏依據，即使批校滿卷，也不能輕率下稿本的結論。

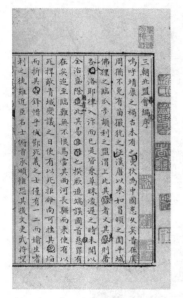
圖二六　《四庫》底本《三朝北盟會編》

圖二七　馮夢禎校本《三國志》

圖二八　陳鱣稿本《恒言廣證》

（四）編輯稿本誤作抄本例

有不少編輯稿本，尤其是經後人整理，整理者實爲副作者（或稱第二責任者）的輯稿，往往爲人們所忽略。譬如清人鮑廷博曾兩度校輯元代鄧文原《巴西鄧先生文集》一書，其初次校輯之本，今藏上海圖書館，或被誤認爲是僞造之本。而上圖又藏有鮑氏嘉慶十七年（1812）再度校輯之本，其《補遺》一卷中，《跋歐陽率更子奇帖》《跋唐臨十七帖》《跋米南宫書》《與本齋書》《跋鮮于伯機遺墨》《特進上卿玄教大宗師吳公聽松風像贊》《跋顔魯公書朱巨川誥》《四書通序》等篇，爲初次校輯本所無，而《四書通序》一篇爲鮑氏親筆抄寫（圖二九）。由于此本輯稿的存在，證明了第一次輯本的不僞（至于其他某些卷端題"巴西文集"的抄本，確有出于書賈僞造者），然而這部輯稿同樣僅被《中國古籍善本書目》著錄爲"清鮑氏知不足齋抄本"。

又如清江藩所撰《爾雅小箋》，草創于乾隆四十三年（1778），原名《爾雅正字》，道光元年（1821）重訂，厘爲三卷，易名《爾雅小箋》。道光十一年江氏去世，由汪喜孫重新整理編爲二卷，未及付梓。後費念慈據汪氏整理本傳抄，并于光緒十九年（1893）借予徐乃昌刊刻，那麼上圖收藏的這部有汪喜孫跋與費念慈等題識的"清抄本"（圖三〇），實爲汪氏輯稿。順便提及，徐氏刻本有初印與後印之別，上圖藏有初印本，經徐氏手校；現所傳印入《鄦齋叢書》之本，多爲徐氏校改後印本。後印本與汪氏輯本有文字異同。

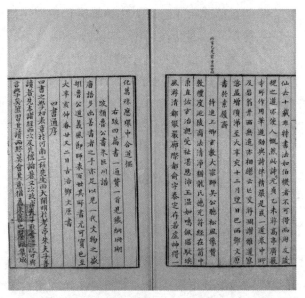

圖二九　鮑廷博校輯稿本《巴西鄧先生文集》

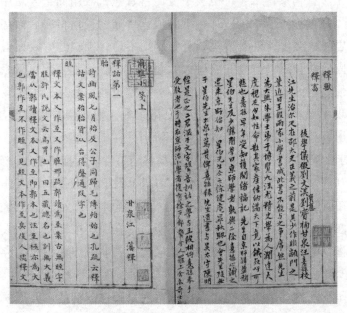

圖三〇　汪喜孫輯稿《爾雅小箋》

再如南京圖書館所藏清吳曾英《覆瓿叢談》二卷，係繆朝荃的輯稿，不僅有繆氏校跋，又是繆氏輯刻《東倉書庫叢刻初編》之底本，但仍被著錄爲"清光緒五年繆氏紉蘭庵抄本"。

上述種種分明是稿本却被以抄本、校本對待的現象，在學術界較爲普遍，説明迄今爲止版本之學尚未被真正領會，因而版本尤其是稿本的價值也未被充分認識與研究利用。這裏再舉人所共曉的《四庫全書》爲例。儘管近現代已有不少人將《四庫》作爲專門之學來研究，瞭解到七部《四庫全書》在編纂過程中因選用底本、校勘及禁毀刪改等情況變化存在着各種差異，因此在引用《四庫》本時，倘若不注明引用哪一閣本，會引起歧義。但當今有多少人認識到這七部閣本實際上都是不同的編輯稿本呢？須知許多《四庫》底本（應注意，鈐有翰林院大方印甚至書皮蓋有長方形進呈圖書戳記者，未必是《四庫》底本，須與現存《四庫》本校核，方能作出準確的判斷）亦都是實際意義上的稿本，其文獻價值遠非《四庫》本所能替代的。

第二節　抄本概述

一、抄本的名目

在雕版印刷發明之前，圖書主要以抄寫的方式流傳，其載體先是竹木簡與素帛。隨着紙的發明，尤其是植物纖維紙出現以後，人們便開始利用紙作爲書寫材料。但在東漢時，簡和帛依然是書籍的主要書寫材料。即使到了魏晉時代，紙書漸多，但官府公牘仍以簡爲主。直到東晉末年，桓玄下令"古者無紙故用簡，今諸用簡者，宜以黃紙代之"（見《太平御覽》卷六〇五），紙纔成爲普通的書籍材料。而在東漢至南北朝期間，歷史、思想、文化、科學諸領域著作層出不窮，佛教的傳入與道教的流行又產生出許多新學問、新知識，書籍的數量大大超邁前代。這些書皆寫于紙上，由于原材料與抄寫都很便利，因而書籍的生產、流傳、收藏也較爲容易，不僅政府藏書大爲充實，同時也出現了衆多的私人藏書家。據史籍記載，南北朝時書籍已趨于商品化了，不僅有書店，還有專門以抄書爲業的行當。特別是在佛教盛行的時代，一些重要的佛教經典社會需求面廣量大，代抄佛經隨即成爲熱門營生。這種風氣一直延續至唐五代。按理，宋本除刊刻當代人著作或許出自稿本者外，凡刊刻五代以前著作大多源于舊抄本，但我們現在所能見到唐五代以前的抄本，以佛經居多，文史、語言、藝術、科技、醫學等類古籍頗爲鮮見。這種現象即如前述所言，在明代中期以前，人們未曾將書籍視爲文物，故書籍的自然損毀無時無刻都在發生。若非敦煌藏經洞的存在與發現，佛教文獻傳世亦少得可憐。

宋代雕版印刷既盛行，刻本從而取代抄本成爲圖書流傳的主要形式，但抄本并未因此消亡。因爲傳世書籍衆多，有些書出于某種原因無法刊刻（如礙于政治因素）；或者人們因不獲刻本而需通過抄錄以補充藏書或配殘本之缺；或者有的書出于特殊需要編纂，如帝王實錄及出于個人治學所用的節本、彙編本，祇要抄寫便足敷使用；而《永樂大典》《四庫全書》這樣的鴻篇巨帙，官方也一時無力付梓；也有純粹出于愛好玩賞而抄寫。種種因素，使得抄本依然成爲圖書流傳不可或缺的形式。可見，在印刷術已流行的時代，抄本的并行流傳在某種程度上補充了印本的不足。

有這樣一個人所共知的現象，即儘管有關文獻記載宋代不少藏書家以抄書聞名，但流傳至今的宋元抄本極少，而明清抄本尤其是明代中期以後的抄本數量很大。在總共收錄善本古籍五萬六千餘部的《中國古籍善本書目》中，抄本多達一萬七千餘部，主要是明清抄本。這仍然與人們對書籍是否具有文物價值的認識相關。當宋元舊本到了明代中期日見稀少之時，藏書家們方意識到它們與法書名畫同樣是重要文物，爭相收藏之餘，復致力傳抄，畢竟翻刻費時費財，而抄錄則容易許多，至少能起到爲古籍續命的作用。這是明代中後期抄本勃興的主要原因。此外，明代刻書追求形式與數量而不講究校勘品質成爲惡習，陸容《菽園雜記》指出當時刻書之濫，"今士習浮靡，能刻正大古書以惠後學者少，所刻皆無益，令人可厭。上官多以餽送往來，動輒印至百部，有司所費亦繁"。所謂官吏用以應酬餽贈之書，即俗稱"書帕本"，往往追求時效、不顧品質，衍奪訛誤所在多有，後人遂有"明人刻書而書亡"的批評。這也是明代尤其是明中後期藏書家抄寫圖書風氣大開的因素之一。由于宋元舊本難覓，當時有的名家抄本轉眼亦成爲孤本秘笈。清代藏書家仍然保持着抄寫稀見舊本的風氣，爲適應乾嘉時代整理古籍的需要，有的刻本包括叢書本（如《知不足齋叢書》），多據抄本翻刻。所以我們應重視抄本，重視對抄本的研究是不言而喻的。但事實上并非如此。以對明代版本的研究爲例，許多版本學者更爲關注的是明代的印本，由于明代的印刷品不僅數量之多前所未有，各朝代與官私坊刻皆有各自特點，再加上活字、套印術的發展，餖版、拱花術的發明，可供研究的内容極爲豐富。而論及明代抄本，專家們往往輕描淡寫，未予深入研究。其實，明代抄本大有探驪之處，且不論其文獻價值，即就衆多藏書名家的抄本而言，前所未有地采用鎸有藏書齋名的專門版格紙抄寫舊本，猶如宣傳廣告，家家特色鮮明，風格獨具；何況還有很多具有重要版本價值的抄本至今未詳其出處，需作個案考證。因此，如果不對與印本同樣活色生香的抄本作深入研究而侈談版本學，至少是不全面不完整的。

歷來公私藏家著錄抄本的名目繁多，茲就常見的"寫本""精抄本""影抄本""舊抄本"四種作相關闡述。

（一）寫本

"寫本"稱名有廣義與狹義之區別。廣義的寫本相對印本而言，包括稿、抄、校本。這裏所説的寫本是狹義的概念，亦即抄本。

宋人習慣稱抄本爲寫本，以與當時盛行的雕版印本相區別，如樓鑰嘉定三年（1210）《春秋繁露跋》云："始得寫本于里中，亟傳而讀之，舛誤至多，恨無他本可校。已而得京師印本，以爲必佳，而相去殊不遠。"這種稱抄本爲寫本的説法一直延至清代，如《四庫全書總目·春秋傳》謂劉敞"所作《春秋權衡》及《意林》宋時即有刊本，此《傳》則諸家藏弆皆寫本。相傳近時通志堂刻入《經解》始有版本，故論者或疑其僞"。

而近現代的公私書錄每將寫本與稿本、抄本相區別，如唐五代以前的抄本、明清兩代官修書抄本及出自名家之手的抄本等，皆以"寫本"著錄。稱唐五代以前抄本爲寫本，或有與宋代雕版印刷盛行作一時代區分，以示其珍貴的文物價值；而稱官方及名家抄本爲寫本，或有以示尊重之意，同樣起強調文物價值的作用。這種著錄似乎已約定俗成，不影響我們對版本的鑒定。但其中也有一種情況，即對稿本（主要指謄清稿本）抑或抄本未能加以辨別定奪時，版本目錄家們每每權以較爲模糊的"寫本"著錄之。這是在利用前人目錄時須加留意者。

（二）精抄本

清初毛扆所輯《汲古閣珍藏秘本書目》即有"精抄"名目，如《關氏易傳》下注"精抄"，《繫辭精義》下注"宋本精抄"，《九經字樣》下注"影宋板精抄"等。這個名稱可從形式與文字內容兩方面解釋。就形式而言，紙墨講究（包括用紙風格獨特）、書藝精妙（或抄寫工整不苟）的抄本，人們每視爲精抄，如官方與著名學者、藝術家、藏書家的抄本。又因爲藏家重視，插架珍庋，鈐印題識，流傳有緒，復爲之生色。以文字內容而論，經三復校正，令文字無訛、內容無缺之抄本，相對普通傳抄之本，自然堪稱精抄。

如清浙江歸安藏書家嚴元照（1773—1817）抄本《儀禮要義》，便是一部不可多得的精抄本（圖三一）。在嚴氏藏書中，最爲顯赫的就是宋刻本《儀禮要義》五十卷，是他在乾隆五十六年（1791）變賣家藏古籍，花了整整二十六萬錢購得。那年他祇有十八歲，遭到衆人嗤笑。然而，校勘家顧千里在爲張敦仁校刻《儀禮注疏》時，即據此宋本補北宋景德本《儀禮疏》之缺，并譽之爲"天地間第一等至寶"。但嚴氏乃一介布衣，爲了維持生計，他清楚如此重寶遲早要離他而去，遂先後手抄了兩部。之後各家抄本，皆從嚴氏手抄本輾轉傳抄而來。阮元校勘《十三經》，任事《儀禮》的徐養源所用的本子，也是從嚴氏抄得。果不其然，嚴氏後來出于無奈，將宋本讓于阮元，轉歸皇室，今藏臺北故宮博物院。而他的兩部手抄本，今分藏南京圖書館與上海圖書館。但南圖的那部，在清末流入丁氏八千卷樓時已殘存十二卷，惟上圖這部嚴氏第一次手抄之本保存完整，且遞經盧文弨、徐養源、顧千里校勘，其價值可與宋本相埒。

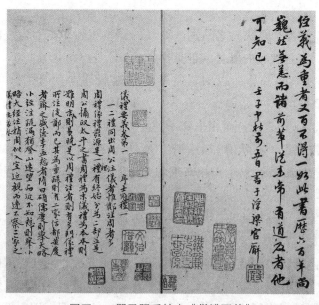

圖三一　嚴元照手抄本《儀禮要義》

不過，要從文字內容評價抄本之精粗，需覓他本費時費力校勘，并非一時所能獲知，故編目者往往是從形式上予以認定。但這種認定對于專業領域學者、文獻使用者而言，很可能會起誤導作用。因爲專業領域學者們的"精抄"理念往往與編目者不完全一致，他們主要是從文字內容角度理解抄本之精粗。臺北"央圖"的善本編目規則有云，凡寫本之書法工整而精緻，可題爲"精抄本"。雖然説得很明白，但編目者的眼界既異，認知亦不相同，要統一把握，誠非易事。所以我們認爲在編製古籍目錄時要慎用"精抄本"這個名稱。

（三）影抄本

"影抄本"又稱"影寫本"，係用薄而細潔透明白紙覆蓋在原本之上，按照原本樣式，一絲不苟地將文字、版框、欄綫、魚尾乃至刻工等影描下來，力求保持原本面目，乃有"下真迹一等"之譽。影抄本主要是指影抄宋元本。由于宋元本稀見，甚至後來失傳，影抄本綿延一綫之傳，故爲世人所珍重。這是明代抄本中的一朶奇葩，清代藏書家亦仿而效之。

在明代及清初的影抄本中，要數常熟毛晉、毛扆父子汲古閣的影抄本最爲精美，無論紙墨與寫工品質均屬上乘，傳世品種相對也多。因此，清代孫從添《藏書紀要》、官方的《天祿琳琅書目》乃至當今學術界許多學者都認爲影抄本爲毛晉所發明，"毛抄"也成了影抄本的代名詞。但這樣的認識并不確切。《汲古閣珍藏秘本書目》就有毛氏之前影抄本的著録：《李衛公文集》下注"史臣紀家影宋抄本"；《徂徠文集》下注"宋板影抄，周石安收藏"；《廣陵先生集》下注"影宋板舊抄，吳方山藏，前有王履吉印"，方山名岫，履吉名寵，皆嘉靖時人；《杜工部集》下毛扆稱："先君當年借得宋板，影抄一部，謂扆曰：'世行杜集幾十種，必以此爲祖，乃王原叔本也。'"可見該目所著録者有不少是收得前人的影宋抄本，毛氏自家所抄祇有當時底本難得者纔予以著録，否則難稱"珍藏"，遑論"秘本"。除了知道吳岫、王寵等已藏有影宋抄本者外，從理論上説，早在毛晉之前的明代正嘉間既行影刻宋本之風，那麼其時必定也有影宋抄本，祇不過時至今日缺少實物佐證罷了。但也并非沒有蛛絲馬迹可尋。根據錢曾《讀書敏求記》、黃丕烈《士禮居藏書題跋記》等文獻記載，明正德間有蘇州藏書家柳僉字大中別號安愚者，曾摹寫宋本唐人詩數十種（見葉昌熾《藏書紀事詩》）；《汲古閣珍藏秘本書目》有《暌車志》五卷，下注"後有沈與文跋，謂此書柳安愚在宋刻本臨摹者"；而上海圖書館藏有柳氏手抄宋刻書棚本《澠水燕譚録》（圖三二），其雖未影摹版框形制而專抄文字，但行款則一依宋本，抄寫誠不若毛氏精當，而目録後"臨安府太廟前尹家書籍刊行"那條刊記抄寫得却也神似宋本。黃丕烈題跋明確指出，觀其行款及避諱處，當是宋本影寫者。在沒有更早資料發現的情況下，可以説柳氏是開了影抄風氣之先。在毛晉之後，較爲著名的當推錢曾述古堂影抄本，其品質堪與毛氏比肩。也有至今未知名之影抄本，如祁陽陳澄中舊藏、今爲國家圖書館收藏的影宋抄本《離騷集傳》（圖三三），同樣精妙絕倫。至于徐乾學傳是樓、鮑廷博知不足齋、黃丕烈士禮居等也承襲遺風，名頭雖大，精工却與毛氏相去甚遠。

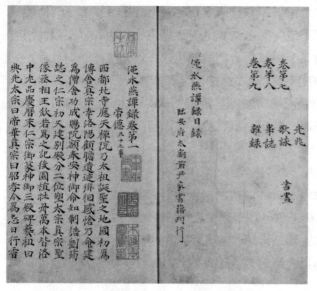
圖三二　明柳僉影宋抄本《澠水燕譚錄》

圖三三　清影宋抄本《離騷集傳》

圖三四　毛氏汲古閣影宋抄本《鮑參軍集》

關于"毛抄"，更有說者。第一，或謂毛氏影抄本之字體已自成格局，并未認真據宋本影摹。這種看法較爲片面。就存世毛抄而言，實非出一手，有精有粗，如國家圖書館所藏毛抄《鮑參軍集》即美輪美奐（圖三四），宋本原貌可據此窺識，當屬毛抄中之白眉；而如上海圖書館所藏《極玄集》這樣的影抄南宋臨安書棚本就稍顯遜色（圖三五）。這與底本刊刻之精粗也有關係，但不能說毛抄祇有單一格局的書體。此外，無論哪家影抄本，其是否畢肖原本，除了態度是否認真而外，多少還會受到抄手固有書法習慣的影響，因此要使影抄本確收"下真迹一等"之效，選擇合適的抄工也非常重要。但欲覓良工又談何容易。當年毛扆爲抄配殘宋本《杜工部集》，等了二十餘年，教導其甥王爲玉得影抄之法後纔足成之。可見影抄一事絕非後人想象的那麼隨心所欲。第二，影抄本除非底本漫漶莫識，一般很少出現誤字，但有的毛抄却有許多白粉填改之處，譬如寧波天一閣所藏的《集韻》便是如此。大家千萬別誤解成這是抄工筆誤的改正印迹，而是後人（很可能是毛扆）根據別本校改所致，問題在于這種校改往往不作任何説明，使人摸不着頭腦；而該本有段玉裁、阮元題跋，兩位大名家對此白粉填改現象居然也未置一詞，可能也未看明白，以致在當今學術界曾一度造成該本與上海圖書館所藏錢氏述古堂抄本非出同一底本之誤解。因此，遇到這種情況，得悉心琢磨，搞清其校改的來龍去脉。

還有一種傳摹影抄本也須作説明。所謂傳摹影抄本，是指以影抄本爲底本進行摹寫者。因舊本亡佚，影抄本遂成孤本，爲使孤本得以流傳并儘可能保持原本面貌，于是對影抄本再作影抄。已故版本學家黃永年先生曾收藏一部《李商隱詩集》三卷抄本，就是民國時期徐乃昌據清初錢興祖舊藏之影宋抄本傳摹的。這種本子若不加辨認，或無法與其底本比較，很可能會誤認傳摹本爲影抄底本。譬如人們都知道宋本《營造法式》已無完帙，其影抄足本便成珍貴之物，但許多人并不清楚在清代真正的影宋抄本其實衹有清初錢曾述古堂所藏那一部，其他的所謂影宋抄本都是傳摹述古堂本，甚至是輾轉傳摹本，是第三、第四代的複製品。清道光間常熟著名藏書家小琅嬛福地主人張蓉鏡，曾借得同里張金吾愛日精廬所藏傳摹述古堂本，專請良工再事影寫，由於從業者係畫家畢琛之高足，圖樣界畫描繪得比張氏藏本來得精細工緻，于是孫原湘、黃丕烈、陳鱣、褚逢春、邵淵耀、錢泳乃至張金吾等名彦先後題跋，使該本名聲大振，價值陡升（圖三六、圖三七）。四方藏書家聞風而至，復據張蓉鏡本争相傳摹，今藏上海圖書館（朱氏結一廬舊藏）、南京圖書館（丁氏八千卷樓舊藏）與臺北"央圖"的抄本，實皆從此本傳摹而來。由於不明就裏，這些本子過去皆被認爲是直接據宋本影抄者。尤其是結一廬舊藏的那一部，原是張蓉鏡根據孫原湘、黃丕烈諸人題跋本傳摹的，鈐有"蓉鏡珍藏"朱文方印，扉葉孫原湘題署係雙勾描摹，逼肖原本，結果鑒定版本老手徐乃昌也看走了眼，以爲就是張氏最初影抄之本（圖三八、圖三九、圖四〇）。所以對傳摹影抄本亦要留意。

圖三五　毛氏汲古閣影宋抄本《極玄集》

圖三六　孫原湘題署影抄本《營造法式》

圖三七　孫原湘題署影抄本《營造法式》

圖三八　傳摹孫原湘題署影抄本《營造法式》　　圖三九　傳摹孫原湘題署影抄本《營造法式》

圖四〇　徐乃昌題傳摹孫原湘題署影抄本《營造法式》

　　《中國古籍善本書目》沿仍舊習，對"影抄本"的認定過于寬泛。蓋不辨直接影抄抑或傳抄，凡與舊刻行款相同、抄寫稍工整者，每以"影抄本"著録，此實有欠嚴謹。如韓應陛校跋本《韓集舉正》十卷《外集舉正》一卷《叙録》一卷，《中國古籍善本書目》著録爲"清影宋抄本"（集部1307）。而韓應陛題跋明言係據胡心耘所藏抄本影抄并校勘，非直接影抄自宋本；卷内凡涉異文校字皆用朱筆以醒目，則胡心耘藏本亦未必真從宋本影抄。又如孫潛跋本《禪月集》二十五卷，《善本書目》亦著録爲"清初影宋抄本"（集部2124）。但據孫氏跋謂"假得錢宗伯家舊抄本印寫，錢本蓋宋本印鈔者也"，則此本并非直接影抄自宋本，當屬傳抄本。若著録爲影宋抄本，與國家圖書館所藏逕據該書宋本影抄之明末毛氏汲古閣本混同，顯然不妥；况且錢謙益舊藏本是否直接影抄宋本也未能確定。

順便再講一個問題，即因爲底本不傳或未見，人們每以影抄本作爲鑒定考訂版本之依據。譬如影宋抄本版心抄錄刻工名，有人遂以宋版之刻工去求證它本。這種做法雖有一定道理，却似乎過于簡單，因爲有的底本可能已經修版、補版，而修補之版同樣有刻工，但與原版刻工則并非一時，這在影抄本上却難能反映區分。那麼，不加分析研究而遽以影抄本爲考訂版本依據，就可能造成鑒定失誤。

（四）舊抄本

"舊抄本"的名稱，爲過去藏書家所慣用。清初如《述古堂藏書目》《汲古閣珍藏秘本書目》即有"舊抄"名目。《述古堂藏書目·孔子集語》注"吳方山藏舊抄本"，《汲古閣珍藏秘本書目》更有"綿紙硃砂格舊抄""舊紙舊抄""檇李項藥師藍格舊抄"等著錄。他們所指的"舊抄"，乃明萬曆以前抄本，甚至有元代或更早的抄本。而他們僅著錄爲"抄本"者，則應理解爲與其時代相近或相同之清初新抄。民國以來，大凡對不詳年代之抄本，約抄于乾嘉以前者通稱"舊抄"，在鑒定著錄上并不嚴謹。與之相對，抄于晚清者稱"近抄"，抄于辛亥革命以後者稱"新抄"。這與金石界著錄碑帖拓本的傳統做法相仿。不過，由于歷代藏書家對所謂"舊抄本"很少作過切實的考訂，需要今人予以求證者尚多。如果現在通過考據能確定爲明代或清代某朝抄本，應直接著錄之，如果約略知道抄于康熙以前，則著錄爲"清初抄本"。而沒有把握，便以"清抄本"著錄者，實在也是當今各類書目編纂者的無奈之舉。這樣的著錄不能説錯，但有清上下二百六十八年，僅以"清抄"定版本，終究顯得寬泛了些。倘若編製目錄，同一種書有多部"舊抄本"或"清抄本"，因不詳其抄寫先後，排列難免失次，"考鏡源流"便無從談起。

雖然現在編目著錄已很少用"舊抄"這個較爲含混的名稱，但我們瞭解了這種情況，就可以在利用舊時藏書目錄時較好地理解與把握有關信息，從而作出恰當的判斷。

二、抄本的價值

後世藏書家之所以重視抄本，亦離不開版本的兩重性。其一是文物價值。由于歷史原因，宋元以前的抄本保存至今者已稀如星鳳。諸如中國國家圖書館所藏《律藏初分》（抄于西涼建初年間）、上海圖書館所藏《維摩詰經》（抄于北魏神龜元年）（圖四一）、故宮博物院所藏唐吳彩鸞抄本《刊謬補缺切韻》等，藏家無不視爲鎮庫之寶。而出于名家抄寫，其書法輔以精妙紙墨，自然亦是不可多得的藝術珍品。我國的書法藝術堪稱國粹，人們出于對書法的喜愛，從某種角度講，亦是雕版印刷發明之後抄本依然流行、受到重視的原因之一。唐五代以前的抄本，那怕出于抄胥之手，書法都極富藝術感，并具有不同時代崇尚的書法特點。可以想象，倘若僅憑粗製濫造，雕版印刷品是難以取代抄本被人們所接受的。唐代雕版印刷未能流行，宋代刻書之所以在寫、刻、印三方面刻意講究而涌現出不少精品，多少也是受到抄本挑戰的結果。要改變人們的習慣，須有充分的影響力。因此，諸如吳寬手抄本《明太祖文》（圖四二）、祝允明手抄本《夷堅丁志》（圖四三）、清鄭燮手抄本《寶顏堂訂正丙丁龜鑒》（圖四四）、陸時化手抄本《江邨銷夏錄》（圖四五）等，皆具有很高的文物價值。

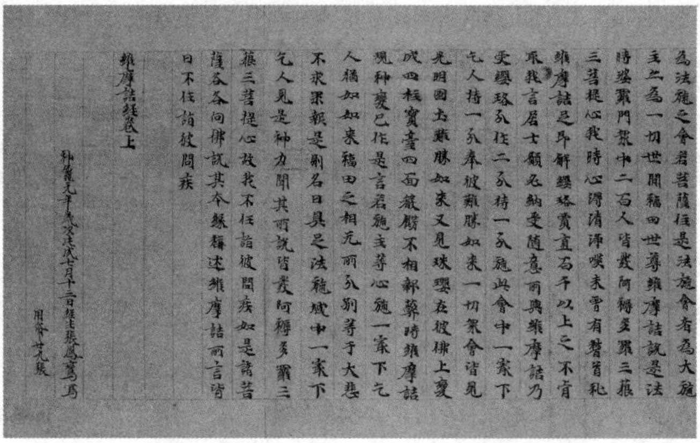

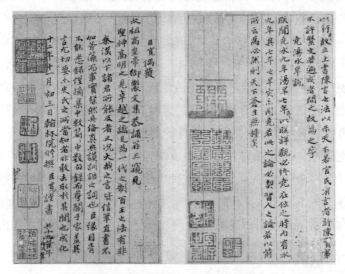

圖四一　北魏神龜元年寫本《維摩詰經》

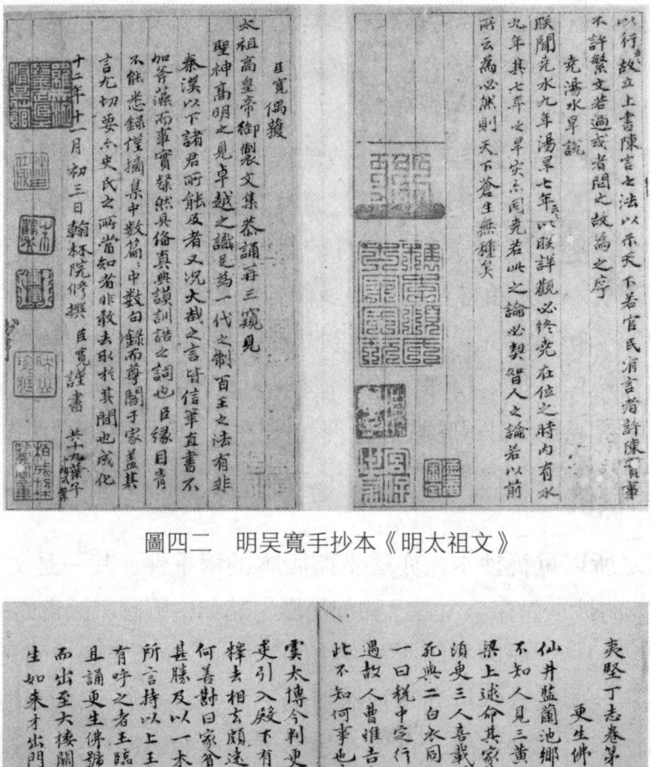

圖四二　明吳寬手抄本《明太祖文》

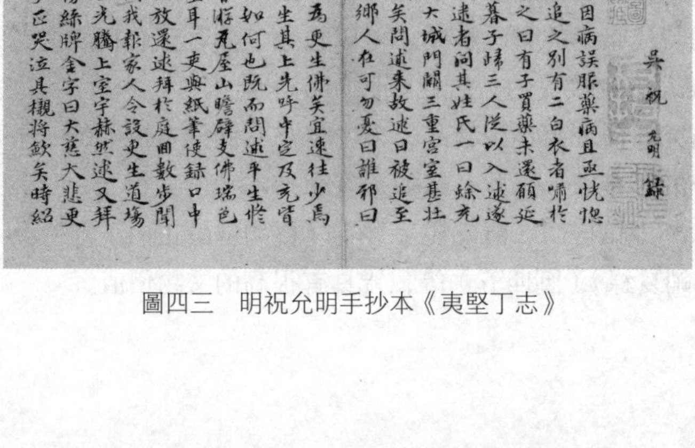

圖四三　明祝允明手抄本《夷堅丁志》

寶顏堂訂正丙丁龜鑑卷五
宋　三衢柴望　輯
明　檇李沈元禎　沈啓先　校
唐
敬宗皇帝
寶歷二年丙午

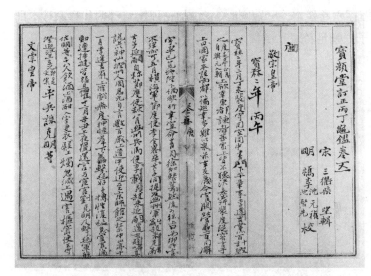

圖四四　清鄭燮手抄本《寶顏堂訂正丙丁龜鑒》

江邨銷夏録卷一　竹窗　高士奇　輯
晉右軍王羲之袁生帖 紙本高八寸闊三寸許三行
得袁二謝書具爲慰袁生暂至都已還未此
生至到之懷吾所盡也

圖四五　清陸時化手抄本《江邨銷夏録》

其二是文獻價值，即評估抄本之精粗、價值之高低，更注重其版本的文字内容。如何判斷呢？大致有這樣三種情況應當注意把握。

第一，該書是否被刻印過？如果没有印本衹有抄本，而且抄本亦屬稀見，那麼抄本的價值就很顯著了。譬如，清内府四色抄本《進瓜記》（圖四六），這部明代傳奇（作者王昆玉，生卒不詳）當初是專供太上皇帝乾隆看戲時用的一個抄寫副本，既未經刊刻，也不會有第二部抄本。歷史上有些古籍是出于類似特殊需要而編纂，衹要抄寫就足敷應用，其初衷并不是爲了流傳，而一旦抄寫之本不傳，其文獻亦隨之亡佚。古往今來，這種令人扼腕的事情多有發生，而這部《進瓜記》能得以流傳至今，真屬幸運無比，倍見珍貴。

進瓜記
第一齣水晶宮龍王稱祝　東鍾韻　昆腔
雜扮八水卒各戴馬夫巾水卒臉穿箭袖卒褂引生扮涇河龍王戴龍王冠臉穿蟒束帶從上場門上龍王唱
仙呂宮引　鵲橋仙　絃歌初起句聲和依永韻銀燭輝煌影動韻從來富貴數龍宮韻看另是一番作用韻中場設椅涇河龍王轉場坐科白　靜向琉璃宮殿蟠。動時噴湧海天寬。馮夷河伯能相助。雲霧還將山嶽漫。吾乃涇河龍王是也。奉上帝勅命。職守涇河。指顧之下。遂作萬里風雲。談笑之間

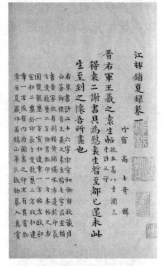

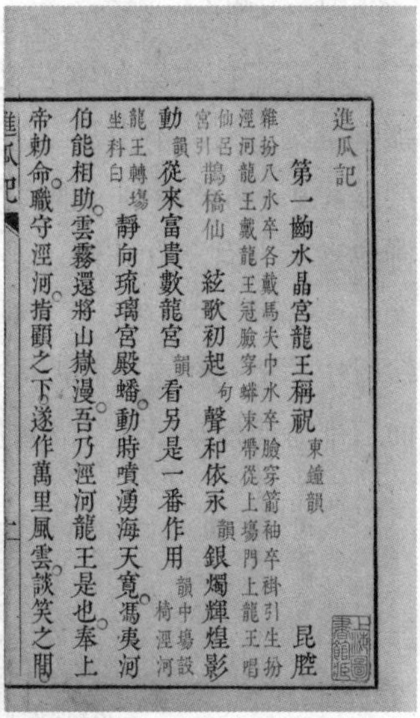

圖四六　清内府抄本《進瓜記》

第二，原書雖曾被刻印，但印本現在是否存世？如果印本已亡佚，僅賴抄本流傳，或者印本已殘缺而抄本完全，那麼抄本同樣十分寶貴。譬如明姚諮抄本《春秋五論》（今藏國家圖書館，圖四七），該書是宋代温陵人吕大圭的著作，舊時記録有宋元刻本，但人間罕有流傳。據姚氏跋語，這個本子是他從“故編修王堯衢懋中家藏本”抄得，而王家的藏本早已失傳，惟賴姚氏這部抄本留存該書面目。這部書曾經范氏天一閣收藏，歷經四百多年，雖早從天一閣散出，但尚能安然無恙，别説孤本堪可寶愛，就是吕大圭在九原之下也會作揖不止。又如明内府抄本《三國志》六十五卷全帙（今藏上海圖書館，圖四八），其所據底本是元大德十年（1306）池州路儒學刻本，舊時天一閣曾藏有一部，今已不見蹤迹。檢覽《中國

古籍善本書目》，元大德本僅存六卷殘本（分藏國圖、上圖），那麼這部明代皇家抄本即現存保留元本舊貌最早的本子，彌足矜貴。

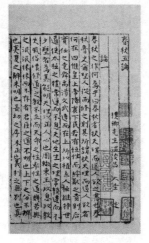

圖四七　明姚諮手抄本
《春秋五論》

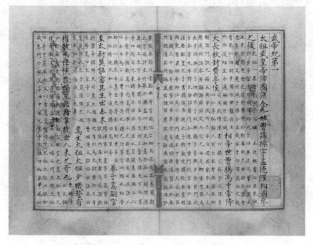

圖四八　明內府抄本《三國志》

第三，抄本與刻本在文字上是否有異？如果抄本祖述原本，文字無訛，而刻本屬輾轉翻刻、校勘不慎甚至經過刪改，則抄本可校補刻本之不足。如宋王闢之所著《澠水燕談錄》，明商濬刻《稗海》本僅錄二百八十五條，缺失或刪節殊甚，而前面講到的明柳僉抄本則有三百餘條，與晁公武《郡齋讀書志》記載條數差近。又如明楊慎所著《均藻》，乾隆時四川羅江人李調元曾刻入《函海》予以通行；但校以上圖2000年購入的翁氏藏書中的清初抄本（圖四九），發現文字頗有出入。知此書在流傳抄寫過程中已失舊觀，而這部清初抄本是迄今該書所存最早的一個本子，不失為校勘此書的一個重要版本。

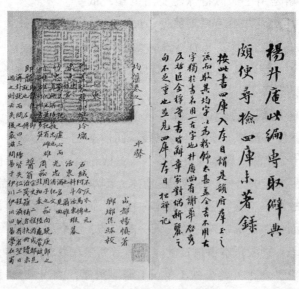

圖四九　清初抄本《均藻》

此外，抄本與印本、抄本與抄本之間，若版本源流不同，也值得重視，如清杭州人吳焯繡谷亭抄本《玉照堂詞鈔》（圖五〇），雖然只收了宋張鎡詞作十五首，但其中《風入松·詠梔子花》《菩薩蠻·詠素馨花》《驀山溪·詠茉莉花》三首爲鮑氏《知不足齋叢書》本（凡收七十六首，附《南湖集》卷十）所無，其他各首文字與鮑刻本也都有異文，可知兩本非同出一源。而繡谷亭本在先，自有其文獻與校勘價值。

一般而言，明清著名藏書家的抄本都被視爲善本，大家翻檢一下《中國古籍善本書目》便可知道。因爲以傳統的眼光看待，這些抄本多同時具有文物與文獻價值，至少兩者居其一。可能在客觀上不是每部抄本都善，但這種傳統觀念的產生并非形而上學，而是建立在這些藏書家固有的品牌效應基礎之上。七十多年前，顧廷龍、潘景鄭兩先生鑒于識別稿抄校本之困難，曾着手編纂相關圖錄，以供人們借鑒。但囿于當時條件，尋覓與借用資料在某種程度上甚至比鑒定版本還難。他們雖想方設法攝得數十幀稿抄校本書影，但由于得不到明清名家如楊儀七檜山房之類抄本作範例，缺乏代表性，因而中輟，轉爲編纂《明代版本圖錄初編》。可見藏書名家的抄本在老輩心目中的價值與地位。後來我們在工作中特意作了一些校勘比對，發現名家抄本確實非同尋常，如檢覽楊氏七檜山房抄本《支遁集》（圖五一），瞭解到東晉支遁（字道林）和尚的詩文原本早已失傳，現在人們所能看到的傳本，以此楊氏抄本爲最早，成了後來抄本與刻本的祖本。難怪莫棠在題跋中激動地說："此蓋吳下最古最著之抄本也，無意遇之，欣賞曷已！"

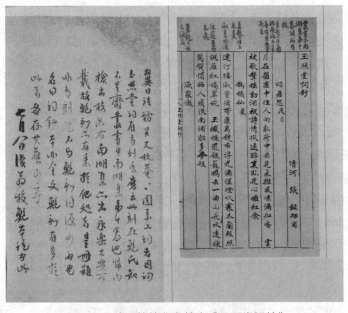

圖五〇　清吳焯繡谷亭抄本《玉照堂詞鈔》

圖五一　明楊儀七檜山房抄本《支遁集》

事實上在清代，學術界對明清藏書家的抄本作過較爲客觀的評價，如孫從添在《藏書紀要》中就有如下說法：

吳寬、柳僉、吳岫、孫岫、太倉王元美、昆山葉文莊、連山陳氏、嘉興項子京、虞山趙清常、洞庭葉石君諸家抄本俱好而多，但要完全校正題跋者方爲珍重。王雅宜、文待詔、陸師道、徐髯翁、祝京兆、沈石田、王質、王穉登、史鑒、邢參、楊儀、楊循吉、彭年、陳眉公、李日華、顧元慶、都穆、俞貞木、董文敏、趙凡夫、文三橋、湖州沈氏、寧波范氏、吳氏、金陵焦氏、桑悅、孫西川皆有抄本，甚精。新抄馮巳蒼、馮定遠、毛子晉、馬人伯、陸敕先、錢遵王、毛斧季各家，俱從好底本抄錄。

　　余見葉石君抄本，校對精詳，可稱盡美。錢遵王抄錄書籍，裝飾雖華，固不及汲古閣之多而精、石君之校而備矣。

　　明人抄本，各家美惡不一，然必有用之書，或有不同尋常之處，亦皆錄而藏之。然須細心紬繹，乃知其美也。吳匏庵抄本用紅印格，其手書者佳。吳岫、孫岫抄用綠印格，甚有奇書，惜不多見。葉文莊公抄本用綠、墨二色格，校對有跋者少，未對草率者多。間有無刻本者亦精。

孫氏是康乾間人，所以僅就明代及清初藏書家的抄本進行評判。他從數量多、抄寫精、底本好、內容全、校勘精、有題跋以及無刻本流傳等多角度揭示了名家抄本的特點，對有些抄寫草率、疏于校勘者亦進行批評。大致而言，對所例舉的名家抄本的價值是予以肯定的。無論褒與貶，關鍵在于，他對這些抄本都摸過、研究過，并告誡人們，"須細心紬繹，乃知其美"。

但我們注意到有些學者沒有摸過書就率意評論，如有一本爲學生講古籍版本的書中有這樣一段話，明代"藏書家除名書法家錢穀的抄本字寫得好之外，大多數字都寫得不好，甚至極差。如茶夢齋抄本相傳是姚舜諮的手迹，也同樣抄得不好"。類似的話在其他版本學著作中也看到過。姚諮（字舜諮）的字寫得好與否，自然是仁者見仁，智者見智。黃丕烈說姚氏手抄本"可稱三絕"（見《士禮居藏書題跋記·談助》），常熟瞿氏說姚氏書法"古雅可愛"（見《鐵琴銅劍樓藏書目錄·南唐書》），傅增湘說姚抄"精雅絕倫，深可寶愛"（見《藏園群書題記·王敬美手寫法書要錄跋》）。而你說他極差，眼光不一，本無可厚非。問題在于這種說法是"相傳"，猶耳食而不知其味，那就不太嚴肅了。其實茶夢齋抄本并非皆姚諮手抄，有的是出于門人之手，也有同一部由姚諮及門人分別抄寫的情況，譬如上圖藏《詩集傳名物鈔音釋》，卷前吳師道序爲姚諮手抄，正文係門人所抄。如果不把客觀情況搞清楚便妄加評論，是會鬧出笑話并誤人子弟的。

三、抄本的鑒定

我們在講稿本的時候已說過，鑒定寫本（即稿、抄、批校本）比鑒定印本要難，是因爲難在寫本個性突出，少有規律可尋，所以更強調實踐經驗，在實踐中琢磨，取得認知。紙上談兵對初學者而言，會有雲裏霧裏的感覺。姑且根據過往的經驗談一下有關明清抄本的鑒定。

（一）書法字體

書法字體，時代有時代的風氣，個人有個人的特點。不少版本學著作談到抄本的字體，皆謂明抄本字體飄逸、書法自然，清抄本工整秀麗、書寫規矩。説得頗爲抽象。平心而論，即便看實物，如果不懂點書法，也難以體會甄別，別説看抄本，就是看刻本也不免張冠李戴。因爲抄本的時代風氣其實與刻本有相似之處，如：明代前期承繼元代流行趙孟頫書體遺風（明内府刻本則通代如此。圖五二、圖五三）；明代中期（正德、嘉靖間）仿宋刻本（圖五四）變化過程中的字體，在明抄本（圖五五）中亦時有出

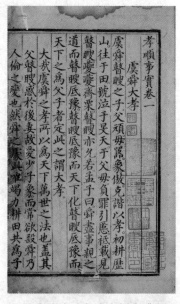
圖五二　明永樂十八年内府刻本《孝順事實》

圖五三　明洪武元年抄本《五火玄機集》

圖五四　明正德十六年刻本《儀禮經傳》

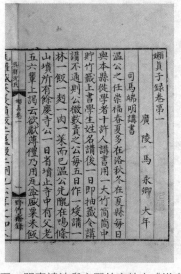
圖五五　明嘉靖沈與文野竹齋抄本《嬾真子》

現；萬曆寫刻本（圖五六）的字體實際上就是明末書法風氣的反映（當然亦有異同變化），抄本（圖五七）亦每如是；清代的抄本（圖五八）尤其是所謂精抄本，其字體與康、雍、乾三朝的寫刻本（圖五九）多同，即所謂"館閣體"。

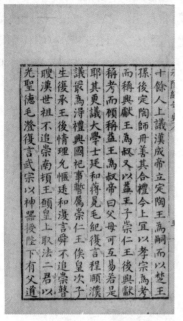

圖五六　明萬曆寫刻本《世穆兩朝編年》

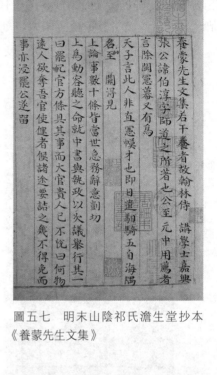

圖五七　明末山陰祁氏澹生堂抄本《養蒙先生文集》

圖五八　清王聞遠龍池山房抄本《説學齋稿》

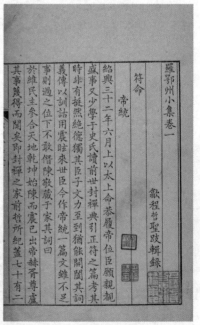

圖五九　清康熙寫刻本《羅鄂州小集》

所以，從書法的時代風氣鑒別明清抄本，可借助刻本進行比較，衹是刻本經過施刀，字體不那麽自然。這是就一般抄本的大致情況而言。當然，要辨別書法風氣也并不容易，如臺北"央圖"所藏明謝氏（肇淛）小草齋抄本《薩天錫詩集》（圖六〇）有黄丕烈題跋，謂"就其鈔手風氣驗之，當在乾隆年間"（圖六一）。其所鑒別，與實際抄寫時代相去甚遠。

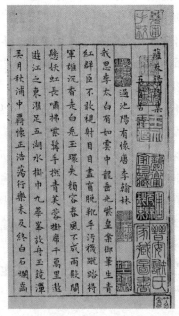 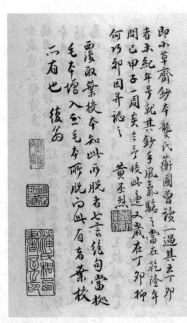

圖六〇　明謝氏小草齋抄本《薩天錫詩集》　　圖六一　黄丕烈跋明謝氏小草齋抄本《薩天錫詩集》

至于對富有個性化的抄本如名家手抄本的鑒定，那就更要下大功夫，逐家進行辨識。雖然説諸如明代吴門書派對地域抄本書法有所影響，但即便蘇州地區的各家抄本也是不一樣的。因此除了抄本本身之外，還要借助其他墨迹資料（如書作、題跋、尺牘等及其相關影印文獻）熟悉名家手迹。如不重視名家手迹，版本專家也會失誤，譬如上海圖書館所藏清錢氏潛研堂抄本《中興館閣録》，其中《續録》卷一、卷七監修國史官至著作郎前半部分及卷八前半部實爲錢大昕手抄（圖六二），又經黄丕烈手校。而楊守敬居然疏忽錯過，其題跋云："憶此書前年（按，1884）在上海醉六堂書店余曾見之，以索價稍昂未購。當時匆匆閲過，實不知爲竹汀手抄、蕘圃手校之本也。今爲顧卿所得，出以示余，如寐初覺，始歎'伯樂一過冀北遂無良馬'未易言也。"余嘉錫則説："鑒藏書籍，于前人抄校之本，苟不識其手迹，而第檢所著目録、題跋以爲據，未有不失之交臂者。"兩位前輩就辨認手迹的不易與重要，講了這番發自内心、實事求是的話，使我們深受教益。

（二）紙張

即便在明清兩代，紙張的名目也很多，但就其用紙質地而言，不外乎棉紙（南方又稱皮紙）與竹紙兩種。人們現在所看到的白棉紙抄本，大都爲明抄，抄寫時間又多在萬曆以前。在明末，不乏用竹紙抄書者。這與印本用紙情況是一樣的。如嘉靖隆慶以前白棉紙印本頗爲常見，而萬曆以後印本則竹紙居多。藏書家重視白棉紙本并成爲風氣不是出現在近現代，早在清初已然。在《汲古閣珍藏秘本書目》中，凡白棉紙所抄者皆一一注明，因爲這些白棉紙抄本往往就是明代中期抄書風氣大開時的產物，版本價值很高。清代有所謂毛邊紙、毛太紙、開化紙（亦稱桃花紙）、開化榜紙、連史紙等名目，除開化紙因有爭議尚待深入研究外，大都屬竹紙類，只不過製作工藝有精粗罷了。區別棉紙與竹紙并不太難，而不能忽略的是，明清兩代藏書家往往有各自專門抄書用紙，應當有所瞭解，這對鑒定抄本很有幫助。在此將一批藏書家專用紙的特徵清單附錄於本章後（附表1）。需作說明的是，筆者知識有限，其中或許有錯。這個表格雖然可用作抄本鑒定的參考，但也不能一味

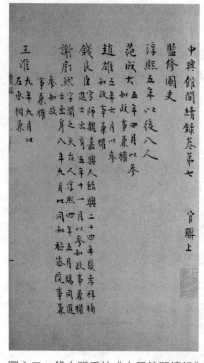

圖六二　錢大昕手抄《中興館閣續錄》

憑信，因爲藏書家的專用稿、抄紙也有借用或贈送之例。甚至若有蓄意仿冒，也就是翻雕一塊木板的事情，十分容易。所以除了細心辨認外，還要結合紙張質地、書體風格、所鈐印章、批校題跋等方面綜合鑒別。

（三）印章

通過印章不僅可以瞭解藏書源流，更可大致鑒定抄本的時代乃至爲誰家所抄。譬如鈐有明代人的印章，一般不會抄在清代（若鈐明末清初人的印章，則要結合其他特徵而定）；而影抄本鈐有毛晉父子常用的印章，多半便是毛抄了。借助印章鑒定版本，有兩點需把握，但并不容易：一是識讀印文。雖然印文大多用小篆，但也有用金文，或者出現并不規則的變體、省體，參考書雖有《說文解字》《六書通》及各種金文字典等，但需要下功夫，留意揣摩明清時代的篆刻藝術風格，并參考相關藏書家、校勘家及專門學問家的生平文獻資料予以認定。二是能夠辨別僞印。常見加蓋僞印的情況有：在新抄本上加蓋前人印章以冒充舊抄本，在抄本上加蓋作者的印章以冒充稿本，在過錄批校題跋本上加蓋批校題跋者的印章以冒充真迹。這些加蓋的印章絕大多數是僞刻的；也有個別雖是真印，但它是印主後人鈐蓋，或者是他人覓得後加蓋的，與原書的實際情況不符。僞印雖然大多製作拙劣，材料甚至是木質的，所用印泥亦差，但對於接觸古籍不多，對一般著名藏書家、校勘家、學者的手迹、印章不熟悉的人而言是較難辨識的，這也是稿抄校本比刻本更難鑒別的因素之一。這就要求我們在實踐中注意研究歷代各種公私印章的式樣、印文的風格、鈐印的規律以及印泥的品質與顏色。尤其對著名藏書家、校勘家與學者的印章要熟悉，因爲作僞者往往利用僞造名家印章牟

利。對此，可以多翻閱各種印譜，將各種書影、印譜中的印章與書目中所記錄的印章相互比較、印證，將已知的真、偽印章進行比對，有助于提高對印章的辨識能力。但要注意，有的藏書家印譜在編輯出版時業經描潤，與實物有差異，不能以之爲準，譬如1989年上海書店出版社出版的《明清藏書家印鑒》即如此。當然，這要有一個反復實踐的過程與經驗的積累。對初學者來說，向行家、前輩請教，往往能及時解決眼前面臨的問題，取得事半功倍的效果。必須指出，印章祇是鑒定版本的一個旁證，也有舊抄本（或舊刻本）蓋有偽章的，這就不能因爲印章偽而否定書的本身價值。因此，要對原書本身作全面分析，這在鑒定版本中是始終不能忽略的。兹舉數例：

1.不辨偽印誤將乾隆抄本作清初抄本例

其一，《陵川郝文忠公文集》（圖六三），因鈐有"楝亭曹氏藏書"朱文長方印、"長白敷槎氏堇齋昌齡圖書印"朱文方印，原編目者遂著錄爲舊抄本。曹氏名寅（1658—1712），楝亭其號，富藏書，校刊古籍甚精，有《楝亭五種》《楝亭藏書十二種》等。富察昌齡，字敷槎，號堇齋，曹寅之甥，亦喜藏書，得楝亭之書頗多，故藏本每鈐有兩家印章。憑此兩印，定此本爲舊抄即清初抄本似無疑問，但恰恰該兩印皆偽。以《中國古籍善本書目》著錄的明抄本《履齋示兒編》（圖六四）所鈐真印相比較，"楝亭曹氏藏書"之"藏"字，其"戈"部真印圓潤柔美，偽印則僵硬死板；"長白敷槎氏堇齋昌齡圖書印"之"槎"字，左"木"旁，真偽兩印明顯不同。此抄本舊藏湘潭袁氏玄冰室，意者如確係清初抄之善本，恐早已被玄冰室主人袁帥南攜至臺灣（詳見1987年臺灣"央圖"出版的《剛伐邑齋藏書志》）。

圖六三　清抄本《陵川郝文忠公文集》

圖六四　明抄本《履齋示兒編》

其二，《沈忠敏公龜溪集》（圖六五），原以該抄本鈐有"顧嗣立印"白文方印、"俠君"朱文方印定爲清初抄本。顧嗣立字俠君，蘇州人，康熙時著名藏書家，以輯刻《元詩選》最爲世人稱道。此本雖爲仁和朱學勤結一廬故物，但顧氏兩印皆僞；且卷內"炫"字缺筆，"弘"字多作"宏"，更證明該本不可能抄在清初。與明抄本《鼓枻稿》（圖六六）上所鈐顧氏兩方真印相較，差別雖細微，諦視當不難分別。

 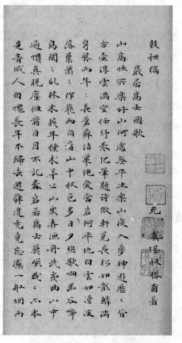

圖六五　清抄本《沈忠敏公龜溪集》　　　圖六六　明抄本《鼓枻稿》

2. 不辨僞印而將明抄本誤作毛抄例

多年前審核《國家珍貴古籍名錄》申報材料時，曾經眼一部抄本《黃帝三部鍼灸甲乙經》（圖六七），首有宋林億《新校黃帝三部鍼灸甲乙經序》。申報單位著錄書名作《鍼灸甲乙經》，版本定爲明毛氏汲古閣影宋抄本，其依據主要是該本鈐有"毛晉之印""毛氏子晉""汲古主人""汲古得修綆"四方印（圖六八）。然細審其印，篆刻拙劣，硃砂質差而浮，與常見毛氏諸印之雋美沉着者相去甚遠，皆屬僞刻；而且抄寫字體有異，非出一手，全無毛抄之風貌韻致，則定毛氏影宋抄本顯然不確。雖然，却不妨礙此本之固有價值及《珍貴古籍名錄》之申報。因爲其乃黑格棉紙所抄，結合其字體風格，抄寫最遲不晚於明代萬曆，即要早於原定毛氏汲古閣抄本之時間；何況該書現今通行本以萬曆二十九年（1601）吳勉學所刻《古今醫統正脉全書》本爲最早，而此本抄寫很可能在吳氏刻本之前，頗爲難得，故不能以印章僞、非毛抄而忽視其版本價值。

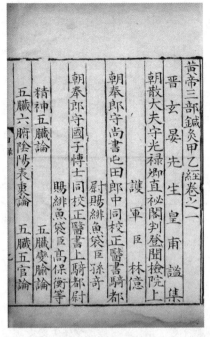

圖六七　明抄本《黃帝三部鍼灸甲乙經》

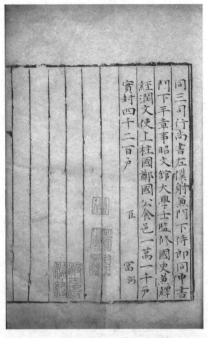

圖六八　明抄本《黃帝三部鍼灸甲乙經》毛晉僞印

3. 不辨真印係後人鈐蓋例

《中國古籍善本書目》著錄一部明抄本《竢庵李先生文集》三十卷附錄一卷（圖六九、圖七〇），引人注目，蓋此書明抄本頗爲稀見。其版本係據所鈐一方"葉氏菉竹堂藏書"朱文圓印而定，且此本歷經清代乾嘉間陸烜（鈐有"陸槼子章之印"朱文方印、"梅谷"朱文葫蘆印）、法式善（鈐有"詩龕書畫印"朱文方印、"陶廬藏書"朱文方印、"詩龕墨緣"白文方印、"詩裹求人，龕中取友；我懷如何，王孟韋柳"朱文方印）及清季朱學勤（鈐有"結一廬藏書印"朱文方印）遞藏，皆爲顯赫藏書之家，可謂流傳有緒。菉竹堂主人葉盛，明正統十年（1445）進士，官至吏部左侍郎，卒諡文莊。生平嗜書，手自抄校至數萬卷。嘗欲作堂以貯存，取《詩經·衛風·淇澳》學問自修之義，名曰"菉竹"。但直至其玄孫恭煥（字伯寅，號括蒼山人，嘉靖丙午［1546］舉人）堂始建成（見《乾隆蘇州府志》）。然觀此抄本面貌，字體與紙張（竹紙）皆無嘉靖以前抄本風氣，細檢卷内文字，果然"弦"字缺筆已避康熙帝諱，則此本最早抄寫時代在康熙而不可能在明代。而"葉氏菉竹堂藏書"之印并不僞，很可能是葉氏後人所鈐，因葉氏藏書數代世守，其裔孫若葉奕苞、葉國華輩，在清初亦以藏書名家。因而鑒定抄本不能僅憑所鈐印章定奪抄寫時代，此本可謂典型。

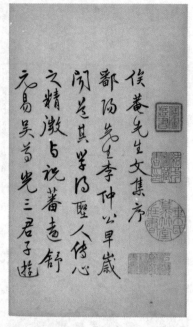

圖六九　清抄本《竢庵李先生文集》

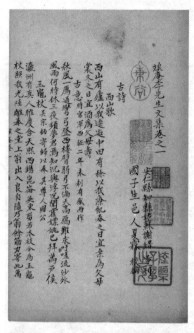

圖七〇　清抄本《竢庵李先生文集》

（四）諱字

避諱字是鑒定抄本很重要的鑒定依據，上述例子已涉及。明代抄本避諱不嚴，萬曆後或出現諱字，如避光宗朱常洛諱，"常"作"嘗"，"洛"作"雒"；避熹宗朱由校諱，"校"作"較"。避諱字主要留意清代，尤其是康、雍、乾三朝，譬如避康熙帝玄燁、雍正帝胤禛、乾隆帝弘曆諱，人們即以"玄"字是否缺筆或改爲"元"字、"胤"字是否缺筆或"禛"字改爲"禎"或"正"字、"弘"字是否缺筆或改爲"宏"字、"曆"字改爲"歷"字等來判斷該本是抄在清初抑或之後，是舊抄還是新抄。不過也要注意三種情況：一是影抄本往往保留原本的諱字，如"玄"字，宋代亦避諱。二是原抄本沒有避諱，後人在批校時改爲避諱字，則定版本抄寫年代時要作分析，有的是抄胥手誤未避諱，批校者遂予以改正；有的本身抄寫年代就早，原不存在避諱，是批校者所處年代須避諱。三是有的抄本原本"玄""胤""弘"字缺筆，後人爲冒充舊抄，添上所缺之筆，這就需要根據書法、墨色仔細辨認，不能輕率馬虎。

（五）題識跋語

有的抄本卷末有抄書者題識，交待了抄寫的時間、地點、抄寫者姓名乃至底本來源，這是鑒別抄本的直接依據。也有的抄本經同時人或後人題跋，對抄本的相關情況也有介紹，鑒定并不困難。但這同樣有一個書體字迹真僞的認定問題。

上海生命科學院圖書館有一部宋曾鞏所撰《元豐金石略》的抄本（圖七一、圖七二），其卷末有毛扆與畢沅的手書題跋，除毛、畢二氏所鈐"毛氏子晉""畢沅之印""秋颿"諸印之外，還鈐有朱彝尊之"竹垞真賞"、阮元之"揚州劫後阮氏文選樓藏書"印。按此書確爲毛扆所輯，刻入《津逮秘書》之中。刻本有兩篇跋文，文字與此抄本毛氏兩跋相同，而抄本前一跋出抄胥之手，後一跋爲毛氏手書，頗令人疑惑。諦視之，毛、畢兩跋因換筆書寫有輕重粗細之分，字體如出一手，觀毛氏跋"吾猶及史之闕文也"之"也"字與畢氏跋"余其何幸也耶"之"也"字，即可洞察分明。因兩人手書題跋稀見，尤其畢氏，倘若毛氏跋後不鈐"毛氏子晉"印章，或可認爲毛跋係畢氏從《津逮秘書》本抄來，至少畢氏手跋不僞，但鈐了毛氏印章，反而弄巧成拙，兩跋皆僞無疑。再審朱彝尊、阮元之印，亦皆僞刻拙劣，則畢氏跋語所謂"偶過琴川，得此一本，知是毛抄"云云，更毋庸論矣。

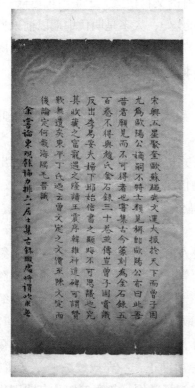 

圖七一　清抄本《元豐金石略》　　　　圖七二　清抄本《元豐金石略》

第三節　批校本概述

一、批校本的價值

這裏所講的批校本（通常簡稱"校本"），不是指經過校勘或刻有批語的印本，而是指稿本、抄本或印本在流傳過程中，經藏書家與學者手書批校的本子。從注重手書批校角度出發，一般而言，批校本的版本價值在于批校文字而不是被批校版本本身，所以版本學家們每將批校本納入寫本的範圍加以研究。

批校本的"批"，主要指對書籍內容所進行的箋論評說；"校"，則是對文字的比勘改動。雖然人們習慣上將有批或校的本子籠統稱爲批校本，但根據實際情況，有批無校者稱"批本"，有校無批者稱"校本"，既有批又有校者纔稱"批校本"。編製各類古籍目錄理應持嚴謹的態度予以明白準確地著錄，否則會誤導讀者。

對書籍進行批校是我國一個文化傳統，歷代無數批評家與校勘家對我國文化的保存、弘揚與發展傾注了大量心血，他們有些學術成果借助印刷術的發明與發展幸運地保存了下來，也有不少成果因種種原因而不幸失傳。至于他們的批校手迹，尤其是明代中期以前批評與校勘家們的手書批校，幸存者寥寥，其主要原因與前述相同，即人們早先并未意識到包括批校本在內的書籍所具有的文物價值。于是出現這樣一種現象，如果直接在宋元本上書寫批校文字（包括圈點句逗），大多是明代中期以前人所爲，後人尤其是清人不會如此，因爲舊本日趨貴重，他們往往將批校文字寫于白紙條上，以薄漿浮簽粘貼於原書相關文字之天頭。此法在惜書者養成習慣，即便非宋元本亦會如是作。

《中國古籍善書目》著錄批校本6800餘種，絕大部分是清代批校本。基于此，從實用出發，我們將討論的重點放在清代。

批校作爲一種學術成果，必然會産生影響并傳播，因而在版本形式上會出現既有原作者的批校本，又有過錄原作者批校本子的情況，後者在版本學上稱爲"過錄批校本"。這在編製目錄的著錄項上亦須嚴格加以區分，因爲其批校文字或許相同，但其版本價值是不一樣的。

批點、評注是批評家的讀書心得，每于後人治學有所啓迪，且往往有未經整理刻印者，可當作稿本看待。如何焯批校康熙胡氏南益堂刻本《唐音戊籤》（圖七三，《唐音統籤》之一），除取校《才調集》《樂府詩集》《唐詩鼓吹》諸總集外，又遍訪故家所藏別集之宋元舊刻及影宋抄本細加勘正，一卷或校數遍。其所作批評，涉及該書編纂體例、各家詩作及有關別集版本之優劣，除抒發個人見解外，又采擷前人成說，并且摘錄同時人如馮班的議論。爲批校此書，他前後總共花了八年功夫，其批校內容却沒有被載入《義門讀書記》，雖未悉何因（或其門人蔣維鈞纂輯是書時未之見耶），但這部批校本無疑是整理《唐音戊籤》的重要版本，也是研究何焯不可多得的寶貴資料。又如齊召南（字次風，號瓊台，晚號息園）批康熙葉氏萬卷樓刻本《杜工部集》（圖七四），他的讀杜心得可供從事文學批評、研究杜詩的人們參考，但也未刻入齊氏本人的別集。

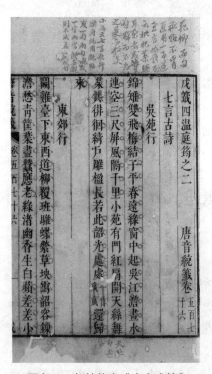

圖七三　何焯校本《唐音戊籤》

通過對不同本子的校勘,將校語寫在書的天頭地脚或行間,既為讀者提供一個文字較為準確的本子,又可使人瞭解到不同本子的面貌與各本相互間的關聯,這是校本的價值所在。如丁杰所校清抄本《三山拙齋林先生尚書全解多方篇》(圖七五)就是這樣一個值得注意的本子。案宋人林子奇所著《尚書全解》,明代以來即佚《多方篇》一卷,《四庫全書總目·經部》著錄者,其《多方篇》乃根據《永樂大典》錄補完全。此本雖然也是傳抄自《永樂大典》,但當時《四庫全書》尚未發布,因而劉台拱等學者競相傳抄。及自《四庫》本面世,丁杰發現有舊抄誤者,有新抄誤者,更有林氏自誤者,于是兩度進行校訂;別自手輯附錄一卷,又為他本所無。因此,這個經丁氏校輯的《尚書全解多方篇》單抄本,具有重要文獻價值。《中國古籍善本書目》將此帙作為《尚書全解》的殘本著錄而不是作為單篇著錄,則未能充分認識與揭示該本的意義所在,與"辨章學術,考鏡源流"這一目錄學要旨是不相符的。

此外,同一種版本,經過不同人的批校則成為不同的版本,而評價其版本價值高低,主要取决於作者的批校水準。由於藏書家或圖書館編目人員難以同時對各種批校本作仔細研究,因此在傳統上,凡屬名家批校本,因批校者的學問高人一籌而深受寶重。一種極為普通的本子,可因經名家批校而價值倍增;相應地其手迹也受到人們的珍愛。某些學問家們批評市場盲目吹捧"顧校黄跋"之類的版本,却從未被市場理會,因為從版本學的角度而言,名家批校本不管其内容如何,至少具有高出一般版本的文物價值,這是誰也不能否認的。何况名家批校本的文獻價值同樣不能輕忽。即以黄丕烈校跋本而論,由於清代學者洪亮吉將黄氏列為賞鑒家一類(見《北江詩話》),後人或對其校跋本持有偏見,認為價值不高。而近人吴梅在

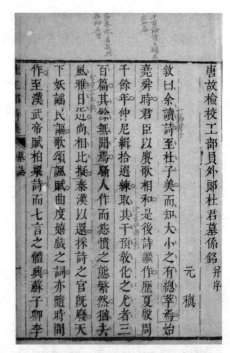

圖七四　齊召南批《杜工部集》

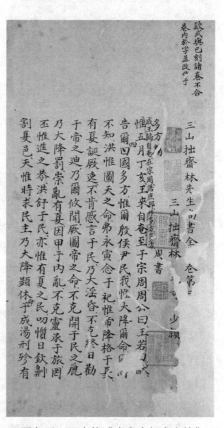

圖七五　丁杰校《尚書全解多方篇》

《雲間韓氏藏書題識彙錄序》中指出，"黃氏之學，據古刻以正俗訛，往往一語一字，足以發群蒙，息聚訟，雖見聞學識得諸顧氏澗薲爲多，而晦明風雨，丹黃甲乙，實大有禆于藝林。近人以賞鑒目蕘翁，不足服翁之心也"，吳氏所言頗爲中肯。因此，對于名家批校本不能采取輕忽的態度，應該予以足夠的重視。之所以强調這一點，是因爲目前存在這樣一種狀況，即過去老輩們將某些清代名家批校本定爲一級文物，而現在根據有關定級標準連評二級文物都有些勉强了，這雖然并不妨礙各館對已編目的名家批校本的收藏，但對圖書館的藏書建設，對從事該行業的新人及其在整理未編書時對批校本的認識，可能會帶來消極影響。

至于過錄批校本，雖然其價值不如原始批校本，但亦不能輕忽。如果原始批校本已失傳，甚至那些原始批校的學術成果不曾發表，那麼過錄批校本的價值幾乎等同于原本。即使原本存在，或原本的成果已發表，亦須通過校核後對過錄批校本予以恰當的評價。譬如汪由敦（字師銘，號謹堂，又號松泉）過錄他的老師何焯的批校本《文選》（圖七六），雖然何焯的批校文字已輯入《義門讀書記》，但與汪氏過錄本的文字相出入，頗疑《義門讀書記》的文字業經何氏修改，或者何氏還有另外一個批校本，那麼汪氏這個過錄本仍有其自身價值（至于汪氏墨迹也值得重視則另當別論）。

圖七六　汪由敦過錄何焯批校本《文選》

二、清代藏書家校本辨析

現在存世的古籍批校本中以校本爲多，校本中又以藏書家的校本爲多，而藏書家的校本中又以清代藏書家的校本爲多。存在這種現象的原因大致有二：其一，雖然明代中期以後爲使宋元舊本能綿延一綫之傳而涌現出大量抄本，但明人尚不及進行校勘，清人欲利用這批文獻，必然要先事校勘，而校勘就會涉及存世各種版本。這也是清代校勘學興盛的原因之一。其二，許多批評家、校勘家的成果已有專著或者附屬某些專著刻印發表，其原始記錄似乎在當時已無保存的必要，而藏書家的校本因其校勘特點，不易整理發表，但每具有第一手資料的性質，學術界與後人需要不斷利用，所以一直得到保存。已有的衆多版本學著作，幾乎沒有人以專門章節評述過清代藏書家的校本（儘管其相對存世數量大），而我們在此特意提出來討論，是覺得對清代藏書家校本的研究對如何認識古籍整理與鑒定收藏有着一定的現實意義。

我們是從版本學的角度研究校本，并不是在講校勘學。但既然言及校勘，就與相關的校勘學知識有所關聯。校勘大體有三個目標：一是保存版本原貌，二是區分文字異同，三是訂正文字訛誤。清代藏書家的校勘，就是以保存諸版本的原貌、揭示各本文字異同爲要務（其揭示文字異同不僅采用不同版本的對校，還利用類書、總集等進行他校）。從清初的陸貽典、毛扆，到乾嘉時代的黃丕烈、鮑廷博，乃至清季的勞權、勞格昆仲等，一脉相承。他們的校本有如下幾個特點：

（1）用舊本校通行本或新抄本，將校語寫在通行本或新抄本之上，因爲通行本、新抄本每有脱漏錯訛。

（2）爲了保存舊本原貌，他們甚至將版式、行款都仔細描述下來。

（3）爲了區分文字異同，他們連字畫的絲毫差異都作了勾畫交代。

（4）他們的校勘一般謹慎從事，不輕判優劣。即便改字，也是小心翼翼，或以旁注，或用細筆圈改，讓讀者仍能看清被改原字，而不隨意塗抹。

（5）他們的校勘不求畢其功于一役，而是不斷訪求秘本，隨得隨校，故有經年數度校勘同一書的情況。而因爲訪書，與相關名士結成校書圈子，彼此探討，互通有無（如明末清初以錢謙益爲軸心的常熟藏書家群體，其中包括毛晉、馮舒、馮班、錢曾、葉樹廉、陸貽典等；乾嘉時代江浙藏書家鮑廷博、吳騫、陳鱣、黃丕烈等亦成合作群體），于是其校本又有數人相繼校勘或自己手校同時過録他人校勘成果的情況。

有人認爲藏書家的這種校勘過于瑣碎，無所發明，對學術研究不會有多少幫助。殊不知他們的做法有其歷史背景與積極意義。首先是明代中期以降，宋元舊本日見稀少，他們或以家藏舊本校今本，或四處尋覓向人商借舊本校家藏通行本，使孤本秘笈儘可能得到保存與傳播，這原本就是藏書家的天職，客觀上爲保存傳統文化做出了莫大貢獻。兹舉毛扆校本《四書集注》（圖七七。今藏上海博古齋，于2007年影印出版）爲例，他先後以宋咸淳九年（1273）衢州刻本、淳祐十二年（1252）當塗郡齋刻本及另一殘宋本（毛氏稱爲"中字本"）校汲古閣刻《四書六經讀本》本。而其所據校本祇有宋淳祐十二年當塗郡齋刻本國家圖書館尚存殘帙，其他兩種宋本皆未聞存世，則諸宋本之面目端賴毛扆校本約略可見。請問這樣的校本有没有價值，對學術研究有没有幫助呢？其次，歷代尤其是明代刻書，常有臆改文字或肆意删節文字的情況發生，致有"明人刻書而書亡"之説。那麽藏書家以保存版本面貌爲宗旨的客觀態度，就極具科學性。最後，也因爲前面兩個原因，當清代考據學興起、整理古籍蔚然成風之時，專家學者們苦于缺乏善本以資研讀，而藏書家的校本正

圖七七　毛扆校跋明毛氏汲古閣刻本《四書集注》

能適應其需求，所謂"得一帙不異遍得諸帙，讀一本不異遍讀諸本"，這也是過錄批校形成風氣的緣由之一，其積極意義自不待言。但有人却説，藏書家的校書不是爲做學問，祇是從自我欣賞、向人炫耀、講求版本的角度出發的，即使所藏是一個普通本，也一定要找一個舊本來校訂異同，以使自己的藏本增值。這種片面甚至極端的言論居然還曾出現在某教科書上，如果九原之下那些爲保存與傳播古籍做出貢獻的藏書家知道（何況他們在校勘的基礎上刻過不少叢書與單種書），該如何忍受這樣的侮辱？而其影響所及，又不知多少學子會輕視藏書家校本而誤入治學歧途。

又有論者，謂藏書家的存真，祇是讓讀者知道這個本子經過某些藏書家收藏而已，而不是像段玉裁等校勘家，求事實之真，"斷其立説之是非"；而藏書家的校異，就是把不同本子的異同羅列出來，至于錯對，自己不作評斷；甚至由于識力不够，引用不值得援引的劣本，記録不需要記異的奇異，反增紛煩。而不能訂訛，就没有達到校勘的目的。

這種似是而非的説法，同樣需要予以澄清。因爲藏書家面臨經史子集各類圖書，不可能什麽都精通，他們能以客觀科學的態度努力做到版本的存真與區分異同已十分不易，一味苛求他們每校一書必須定其是非，這連大名鼎鼎的段玉裁恐怕也是做不到的。段氏所定是非亦未必不出岔子，否則怎麽會感慨"定是非之難"呢？因爲事實上，世上的通才畢竟少之又少。何況不少清代藏書家如何焯、盧文弨、陳鱣、錢泰吉等也是學有專門的名家，由于他們的校勘成就卓著，通常被人們列入了校勘家行列。關于校勘定是非之不易，古人早有告誡。北齊顔之推嘗言："觀天下書未遍，不得妄下雌黄。"（《顔氏家訓·勉學篇》）因此，著名校勘家顧廣圻汲取了藏書家校勘的長處，采用了"不校校之"的校勘方法，所謂"不校"，實際上就是藏書家所做的保存版本原貌，而把校勘意見作爲附録或校勘記置于書後的方法。相較隨便改變版本原貌的行爲，顧氏的這種校勘方法要科學得多，因而我們至今仍在沿用。由于顧氏一生爲許多藏書家校刻書，他采用的這種校勘方法實際上受到了藏書家的影響，可視爲與藏書家合作或者説是藏書家要求的結果。

再説，簡單地將藏書家的校勘與專門家的校勘相比也是不科學的。須知藏書家在校書之前首先要鑒定版本，確定舊本的真實可靠，在此前提之下再進行校勘。這種鑒定版本的能力，往往是有的校勘家所不具備的。而校勘家們的某些主觀失誤，正是缺乏藏書家對待不同版本所具有的客觀態度。藏書家校書不輕判不同版本之優劣，雖然没有最終達到校勘學認爲的校書目的，但却爲包括校勘家在内的專家學者提供了相對全面的第一手寶貴資料。許多清代藏書家的校本一代又一代地被有識之士保存了下來，有些著名藏書家校本的市場價格與日俱增，甚至價值等同宋本。這是因爲，使失傳的舊本能通過他們的校本得獲傳承，畢竟是深得人心的；而讀書人（哪怕是那些輕視藏書家的人）真要做學問，總希望得到原始資料，而不是經人加工過的二手資料，恐怕也是極爲重要的原因。

三、批校本的鑒定

鑒定批校本，主要是確認批校者，并區分該本是原作者的親筆批校還是他人過錄批校。過錄批校有兩種情況：一種是隨手抄錄，重在批校文字（著錄爲"某人過錄某人批校"），鑒定相對較易；另一種則既注重批校文字，又注重批校形式，即不是草率抄錄，而是細心臨寫，不僅字體酷似，而且書寫位置亦一依原本（著錄爲"某人臨某人批校"）。要對後一種做出定奪便困難許多，而這種臨本客觀上也爲牟利者作偽創造了條件。因此，鑒定批校本與稿本、抄本一樣，強調字體辨識，如不認識作者字體，鑒定便難以措手。

譬如置于讀者面前的這兩部《鹽鐵論》（圖七八、圖七九），都有朱筆批校，不識者不知爲誰氏筆迹，瞭解者若不細心，也會以爲皆出校勘家陳鱣之手。實際上一爲陳氏親筆，一爲臨摹陳氏批校，如不同案比較，臨摹本之虎賁中郎，確實不易辨識。又如1958年上海圖書館曾從某古籍書店購得一部清抄本《宛丘先生文集》（七十六卷，目錄二卷，補遺六卷。圖八〇），此本曾經陸烜、汪士鐘收藏，該館的卡片目錄當時僅著錄爲"抄本"，而對書中的朱筆校語，買賣雙方皆不知曉出誰氏之手，也未予以重視。事實上書寫校語者既非陸氏亦非汪氏，而是在他們之前的校勘名家宋賓王。宋氏校書常有不留題識、不鈐印章的情況，若不識其手迹，難免有遺珠之憾。而在錯出錯進的交易中，用商業行話講，上圖幸運地撿了一個漏。翻檢一過，"眩"字不避諱，當爲清初抄本，與宋校若合符節，洵爲不可多得之本。

圖七八　陳鱣校本《鹽鐵論》

圖七九　佚名臨陳鱣校本《鹽鐵論》

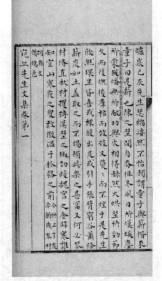

圖八〇　宋賓王校清抄本《宛丘先生文集》

名家批校而不留題識、不鈐印章者并非少見，如清抄本《新譯大方廣佛華嚴經音義》（圖八一、圖八二），其所據底本曾先後經袁廷檮、曾釗借校并題識，故此本抄寫時依次録于卷末，而且還過録丁杰校語，皆出抄胥之手。但卷端位于地脚之校語，以及卷末抄録臧庸題跋及丁杰案語之方正端楷，乃清季校勘家勞格手書，若不能辨識其墨迹，則此本便成尋常之物了。

圖八一　勞格校并過録臧庸、丁杰跋本《新譯大方廣佛華嚴經音義》　　圖八二　勞格校并過録臧庸、丁杰跋本《新譯大方廣佛華嚴經音義》

有的批校者的字體風格如"旁門左道"，個性極強，細心者甫一經眼便能記住，別人要臨摹僞造也難以爲之（如錢陸燦的批校，圖八三）。而大多數學者的字體雖然也有個性，但因其循規蹈矩，便不難模仿。對此，我們祇有尋找參考可用以借鑒辨識的資料（這在講抄本鑒定時已説過），下死功夫予以比對，這樣纔能解決一些問題，少犯鑒定錯誤。但也應當看到，即便是《中國古籍善本書目》，也有不少批校本的作者付諸缺如，僅著録爲"佚名批校"，可見批校本的鑒定殊其不易。

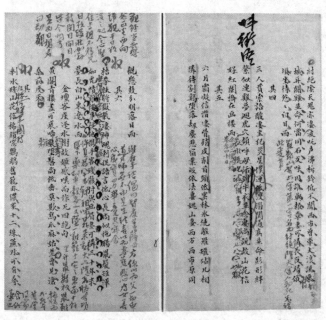

圖八三　錢陸燦批校本

当然，对于难以捉摸的批校本，我们也毋庸畏惧，祇要找对路径，学习必要的知识，就能逐步克服难关，掌握基本的鉴别本领。

根据以往的经验，可从专攻名家批校本的研究入手。试想，为什么会出现过录批校？一是因为别人学问好、见识高，二是因为别人的校本难得。两者既有价值，便有借鉴传播的必要与可能。显然，这些批校本往往是出自名家之手。那么，什么人的批校会出现作伪呢？自然也是名家，因其有市场效应，能牟取暴利。因此，重视名家批校本的鉴定，就很有实用价值。顾廷龙先生在《中国古代的抄校稿本》（见《顾廷龙文集》）一文中说："鉴别名家手校本，首先得看笔迹，继而是印记、纸张与其他因素。没有字迹比对，即使是精于版本鉴定的前辈也容易失误，不用说初学了。"他强调辨识笔迹的重要，但却把范围控制在"名家"之内，由此可见，前辈们更为注重的是名家批校本。这也是他们的经验所得，因为较为冷门的批校本虽然有时难以考出批校作者，但也很少会有仿冒者。所以学习鉴定批校本，如不能辨识名家批校，就未能算入门。

那什么人纔算是名家？有人说收入《中国人名大辞典》者，也有人说收入《辞海》等辞书者。都有道理，但大而无当，难以把握。约略言之，《书目答问·附录》中所列的校勘家可算是一个相对范围。他们是：何焯、惠栋、卢见曾、全祖望、沈炳震、沈廷芳、谢墉、姚范、卢文弨、钱大昕、钱东垣、彭元瑞、李文藻、周永年、戴震、王念孙、张敦仁、丁杰、赵怀玉、鲍廷博、黄丕烈、孙星衍、秦恩复、阮元、顾广圻、袁廷梼、吴骞、陈鳣、钱泰吉、曾钊、汪远孙（其未按生卒排列）。不过也有重要者漏列，如劳权、劳格昆仲。而在鉴定版本的实践中，我们认为对何焯、卢文弨、陈鳣、顾广圻、黄丕烈、鲍廷博、吴骞、劳权、劳格等名家尤应重视，因为他们无论学问还是藏书与校勘都极具影响，很有价值，存世的校本既多，人们不辨真伪者也不在少数。

譬如何焯，他是清代考据学开风气的代表人物之一，名闻朝野，学生多达千余人，影响之大，乃至身后有剽窃其著作的情况发生。而他的许多学生模仿其书法，临摹其批校之语，这便使市场上的仿冒作伪者有了可乘之机。因此对其手迹的鉴定，人们总是谨慎小心，倘若没有墨迹比对，颇难辨别真伪，因为他的不少批校本并不钤盖印章，这就缺乏鉴定的辅助依据。

再如百宋一廛主人黄丕烈，当今市场凡有其校跋者，价值等同宋本，对此有人颇为不屑。其实曩昔如洪亮吉，对黄氏也有贬意，但毕竟不能左右人们对黄氏的重视，后来《书目答问》纠正了洪氏所谓藏书家之分等，将黄丕烈列为校勘学家，反映了学术界的主流意识。

又如劳权、劳格兄弟，其负有盛名的丹铅精舍藏书价值不在于宋元旧本，而在于皆经他们悉心校勘补辑。这里再重复一遍广为书林熟知的故事，即光绪末年他们家藏书散出时，杭州文元堂书店老闆杨耀松先是不识其书以廉价出让，继而获知原委，又伪造劳氏批校本以牟取暴利（见陈乃乾《海上书林梦忆录》），不要说当时受骗者不少，即使在今日，公私藏家也有不辨真伪者。

此外，與鑒定稿、抄本一樣，我們可以借助印章、題跋等鑒定批校本。許多批校本都鈐有批校者印章，甚至是校書章，如毛扆有"毛扆手校""虞山毛扆手校"印，沈廷芳有"廷芳手勘"印，惠棟有"紅豆山房校正善本"印，盧文弨有"文弨校正""弓父手校""武林盧文弨手校""虎林盧文弨手校""抱經堂寫校本"印，謝墉有"謝東墅校定本"印，吳騫有"兔床手校"印，周錫瓚有"仲漣手校"印，陳鱣有"仲魚手校"印，張紹仁有"學安手校"印，黃丕烈有"蕘翁手校"印，袁廷檮有"廷檮校讀"印，顧廣圻有"顧廣圻批校藏書印""顧澗薲手校"印，錢泰吉有"嘉興錢氏泰吉校讀本"印，等等。如果其印章不假，一般定爲親筆批校不成問題。問題在于，更多的批校本沒有專門的校書印章，只鈐蓋批校者姓名、字號、齋名之章或閑章，而有的印章編目者并不熟悉，與批校看似關係不大，容易疏忽出錯，如《中國古籍善本書目》著錄清任兆麟批明吳勉學刻本《前漢書》，該書書根舊寫"任心齋手批漢書"，書中批語亦每有"麟按"字樣（圖八四），任氏名頭也大，但手迹少見，編目者未及深究，想當然逕依書根著錄。但觀其卷端鈐有"仁圃珍藏"白文方印、"省過齋"朱文方印，却無任氏印章。考"仁圃"爲嘉慶舉人胡祥麟之字，著有《省過齋詩抄》，他對《漢書》也素有研究，則此本批語應當出自胡氏之手。又，有的批校本雖鈐有印章，也須細審，不能遽定。如《中國古籍善本書目》著錄一部清陳撰評點康熙二十四年（1685）柯煜小幔亭刻本《絶妙好詞》，鈐有"陳撰楞山氏"朱文方印，似無問題。但檢覽其卷二首葉墨筆批曰："《石帚詞》爲陳玉幾楞山氏勘本，今刻于真州書局，不至失傳。每一讀之，尚想其標格不凡，風流盡至，白石真仙也哉！"（圖八五）度此評語口氣，應不會出陳氏之手，而陳氏的印章，祇能説明此刻本曾經陳氏收藏，而評點則係他人所爲。

圖八四　胡祥麟批本《前漢書》

圖八五　清佚名評《絶妙好詞》

鑒定批校本也要注意避諱字。嘗見仁和朱氏結一廬、吴興劉氏嘉業堂遞藏之毛氏汲古閣刻本《中州集》（圖八六），朱筆批校滿篇。序文首葉天頭批語略云，“毛氏刻此書時所見者止嚴氏重開之本，其行款俱不古。斧季丈曾從都下得蒙古憲宗五年刊本，爲東海司寇公豪奪以去。今汲古閣止有壬、癸及閏集三卷耳。辛巳三月，予偶從高陽許氏見甲、乙二卷，因略記行款于書顔”，落款署“馮班”。據其語氣文辭，似屬馮氏所爲，嘉業堂遂定爲“馮鈍吟批點”。但此本卷首首葉批語“弘”字已缺筆避諱，而馮班（號鈍吟）乃明末清初人，不用鑒其墨迹已知爲過録馮氏批校本。

尋處聲在亂雲空碧中
此詩山陽民家有上御書無篇題不知何
人作及見唐高駢賦風箏云夜静絃聲響
碧空宫商信任往來風依稀似曲才堪聽
又被移將別調中乃知上所書蓋風箏詩
而又次駢韻者也姑存之以俟更考
章宗 一首
雲龍川泰和殿五月牡丹

圖八六　清佚名過録馮班批校本《中州集》

借助題跋亦是鑒定批校本的一種方法。題跋有兩種：一種是批校者本人的題跋，簡單者僅寫一條題記，交代批校時間、地點并落款。亦有複雜的，甚至題跋不止一篇，如黄丕烈校本《青城山人詩集》（明景泰刻本配清抄本，圖八七），前一篇題跋講收藏此本的目的在于保存鄉邦文獻，從中可知他藏書絶非僅僅“佞宋”而已；後一篇先講蘇州書店出售的康雍間宋元明别集抄本，多半出自金檀（星軺）、王聞遠（蓮涇）兩家，并多經宋賓王手校的故實，次述其手校此本利用宋賓王校本的情况。這樣的題跋不僅可助後人鑒定版本之用，而且留下的書林掌故有益我們瞭解藏書源流及藏書文化，讀來令人口齒生津。這其實也是黄跋受人喜愛的原因之一。然而，由于黄丕烈收藏宋版名聲太大，在這個明刻抄配本上居然有其校跋，使人難以置信，望而却步，故該書受到編目者懷疑而長期存于上圖普通書庫之中。還有一部吴騫批清康熙刻本《山志》（圖八八、圖八九），也遭受相同命運。該本卷末有吴騫題識曰：“《山志》外間流傳頗少，此本爲松陵楊慧樓進士所貽，當珍藏之。嘉慶庚午志。”檢《中國古籍善本書目》，藏此刻本者僅國圖、南圖兩家（著録爲清初刻本，實際“玄”字已避諱，當刻在康熙年間），則刻本已可寶貴，何况又有吴騫批跋，惜編目者不識，冷落之歷久。這不

此王青城集余得諸五柳居書肆崑山孔氏所藏書也汝
玉為吳人考楊循吉吳中故實記所載風雅第五凡十四
人青城王先生汝玉居首記云青城王先生汝玉詩豪放有
寵永樂間與王偁孟揚解縉紳王達善同名當時稱東
南五才子今録其語附於集尾以徵吾郡之文獻云
蕘圃黃丕烈

圖八七　黄丕烈跋《青城山人詩集》

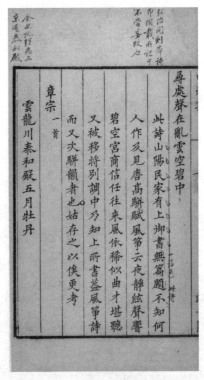

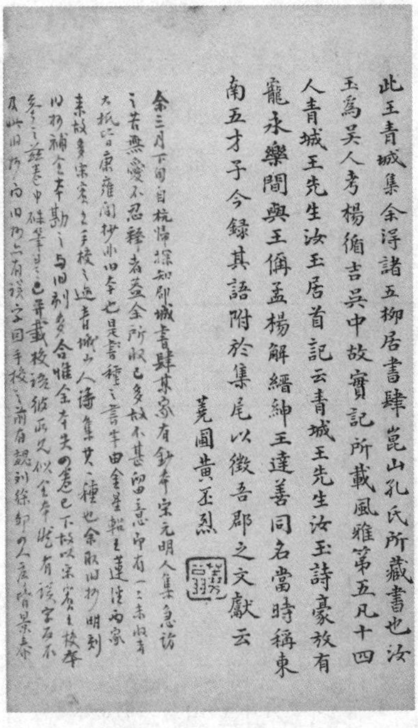

由令人感歎，鑒定批校本的關鍵還在于識得批校者筆迹。如果不能辨識，即便知道可借助題跋鑒定，但題跋真迹呈現在面前也會如同陌人擦肩而過。或許，這就是批校本的魅力所在。

圖八八　吳騫批跋本《山志》

圖八九　吳騫批跋本《山志》

可借助鑒定批校本的另一種題跋是後來收藏或經眼者的題跋，有的題跋者與批校者時代接近，所言頗爲可信；有的時代雖晚，却是鑒定名家，所言也可供參考。但無論如何不能盲從，有時名家也會疏忽。

此外，鑒定批校本有時還需對文字内容等進行考訂，或采取與稿抄本相同的鑒定方法（如借助紙張鑒定）等，在此恕不贅言。

附表1　明清藏書家稿抄本用紙特徵表

序號	姓名	字號	生卒	籍貫	室名	特徵
1	葉盛	與中	1420—1474	昆山	菉竹堂	版心鎸有"菉竹堂"三字。
2	吳寬	原博、匏庵	1435—1504	長洲	叢書堂	紅格10行，粗黑口，四周雙邊，雙魚尾，版心鎸有篆書"叢書堂"三字。框21.5cm×12.8cm。
						黑格10行，白口，無魚尾，左右雙邊，版心鎸有"叢書堂"三字。框17.7cm×12cm。
						黑格10行，白口，左右雙邊，版心鎸有"叢書堂"三字。框18.1cm×12cm。
3	文徵明	衡山	1470—1559	長洲	玉蘭堂	框外鎸"玉蘭堂録"四字。

續表

序號	姓名	字號	生卒	籍貫	室名	特徵
4	沈與文	辨之	1472—?	吳縣	野竹齋	黑格10行，白口，雙魚尾，四周單邊，版心下方鐫有"野竹齋錄"四字。框19.2cm×14.7cm。
						框外鐫有"吳郡野竹齋沈辨之製"九字。
5	楊儀	夢羽	1488—約1560	常熟	七檜山房	藍格10行，白口，單魚尾，左右雙邊，版心上方鐫有"嘉靖乙未七檜山房"八字。框20cm×14cm。
6	姚諮	舜諮	1495—1564	無錫	茶夢齋	黑格10行，白口，無魚尾，左右雙邊，版心下方鐫有"茶夢齋抄"四字。框17.6cm×12cm。
						黑格10行，黑口，左右雙邊，版心下方鐫有"錫山姚氏茶夢齋編"八字。框17.2cm×14.3cm。
7	范欽	堯卿	1506—1585	鄞縣	天一閣	藍格10行，白口，無魚尾，四周單邊。框21.1cm×14.3cm。
8	唐順之	應德	1507—1560	武進	純白齋	黑格10行，白口，單魚尾，四周雙邊，版心下鐫有"純白齋"三字。框20.5cm×13.1cm。
9	秦汴	思宋	1509—1581	無錫	繡石書堂	黑格10行，白口，無魚尾，四周單邊，版心上方鐫有"繡石書堂"四字。框19.2cm×11.8cm。
10	鈕緯	石溪	1518—1579	會稽	世學樓	黑格10行，白口，無魚尾，四周單邊，版心下鐫有"世學樓"三字。框18.2cm×12.7cm。
11	范大澈	子宣	1524—1610	鄞縣	臥雲山房	黑格10行，白口，無魚尾，左右雙邊，版心下方鐫有"臥雲山房"四字。框18.8cm×13.3cm。
12	秦柄	汝操	1527—1582	無錫	雁里草堂	黑格11行，白口，無魚尾，四周單邊，版心下方鐫有"雁里草堂"四字。框20cm×14cm。
13	秦四麟	西岩		常熟	又玄齋	藍格9行，白口，無魚尾，四周單邊，版心上方鐫有"又玄齋"三篆字。框17.7cm×13.8cm。
					致爽閣	版心鐫有"致爽閣"三字或"玄覽中樞"四字。
14	呂坤	書簡	1536—1618	寧陵	了醒亭	版心鐫有"了醒亭"三字。
15	王肯堂	宇泰	約1552—1638	金壇	鬱岡齋	黑格11行，白口，單魚尾，四周單邊，版心下方鐫有"鬱岡齋藏書"五字。框20.6cm×14cm。
16	梅鼎祚	禹金	1553—1619	宣城	東壁樓	藍格，版心鐫有"東壁樓"三字。
17	祁承㸁	爾光	1563—1628	山陰	澹生堂	藍格10行，白口，無魚尾，四周單邊，版心下方鐫有"澹生堂抄本"五字。框21.5cm×15.5cm。
18	謝肇淛	在杭	1567—1624	長樂	小草齋	黑格10行，白口，無魚尾，左右雙邊，版心上方鐫有"小草齋抄本"五字。框19.5cm×12.7cm。
19	曹學佺	能始	1574—1646	侯官	曹氏書倉	黑格，版心鐫有"曹氏書倉"四字。
20	錢謙益	牧齋	1582—1664	常熟	絳雲樓	黑格或綠格，版心鐫有"絳雲樓"三字。
21	馮舒	巳蒼	1593—1645	常熟	空居閣	黑格，版心鐫有"空居閣"三字。或在框外鐫"馮氏藏本""馮氏家藏"字樣。

續表

序號	姓名	字號	生卒	籍貫	室名	特徵
22	錢謙貞	履之	1593—1646	常熟	竹深堂	版心鐫有"竹深堂"三字。
23	毛晉	子晉	1599—1659	常熟	汲古閣	版心鐫有"汲古閣"三字，框外有"毛氏正本汲古閣藏"八字。
24	祁彪佳	幼文	1602—1645	山陰	遠山堂	黑格10行，白口，無魚尾，四周單邊，版心下方鐫有"遠山堂抄本"五字。框21.3cm×15cm。
25	金俊明	孝章	1602—1675	吳縣	春草閒房	無行格。鈐有"金俊明印"白文方印、"孝章"朱文方印、"春草閒房印記"朱文長方印。
26	曹溶	潔躬	1613—1685	平湖	倦圃	黑格8行，白口，單魚尾，四周單邊，版心下方鐫有"檇李曹氏倦圃藏書"八字。框21cm×11.3cm。
27	葉樹廉	石君	1619—1685	常熟	樸學齋	框外鐫有"樸學齋"三字。
28	錢曾	遵王	1629—1701	常熟	述古堂	黑格11行，白口，左右雙邊，框外左上方寫有"虞山錢氏述古堂藏書"九字。框23.7cm×17cm。
29	徐乾學	健庵	1631—1694	昆山	傳是樓	黑格，細黑口，雙魚尾，左右雙邊，版心下方鐫有"傳是樓"三字。框19cm×14.2cm。
30	熊賜履	敬修	1635—1709	孝感	下學堂	黑格10行，白口，單魚尾，四周雙邊，版心上方鐫有"下學堂"三字。框21.6cm×15.2cm。
31	汪森	晉賢	1653—1726	休寧	裘杼樓	黑格8行，白口，單魚尾，四周雙邊，版心下方鐫有"裘杼樓"三字。框17cm×10.5cm。
32	龔翔麟	天石	1658—1733	仁和	玉玲瓏閣	黑格10行，白口，無魚尾，四周單邊，版心下方鐫有"玉玲瓏閣抄本"六字。框20.1cm×14.8cm。
33	金檀	星軺	約1660—1730	桐鄉	文瑞樓	黑格11行，白口，單魚尾，左右雙邊，版心下方鐫有"文瑞樓"三字。框19.5cm×13.3cm。
34	汪文柏	季青	1662—1722	休寧	摘藻堂	黑格10行，細黑口，雙魚尾，左右雙邊，版心下方鐫有"摘藻堂"三字。框20cm×14cm。
35	王聞遠	聲宏	1663—1741	蘇州	孝慈堂	無欄格。鈐有"王蓮涇抄書記"白文長方印。
					龍池山房	黑格10行，黑口，單魚尾，四周單邊，版心下方鐫有"龍池山房秘本"六字。框18cm×12.5cm。
36	蔣繼軾	西圃	1668—1738	江都	賜書樓	黑格9行，白口，無魚尾，左右雙邊。框外右下方鐫有"賜書樓鈔"四字。
37	馬思贊	寒中	1669—1722	海寧	紅藥山房	黑格10行，白口，單魚尾，左右雙邊，版心下方鐫有"紅藥山房抄本"六字。框19cm×13.7cm。
38	吳允嘉	石倉		錢塘	四古堂	黑格，無行綫，白口，雙魚尾，四周單邊，版心下方鐫有"四古堂"三篆字。框17.7cm×12.2cm。
39	吳焯	尺鳧	1676—1733	錢塘	繡谷亭	黑格10行，白口，單白魚尾。四周單邊，框外左下方鐫有"錢塘吳氏繡谷亭抄"八字。框20cm×13.6cm。

續表

序號	姓名	字號	生卒	籍貫	室名	特徵
40	趙昱	功千	1689—1747	仁和	小山堂	黑格10行，白口，單魚尾，框外左下方鐫有"小山堂抄本"五字。框21.2cm×14.5cm。
41	鄭燮	板橋	1693—1765	興化	橄欖軒	藍格9行，白口，單魚尾，版心下方鐫有"橄欖軒"三字。框18×12.7cm。
42	惠棟	定宇	1697—1758	長洲	紅豆齋	黑格10行，黑口，單魚尾，四周雙邊。框外左下方鐫有"紅豆齋藏書抄本"七字。框19.1cm×14.1cm。
43	馬曰璐	半槎	1701—1761	揚州	小玲瓏山館	黑格10行，細黑口，單魚尾，版心下方鐫有"小玲瓏山館抄本"七字。框18.1cm×12.2cm。
44	顧楑	肇聲	1703—1767	長洲	善耕顧氏文房	黑格10行，白口，雙魚尾，左右雙邊，框外左上方鐫有"善耕顧氏文房"六字。框20.5cm×14cm。
45	魚元傅	虞岩	1704—1768	昭文	閑止樓	黑格10行，白口，單魚尾，左右雙邊，版心下方鐫有"閑止樓藏書"五字。框19.8cm×12.5cm。
46	全祖望	紹衣	1705—1755	鄞縣	雙韭山房	黑格，版心下方鐫有"雙韭山房"四字。
47	盧文弨	弓父	1717—1795	餘姚	抱經堂	黑格11行，白口，單魚尾，四周雙邊，鈐有"抱經堂寫校本"朱文長方印。框19cm×12.5cm。
48	汪憲	千陂	1721—1771	仁和	振綺堂	版心下方鐫有"振綺堂"三字。
49	吳城	甌亭	?—1780	錢塘	繡谷亭	黑格9行，白口，單魚尾，左右雙邊，框外左下方鐫有"繡谷亭續藏"五字。框17cm×12.3cm。
50	王昶	德甫	1725—1806	青浦	經訓堂	黑格10行，白口，單魚尾，左右雙邊，版心下方鐫有"經訓堂王氏"五字。框16cm×11.5cm。
51	張位	立人		長洲	青芝山堂	黑格10行，黑口，單魚尾，左右雙邊，框外右下方鐫有"青芝山堂鈔書"六字。框18.4cm×11.1cm。
52	鮑廷博	渌飲	1728—1824	歙縣	知不足齋	黑格10行，黑口，雙魚尾，左右雙邊，版心下方鐫有"知不足齋正本"六字。框17.7cm×11.5cm。
					清風萬卷堂	黑格10行，白口，無魚尾，左右雙邊，版心下方鐫有"清風萬卷堂藏書鮑廷博以文手校"十四字。框19cm×13.4cm。
					困學齋	黑格10行，細黑口，無魚尾，左右雙邊，框外左下方鐫有"鮑氏困學齋"五字。框18.2×12.8cm。
53	朱筠	笥河	1729—1781	大興	椒花吟舫	黑格10行，單魚尾，四周雙邊，版心下鐫有"椒花唫舫"四字。框18.1×13.4cm。
54	彭元瑞	芸楣	1731—1803	南昌	知聖道齋	黑框，無行格，白口，單魚尾，四周雙邊，版心下方鐫有"知聖道齋鈔校書籍"八字。框18.8cm×13.3cm。

續表

序號	姓名	字號	生卒	籍貫	室名	特徵
55	洪亮吉	北江	1736—1809	陽湖	更生齋	黑格10行，四周雙邊，雙魚尾，版心上方鐫有"更生齋"三篆字。
56	余集	蓉裳	1738—1836	仁和	秋室	黑格10行，白口，單魚尾，左右雙邊，版心下方鐫有"秋室居士手抄"六字。
57	倪模	迂存	1750—1825	望江	經鉏堂	綠格9行，白口，單魚尾，左右雙邊，框外左下方有"經鉏堂校錄"五字；又一種四周單邊，版心下方鐫有"經鉏堂重錄"五字。框15.8cm×12.2cm。
58	孫星衍	淵如	1753—1818	陽湖	平津館	黑格13行，白口，雙魚尾，左右雙邊．版心下方鐫有"平津館"三字。框19.3cm×15cm。
59	張海鵬	若雲	1755—1816	昭文	照曠閣	黑格9行，細黑口，無魚尾，左右雙邊．版心下方鐫有"照曠閣"三字。框19.3cm×12.7cm。
60	王宗炎	以除	1755—1826	蕭山	十萬卷樓	藍格11行，黑口，單魚尾，左右雙邊，版心下方鐫有"十萬卷樓抄本"六字。框19.5cm×13cm。
61	錢泳	立群	1759—1844	金匱		綠格10行，白口，左右雙邊，版心下方鐫有"錢氏寫經樓"五字。框23.1cm×11.9cm。
62	王紹蘭	南陔	1760—1835	蕭山	知足知不足館	黑格10行，白口，單魚尾，四周雙邊，版心下方鐫有"知足知不足館抄本"八字。框18cm×13.3cm。
63	嚴可均	鐵橋	1762—1843	烏程	四錄堂	紅格，白口，雙魚尾，左右雙邊，版心下方鐫有"四錄堂校抄本"六字。
64	袁廷檮	綬階	1764—1810	吳縣	貞節堂	藍框，無行格，黑口，單魚尾，版心下方鐫有"袁氏貞節堂抄本"七字。框19.5cm×13.5cm。
65	章全	益齋	1765—？	嘉興	藤花吟館	黑格，白口，無魚尾，左右雙邊。前有"藤花吟館叢書"朱文戳記，末有"益齋手抄本"朱文戳記。
66	瞿紹基	厚培	1772—1836	常熟	恬裕齋	黑格10行，黑口，雙魚尾，左右雙邊，版心下方鐫有"恬裕齋"三字，框外左上方鐫有"海虞瞿氏藏本"六字。框18.7cm×13.4cm。
67	姚椿	春木	1777—1853	婁縣	通藝閣	藍格10行，黑口，單魚尾，四周單邊，框外左下方鐫有"通藝閣校錄"五字。框20.1cm×13.2cm。
68	錢天樹	子嘉	1778—1841	平湖	味夢軒	黑格11行，白口，無魚尾，四周單邊，版心上方鐫有"味夢軒手抄"五字。框18.4cm×12.5cm。
69	顧錫麒	敦淳		太倉	護聞齋	黑格10行，黑口，單魚尾，四周雙邊，版心下方鐫有"護聞齋"三字，框外左上方書耳內鐫有"太倉顧錫麒添補寫定續經解"十二字。框18.5cm×13.3cm。

續表

序號	姓名	字號	生卒	籍貫	室名	特徵
70	陸芝榮	香圃		蕭山	三間草堂	藍格10行，黑口，雙魚尾，左右雙邊，框外左下方鐫有"陸香圃三間草堂藏書"九字。框18.4cm×12.7cm。
						黑格10行，黑口，雙魚尾，左右雙邊，版心下方鐫有"三間草堂鈔傳秘冊"八字。框18cm×12.7cm。
71	陳焯	映之		烏程	湘管齋	黑格，框外左上方鐫有"潁川中子書"五字，框外左下方鐫"湘管齋珍秘"五字。
72	溫日鑒	鐵花		烏程	拾香草堂	藍格12行，白口，單魚尾，四周單邊，版心下方鐫有"拾香草堂"四字。框18.8cm×14cm。
73	沈復粲	霞西	1779—1850	山陰	鳴野山房	黑格10行，黑口，無魚尾，左右雙邊，版心下方鐫有"鳴野山房抄存"六字。框18.2cm×12.4cm。
74	葉志詵	東卿	1779—1863	漢陽	平安館	藍格9行，白口，無魚尾，四周雙邊，版心下方鐫有"漢陽葉氏平安館寫"八字。框17.5cm×11.3cm。
						藍格，細黑口，單魚尾，四周雙邊，版心下方鐫有"漢陽葉氏寫本"六字。框18.8cm×13.3cm。
75	貝埔	簡香	1780—1846	吳縣	千墨菴	藍格9行，細黑口，單魚尾，四周雙邊，框外左下方鐫有"平江貝氏千墨菴鈔藏本"十字。框19cm×13.5cm。
76	徐松	星伯	1781—1848	大興	治樸學齋	綠格10行，白口，無魚尾，四周單邊，框外右下方鐫有"治樸學齋著錄"六字，框外左下方鐫有"星伯紬書"四字。框20.3cm×13cm。
77	杜春生	禾子	1785—？	山陰	知聖教齋	黑格10行，細黑口，單魚尾，左右雙邊，版心下方鐫有"山陰杜氏抄本知聖教齋藏書"十二字。框19cm×12.7cm。
78	張金吾	月霄	1787—1825	昭文	詒經堂	黑格10行，版心下方鐫有"詒經堂"三字，框外左上方鐫有"昭文張金吾寫定續經解"十字。
79	方履籛	彥聞	1790—1831	陽湖	萬善花室	藍格11行，黑口，單魚尾，左右雙邊，版心下方鐫有"萬善花室手錄本"七字。框19.7cm×12.2cm。
80	顧沅	湘舟	？—1840	吳縣	藝海樓	藍格10行，白口，雙魚尾，左右雙邊，版心下方鐫有"藝海樓"三字。框20.5cm×12.3cm。
81	羅以智	鏡泉	？—1860	錢唐	恬養齋	綠格12行，白口，單魚尾，版心上方鐫有"恬養齋偶抄"五字。框18.9cm×13.2cm。
82	葉廷琯	調生	1791—1861	吳縣	楸花庵	綠格10行，白口，無魚尾，左右雙邊，版心下方鐫有"楸花庵抄本"五字。框17.2cm×11.8cm。

續表

序號	姓名	字號	生卒	籍貫	室名	特徵
83	劉喜海	燕庭	1793—1852	諸城	嘉蔭簃	藍格9行，白口，單魚尾，版心中間鎸有"嘉蔭簃寫書"五字。框21.4cm×11.4cm。
						藍格8行，白口，單魚尾，左右雙邊，版心下方鎸有"東武鎦氏嘉蔭簃鈔書"九字。框20.5cm×10.3cm。
					味經書屋	藍格10行，黑口，單魚尾，四周單邊，版心下方鎸有"味經書屋鑒藏書籍"八字，框外左下方鎸有"東武劉燕庭氏校鈔"八字。框18.6cm×12.6cm。
84	何紹基	子貞	1799—1873	道州	東洲草堂	藍格12行，白口，四周雙邊，版心下方鎸有"東洲草堂"四字。框20.8cm×16cm。
85	錢熙祚	錫之	1801—1844	金山	守山閣	綠格10行，白口，單魚尾，左右雙邊，版心下方鎸有"守山閣"三字。框18.8cm×12.3cm。
86	張成孫	彥惟	1802—?	武進	端虛勉一之居	藍格11行，白口，單魚尾，左右雙邊，版心下方鎸有"端虛勉一之居"六字。框17.8cm×12.9cm。
87	姚覲元	彥侍		歸安	咫進齋	黑格12行，黑口，雙魚尾，左右雙邊，版心下方鎸有"咫進齋抄本歸安姚氏藏"十字。框17.8cm×12.3cm。又有綠格13行，版心鎸有"咫進齋"三字。
88	莫友芝	邵亭	1811—1871	獨山	影山草堂	綠格，框外鎸有"影山草堂"四字。
89	蔣光煦	生沐	1813—1860	海寧	別下齋	綠格10行，黑口，雙魚尾，左右雙邊，版心下方鎸有"別下齋校本"五字。框18cm×12.1cm。
90	徐時棟	柳泉	1814—1873	鄞縣	烟嶼樓	紫格10行，黑口，雙魚尾，左右雙邊，版心下方鎸有"烟嶼樓初本"五字。框19cm×13.1cm。
91	瞿世瑛	良玉	約1820—1890	錢塘	清吟閣	黑格10行，黑口，雙魚尾，左右雙邊，框外左下方鎸有"清吟閣寫本"五字。框18.8cm×12cm。
92	潘鍾瑞	麟生	1822—1890	吳縣	香禪精舍	綠格10行，白口，版心下方鎸有"香禪精舍藁稿"六字。框17cm×12.3cm。
93	傅以禮	節子	1827—1898	會稽	長恩閣	黑格11行，細黑口，雙魚尾，左右雙邊，版心下方鎸有"大興傅氏長恩閣抄本"九字。框17cm×10.1cm。
94	王韜	弢園	1828—1897	長洲	弢園	藍格9行，黑口，單魚尾，四周雙邊，版心下方鎸有"弢園精抄本遯叟手校過"十字。框19.5cm×12.3cm。
95	趙宗建	次侯	1828—1900	常熟	非昔軒	黑格10行，黑口，雙魚尾，左右雙邊，版心下方鎸有"非昔軒抄書"五字。框17.7cm×9.6cm。
96	方功惠	柳橋	1829—1899	巴陵	碧琳琅館	黑格11行，白口，單魚尾，四周雙邊，版心下方鎸有"碧琳琅館抄書"六字。框18.5cm×13.3cm。

續表

序號	姓名	字號	生卒	籍貫	室名	特徵
97	潘祖蔭	伯寅	1830—1901	吳縣	滂喜齋	紅格12行，黑口，單魚尾，左右雙邊，版心下方鐫有"滂喜齋"三字。框21.7cm×16cm。
98	譚 獻	復堂	1830—1901	仁和	復堂	綠格10行，黑口，雙魚尾，四周雙邊，版心下方鐫有"復堂類集之"字樣。
99	孔廣陶	鴻昌	1832—1890	南海	嶽雪樓	無行格，卷端有"孔氏嶽雪樓影抄本"朱文戳記一條。
100	丁 丙	嘉魚	1832—1899	錢塘	嘉惠堂	黑格11行，黑口，無魚尾，左右雙邊，框外左下方鐫有"嘉惠堂抄本"五字。框15.1cm×11.1cm。
					正修堂	黑格9行，四周單邊，版心下方寫有"正修堂抄本"五字。框19.9cm×13.9cm。
					當歸草堂	紅格，黑口，單魚尾，左右雙邊，版心下方鐫有"當歸草堂"四字。框18.2cm×13.2cm。
101	周星詒	巳翁	1833—1904	山陰	勉熹堂	綠格11行，黑口，左右雙邊，版心下方鐫有"祥符周氏勉熹堂校錄本"十字，框外左右鐫有"卷板行字"字樣。框16.5cm×11cm。
102	戴 望	子高	1837—1873	德清	長留閣	黑格12行，黑口，無魚尾，四周單邊，版心下方鐫有"長留閣正本德清戴氏"九字。框17.8cm×12.8cm。
103	汪鳴鑾	柳門	1839—1907	錢塘	郋亭	綠格9行，白口，單魚尾，四周雙邊，版心下方鐫有"郋亭寫本"四篆字。框17.5cm×12.5cm。
104	姚振宗	海槎	1842—1906	山陰	師石山房	黑格9行，黑口，單魚尾，四周雙邊，版心下方有陰文"師石山房抄本"六字。框18.4cm×12cm。
105	繆荃孫	筱珊	1844—1919	江陰	雲輪閣	黑格12行，黑口，單魚尾，四周單邊，框外左下方鐫有"雲輪閣鈔"四字。框19.2cm×15cm。
					藕香簃	黑格10行，白口，雙魚尾，左右雙邊，框外左下方鐫有"藕香簃鈔"四字。框17.5cm×13.2cm。
					藝風堂	版心鐫"藝風堂"三字。
106	袁 昶	爽秋	1846—1900	桐廬	漸西村舍	綠框，無行格，白口，單魚尾，四周單邊，版心上方鐫有"漸西村舍"四篆字，版心下方鐫有"陳郡袁氏"四篆字。框18.8cm×13.3cm。
107	陶濬宣	心雲、稷山	1846—1911	會稽	稷山讀書樓	綠格9行，白口，單魚尾，博古欄，版心下方鐫"心雲輯錄"四字，或鐫"稷山讀書樓"五字。
108	葉昌熾	鞠裳	1849—1917	長洲	五百經幢館	綠格10行，白口，單魚尾，四周雙邊，版心下方鐫有"五百經幢館"五字。框18.2cm×12cm。
109	沈汝瑾	石友	1858—1917	常熟	鳴堅白齋	綠格10行，白口，單魚尾，四周雙邊。版心下方鐫有"鳴堅白齋"四字。框18.2cm×12cm。

續表

序號	姓名	字號	生卒	籍貫	室名	特徵
110	徐坊	士延	1864—1916	臨青	歸樸堂	藍格10行，白口，雙魚尾，框外左下方鐫有"臨青徐氏歸樸堂藏本"九篆字。框17.8cm×12cm。
111	莫棠	楚生	1865—1929	獨山	經香閣	黑格10行，黑口，雙魚尾，四周雙邊，框外右上方鐫有"經香閣"三字，框外右下方鐫有"獨山莫氏寫本"六字。框21.7cm×14.5cm。
112	張元濟	菊生	1866—1959	海鹽	涉園	藍格10行，黑口，雙魚尾，框外左上書耳鐫有"海鹽張氏涉園文房"八字。框19.9cm×11.5cm。
113	徐維則	仲咫	1867—1919	會稽	鑄學齋	紅格12行，黑口，三魚尾，左右雙邊，框外左下方鐫有"鑄學齋抄本"五字。框18.8cm×13cm。
						黑格10行，白口，單魚尾，左右雙邊，版心下方鐫有"會稽徐氏鑄學齋藏本"九字。框18cm×11.8cm。
114	徐乃昌	積餘	1868—1936	南陵	積學齋	藍格11行，黑口，雙魚尾，左右雙邊，框外右上方書耳鐫有"積學書藏"四字。框15.9cm×11.1cm。
115	鄧邦述	正闇	1868—1939	江寧	群碧樓	藍格11行，白口，單魚尾，四周雙邊，版心下方鐫有"群碧樓"三字。框19.8cm×15.5cm。
						綠格13行，版心下方鐫有"鄧氏家塾本"五字。
116	楊寶鏞	序東	1869—1917	元和	篴盦	紅格11行，黑口，單魚尾，左右雙邊，版心中間鐫有"篴盦題跋"四字。框18.6cm×13.4cm。
117	李之鼎	振唐	？—1928	南城	宜秋館	黑格10行，白口，雙魚尾，左右雙邊，框外左下方鐫有"宜秋館精抄本"六字。框17.5cm×13.2cm。
118	瞿啟甲	良士	1873—1940	常熟	寶恩堂	左右雙邊，版心鐫有"寶恩堂"三字。框18.4cm×12.8cm。
					鐵琴銅劍樓	黑格10行，白口，單魚尾，左右雙邊。版心下方鐫有"海虞瞿氏鐵琴銅劍樓抄本"十一字，框外左下方鐫有"臣瞿啟甲呈進"六字。框16.6cm×12cm。

第九章

敦煌遺書與佛教大藏經鑒定

第一節 敦煌遺書的鑒定

學術界所稱的"敦煌遺書",是指1900年在甘肅省敦煌縣莫高窟藏經洞中發現的一批文獻,以公元4世紀到11世紀的寫本爲主,包括少量刻本、拓本,還有一批絹絲材質的掛幡等,總數量約在6萬號。這些年代跨度大、時代悠久的中古時代文物和文獻,以敦煌地區寺院收藏的佛教典籍和文書爲衆。是否能够正確判斷"敦煌遺書"的時代,成爲後續研究與鑒定"敦煌遺書"的基礎。

目前收藏在各圖書館、博物館等單位的"敦煌遺書",往往既有敦煌藏經洞所出物,有敦煌土地廟發現品,還有新疆地區的出土物,以及少量傳世唐人寫本,甚至還雜有宋以下古寫經,比如金粟山藏經等。因此,研究與鑒定"敦煌遺書"者,也要考慮到這些因素。

寫本時代文獻,具有明顯的流變性,研究和鑒定時,要考慮其時代差異、書寫風格差異、流傳形態差異、文獻內容差異。鑒定"敦煌遺書",粗略說,可以歸納爲下述諸方面:1.翻譯與流傳史;2.抄寫與裝潢形制;3.字體風格;4.紙張形態。其中以辨識字體風格、研究紙張形態較爲重要,需要大量實踐,積累經驗,綜合考察。

一、敦煌遺書的紙張

敦煌遺書紙張複雜多樣,目前又受科技檢測手段的局限,因此,測量和記錄相關實物數據可能是比較重要的方式,由此可以揭示一些帶有規律性的特點。

(一)十六國南北朝時代(4世紀後期—589年)的紙張

南北朝時期的紙張以麻紙爲主,早期寫卷紙張染潢較少,中後期已有染潢紙。前期紙張大多較厚,具有一定韌性。後期部分紙張極薄,紙張的加工工藝提高,出現打紙和砑光上蠟的工藝。

1. BD14668號《四分律·初分》卷三

建初十二年(416)十二月西涼寫本。1050厘米×24.9厘米,24紙,732行,行30餘字。

本件爲麻紙,簾紋較寬,未染潢,韌性較好,紙張厚薄雖不甚統一,但規格嚴整,經文抄寫很有規律。(圖一)

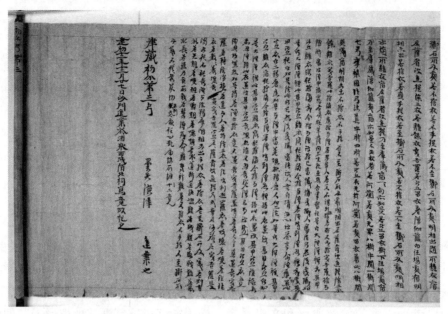

图一　西凉建初十二年（416）十二月写《四分律》

2. BD00076号《戒缘》

北魏太安四年（458）写本。740厘米×28.1厘米，17纸，491行，行33～39字。

本件为麻纸，纤维韧性较好，纸张宽度不均匀，帘纹较粗。纸张规格和经文抄写规律不太严整，反映了民间抄经状况。

3. BD01032号《维摩经义记》卷三

西魏大统三年（537）写本。1170厘米×26.3厘米，32纸，755行，行20余字。

本件为麻纸，未染潢，帘纹清晰，纸张韧性较好。厚薄极不均匀，0.03～0.13毫米。但是纸张规格非常标准统一，行款极为工整。

（二）隋代（581—618）的纸张

1. BD14483号《佛说仁王护国般若波罗蜜经》卷下

开皇二十年（600）二月写本。316厘米×25.7厘米，7纸，183行，行17字。

该件为麻纸，染潢，纸张极薄，纹理细致均匀，纸张经过捶打并砑光上蜡，厚0.03～0.04毫米。每张纸的长度尺寸略有出入，每纸抄写的经文行数也有相应调整。

2. 中国书店收藏品《大般涅槃经》卷十三

隋代写本。873厘米×23.2厘米，7纸，501行，行17字。

本件每纸幅长均在140厘米左右，最长达145厘米，为目前所知敦煌遗书中单张纸长度最长者。如此大幅纸张，反映了隋代造纸技术的发达和纸张加工工艺之高超，堪称罕见，极为珍贵。

隋代纸张以麻纸为主，相当多数的经卷纸张品质极好，纸质细腻，厚薄比较均匀。比如上述这件写经，为研究中国古代造纸技术发展史提供了重要实物材料。

（三）唐代前中期（618—786）

1. BD14560號《大菩薩藏經》卷第二

唐貞觀二十二年（648）寫本。946.5厘米×25.4厘米，20紙，544行，行17字。

本件爲麻紙，染潢，捶打并砑光上蠟。紙張紋理均匀，紙質較脆，厚0.04～0.05毫米，簾紋不清晰。每紙規格大體統一，版面行款整齊。此件是唐代早期寫本的典型代表。

2. BD14437號《金剛經》卷第五

唐儀鳳元年（676）宮内抄書手寫。684厘米×26厘米，15紙，446行，行17字。

本件乃武則天爲給去世的母親祈福，由宮内寺院抄寫的經典之一。麻紙，染潢，捶打并砑光上蠟。紙張厚薄均匀，厚度爲0.04～0.05毫米。每張紙的幅寬略有差距，但版面行款統一規整。此經是官方寫經的代表作。（圖二）

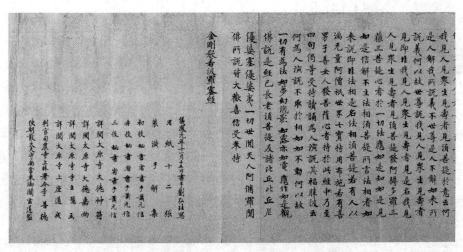

圖二　唐儀鳳元年（676）宮廷寫本《金剛經》

3. BD14568號《諸佛要集經》卷第九

唐寶應二年（763）寫本。616厘米×26.7厘米，9紙，437行，行20餘字。

本件爲麻紙，紙張經染潢捶打，紙質比較堅韌，紋理細而均匀。本件厚度爲0.06～0.12毫米。

唐代前中期的紙張以麻紙爲主，皮紙開始出現。寫經用紙大多染潢。紙張加工工藝比較好，紋理大多比較均匀細密，大部分經過打製，特別精緻的紙張經過砑光上蠟。

（四）吐蕃占領敦煌時期（786—848）

1. BD14093號《浄名經集解關中疏》卷下

吐蕃癸卯年（823）寫本。2048.5厘米×29.8厘米，62紙，1469行，行27～33字。

本件爲麻紙，染潢，紙質粗糙，紙張較厚，韌性較強，每紙規格極不統一，反映了吐蕃占領敦煌時期物資匱乏的現象。

2. BD03355號《佛垂般涅槃略説教誡經》

吐蕃統治時期寫本。432厘米×28厘米，11紙，281行，行29～33字。

本件爲麻紙，未染潢，簾紋極粗，韌性極好。紙張極厚，0.07～0.12毫米。每紙紙幅大體相同，版面行款有一定差異。該件是吐蕃時期寫經的代表作。

（五）歸義軍時期（851—1036）

1. BD15387號《無常經》

北宋開寶四年（971）寫本。128.4厘米×26厘米，4紙，59行，行16字。

本件爲麻紙，未染潢。簾紋清晰。紙張堅韌，紙質粗糙。紙張很厚，0.16～0.22毫米。紙幅不一，文字行款顯得粗疏，反映了歸義軍時期大部分寫經的實際狀況。（圖三）

圖三　開寶四年（971）寫《無常經》

考察敦煌遺書，特別是鑒定其年代，考察紙張是重要一環。敦煌遺書的紙，品種衆多。從中國造紙技術的專業角度說，南北朝時代大多爲麻紙，隋唐以後有了皮紙。但是，對於一般收藏者和非造紙專業研究者而言，憑肉眼判斷紙張的成分似乎不現實。而鑒定敦煌遺書又不能僅僅單靠字體判斷時代，因爲在研究敦煌遺書的過程中還有這樣一種現象，由於"寫手"的習慣各不相同，有時受到底本字體風格的影響，寫手會不自覺地把底本的風格"過錄"到新抄經卷上。因此，紙張的時代特點就是考察敦煌遺書必須要考慮的。結合紙張特點和字體風格，綜合考察"紙"與"字"是否"匹配"、是否"協調"，纔可以得到比較正確的認識。這方面經驗很難用語言描述，更多要靠實踐來積纍。

認識紙張，是敦煌遺書鑒定的基本要求。從敦煌藏經洞發現以來，敦煌遺書成爲一些人的牟利目標，僞造敦煌遺書成爲牟利手段。從紙張角度認識敦煌遺書，除了多實踐、多積累經驗以外，將來還應該更多地藉助科學檢測手段。

二、敦煌遺書的字體

敦煌寫經，上溯東晉（4世紀），下迄北宋初（11世紀），時代跨度大，字體形變更大。考察這些寫經，粗略而言，可以歸納爲三個角度：字體、字形、書體風格。字體，就是各時代書法特點，包括篆、隸、楷、宋等；字形，可以分爲正體、異體、別體、俗體等；書體風格，可以理解爲字的"形狀風格"，筆畫是更"疏朗"一點，還是"緊湊"一點。以下例舉的一組寫經，觀察其各時代的書寫特點，或可以感受到寫經的這種風格。

4—5世紀的東晉寫本，去漢代未遠，字體保留了漢隸的風格，隸意較濃；字形多用古體、異體、別體，更古拙；書寫風格緊湊，似乎受到一些限制，每筆都"團縮"在一起。

南北朝時期，字體發生了重大變化，由漢代隸書逐漸向楷書過渡，并在這個過程中，產生了行書、草書等。比如BD14472號（新0672）《大方廣華嚴經》卷第八（圖四），有北魏“延昌二年歲次癸巳四月十七日燉煌鎮官經生令狐禮太寫經訖竟。用紙廿四張。典經師令狐崇哲。校經道人”題記，可知爲公元513年抄寫，字體雖然呈隸書體，但字形已經少有古體、異體、別體，是典型的南北朝時期北魏寫本。

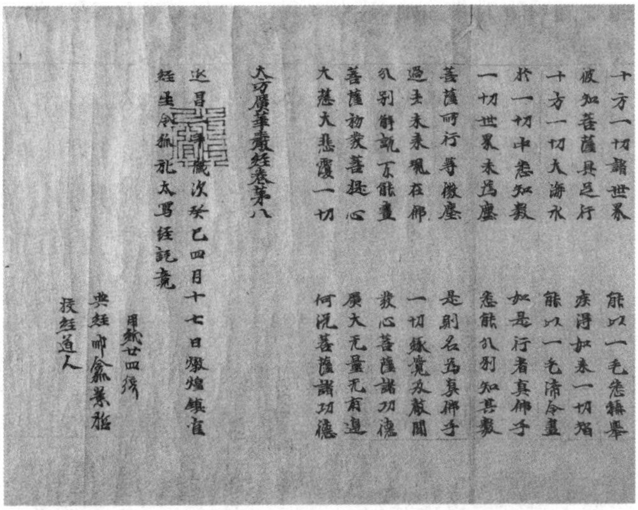
十方一切諸世界　能以一毛悉稱舉
彼知菩薩具足行　疾得如來一切智
十方一切大海水　能以一毛渧令盡
於一切中悉知數　如是行者真佛子
一切世界末爲塵　悉能分別知其數
菩薩所行尋微塵　是則名爲真佛子
過去未來現在佛　一切緣覺及聲聞
分別解說不能盡　發心菩薩諸功德
菩薩初發菩提心　廣大無量無有邊
大慈大悲覆一切　何況菩薩諸功德
大方廣華嚴經卷第八
延昌二年歲次癸巳四月十七日燉煌鎮官
經生令狐礼太寫經訖竟
用紙廿四張
典經師令狐崇哲
校經道人

圖四　北魏延昌二年（513）寫《大方廣華嚴經》

隋代的寫經，字體已經基本完成楷書化，但還保留了一些隸書痕迹。文字整體略呈扁形，間架和筆意還看得出一絲隸意。

唐代官方提倡楷書，官楷成爲當時書吏必須掌握的標準寫經字體。唐段成式《酉陽雜俎》卷五記載：“大曆中，東都天津橋有乞兒無兩手，以右足夾筆，寫經乞錢。欲書時，先再三擲筆，高尺餘，未曾失落。書迹官楷，手書不如也。”唐代前期的寫經也受時代潮流影響，字體圓潤，舒展靈動。加之唐代政府隸定古字，正規抄經大多用規定正字，南北朝那樣的別體字、異體字大爲減少。當然，民間雜寫的底稿、賬目用字又當別論。（圖五）

吐蕃時期的字整體偏于竪長，與唐代中前期圓潤的官楷有很大不同。

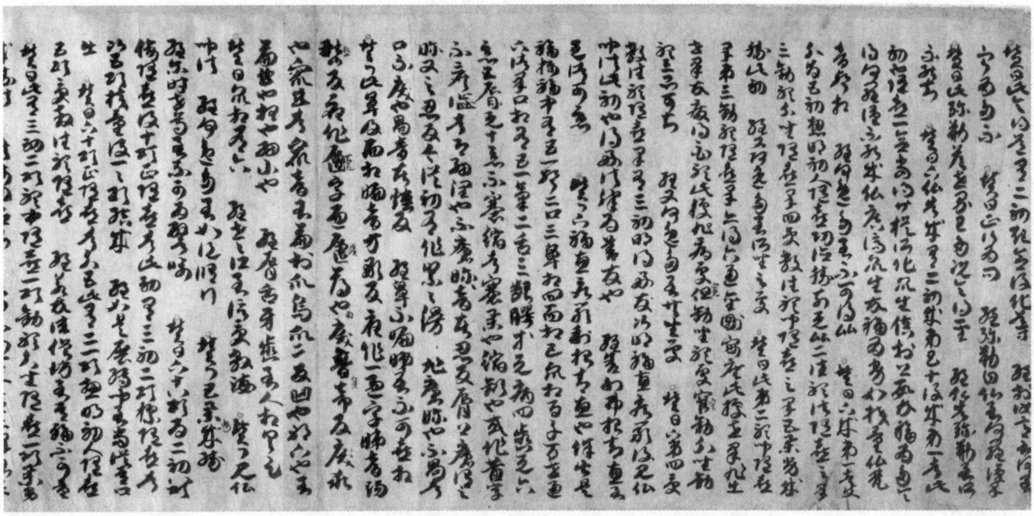

圖五　唐人書章草

歸義軍時期，寫經的字體大多向標準的宋體發展，唐代中前期寫經那種豐滿圓潤的風格已經蕩然無存。部分寫經，比如一批佛名經，則更追求寬大肥厚的風格。

　　綜合而言，敦煌遺書中寫經的字體、字形變化，遵循了中國古代書法發展的基本規律和時代特點，各個時期的字體、字形、書寫風格都有明顯的階段性特點。

　　第一，就字體而言。早期寫經隸書風格更明顯；南北朝中期以後，風格開始轉變，去隸而入楷；到隋代，楷體的風格更明顯；而到唐代，由政府統一製定的"官楷"則正式將各種字體"隸定"為統一的楷書體。此後，中國典籍文獻使用的字大多采用這種字體。

　　第二，就字形而言。敦煌遺書早期寫本中，古體字、異體字、別體字使用較多，特別是十六國和南北朝早期，古體字、異體字使用頻繁。到南北朝中期以後，字形逐漸統一，雖然寫本的遞傳"慣性"使一些傳抄本往往保留部分底本的痕跡，甚至某些個人書寫風格也被保存下來，但是，正規寫經的異體、別體減少，基本向規範用字統一。

　　第三，就書寫風格而言。南北朝時期，各地區"流行"的書寫風格不盡一致；但大體都脫胎於漢隸，字體呈現為"團縮"的風格；特別是末筆，隸意更濃。到南北朝中後期，隸味減少而呈楷書體，書寫風格一變而趨於舒展。到唐代前期，官楷成為官方倡導的主流書寫字體，基本擺脫了隸書特點。文字筆畫更加舒朗，字體風格趨於圓潤。中唐以後，書寫風格又變，略呈豎長形，唐代前期那種"圓潤"的風格漸消。到晚唐五代，在楷書體的基礎上，豎長形的風格顯著，而一部分字體却又稍稍向南北朝那種末筆呈粗壯的隸體風格回歸。

第二節　佛教大藏經鑒定

　　佛教大藏經，包括漢文大藏經及各少數民族語言文字的大藏經，都屬於佛教文獻學研究範疇，也是中國傳統文獻學、版本學的研究對象。研究佛教大藏經，關鍵要注意的是佛教典籍的特殊性，注意在中國佛教學史的大背景下審視和研究佛教文獻及大藏經的特點，掌握佛教大藏經的鑒定方法。

一、佛教大藏經的定義

　　要瞭解佛教大藏經，首先要知道佛教"大藏經"如何定義。

　　佛教"大藏經"這個詞，在古代印度稱為"三藏"，指經藏、律藏、論藏而言。佛教傳入中國以後，很長一段時期，大約從東漢到隋代，中國人一直稱眾經、一切經等。"藏經"一詞，在中國出現大約是在南北朝。梁僧祐《出三藏記集·法苑雜緣原始集目錄》中有《定林寺建般若台大雲邑造經藏記》《定林上寺太尉臨川王造鎮經藏記》《建初寺立般若台經藏記》等。太尉臨川王是梁武帝蕭衍的兒子蕭宏。由此可見，經藏的建立大約在梁代已經盛行。南北朝時代，由各國皇帝下令抄寫"一切經""抄藏一部"

的記載比比皆是。

學術界一般認爲，"大藏經"一詞，最早出現在隋灌頂著《隋天台智者大師別傳》，灌頂引用銑法師稱贊智者大師的話："大師所造有爲功德，造寺三十六所，大藏經十五藏，親手度僧一萬四千餘人，造栴檀金銅素畫像八十萬軀，傳弟子三十二人，得法自行者不可稱數。"這說明，大約在此時或稍早一點，"大藏經"一詞纔開始流通使用。

"大藏經"字面意思：

大，指佛教典籍的總彙，喻對佛教經典無所不包。

藏，梵文詞義爲箱子、筐等物。古代印度僧人將抄寫的貝葉經存放在箱子裏，中國僧人轉譯過來，藉其寓意來形容彙編的佛教典籍。

經，亦從梵文轉譯，原意爲貫穿花瓣的繩子。中國人轉譯過來以後，又賦予了中國人的解釋，僧肇在《注維摩詰》卷一中說："經者，常也。古今雖殊，覺道不改。群邪不能沮，衆聖不能異，故口常開。"認爲"經"是一種永恒的真理，不能隨意改變。

"大藏經"定義原則如下：

（1）經典的取捨標準：哪些經典應該入藏，哪些應該捨去，必有其内在標準。比如，隋信行所倡三階教，隋唐間屢被禁止，三階教典籍被從大藏經中剔除。《開元釋教錄》卷十八《偽妄亂真錄》云："信行所撰，雖引經文，皆黨其偏見，妄生穿鑿。既乖反聖旨，復冒真宗。……不敢妄編在于正錄。并從刊削，以示將來。"又比如，天台教典長期沒有入藏，到北宋天聖四年（1026），敕賜"天台科教并慈恩章疏，編聯入藏"後，天台、慈恩宗教典纔正式刊入《開寶藏》，隨藏流通。

（2）組織結構體系：即以什麽樣的目錄結構組織大藏經。比如，大藏經六七千卷，各部經典如何組織排列，取決于大藏經編纂者的傾向。唐開元年以後，中國佛教大藏經開始依照智昇《開元釋教錄·入藏錄》體例編輯組織。

（3）外部標識：即用什麽樣的方法便于查找、檢索。大約到唐代後期，大藏經開始用千字文號標識大藏帙次。

"大藏經"最終定義：按照一定體系結構將歷代佛典彙集起來的大型佛教叢書。

二、佛教大藏經的系統

當代漢文大藏經研究的一項重要成果，就是將歷代漢文大藏經（特別是宋之大藏經）分爲三個系統，這是鑒定漢文大藏經版本的重要依據。各少數民族文字的大藏經，按民族文字和該藏形成歷史各成體系。

大藏經的鑒定，要注意各藏之間的源流和繼承關係，特別是底本來源、目錄結構、版式行款、裝潢樣式。梳理大藏經的系統是鑒定大藏經的重要手段。

（一）中原系統

以《開寶藏》（圖六）爲代表，包括《金藏》、《高麗藏》（包括初刻、再刻）。影響中原系統大藏經的因素，包括《開寶藏》的底本特點、目錄結構、行款版式。

圖六　北宋刻《開寶藏》

《開寶藏》的底本，概括地説，是受四川地區流傳的唐五代寫本藏經的影響，至于説以哪一個寺院的藏本爲主，目前學術界尚無定論。

《開寶藏》的目録結構，大體以《開元釋教録·入藏録》爲基本框架，略有出入。《開元釋教録·入藏録》收録經典1 076部，5 048卷，分裝480帙，千字文號自"天"至"英"。《金藏》和《高麗藏》在組織各自大藏中，也基本遵照這部《入藏録》的原則，略有取捨。

《開寶藏》的版式闊大疏朗，字體方正端莊，這大約是北宋皇家造藏開創的氣派。《金藏》和《高麗藏》繼承了《開寶藏》的基本版式。吕澂曾經説過："蜀版藏經是宋代閩浙私刻和遼刻、金刻，以及高麗所刻各版大藏共同依據的祖本。"在吕澂著作中，"蜀版"即《開寶藏》。

（二）北方系統

以《遼藏》爲代表。

學術界目前大多認爲《遼藏》分"大字本"和"小字本"兩個系統。不論哪個系統，目前都無全藏。"大字本"零本實物出自山西省應縣佛宫寺釋迦塔。"小字本"零本實物出自河北省豐潤縣天宫寺塔。

《遼藏》的底本，是唐五代北方地區流傳的寫本藏經，按照吕澂的説法，《遼藏》在編輯過程中受到"蜀版再校本"的影響。

圖七　遼刻大字本《遼藏》

《遼藏》的目録結構，前480帙以《開元釋教録·入藏録》爲框架而略有調整，後續編入《遼藏》的部分依據燕京大憫忠寺僧人無礙大師詮曉（又名詮明）編定的《續開元釋教録》編定目次。

《遼藏》"大字本"爲卷軸裝（圖七），"小字本"或爲綫裝（或包背裝）。"大字本"的行款版式，與唐以來北方地區寫本佛經具有極為鮮明的傳承關係。"小字本"的版式可能吸收了當時民間流傳書籍的樣式特點。

（三）南方系統

以《崇寧藏》（圖八）為代表，包括《毗盧藏》《思溪藏》《磧砂藏》《普寧藏》《洪武南藏》《永樂南藏》，及幾種小部藏典（如妙嚴寺本、建陽縣後山報恩萬壽堂本）等。

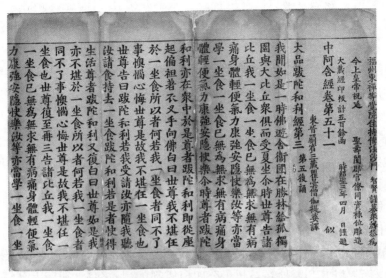

圖八　北宋紹聖三年（1096）東禪寺刻《崇寧藏》

南方系統大藏經的底本，當來源于唐五代江浙地區寫本藏經，校勘則依據"蜀版校訂本"，即後來改動過的《開寶藏》。

南方系統大藏經的目錄結構大體依據《開元釋教錄略出》而略有增減，後續編入的有"宋代新譯經"和中國僧人撰著的"入藏著述"。

南方系統大藏經的版式行款依據江浙地區流行的寫本大藏刊行。

三、大藏經的版本

（一）北宋寫本大藏經

保存下來的北宋一代大藏經實物有《金粟山大藏經》《法喜寺大藏經》《景德寺大藏經》等，但自宋元以來已經散佚，目前國內外僅存數種零本殘卷。

《金粟山大藏經》得名于卷端所題"金粟山廣惠禪院大藏"或"金粟山廣惠禪院轉輪大藏"字樣，是北宋秀州海鹽縣金粟寺廣惠禪院發起組織的寫本大藏，後代習稱"金粟山大藏經"。金粟寺廣惠禪院在今浙江海鹽縣西南金粟山下，初建于三國時期吳赤烏年間（238—251），吳越至宋初，因寺院常常施茶，故賜名"施茶院"。北宋大中祥符初元（1008），始改名"廣惠禪院"。《金粟山大藏經》存世數量極少，尚難復原其目錄結構。該藏為卷軸裝，每紙幅長約60厘米，上下寬約24厘米。每紙30行，行17字。這種版式對南方系統刻本大藏有深刻影響。《金粟山大藏經》以其紙張、字體出名，見者喜愛。《海鹽縣圖經》記載："金粟寺有藏經千軸，用硬黃繭紙，内外皆蠟摩光瑩。以紅絲欄界之，書法端楷而肥，卷卷如出一手。墨光黝澤，如髹漆可鑒。紙背每幅有小紅印文，曰'金粟山藏經紙'。後好事者剥取爲裝潢之用，稱爲宋箋。遍行宇内，所存無幾。"《金粟山大藏經》紙背往往鈐有"金粟山藏經紙"朱印。

《法喜寺大藏經》得名于卷首"秀州海鹽縣法喜寺轉輪大藏"，是由法喜寺組織抄寫的寫本大藏經。該藏實物目前存世極少，零本亦罕見。《海鹽縣圖經》卷三"法喜寺"條引《永樂志》云："寺在縣西南三十里，舊名通玄寺。宋祥符元年賜額法喜寺，紹興九年改禪寺。"徐紹曾《法喜寺重修藏經閣碑》記："舊有藏經，予不忍其毀廢而終泯。"清張燕昌《藏經紙說》評述說："此蓋指宋藏而言也。"又云：法喜藏經流傳絶少，其藏經用紙，光潔如玉，與金粟山大藏無異，紙背鈐"法喜大藏經""法喜轉輪大藏""法喜大藏"三種朱印。

宋元時期，各寺院寫本大藏數量仍多，但是，中國已經進入大規模雕版印刷書籍階段，大藏經的功能，已經從寫本的實用型轉向供養型；雕版印刷大藏經取代寫本大藏經，成爲實用型大藏經的主體。

（二）《開寶藏》

宋太祖開寶四年（971）開始刊板雕造，故學術界稱爲"開寶藏"。

早期學術研究中，日本學術界稱該藏爲"北宋官版大藏經"或"北宋敕版大藏經"；中國學術界以其刊雕地在益州（今四川成都），故多稱"蜀版大藏經"。至晚在20世紀30年代，中國學術界開始用"開寶藏"這個名稱。

《開寶藏》是世界第一部刻本佛教大藏經。開寶四年，宋太祖趙匡胤選派内侍到益州主持監督雕造工程，宋太宗太平興國八年（983）雕版完畢，十三萬塊經板運送到北宋都城東京汴梁，存入皇家寺院太平興國寺印經院保管。之後，北宋政府又多次校勘修訂經板，補充經典入藏，經板擴充爲十六萬塊。熙寧四年（1071）以後，經板移送汴梁城西北閶闔門外顯聖寺印經院存放。

金滅北宋時，劫掠北宋政府書版圖籍，顯聖寺亦被金兵縱火焚毀。相傳《開寶藏》經板被捆載北去，從此不知下落。

《開寶藏》收錄經典總數在6 000卷以上，大體由正藏和續補入藏兩部分組成。正藏共480帙，千字文帙號從"天"到"英"。續補入藏的內容大體是在太平興國八年正藏刊刻完成後，到天聖五年（1027）惟淨編撰《天聖釋教總錄》四十多年間續補入藏的。方廣錩認爲："續藏是其後增補的部分，形態還沒有固定。所謂沒有固定主要表現在兩個方面：一個是後續典籍不斷涌現，從而不斷編聯新的千字文帙號隨藏流通；另一個是部分典籍雖然沒有千字文帙號，但也在不斷增加並隨藏流通。"

《開寶藏》的特點如下：黃麻紙，卷軸裝，版端刊版片號（包括經名卷次、千字文帙號、版片序號）。通卷無上下邊欄，無界行。正藏部分每版23行，行14字，版幅寬闊，字體端正古拙。續補入藏部分版式字體則不甚統一。卷尾有"奉敕雕印"的牌記和工匠名稱戳記，有的還鈐印有"敕賜經板"牌記和"施經"牌記。

目前，全世界現存《開寶藏》零本12號13件（現存《開寶藏》的狀態已經不適合用"卷"數進行標識統計）。

（三）《遼藏》（《契丹藏》）

學術界認爲該藏編纂刊刻于遼代，故有此稱。

這部大藏經，到底應該稱"遼藏"還是"契丹藏"，學術界有不同看法，爭論之核心，在該藏編成的時代。

根據文獻記載，學術界一般認爲該藏有"大字本"與"小字本"之别。1974年，國家文物局會同山西省有關單位，對山西省應縣佛宫寺釋迦塔全面維修，在塔内發現遼刻大藏經資料。1991年文物出版社影印出版了大型圖册《應縣木塔遼代秘藏》，公布了幾件《遼藏》圖版，學術界認爲這是"大字本"。1987年河北省豐潤縣天宫寺塔修復時，在塔中發現十種册葉裝漢文佛經，其中的兩三種被學術界認爲是《遼藏》"小字本"。

大字本《遼藏》的刊雕地點在遼"南京大憫忠寺"，即今北京法源寺。學術界對《遼藏》的開雕年代有"統和藏"（983—1012）説和"重熙藏"（1032—1055）説。據推測，大字本《遼藏》"凡五百七十九帙"，5 048卷，主體部分即前480帙，爲《開元釋教録·入藏録》而略有調整，後面部分可能是據大憫忠寺僧人無礙大師詮曉（又名詮明）編定的《續開元釋教録》續編入藏。

大字本《遼藏》的千字文號與可洪《新集藏經音義隨函録》（簡稱《可洪音義》）相同，故學術界認爲《可洪音義》實際反映了《遼藏》目録結構。大字本《遼藏》的部分經典成爲房山石經"遼金刻經"的底本。

據《應縣木塔遼代秘藏》的披露，大字本《遼藏》爲卷軸裝，每紙幅寬約27～30厘米，每紙的長度有一定差距，約在50～56厘米間，上下單邊，版框間寬22～24厘米，每版27行，行17字。這種版式行款繼承了唐以來的寫經風格。《遼藏》每版右側版端刊有版片號，包括經名卷次、版片序號和千字文帙號。

大字本《遼藏》版式疏朗，字體端正而遒勁，頗有魏碑味道，形成了典型的、濃郁的遼代刻經風格。

豐潤天宫寺塔所出十種册葉裝佛典，有三種刊有千字文號，其編號與房山石經的"遼金刻經"相同，被認爲可能屬于小字本《遼藏》。方廣錩通過比較各本的版框大小、行款、邊欄、版心、版片號等因素，指出祇有《大乘本生心地觀經》爲小字《遼藏》印本。

（四）《趙城金藏》

本稱"金藏"，金熙宗皇統九年（1149）前至世宗大定年間（1161—1189）刊刻，因爲該部藏經發現于山西省趙城縣（現歸洪洞縣）廣勝寺，故又稱爲"趙城金藏"，簡稱"趙城藏"，1934年由蔣唯心定名，被學術界普遍接受。

蔣唯心根據史志資料和經卷題記，推斷《趙城金藏》開雕地點在今山西省解州鎮西十公里的静林山天寧寺。

據《敕賜弘教大師雕藏經板院記》和《雕藏經主重修太陰寺碑》等資料記載：北

宋末年懷州河内縣人寔公法師,"感文殊菩薩空中顯化,得法眼净,見佛摩頂授記,曰:汝于晉絳之地,大有緣法,雕造大藏經板",得到潞州長子縣民女崔法珍和太平縣尉村王氏子(後得法名慈雲)等人"左右輔弼,糾集門徒三千餘衆,同心戮力,于河、解、隰、吉、平水、絳陽,盛行化緣,起數作院,雕造大藏經板"。從皇統九年之前開雕,經過三十年,大藏刻成。大定十八年,在崔法珍主持下,將"所雕藏經部帙卷目,總錄板數"等,上進朝廷。大定二十一年,崔法珍又將所雕經板,計168 113板,6 980卷,運送中都,存入大昊天寺流通。大定二十三年,賜法珍紫衣德號,法號"弘教大師"。

《趙城金藏》目録結構和所收經典依據《開寶藏》覆刻,總6 980卷。《趙城金藏》保存了幾乎最全的宋代新譯經和入藏著述。1935年,該藏中的重要經典被編爲《宋藏遺珍》出版。

由于是覆刻《開寶藏》,故《趙城金藏》版式行款與《開寶藏》幾乎全同,亦采用卷軸裝,每版23行,行14字,上下有邊欄。後續入藏著述部分,行款版式大多爲小字密行。《趙城金藏》每版版端刊經名、卷次、千字文號、版片序號。

《趙城金藏》在雕版全部完成以後,又經多次修補。中國國家圖書館收藏的這部《趙城金藏》(圖九)爲中統三年(1262)大都趙城縣龐家經坊印刷裝潢,卷前附釋迦説法圖一幅。

圖九　金大定年間解州天寧寺刻中統三年(1262)印《趙城金藏》

《金藏》存本,在西藏薩迦寺還發現了550卷,原藏燕京大寶積寺,是蒙古憲宗丙辰(1256)年印本,稱爲"薩迦寺本"。

(五)《崇寧藏》

又稱"崇寧萬壽大藏"或"東禪寺版大藏經",是中國佛教大藏經南方系統的第一部。《崇寧藏》刊雕于福州東禪等覺禪寺,地點在福州易俗里的白馬山上。崇寧二年(1103)因進藏經,寺院被賜"崇寧萬壽寺"名號,大藏稱"崇寧萬壽大藏"。現存《崇寧藏》本《大般若波羅蜜多經》卷一之首有敕牒:"敕賜東禪經藏以崇寧萬壽大藏爲名。"這是該藏賜名的重要資料。

該藏舊時又與福州閩縣東芝山開元寺刻《毗盧藏》統稱"福州藏"。

據題記知，該藏至晚在元豐三年（1080）以前已經開雕，"至崇寧二年冬，方始成就"。從崇寧三年，到政和三年（1113），相繼補入宋代新譯經、入藏著述、天台教典等，最後收錄《大方廣佛華嚴經合論》等華嚴經論釋，千字文續到"頗"字號。全藏總數在6 300餘卷。這是估算的數字，不一定準確，因爲這部藏經現在已經沒有完整本了，許多遺留問題還有待證實。

《崇寧藏》的特點爲：每版6個半葉（間有5個半葉），半葉6行，行17字。紙質厚而堅韌，一般都經過染潢。册首有發願題記"福州等覺禪院"云云字樣，下標刊雕年月。字體大部采用顏體字，間有手寫上版。經册中偶有"東禪大藏"朱印，形式有兩種，皆6厘米×6厘米，一種字體稍硬，字體距離邊框較遠；一種稍軟，字體距離邊框較近。各册之後往往鈐小小長方形印工戳記，爲"××印造"字樣。

該藏我國僅存零本。在日本尚有福州兩藏配補的比較完整的大藏本。

另外，世傳所謂"鼓山大藏"者，實即隆興元年（1163）涌泉寺第二十八代住持宗逮請印到寺的《崇寧藏》。這部大藏經卷内往往鈐有"鼓山大藏"字樣，印文有長方形朱印、長方形墨印、正方形朱印三種樣式。

紹興三十二年（1162），明州奉化縣忠義鄉瑞雲山王伯序曾請印單行《崇寧藏》中的《大般若波羅蜜經》600卷，卷尾往往有題記"明州奉化縣忠義鄉瑞雲山參政太師王公祠堂，大藏經永充，四衆看轉，莊嚴報地。紹興壬午五月朔，男左朝請郎福建路安撫司參議官緋魚袋王伯序題，勸緣住持清凉禪院傳法賜紫慧海大師清憲"。這是《崇寧藏》早期印本代表。

（六）《毗盧藏》

因其卷端往往有"福州管内衆緣寄開元禪寺雕造毗盧大藏經印板一副五百餘函"題記，故名"毗盧板大藏經"，又稱"開元寺版大藏經"。

《毗盧藏》開雕于崇寧二年（1103），紹興二十一年（1151）完工，其收録經典的數量及結構與《崇寧藏》大體相當。從隆興年間到淳熙間（1163—1189），又續補《輔教篇》《傳法正宗記》及天台教典入藏。該藏在使用過程中屢有補修經板事，至咸淳四年（1268）仍有補版。

《毗盧藏》的特點爲：版式與《崇寧藏》同，一版6個半葉（間有5個半葉），半葉6行，行17字。紙質亦厚實堅韌，染潢。字爲顏體，但較《崇寧藏》略有不同。紙背偶有長方形"開元經局染黄紙"朱印，5厘米×15厘米。

《崇寧》《毗盧》兩藏的早期印本，每函内後附《釋音》一册。後期補雕本，則將音義合刊附入每册經文後。

（七）《思溪藏》

《思溪藏》《思溪圓覺藏》和《思溪資福藏》的統稱。

《思溪圓覺藏》開雕于北宋靖康元年（1126），完工于紹興二年（1132）。因該藏開雕地點在兩浙路湖州歸安縣松亭鄉思溪村的圓覺禪院，又因有《湖州思溪圓覺禪院新雕藏經律論等目錄》刊行，故此得名。該藏由士紳王永從夫妻兄弟一家捨資助緣建寺并刊板。《思溪圓覺藏》收經從"天"字號至"合"字號《南本大般涅槃經》。全藏共550函、5 480卷。部分經本有"圓覺藏司自紙板"墨印。

淳祐十年（1250）以後，湖州改名爲安吉州，思溪圓覺禪院改名并升格爲法寶資福禪寺，原來寺院所藏經板得到全面修整配補，此後之印本，被稱爲《思溪法寶資福禪寺大藏經》。南宋端宗景炎元年（1276），思溪資福禪寺遭到蒙古伯顏軍破壞，寺院、經坊以及大藏經板全部被燒毀，《思溪藏》經板從此消亡。

《思溪藏》的特點：版式繼承福州藏，半葉6行，行17字，《大般若波羅蜜多經》220卷以前各卷，一般每版6個半葉，第7版改爲5個半葉；220卷以後各卷，改爲每版5個半葉。另外，一批早期刻版的華嚴部經典，也保存了每版6個半葉的版式。

該藏爲顏體字，有部分手寫上版，大多是在目錄中排列比較靠後的部分。該藏首次將經文與釋音合刊。大多數經板的板縫間或板端保留有刻工姓名。印經用紙，質地粗細厚薄頗不統一。該藏發願題記極少。

有宋版《湖州思溪圓覺禪院新雕大藏經律論等目錄》存世。禪院改名"資福寺"後，經板得到修改補充，大藏經目錄有所修訂，收錄經目與卷數亦有部分改動。

在我國，《思溪藏》全本僅國家圖書館收藏一部，其他單位有零本收藏。在日本，尚有多個單位收藏多部。近年來，從境外傳回的《大般若波羅蜜多經》零本在市場頗有流傳。（圖一〇）

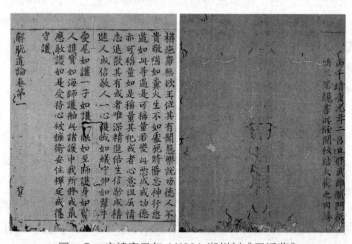

圖一〇　宋靖康元年（1126）湖州刻《思溪藏》

（八）《磧砂藏》

刊雕于南宋平江府陳湖磧砂延聖院，故名。又稱"延聖寺版大藏經"。

宋乾道八年（1172），寂堂禪師建延聖院。南宋嘉定九年（1216），僧了憨首先開版刊雕《大般若經》。紹定二年（1229），趙安國助緣刊經，經版雕造速度加快。寶祐六年（1258），磧砂延聖院發生火災，部分經板燒毀，刻經事業暫停。咸淳（1266—1274）初，恢復刻經。1279年南宋滅亡，延聖院刊經活動暫停。大德元年（1297）以後刊經活動陸續恢復，特別是在松江府僧錄管主八介入後，刊板雕印事業有了極大發展。至正二十三年（1363）管主八之子永興大師管輦真吃剌將其父遺存下來的"秘密經"28函經板捨入磧砂延聖寺，該藏才算全部完工配齊。

該藏從開板至雕畢，前後長達百餘年，某些早期經板或毀或朽，難以刷印，到明代初年，該藏再次大修，不得不以其他寺院刊板配補，比如妙嚴寺藏本、天龍山藏本等，以至該藏甚爲雜亂，至明代中期以後經板廢棄不用。

《磧砂藏》千字文號從"天"至"煩"，共約591函，6 300餘卷。端平元年（1234）曾經擬訂《平江府磧砂延聖院新雕藏經律論等目錄》，後來隨經板更換，入藏經典又有調整，目錄實際早已失去意義。1935年《影印宋磧砂藏經》出版後，另有目錄刊行。

《磧砂藏》的特點：行款爲每版5個半葉，半葉6行，行17字。全藏相當數量經本後有助緣題記。大多數經本有刻工信息，刻工名一般在每版第1~2葉版縫間。明代補版往往在版縫間有某某地某某人助緣字樣。該藏字體略呈長方形，比較清秀工整。卷首一般裝有扉畫，極爲精緻。（圖一一）

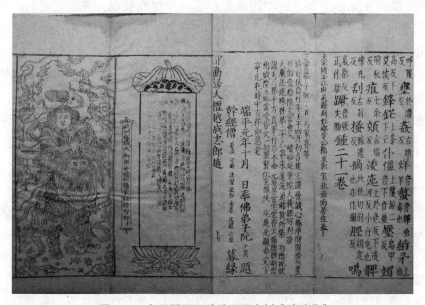

圖一一　宋元間平江磧砂延聖寺刻《磧砂藏》

（九）《普寧藏》

全稱《杭州路餘杭縣南山大普寧寺版大藏經》，有《杭州路餘杭縣白雲宗南山大普寧寺大藏經目錄》存世，故名。元至元年間（1264—1294）杭州大普寧寺道安主持開雕。

至元十四年（1277），普寧寺設立大藏經局，總管大藏經編纂刊雕事務，至元二十七年全部經板雕畢。元統三年（1335）後不久，普寧寺失火，史籍記載，經板與寺院均毀于火,從此再無《普寧藏》經板的下落,也再没有後印《普寧藏》發行。今學術界也認爲《普寧藏》經板毀于大火。

《普寧藏》以《思溪藏》《磧砂藏》結構爲基礎,采衆經藏之長,修訂校勘,全藏共591函,1532部,5996卷。《普寧藏》的版式同南方系統大藏,亦每版5個半葉,半葉6行,行17字。卷後往往有開版發願題記。其字體風格約同于《磧砂藏》,豎長而更纖秀。

關于《磧砂藏》與《普寧藏》,需要補充的是,兩藏最後28函(千字文帙號"武"至"遵")"秘密經"部分,爲松江府僧錄管主八主事時期續刻,先配入元帝國各處收藏的《普寧藏》,管主八去世後,其子管輦真吃剌將全部經板施入磧砂延聖寺,其後隨《磧砂藏》一起印刷流通。所以,這兩部大藏最後28函的"秘密經"部分,經板爲同一副,千字文帙號相同,其零本頗不易區分,使用者應注意利用其他特徵區分所屬藏經系統,比如外觀裝潢,《普寧藏》以橘紅色(土紅色)封面封底爲多,《磧砂藏》則以磁青色爲多。

(十)《元官藏》

該藏爲元代徽政院主持刊雕,故全稱爲"元代官刻大藏經",20世紀30年代在日本首先發現,20世紀七八十年代,中國學者在雲南圖書館發現,并研究定名,定名依據爲經册中至元二年(1336)元惠宗(順帝)太皇太后發願文,及元代徽政院主持刊雕大藏題記。

該藏開雕時間約在至順三年(1332)至至元二年(1336)間,基本結構依據《至元法寶勘同總錄》并有調整,總數約在651函,6500餘卷。

該藏的特點爲每版7個半葉,半葉6行,行17字,版框爲上下雙邊。這在南方系統大藏經中是很獨特的現象。部分經卷後有至元二年的題記。經册形制較一般宋元藏經略顯寬大。白皮紙印刷,明代初年還有厚黄皮紙印本傳世。

(十一)《洪武南藏》

明代的第一部大藏經。洪武年間(1368—1398)在南京天禧寺(永樂改名大報恩寺)雕版印刷。洪武五年籌備開雕,至1401年,即惠帝建文三年,"正藏"部分經板刊雕完畢。學術界爲了將其與永樂年間(1403—1424)在南京刊雕的另一部大藏經相區别,一般稱之爲"洪武南藏",或"初刻南藏"。

居頂《續傳燈錄序》云:"洪武辛巳冬,朝廷刊大藏經律論將畢,敕僧錄司,凡宗乘諸書,其切要者,各依宗系編入。"

《永樂南藏》匆九《古尊宿語錄》卷二十一卷後净戒題識:"新藏經板初賜天禧,凡禪宗《古尊宿語》《頌古》《雪竇》《明教》《圓悟》《大慧》等語,多有損失。永樂二年敬捐衣資,命工刊補。今奉欽依,取僧就靈谷寺校正,以永樂十一年春二月爲始,至冬十一月乃畢,供需之費,皆本寺備給。計校出差訛字樣十五萬餘,刊修改補,今已聿完,庶得不遺佛意,不誤後人。所冀永遠流通,祝延聖壽萬安者。永樂十二年歲在甲午仲冬,僧錄司右闡教兼鍾山靈谷禪寺住持臣净戒謹識。"

禪宗典籍大批刊補入藏成爲《洪武南藏》的重要特色。《洪武南藏》大體按照《磧砂藏》覆刻或重刻，一些經板中明顯保留了覆刻《磧砂藏》的痕迹。

《洪武南藏》全部共678函，近7 000卷，整體依照《開元釋教錄·入藏錄》部分編撰，後續依次爲入藏著述、宋代新譯經，最後補遺部分收錄87函、80餘種、730餘卷，包括禪宗語錄等。

《洪武南藏》每版5個半葉，半葉6行，行17字。可惜刊成未久、刷印未廣即被燒毀，有資料説僅僅印刷了十餘部，故傳世絶罕，目前全世界祗存一部，原藏四川崇慶縣上古寺，存6 065卷，今藏四川省圖書館。近年有學者認爲，《洪武南藏》並未全部燒毀，部分經板配補到《永樂南藏》中，該問題有待深入研究。

（十二）《永樂南藏》

永樂年間在南京開版的官版大藏經。學術界稱爲 "永樂南藏"，或稱 "再刻南藏"。

《永樂南藏》開雕的年代，大約在《洪武南藏》燒毀後的一兩年，地點在報恩寺。至遲在永樂十七年（1419）以前，《永樂南藏》已經刊成，全部經板共57 160塊，存放在南京城聚寶門外的報恩寺。大約到清代前期廢止。

《永樂南藏》全部636函，6 331卷。編次上參考元藏而有所改革。萬曆年間續補41函、410卷，全藏總計6 741卷。

版式特點爲每版5個半葉，半葉6行，行17字。字體較《磧砂》《普寧》爲軟，卷首往往加裝扉畫，其後有 "萬歲龍牌"，這是宋元幾部藏經没有的裝飾。卷尾有韋陀像。由于經坊和請印者的要求不同，《永樂南藏》往往在扉畫、韋陀像、牌記、裝幀、封面、用紙等各方面有所不同。比如，經册的封面，有湖藍色絹本、褐黄色絹本等；經紙有白色綿連紙、黄色竹紙等。另外，裝幀方式除經摺式以外，還有 "方册" 式。這都是我們判定《永樂南藏》版本的重要依據。

（十三）《永樂北藏》

明成祖永樂年間敕令在北京雕版印刷的大藏經，因與在南京雕版印刷的《永樂南藏》相對，故又稱 "永樂北藏"。

永樂十八年（1420）開始刊版，英宗正統五年（1440）正藏刊畢，前後歷二十年。共637函、1 615部、6 361卷。萬曆十二年（1584），由聖母慈聖宣文明肅皇太后發願，又補雕41函、410卷爲續藏，并隨後補入各地寺院。這樣，《北藏》共達到678函、6771卷。

《北藏》經板由司禮監管理，收貯在祝崇寺漢經廠，凡請印者必須得到敕賜，故有 "北藏請印甚難" 的説法。凡得到敕賜藏經的寺院，必建立藏經閣安奉，同時立石刻碑，以爲紀念。

《永樂北藏》與《南藏》的版式行款不同，每版5個半葉，半葉5行，行17字，楷書手寫上板，開本闊大，白棉紙印刷，卷首有氣勢宏大的扉畫。

（十四）《嘉興藏》

一名《徑山藏》，因經板最後收藏在浙江餘杭徑山興聖萬壽禪寺下院寂照庵和化城寺，發售則在嘉興楞嚴寺，存板與出經分别兩地，故大藏的名稱不一。本藏爲第一部綫裝本大藏，歷史上又稱爲"方册本大藏經"。

萬曆十七年（1589）在五台山啓動，刊雕經板的地點在"妙德庵"和"妙喜庵"。萬曆二十年或二十一年間，全部經板遷移到浙江餘杭徑山寺。"諸紳遂酌定：徑山藏板，不得發經；楞嚴發經，不得藏板"。《嘉興藏》從萬曆十七年正式刊版，約到康熙四十六年（1707）基本完成，包括正藏、續藏、再續藏三部分，收入佛經總數大體在2 000餘部、12 600餘卷。直到嘉慶七年（1802），二百餘年的時間裏，經板隨雕隨印，早期一些經典還沒有給定千字文號，就已經印刷流傳，經板隨壞隨補，全部經板刊雕完畢後又有多次撤出、補入。

《嘉興藏》每卷後有校經刊記及牌記，牌記記錄本卷助緣人姓名、住址、本卷字數、費銀錢兩、寫經人名、刻經人名及年代。

該藏的裝幀樣式爲綫裝，明代文獻中常常用"方册裝"一詞，半葉10行，行20字，書口處上部爲書耳，刊"印度撰著"或"支那撰述"，中間刊經名卷次，下刊年代。《嘉興藏》字體以宋體爲主，字字如出一手，再續藏有部分寫體。清初一批中國僧人逃避清朝統治，東渡日本，這些僧人與日本佛教界保持了比較好的關係，對日本《黄檗藏》的編輯雕版起了一定作用，故日本《黄檗藏》的版式與《嘉興藏》完全相同，卷末也有牌記，記錄捐資者、刻工、工價等。

（十五）《龍藏》

全稱"乾隆版大藏經"，清代官修大藏。又因爲大藏刊行後有《大清重刻龍藏彙記》隨藏頒行，故"龍藏"之名亦相沿傳習。

雍正十一年（1733）在京城内東安門外的賢良祠設立"藏經館"，由和碩莊親王允禄、和碩和親王弘晝總理藏經館事務，至乾隆三年（1738）十二月大藏經全部完工。

《龍藏》的底本與明《北藏》有密切關係。該藏分正藏、續藏兩部分。總724函，7 240卷，收録佛典1 675部。正藏部分按照明《北藏》的結構，共485函，續藏共239函。藏經編輯完畢，又陸續三次撤毁入藏經典，故此，也可以說該藏每一部都有不同。

乾隆三年曾印藏100部，乾隆二十七年印藏3部，光緒十年（1884）印藏1部，民國年間印藏達23部。

《龍藏》的版式與明《北藏》相同，每版5個半葉，半葉5行，行17字，楷書手寫上版，版式寬大疏朗，白綿紙印刷。該藏經板尚存。

（十六）民族文字大藏經

中國是一個多民族國家，歷史上用民族文字書寫和刻印的大藏經也很多，比如有藏文大藏經、蒙文大藏經、滿文大藏經、傣文大藏經，還有西夏文大藏經。有學者還提出有回鶻文大藏經。

不僅民族文種衆多，有的文種中又有多種版次，如藏文大藏經，有北京版、德格版、納塘版、理塘版等；西夏文大藏經，有西夏國時期刻印者，也有元代杭州刻印的

"河西字"大藏經等等。

這些民族文字大藏經的鑒定，必須要有專業文字和相應文化史知識纔能够勝任。

第三節　鑒定佛教大藏經版本的幾個問題

一、大藏經的紙

"藏經紙"不是一個專指名詞。唐、宋、元、明、清各代，無論寫本還是印刷本大藏經，各藏紙張皆不相同，没有一種紙適用于各種大藏，也没有任何一種紙的名稱能够涵蓋歷代各種大藏經的用紙名稱。

寫本時代（4—11世紀），以敦煌遺書爲代表，已有麻紙、皮紙，甚至可能有竹紙。刻本時代（11—20世紀），紙張品類更多，僅以"藏經紙"爲名概括佛教大藏經印刷用紙不準確，也不科學。

以《永樂南藏》爲例。該藏經板收存在報恩寺（洪武時代稱天禧寺），學術界或稱《再刻南藏》。南京禮部祠祭清吏司作爲政府機關，管理并主持請印事務，如遇糾紛或相應違法事件，則由禮部出面制定規章制度，協調解决。制度規定：印經分爲上中下三等，上等用連史紙，中等用公單紙，下等用扛連紙，各等又分三級。各隨請主意願，使用不同物料紙張，禮部以"票號"制度約束。

現所見印刷過《永樂南藏》的印經鋪多達十餘家：

聚寶門姜家來賓樓、聚寶門外徐政印行、南京聚寶門外第三牌樓邊師姑巷里經房徐筠泉印行、南京聚寶門裏三坊巷口經房徐後山印行、南京聚寶門裏皇殿廊經房徐後山印、南京聚寶門外報恩寺前徐龍山印、南京聚寶門外徐雲泉印、聚寶門裏西廊周鋪印行、雙橋門裏曾甫印行、南京聚寶門裏三山街西南廊經鋪徐一登印行、江南水西門裏三山街口往南一家經房胡君質鋪、江南水西門裏三山街口往南一家經房胡公美、南京聚寶門雨花臺經房孟洪宇印行、聚寶門外徐用和經房印行。

這是一個很不全面的資料，本書的目的不在于收集這些經鋪史料，而是舉例説明印刷裝幀的機構之多。各經鋪書坊裝潢用紙和物料皆有不同，這就是爲什麽《永樂南藏》的外觀樣式很不一致的原因。窺一斑而見全豹，從北宋以來，各種寫本、刻本大藏經不下二十餘種，時代跨越八九百年，地域跨南北東西，没有任何一種藏經紙能够長期保持不變的。

二、大藏經的裝幀

裝幀不是判斷版本的依據，但是對判斷版本有幫助。

寫本時代以卷軸爲主，但是，并非所有卷軸裝都是唐人寫經。以金粟、法喜、句容等藏經來說，這些東南地區寫本大藏經的特點是：紙張厚實、上蠟；字體端楷而肥，墨黑如漆。唐代還開始出現各種其他裝幀形式，比如經摺裝、梵夾裝、粘葉裝、縫綴裝等。

刻本時代的裝幀，自宋、元、明、清以來，佛教經典（包括單刻本）以經摺裝爲主，史料中往往將這種佛經稱爲"梵夾""方冊"。閱讀明清文獻資料，要能清楚辨別這些名詞的真正含義。大藏經的版本不變，裝幀形式是可以變化的。比如，《永樂南藏》通常爲經摺裝，但是也有寺院將《永樂南藏》改成綫裝、半葉10行的小方本。《永樂南藏》每版30行，更有簡化裝幀者將30行的印紙對摺成半葉15行的大方本。

典型裝幀以外的改裝本是鑒定佛典大藏經必須注意的因素。

三、幾個特殊問題

判斷大藏經的版本，還要特別注意以下一些問題：

（一）配補問題

不少大藏經在歷史上長時間刷印，經板損壞嚴重，歷史上就多次補版，這就要求研究者要儘可能地掌握該種大藏經的雕版歷史。研究大藏經的歷史，一方面要通過閱讀史料，尋找有關信息；另一方面，要查考該種大藏內的有關牌記或題記。比如《磧砂藏》，南宋開雕，元代補刊，而我們現在見到的《磧砂藏》，百分之九十以上是明代初年印刷本。因此，版本著錄應該儘可能詳盡地描述版本的版次關係。

（二）單刻本與大藏經的關係

大藏經有千字文標示帙號，這是判斷大藏經的基本依據。但是，有些單刻本佛經往往在卷端也刊有千字文號，需要仔細研究辨別。這有可能是某些流通較廣的經典的單行本，在覆刻時把原本的帙號覆刻在新本上了。我們的方法是，以歷史上已經有定論的大藏經去比對需要確定的單本和版本問題。

零單本以外，要瞭解歷史上還有"小部藏典"流傳的情況。

對不能一下子解決的問題，不要輕易下結論，否則容易出問題，比如"大河寧國藏"的問題，比如"天龍山大藏經"的問題，在學術界還沒有定論的情況下，這些藏經的歷史還是疑案，這恰恰值得我們重視與認真研究。

（三）日、韓等外國漢文佛典

歷史上，朝鮮半島、日本都受到中國文化很深刻的影響，這些地域國家之間也有密切的交流。佛教典籍流布廣泛，判斷版本要考慮這些因素。

四、鑒定佛教大藏經應注意的核心問題

凡涉及佛教大藏經的版本，不能不瞭解它們的雕刻、印刷及流通制度，包括：藏經的官私性質，版片的開雕地點、存放地點，印刷和裝幀責任者之間的關係，以及請印和施經的方法。這些關係包含了佛教大藏經版本學意義上的基本規律，它是我們正

確地、系統地認識與鑒別佛教大藏經版本的基本門徑。

以《磧砂藏》爲例：

1. 關于寺院

《磧砂藏》在南宋平江府陳湖磧砂延聖寺開雕，在《磧砂藏》的三者關係中，磧砂延聖寺是募緣、寫經、校經、刊經一方，是經板所有者，主要"司職"與經板管理相關事務，這個"管理"的實際含義包括籌措刊雕經板的費用，即向寺戶信衆募緣、聯繫四方高僧贊助等，也包括管理寫版、校經活動，以及刊雕以後的經板管理和維護。寺院也與請印者發生關係，請印者必須得到寺院方的批准纔能請到經典。

端平元年（1234），在磧砂延聖寺內設立了一個主持雕造大藏經的機構——磧砂延聖寺大藏經局。在經局中，"干緣刊大藏經板"者負責組織雕刻經板等事項；"藏主"負責執掌大藏經目錄的管理；"勸緣"與"都勸緣"爲負責募緣者，一般由身份地位較高者擔任。上述有關"職銜"各執所司，皆與寺內刊經活動有關。

元代寺內管理刊經事物的機構沒有本質變化，這可以參考元刊《大方等大集日藏經》卷四刊記，所列職銜包括對經、點樣、管局、提詞等，都與寺院刊造經板活動有關，并不牽涉印經活動。這一套完整的"大藏經局"的組織機構，主要負責管理校刊經本、募緣刊經等工作，維持刊經活動的經費來源。

大約到大德十年（1306），由于管主八的介入，《磧砂藏》的雕印事業有了極大發展，很快補足了全藏（《大宗地玄文本論》卷三題記，實際也就是管主八的發願文，記錄了他的活動）。管主八去世後，他的兒子管輦真吃剌將其遺下的經板捐給了磧砂延聖寺（資料見《大乘理趣六波羅蜜多經》卷七）。

管主八以宣授松江府僧錄的身份，組織力量施印大藏經，并以大都弘法寺"秘密經律論"補入《磧砂藏》。他本人的身份，確切地説是施經者。其餘各位，由于管主八"宣授松江府僧錄"的身份，這些人實際上是他請來的幫助刊經、印經、施經的"助手"。因此，這個時期磧砂延聖寺大藏經局的性質并沒有發生變化，經局依然主要承擔經板管理相關事務。

2. 關于經坊

經坊是印刷裝潢經書的商業單位。在《磧砂藏》的流傳過程中，杭州衆安橋楊家經坊與磧砂延聖院保持了比較固定的關係，這一定是寺院與經坊之間有某種相互信任的關係紐帶，使他們能夠長期合作。這種合作的關係，可以使一個經坊、一個書鋪（甚或是一個街區，如明代印製南藏的聚寶門外大街）生存并發達，而一旦這種關係由于某種因素被解除，經坊、書鋪就會失去賴以生存的條件，這些經坊、書鋪自然也就要消失了。我們所見陝西本、國圖本以及散存各藏書單位的《磧砂藏》零本往往有楊家經坊刻印的扉畫這一事實，足以證明楊家經坊與磧砂延聖院之間的關係。

"杭州衆安橋楊家經坊"的興衰歷程，可以看作這種關係的例證。杭州"衆安橋"一名，宋《（乾道）臨安志》和《（咸淳）臨安志》皆有記錄，稱橋跨清湖河上。《中國版刻圖錄》謂"從十二世紀起，杭州中瓦子街和衆安橋一帶書坊林立"。張秀民

《中國印刷史》列有明代杭州可考書坊二十四家，其中就有"杭州衆安橋楊家經坊"（圖一二）。

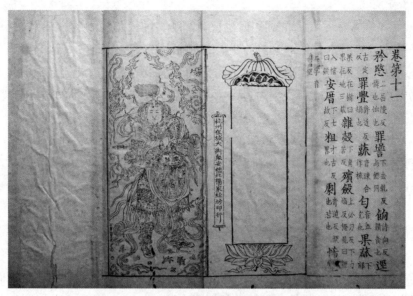

圖一二　明初杭州衆安橋北楊家經坊印《磧砂藏》

　　承擔印刷裝幀《磧砂藏》的工作，使楊家經坊的事業達到了一個高峰，這個時間大約在元代後期至明代前期。楊家經坊印裝磧砂藏的工序是先將印刷之後的經書零葉拼接并摺叠成經摺式，再由經坊選擇畫工和刻工摹繪并雕刻扉畫及韋陀像，將畫及像裝配于經首經尾，最後于經册前後加裝硬紙板爲書夾。楊家經坊掌握的著名畫工刻工，計有畫工陳升，刻工陳寧、袁玉、孫佑。另外，署名"杭州衆安橋楊家印行"的扉畫中還有一位"楊德春"，應該也是刻工。刻工陳寧的生活時代應在元代中後期，其餘幾位的生活時代大約相去不遠，都在元朝中晚期。他們爲楊家經坊工作，他們的"作品"隨楊家經坊印經一起流傳，保存至今。明代永樂時期，杭州高麗慧因寺沙彌鮑善恢刊補《磧砂藏》時，楊家經坊依然被鮑善恢選定爲印刷裝幀單位。這時期楊家經坊所印經書扉畫有了一位新的刻工雕版。筆者僅在國圖收藏的柏林寺本《磧砂藏》中見到過這位刻工的名字，極爲少見，叫楊信真。他雕刻的扉畫完全仿照"楊德春"的作品，但刀法生硬、綫條澀滯。

　　應該說明的是，入明以後直到明代中期，楊家經坊依然存在。這時期楊家經坊在承接《磧砂藏》的印裝工作以外，還雕印了一批小型佛經，比如鄭振鐸原藏《天竺靈籤》一卷，卷後有雕印牌記："洪武乙□歲在仲冬吉日刊/杭州衆安橋北楊家經坊印行。"原牌記"乙"後一字殘去，張秀民先生推測應爲"乙丑"，即洪武十八年（1385），所以注其版本爲"約洪武十八年"。又比如《梵網經菩薩戒　四分戒本　戒壇普説法儀》，三種同卷，册頁裝。四周雙邊，上下黑口，外框高20.8厘米，寬14.5厘米。書前有兩幅扉畫，書後有蓮花牌記："此板于紫雲洞，原本經律儀文一無增損，但其間字畫差訛、語義重復者，今悉改正。杭州在城大街觀橋南楊家經坊印行，時大明成化十一年歲次乙未七月吉新刊。"

大概在明代中期以後，不再見到有關楊家經坊的記載。楊家經坊衰落的原因不明。但是，一個商業機構的存在與發展，應當離不開現時的社會需求與環境。元末明初，由于戰爭的破壞，杭州地區經濟與文化都遭到毀滅性打擊。隨着朱元璋定都南京，國家的政治、文化、經濟中心發生了轉移。另外，在政府的支持下，《洪武南藏》《永樂南藏》相繼在南京刊成，南京城聚寶門外一時經坊與書坊林立。反觀杭州地區，元代中期在杭州西湖南山普寧寺刊雕的《普寧藏》，此時早已廢毀；甚至略晚補齊的《磧砂藏》版片又被嚴重損壞，至鮑善恢補刊以後，仍然不能湊齊全藏，只得用其他版本配補。其經營的困難程度可見一斑。此時，請印藏經的信衆不能在杭州地區得到滿足，轉向南京去尋求并請印新刻成的《南藏》就勢在必然了。直至明代中葉《磧砂藏》完全停用以後，楊家經坊活動的資料已經不再見了。

2000年秋季，國家圖書館善本部購入一册《磧砂藏》版《大寶積經》卷第五十四，卷尾雕印有蓮花牌記：

> 平陽太平慈氏寺印裝藏典，伏承覩此勝緣，發心施財，請贖大藏顯密尊經□字函，捨入本寺常住，安奉供養，看閱流通。功德上報四恩，下資三有。增現生之福壽，作來世之津梁。隨喜見聞，咸開佛慧者。永樂甲午歲□月□日住山善惠敬題。

牌記左旁有小字"杭州在城衆安橋北朱家經坊印行"一行（圖一三）。

圖一三　明初杭州衆安橋北朱家經坊印《磧砂藏》

這是罕見的第二個印裝《磧砂藏》的經坊，這條資料說明，寺院與經坊的關係可能比較"鬆散"。這個"朱家經坊"的資料，在遼寧省圖書館收藏的《磧砂藏》也有所見。

3.關于"請印者"

國家圖書館藏原柏林寺本《磧砂藏》中保存了有關資料："大明國北京順天府大興縣居賢坊居住奉佛信士董福成謹發誠心，在于浙江杭州府後朝門許大藏尊經一藏，不爲自求，喜捨資財，上報四恩，下資三有，法界有情，同固種志者。奉三寶信士董福成一家眷等，謹發誠心。眷屬王氏、弟董旺、眷屬黎氏、男董福興、眷屬聶氏、侄男董黑揭、外生女妙玉、孫男董福安、姪女善兒。宣德七年八月吉日，助緣人楊安。"

這部經的請印者是北京居民董福成。從題記看，藏經的請印地點在杭州府後朝門；從扉畫看，裝幀單位是楊家經坊，時間在宣德七年（1432）。董福成一家請印藏經，不去磧砂延聖院，而是到杭州請楊家經坊來印刷，正說明這裏曾經聚集了一批印刷裝幀的經坊或書坊，或者說是杭州的經坊或書坊壟斷了《磧砂藏》的印刷裝幀。另外，請印者實際上也沒有能力自行印刷裝幀大藏經，也造成這種"分工"的現象。

《磧砂藏》版《大吉義神咒經》，經尾有戳印題記稱："大明國山西布政使司平陽府蒲州興禮坊奉（墨書）佛信士劉允恭（墨書），喜捨資財，于浙江杭州府請到大藏尊經，恭入本州島島島王莊里棲岩禪寺，所集功德，上報佛恩，下資三有，九玄七祖，俱遂超升，法界有情，同登彼岸。伏願見有□在佛光中常安常樂。洪武貳拾肆年拾有貳月壹拾捌日。"

洪武二十四年（1391）劉允恭捨資請印《磧砂藏》的地點也是在杭州府，可見國圖藏柏林寺本并非特例，亦非孤證。儘管筆者不能判斷印刷裝幀這一册《磧砂藏》的經坊或書鋪是哪一家，但地點在杭州府，就足已證明當時收藏經板與印刷裝潢經典的機構是分開的，請印者面對的應該是經坊或書鋪。請印者欲印刷《磧砂藏》，就要向磧砂延聖院繳納若干"板頭錢"。總之，經板收藏于寺院，經坊或書鋪并不掌握經板，這是《磧砂藏》雕印流通過程中的基本規律。

前述《大寶積經》卷第五十四，卷尾蓮花牌記稱"平陽太平慈氏寺印裝藏典"，又有該寺住持善惠"署名"，這當是太平慈氏寺請印的大藏。也就是說，太平慈氏寺是請印者，并非太平慈氏寺有一個作坊來印裝大藏，印刷裝幀大藏的機構是"杭州在城衆安橋北朱家經坊"。順便一提，"杭州在城朱家經坊"過去似未見記載，這個記載爲杭州地區印刷史提供了新的資料。本經扉畫左下角刊"平陽府襄陵縣在城信人王滿禄，捨財刊造大藏聖像，祈保自身吉祥如意"一句，說明王滿禄僅僅是出資助刊了扉畫。按照傳統習慣，凡助緣刊雕《大藏經》者，不論出資出力多少，哪怕只助刊一板，助緣一文，皆有功德，王滿禄以一人之力，助緣刊雕扉畫求"祈保自身吉祥如意"是不難理解的。

參考文獻

呂澂:《呂澂佛學論著選集》,濟南:齊魯書社,1991年。
蔣唯心:《金藏雕印始末》,《國風》五卷十二號,南京支那內學院,1934年12月。
方廣錩:《中國寫本大藏經研究》,上海:上海古籍出版社,2006年。
張曼濤:《大藏經研究彙編》,《現代佛教學術叢刊》第17種,大乘文化出版社印行,1977年。
李際寧:《佛經版本》,南京:江蘇古籍出版社,2002年。

第十章

少數民族文字古籍概説*

第一節　概　論

一、少數民族文字古籍概念

2019年4月1日實施的《中國少數民族文字古籍定級》（GB/T 36748—2018）規定，中國少數民族文字古籍指"1912年（不含1912年）以前，在中國及相關歷史疆域（含少數民族歷史上建立的地方轄區）內，用少數民族文字書寫或印製的書籍"；包括寫本、刻本和活字本，以及用特殊材質、工藝印製、書寫，或有特殊裝幀形式的重要少數民族文字古籍；考慮各民族文字古籍的特殊情況，其年限可放寬至1949年。

二、民族文字

我國現有55個少數民族，使用的民族文字有蒙古文、藏文、維吾爾文、哈薩克文、朝鮮文、傣文、錫伯文、壯文、苗文、彝文、布依文、侗文、哈尼文、傈僳文、佤文、拉祜文、納西文、景頗文、載瓦文十九個文種。有些民族没有文字，有的是1949年後創造了文字，有的借用其他民族文字。

三、現有古籍文種

目前發現有古籍的少數民族文字有佉盧字、焉耆-龜兹文、粟特文、于闐文、突厥文、藏文、回鶻文、西夏文、契丹文、女真文、回鶻式蒙古文、八思巴字、彝文、察合台文、傣文、東巴文、哥巴文、方塊壯字、方塊白文、爾蘇沙巴文、水文、布依文、滿文。

四、文字分類

世界各種文字一般分爲象形、表意和表音三種類型。表音文字又分爲音節文字、音素文字和混合類型文字。這些類型文字在我國民族文字中均存。而從發生學的角度分析，現存民族古文字大體可分自源文字和借源文字。爲讀者參考方便，本章中僅從

---

* 本章部分内容係引用史金波、黃潤華著《中國歷代民族古文字文獻探幽》（北京：中華書局，2008年）文字，并徵得作者同意，特此説明。

發生學角度進行分類闡述。

（一）自源文字

納西東巴文，四川爾蘇沙巴文、彝文。

（二）借源文字

1.來源于阿拉米字母體系的有佉盧字、粟特文、突厥文、回鶻文、回鶻式蒙古文、滿文；

2.來源于印度婆羅米字母體系的有焉耆-龜茲文、于闐文、古藏文、八思巴字和四種傣文；

3.來源于阿拉伯字母體系的有察合台文；

4.來源于漢字系統的有契丹大小字、女真大小字，西夏文等古文字，沿用到近現代的有水書、白文、方塊壯字、侗字、布依字、仫佬字、哈尼字、方塊苗文、方塊瑶文。

第二節　自源文字

一、東巴文及其古籍

東巴文是在雲南麗江納西族地區流行的象形文字，記錄的是納西語的西部方言，一般用來抄寫納西族經書。據東巴經，東巴文是由東巴教祖"丁巴什羅"創造，其產生不晚于11世紀。納西東巴文是尚處于圖畫記事和表意文字間的象形文字符號系統，是人類文字從圖畫向符號過渡階段，在象形符號中具備表形、表音、指事、假借等文字特徵，已和最原始的圖畫文字有了明顯區別。

東巴文約有兩千多個字，而目前衹有老東巴能够書寫和誦讀。"東巴"是納西語，意爲"智者"，即納西族東巴教巫師和祭司，集宗教、語言、文字、繪畫、舞蹈、工藝、醫術等于一身，是納西族東巴文化的創造者、傳播者和繼承者。東巴文是世界上至今唯一仍在使用的象形文字，可稱作"文字的活化石"。通過其字源和字義，可以瞭解納西族的社會生活、宗教信仰。

用東巴文書寫的文獻統稱東巴經。書寫東巴經所用紙爲當地樹皮製成，質地粗厚，經文亦用當地自製竹筆和墨汁書寫，偶用鋼筆。現存東巴經內容廣博，類別多樣，按儀式或道場的不同可分爲十類，有祭山神龍王經、除穢經、祭風經、消灾經、開喪經、超薦經、祖師什羅超薦經、大退口舌是非經、求壽經、零雜經，共600餘種，著名的有《創世經》（圖一），又稱《人類遷徙記》，納西語稱《崇邦統》，被稱作納西族的史詩，內容有人類的起源、血緣家庭的形成、父子聯名、刀耕火種、陪嫁奴隸、遷徙路綫和民族關係等，歌頌了納西族祖先崇仁麗恩的英雄事迹和豪邁氣概。《東巴舞譜》（圖二）是納西族古老的舞蹈譜系，分跳神舞蹈規程和東巴舞蹈來歷，內容包括古老的動物舞、神舞、戰爭舞、法杖舞、花燈舞等，用東巴文字詳細記錄了六十多種舞蹈的數百種跳法。

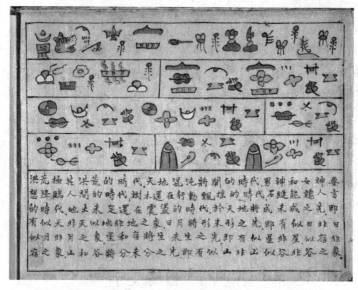

圖一　東巴文《創世經》

圖二　東巴文《東巴舞譜》

正因東巴文及其古籍在人類文明中的特殊地位，2003年，雲南納西東巴文古籍被聯合國教科文組織列入世界記憶遺產名錄。

與東巴文相對應的有哥巴文。"哥巴"，意爲"弟子"，推測最初由東巴的弟子們所使用，其產生年代晚于東巴文。現存最早的哥巴文實物是明萬曆四十七年（1619）麗江上橋頭的摩崖石刻。哥巴文基本符號除少量象形標志之外，多數是借用和簡化的漢字和東巴字。哥巴文雖爲一種文字，但其字體不固定，往往一音數字，不標注音調，尚處于不完備形態。經文有屬于祭風類的《開壇點鬼名經》，以及根據東巴文轉寫的《請陰陽神虔祝經》。

二、爾蘇沙巴文及其文獻

爾蘇人是藏族的一部，稱爲"絮拉瑪"，分布于四川涼山彝族自治州的甘洛、越西、冕寧、木里，雅安地區的漢源、石棉，甘孜藏族自治州的九龍等地。爾蘇人信仰萬物有靈，經師被稱爲"沙巴"。其語言爲爾蘇語，屬漢藏語系藏緬語族羌語支。當地使用象形文字爾蘇沙巴文來記錄沙巴使用的占卜書。此文字是尚處于初級階段的象形文字，衹有

200個左右單體字。文字形體與其所代表的事物有明顯的一致性，可從字形推知其所表述的事物。但也有少量的衍生字和會意字，用不同顏色表達不同的附加意義，在文字中常用黑、白、紅、緑、藍、黃等顏色來表示不同的字義。此文字無固定的筆順和書寫格式，亦不能準確地反映爾蘇人的語言，而是一組圖畫字，靠沙巴們加以發揮纔可解答其意義。

據說曾流行過十餘種爾蘇沙巴文經書，但目前所見衹有五種：曆書《虐曼史答》，解釋天象，預測人家禍福；占卜書《史帕卓兹》《昌巴爾刷答》《記數方位和卜卦曆書》，均用于占卦。

三、彝文及其古籍

彝族歷史悠久，距今四五千年前，居住于北方的古羌人南下，與南方土著部落融合爲"㒸"（濮），成爲彝族先民。現有彝族主要分布于四川、雲南、貴州、廣西等地，分東、東南、南、西、北、中六大方言區。各方言區語言、文字均有較大差異。彝文的起源時間説法不一，影響較大的説法認爲創建于漢代。漢文史籍中稱作"夷經""爨文""韙書""倮倮文"。在漫長的歷史歲月中，彝族創造了燦爛輝煌的文化，用彝文記録反映社會生活各個方面，留下了大量的珍貴文獻。

早期彝文書籍的産生與宗教有密切關係，主要由主持宗教儀式的畢摩創編、掌握，并在宗教領域使用。彝文書籍一般都缺乏作者或者抄寫年代。留存至今的彝文古籍大多是明清兩代刻本、抄本，還有一些碑銘，内容包括歷史傳記、家族譜牒、文學作品、天文地理、宗教祭祀等。

目前所見最早彝文文獻爲《妥阿哲紀功碑》，内容爲孔明結盟出征得勝事，碑末有建興丙午年款，爲三國蜀後主建興四年（226）。此碑文字成熟，是彝文産生于漢代的有力證據。

《宇宙人文論》是早期彝文著作，成書年代無考。全書以布慕篤仁和布慕魯則兄弟對話的方式，詳盡論述彝族先民對宇宙、人類起源以及萬物産生和發展變化的認識；對陰陽五行、天干地支，人體部位和氣血、經絡，以及天文曆算方面的全面認識。書中還記述了人們認識天地萬物，區分宇宙方位的過程。書中也詳細論述了日月運行情況，并分析了日月出没方位。書中又多用圖形加以説明。這是古代彝族對宇宙與人體的全面認識，極具學術價值。傳世有抄本，現存貴州省畢節地區彝文翻譯組。

在魏晉南北朝末或唐初，有彝族大哲人，著名的大畢摩，著有《彝族詩文論》《降妖捉怪》《黑娈阿菊的愛情與戰争》《侯塞與武瑣》等。其中，《彝族詩文論》爲發掘自貴州彝族地區的手抄本，用五言詩寫成，共分五個部分：一爲歷史和詩的寫作，二爲詩歌和故事的寫作，三爲經書的寫作，四爲醫史的寫作，五爲論工藝製作。

彝文典籍中多見歷史著作，有的反映民族發展史，有的記録家族世襲、人物和事件，有的記録人民起義。《勒俄特依》是流行于四川、雲南、貴州三省彝族地區的彝文著作，可譯爲《史傳書》，又分《母史傳》《公史傳》《子史傳》，共分十五篇，每篇自成一個完整的故事，篇與篇之間又有聯繫。書中描述天地萬物的形成、改天造地的過程及彝族先民遷徙經歷和彝族兩大支系——古侯、曲涅的譜系，爲彝族史詩性巨作。《六祖經緯史》，據內容應成書于明末清初，記述彝族從慕折至篤慕的父系31世和繼篤慕之後六祖以下主要家支世襲的核心人物及歷史事件，其中多記彝族地區古地名、風土人情。國家圖書館藏其殘本（圖三）。

圖三　彝文《六祖經緯史》

彝文典籍中宗教類文獻最多。彝族宗教認爲人死後其靈魂要回到祖先的原居地，因此要請畢摩爲死者的靈魂念《指路經》，指引亡魂回歸故鄉。因不同地區彝族的遷徙路綫不同，其送魂路綫亦不同，但終點都是同一地點——兹兹普烏（今雲南省昭通地區）。彝文《指路經》是集天文、地理、歷史、文學、藝術爲一體的大型著作。

彝文古籍多以手抄本流傳，目前所見最早木刻本爲明刻《勸善經》（圖四），彝文稱《尼木蘇》。其內容是將漢文《太上感應篇》翻譯成彝文，并在每一章節後結合彝族宗教禮俗、心理情態、社會思想、倫理道德、風俗習慣加以發揮，逐節逐條講解釋義，勸說人們行善戒惡。彝文文獻，除上述碑刻外，尚有《成化鐘》《禄勸彝文鐫字崖》《新修千歲衢碑》《水西大渡河建石橋記》《天台山崖刻》等其他金石資料。

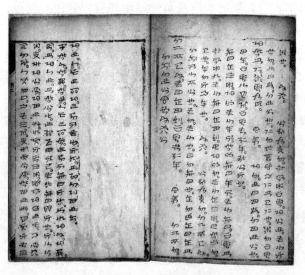

圖四　彝文《勸善經》

第三節　借源文字

一、阿拉米字母系統的民族文字

阿拉米語是古代中東地區的通用語言和波斯帝國的官方語言，記錄這種語言的文字叫阿拉米文。

（一）佉盧字及其古籍

佉盧字是一種字母，因無相應的佉盧語存在，一般不稱作"佉盧文"。佉盧字是由阿拉米文字演變而來，公元前5世紀隨着古波斯帝國大軍傳入印度河流域，用來拼寫當地居民使用的印度語支中的西北俗語——犍陀羅語，書寫方向從右向左。公元3世紀的阿育王的碑銘是現所見最早的完全成熟的佉盧字文獻。公元1世紀前後興起的貴霜王朝（45—250）使用這種文字作爲官方文字。大約3世紀時，佉盧字在其主要流行地消失，而在我國絲路南道，即在以鄯善、于闐爲中心的綠洲王國，作爲官方文字一直沿用到5世紀。

佉盧字最初傳到我國西北于闐地區，時于闐居民使用的和田-塞語屬東伊朗語組，因此佉盧字在于闐民間并不通用，而祇用于王國上層和宗教人士間。反而在鄯善國佉盧字被廣泛使用。鄯善王國位于今新疆若羌一帶，地處絲綢之路南道要衝，原名樓蘭國，爲西漢時期西域三十六國之一。所屬居民爲吐火羅人、羌人和月氏人，其中吐火羅人占據統治地位。使用語言屬于印度語族西北俗語的一支變種，被稱作鄯善俗語。公元3世紀時，接受了佛教。隨着佛教的傳播，佉盧字的書寫符號在鄯善王國被廣泛使用。因而現發現佉盧字文獻地區大多爲鄯善王國故土，時間約于3世紀上半葉至4世紀上半葉。

佉盧字的文獻主要是佛教典籍，其次是國王誥敕、帳册、契約和文書。拼寫語言是犍陀羅語，或稱尼雅方言、鄯善俗語。新疆出土的佉盧字文獻分屬于古于闐王國和古鄯善王國。

1892年法國人杜特雷依在和田購到一種寫在樺樹皮上的寫本殘卷，經研究認爲是寫于公元2世紀的佉盧字佛教經典《法句經》。此經是早期佛經，是古印度佛教徒初學入門讀物，在三國時期，約公元3世紀上半葉被譯成漢文。佉盧字《法句經》譯自巴利文，爲公元2世紀的寫本，比漢文本早一個世紀。然而，其大部分文本藏在俄羅斯聖彼得堡埃爾米塔什博物館，法國人杜特雷依所發現的則祇是其中一小部分。此爲迄今爲止發現的最早的中國少數民族文字古籍。

從19世紀末發現佉盧字文獻到20世紀80年代，大約共出土佉盧字文獻1 000多件，其中英籍匈牙利人斯坦因（M.A.Stein）獲得文獻最多。佉盧字文獻大都出土于尼雅、安得悅、樓蘭等古鄯善王國故地。其中尼雅出土佉盧字文獻最多，斯坦因收集的758件佉盧字文獻中703件爲尼雅出土。佉盧字文獻的載體較多，有樺樹皮、皮革、絹和紙等，也有個別題記寫在壁畫上，目前最常見的爲木牘。（圖五）

圖五　佉盧字《元孟八年土地買賣契約函牘》

　　林梅村教授對1875至1992年中國境內發現的佉盧字文獻及研究情況作了介紹，這是迄今所見最爲詳盡的一份目錄。據其統計，世界各地所藏佉盧字文獻如下：

　　（1）印度事務部圖書館藏佉盧字文獻，用龜兹變體佉盧字和婆羅米文書寫，出自庫車，未解讀。

　　（2）俄羅斯科學院東方研究所聖彼得堡分所藏佉盧字《法句經》等文獻，出自和田。1962年英國學者布臘夫對其照片及法國藏的同一寫本的另一部分作了全面校訂。

　　（3）法蘭西學院藏佉盧字《法句經》殘葉三張，杜特雷依獲自和田。

　　（4）瑞典斯德哥爾摩民族學博物館藏斯文·赫定收集品，主要出自樓蘭。其中一件佉盧字和帛書爲2世紀遺物。

　　（5）大英博物館和英國國家圖書館藏斯坦因收集品，主要出自尼雅、安得悦、樓蘭、米蘭、和田和敦煌等地，共758件。另有18件文書爲斯坦因1930年第四次考察所得。這些文書已經由歐洲學者校訂。

　　（6）美國收藏亨廷頓收集6件佉盧字木牘，出自尼雅，已刊布。

　　（7）法國巴黎國立圖書館藏伯希和收集品，包括許多龜兹變體佉盧字和由婆羅米文混寫的文書殘片，爲7世紀遺物，出自龜兹，未解讀。

　　（8）德國柏林國立普魯士文化遺產圖書館藏勒柯克收集品，包括大量佉盧字木牘、文書和石窟題記，出自龜兹。另有一件類似佉盧字的殘品，出自吐魯番吐峪溝。

　　（9）日本京都龍谷大學圖書館藏大谷收集品，有十多件木牘，出自和田、庫車、吐魯番等地。

　　（10）北京大學藏佉盧字井欄，出自洛陽，已斷爲三截。

　　（11）大連旅順博物館藏大谷收集品。

　　（12）釋迦牟尼青銅坐像底部佉盧字銘文，1979年陝西長安縣黄梁鄉石佛寺村（今屬西安市長安區黄良街道）出土。

　　（13）新疆維吾爾自治區博物館藏佉盧字木牘，66件，1959年出自尼雅。另一件在巴楚托庫孜薩來古城收集。

　　（14）新疆和田博物館藏佉盧字木牘，幾十件，1981年出自尼雅。

（15）中國國家圖書館藏佉盧字木牘，5件，尼雅出土。

（二）粟特文及其文獻

粟特人是隋唐時期活躍于古代阿姆河－錫爾河流域的東伊朗族人，所操語言爲印歐語系伊朗語族，所建城邦曾出現康、安、石、米、史、何、曹七國的名稱。這些城邦居民始居祁連山北昭武城，因城邦被匈奴擊破，西逾蔥嶺，到達粟特地區，皆以昭武爲姓，史稱"昭武九姓"。粟特人文明非常發達，粟特文即記錄它們語言的文字，屬于阿拉米字母體系。有幾種不同形式的字體，用來書寫不同宗教的文獻。記錄摩尼教經典的有摩尼體，有29個字母；記錄佛教經典的有佛經體，有17個字母；記錄景教經典的有古叙利亞體，有22個字母。粟特文對我國後期少數民族文字影響很大，回鶻人即借用粟特文創造回鶻文，蒙古人借用回鶻文創造回鶻式蒙古文，而滿文又借自蒙古文，所以它們之間是一脉相承的。

最早發現粟特文文獻的亦爲英籍匈牙利人斯坦因。1906年，斯坦因從敦煌以西的烽燧中發現了6封粟特文書信。其中第二封長達63行，記錄洛陽被匈奴人攻破，中原皇帝逃亡等事。因此，有的學者認爲這些書信是4世紀文物，有的則認爲是公元196年左右文物。這批書信是中國境內發現的最早的粟特文文獻。

大多數粟特文文獻的産生時代約在6至11世紀，多爲紙本文獻，亦有少數木牘和羊皮書。篇幅較長的佛經《須達拏太子本生經》共34頁，約1500行。此外，還有《金剛般若波羅蜜多經》《金光明經》《長爪梵志所問經》《青頸陀羅尼》等。這些佛經大多譯自梵文、漢文和焉耆－龜兹文，産生于8至9世紀。摩尼教經典則是譯自鉢羅婆語（帕提亞語）和安息語，産生年代約爲8至10世紀，主要文獻有《巨人書》《福音書》《國名録》及印度文學作品《五卷書》翻譯殘本。景教經典則從古叙利亞語經典中譯出，産生年代約爲6至11世紀，主要有文獻《新約》殘卷。

粟特文文獻大多在敦煌、吐魯番發現，并且多被德國探險隊所得。粟特文文獻還有一些碑銘，最重要的是蒙古國布古特發現的6世紀的碑銘和1890年在蒙古國杭愛省發現的9世紀九姓回鶻可汗碑（圖六）。前者正面及左右兩側均刻粟特文29行，直書，自左向右讀，記突厥汗國第一汗土門、木杆、佗鉢和沙鉢略可汗事迹；背面是婆羅米文字。今藏蒙古國杭愛地區博物館。

（三）突厥文及其文獻

突厥是中國古代民族，源于鐵勒。6世紀中葉以漠北爲中心在鄂爾渾河流域建立突厥奴隸制政權，最盛時疆域東至遼河以西，西至里海，北至貝加爾湖，西南至中亞阿姆河以南。公元583年分裂爲東突厥和西突厥，638年、659年，東西突厥先後統一于唐。680年，南遷的東突厥北返復國，建立後突厥汗國。744年，後突厥汗國亡于回紇，突厥各部乃大多附于回紇，其他一部西遷中亞，一部南下附唐。

突厥文于5世紀始創製，亦名鄂爾渾－葉尼塞文、突厥如尼文，是中國古代北方民族最古老的文字。突厥文是音素音節混合型文字，一般有38至49個字母，通常從右向左橫寫。此文字後來亦被回鶻、黠戛斯等族使用，通行于鄂爾渾河流域、葉尼塞河流域以及今中國新疆、甘肅境內的一些地方。

現存突厥文文獻大部分是碑銘，17世紀以來陸續被發現。1889年，以俄國人雅德林妥夫爲首的蒙古考古隊在蒙古國鄂爾渾河流域的和碩柴達木湖畔發現了兩塊石碑，經後來的研究發現此兩塊碑分別是《闕特勤碑》（圖七）和《毗伽可汗碑》。毗伽可汗是後突厥汗國可汗，闕特勤是其弟弟。唐開元十九年（731）三月闕特勤死，唐玄宗敕命爲其立碑，開元二十年立成。毗伽可汗開元二十二年十月被害，唐玄宗聞訊後，亦敕命爲其立碑，開元二十三年立成。闕特勤的侄子藥利特勤爲了紀念兩位先人的英雄偉績，在兩塊御製碑的背面和側面用突厥文銘刻了死者生平事迹和顯赫武功。此二碑與另一塊位於蒙古國巴顏楚克圖的《暾欲谷碑》（1897年發現于烏蘭巴托附近）一同被稱作突厥三大碑，是研究突厥語言文字和後突厥汗國的重要歷史文獻。

圖六　《九姓回鶻毗伽可汗碑》拓片

圖七　突厥文《闕特勤碑》拓片

後來又發現了《翁金碑》《塔拉斯碑》《蘇吉碑》《塔里亞特碑》《塞烏列依碑》等。現在發現的突厥文碑銘大概有兩百餘塊。

突厥文紙質文獻主要出土于敦煌藏經洞和新疆吐魯番等地。斯坦因在敦煌發現的《占卜書》是8、9世紀的寫本，有104頁突厥文，現藏于英國國家圖書館，編號爲Or8212（161）；另有《突厥格言》，編號爲Or8812（78），共6片，均爲殘片。

（四）回鶻文及其文獻

回鶻，在唐朝以前史書上被稱作袁紇、韋紇、烏護、烏紇等，其起源可追溯至公元前的丁零。秦漢時主要分布在貝加爾湖一帶，隋大業元年（605）始稱回紇，唐貞元四年（788）改稱回鶻，分布于現蒙古國色楞格河流域。唐天寶三年（744）回紇首領骨力裴羅統一九姓烏古斯，取代突厥，在漠北高原建立了回紇汗國，自稱骨咄禄毗伽闕可汗，使用古突厥文。840年，受黠戛斯人脅迫，回鶻西遷：一支遷到蔥嶺以西，成蔥嶺西回鶻，後成强大的喀喇汗王朝；一支遷到河西走廊，稱作河西回鶻或甘州回鶻，後來成爲河西地方土著，爲現在的裕固族；一支遷至西州（今新疆吐魯番），稱高昌回鶻或西州回鶻，西州回鶻又向西發展，以高昌（今新疆吐魯番）爲中心，建立了高昌回鶻政權，後改稱爲"畏兀兒"。西遷後的回鶻，借用粟特文，創製回鶻文，逐漸取代了古突厥文。回鶻文于15世紀後逐漸被廢棄。回鶻文對其他少數民族文字有着深遠影響。13世紀蒙古人利用回鶻文字母創製蒙古文，16世紀滿族又依蒙古文創製滿文。

回鶻文由左向右竪寫，具有寫經體、楷書體、草體和印刷體。回鶻文文獻較多，高昌回鶻王國用回鶻文翻譯了大量佛教典籍。敦煌藏經洞和新疆吐魯番等地出土了大量回鶻文文獻，其中除宗教文獻外還有社會經濟文書和文學作品。

現存回鶻文文獻有壁畫題記、紙本文獻以及石刻拓片。紙本文獻多出土于敦煌藏經洞，較爲完整者約有60件。其中有19件爲世俗文書，主要是往來書信與商品賬目之類；另有一定數量的摩尼教文獻和少量未能確定性質的宗教典籍。其餘爲佛教文獻，比較重要的有《善惡兩王子的故事》《佛説天地八陽神咒經》《阿爛彌王本生故事》等。另敦煌漢文文獻背面或前後也留有數量可觀的回鶻文文獻。

10世紀以後形成的回鶻文文獻亦頗豐，以佛教經典居多。《金光明最勝王經》是回鶻著名學者、僧人勝光法師所譯，爲10世紀譯著。《妙法蓮華經》是回鶻地區廣泛流傳的大乘佛教經典，具有十多個寫本，以鳩摩羅什所譯漢文爲底本翻譯。其他尚有《金剛經》《無量壽佛經》《大般涅槃經》等。

回鶻文《大唐大慈恩寺三藏法師傳》(《玄奘傳》)是一部典型的人物傳記譯本，別失八里人僧古薩里（勝光法師）都統據漢文本譯成回鶻文。此書于1930年前後（一説1906年）出土于新疆。其中240頁由西北科學考察團中方團長袁復禮教授購得，入藏國立北平圖書館（國家圖書館前身）；另有相當大的一部分經伯希和介紹，入藏法國吉美博物館；還有少部分爲德國人Joseph Hackin所得。國家圖書館收藏的240頁于1932年借給德國學者Annemarie von Gabain，抗戰勝利後完璧歸趙，Hackin舊藏8頁也同時入藏國家圖書館。（圖八）

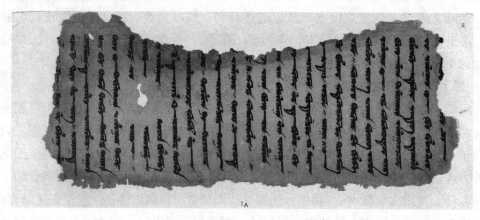

图八 回鹘文《玄奘传》

　　回鹘文文獻中尚有摩尼教經典《摩尼教徒懺悔詞》《二宗經》等、景教經典《福音書》《聖喬治殉難記》和伊斯蘭教經典《聖徒傳》《帖木兒世系譜》等。

　　回鹘文文獻中文學作品亦很豐富,其中最負盛名的是《彌勒會見記》。迄今共發現7種版本:6種爲德國考古隊在吐魯番地區發現,稱"吐魯番本",現藏于德國;一種發現于哈密,稱"哈密本",293葉586面,現藏于新疆維吾爾自治區博物館。

　　回鹘文碑刻有《土都木薩里修寺碑》,1912年出土于今吐魯番鄯善縣吐峪溝,記載了安姓僧和土都木薩里捐出土地和財產重修一座已廢的廟宇之事。原碑不知去嚮,拓片藏于國家博物館。

　　回鹘人除了留下數量衆多的寫本文獻外,他們雕版印刷和活字印刷亦很發達。留下的雕版印刷經典多爲元代刻本佛經。與之相比,更重要的是敦煌莫高窟北區伯希和編號181窟中發現的回鹘文活字共960枚,被伯希和攜回法國。後敦煌研究院清理北區時又發現48枚,加上原藏的6枚,現存世的回鹘文木活字達1 014枚。這些活字爲12至13世紀前的産物。

　　西遷後形成的喀喇汗王朝則在文化方面成爲另一體系。由于伊斯蘭教的傳入,阿拉伯語傳入喀喇汗王朝境内,于是回鹘人開始使用阿拉伯字母來取代原來的回鹘文字母,逐漸形成了一種新的用阿拉伯字母拼寫回鹘語的文字,隨之語言也被稱爲哈喀尼亞語,這是王朝主要的官方書面語。喀喇汗王朝時期,給世人留下了著名的哲理性文學作品《福樂智慧》,有回鹘文和阿拉伯字母的兩種版本。《突厥語大詞典》是世界上第一部完整、系統的突厥語詞典,現存一抄本,藏于土耳其國家圖書館;《真理的入門》是另一部哲理性文學作品,現存較全的有三個抄本:回鹘文抄本藏于土耳其伊斯坦布爾索菲亞清真寺圖書館,回鹘文與阿拉伯文合璧本藏于伊斯坦布爾圖書館,阿拉伯文與維吾爾文抄本藏于伊斯坦布爾托布卡甫圖書館。

(五)蒙古文及其文獻

　　蒙古族歷史悠久,一般認爲起源于東胡的蒙兀室韋,最早居住在額爾古納河流域的森林中，公元8世紀後開始西遷。到11世紀，蒙古諸部落分布于今蒙古國鄂嫩河、克魯倫河和土拉河上游及肯特山以東地帶。到12世紀中葉以後，連年戰爭的各部落漸被乞顏氏貴族首領鐵木真統一，1206年建立強大的蒙古汗國。

蒙古部落統一周邊民族，與他們密切來往的過程中，逐漸吸收先進文明和文化，爲文字的產生奠定了基礎。1204年，成吉思汗打敗乃蠻部落後，俘獲了乃蠻太陽汗的王傅兼掌印官塔塔統阿。此人爲回鶻人，生性聰慧，精通回鶻文字。成吉思汗讚賞其才華，讓其隨侍左右，并命教太子、諸王以畏兀兒字書國言。這種書寫蒙古語言的畏兀兒文字稱爲回鶻式蒙古文。回鶻式蒙古文使用至17世紀初，後逐漸演變成現用老蒙古文。

現存最早的回鶻式蒙古文文獻爲1818年出土自喀拉吉拉河岸的《移相哥碑》。因碑文第一行以"成吉思汗"爲始，故以"成吉思汗碑"著稱（圖九），立于1225年成吉思汗西征歸來後。現藏俄羅斯聖彼得堡艾爾米塔什博物館。

圖九　回鶻式蒙古文《成吉思汗碑》（柴劍虹老師拍攝提供）

現存最早的蒙古文紙本文獻爲以編年體叙述蒙古起源的原始傳說，一直記錄到窩闊台稱汗爲止的《蒙古秘史》，成書于"鼠兒"年。大多學者認爲是1240年，又有認爲1228年者。但此書不見蒙古文單行完本，17世紀形成的羅桑丹津《黃金史》收入其三分之二內容。西藏阿里托林寺藏有11葉殘本（圖一〇）。到明代，漢字拼寫蒙語的十二卷本《蒙古秘史》得到刊刻，稱《元秘史》，并收入《永樂大典》卷5179至卷5193中，成十五卷本。

圖一〇　蒙古文《蒙古秘史》異本（阿里托林寺藏，薩仁高娃拍攝）

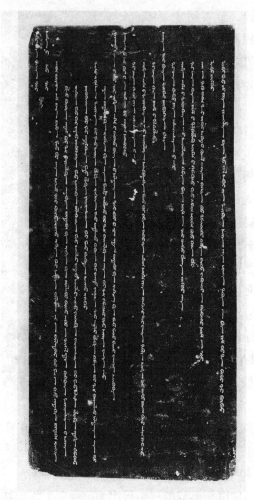

圖一一　回鶻式蒙古文《雲南王藏經碑》拓片

圖一二　14世紀刊刻回鶻式蒙古文《入菩薩行論》
（德國學者胡日查巴特爾博士提供）

回鶻式蒙古文文獻留存至今者甚少，多為碑銘、符牌、誥命等。碑文除了《成吉思汗碑》外，尚有《雲南王藏經碑》（1340。圖一一）。這是元代雲南王阿魯頒布給筇竹寺的一道令旨，碑額為八思巴字拼寫漢語"雲南王藏經碑"六個大字，碑文共20行。碑的另一面是元仁宗延祐三年（1316）的聖旨，共21行漢字。此碑現立于雲南昆明筇竹寺內。還有《釋迦院碑記》（1257）、《張氏先塋碑》、《少林寺聖旨碑》（1253—1268，三通）、《竹溫臺碑》（1362）、《濟源十方大紫微宮聖旨碑》（1240）等。

元朝時期對外交往寫的回鶻式蒙古文函件亦有留存，如《伊利汗國阿魯渾汗致腓力·貝爾函》（1289）、《阿魯渾汗致尼古拉四世函》（1290）、《合贊汗致天主教教皇函》（1302）、《完者都汗致法國皇帝函》（1305）、《蒙哥汗致法蘭西國王路易九世函》等。

國內現存回鶻式蒙古文文獻除碑銘外，紙本文獻基本出土于敦煌、新疆、黑水城遺址以及後期抄寫者。（圖一二）

早期的回鶻式蒙古文書籍還有文學作品《成吉思汗的兩匹駿馬》、語法著作《心箍》等反映蒙古本民族文化的著作。在早期蒙古文文獻中，從其他民族文化中汲取精華，翻譯成蒙古文的經典亦頗豐，如漢文的《書經》《易經》《孝經》等儒家經典均有蒙古文譯本。其中漢文蒙古文合璧的《孝經》殘本藏于故宮博物院圖書館。譯自藏文的蒙古文佛教經典亦為數可觀，并有早期傳本存世。

明太祖時期，爲加深對蒙古文化的瞭解，命翰林院侍講火源潔等人編纂了《華夷譯語》，以漢文和蒙古文合璧形式收入了大量雜字和來文；爲有序管理邊疆民族地區，明朝又編纂了《高昌館課》（圖一三）。明代，蒙古人接受西藏黄教，除了佛教經典的翻譯、蒙古文《甘珠爾》的形成，以及《本義必用經》等講述藏傳佛教在蒙古地區早期傳播史著作更加繁盛之外，《阿拉坦汗傳》等人物傳記也問世。此時蒙古史學著作頻頻成書，《黄金史綱》《黄册》等爲此期重要歷史經典。爲加强蒙古部落

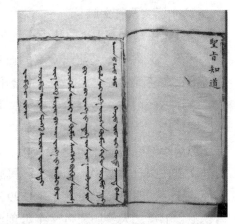

圖一三　明抄本《高昌館課》

之間的團結，又出現了《衛拉特法典》《白樺法典》等法律典籍。

　　至17世紀後，蒙古文經多次改革，發生了明顯變化。1648年，咱雅班第達在回鶻式蒙古文的基礎上創造了適合衛拉特方言的托忒蒙古文（圖一四）。

　　通行于其他地區的回鶻式蒙古文也逐漸形成了現行的老蒙古文。托忒蒙古文及老蒙古文刻本、抄本十分繁多，内容十分豐富，語言文字、歷史地理、文學藝術、醫藥醫學、宗教哲學等方面内容均有涉及。（圖一五）

圖一四　托忒蒙古文《金光明經》（内蒙古自治區社會科學院巴圖老師提供）

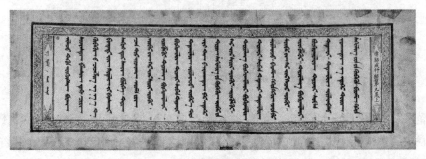

圖一五　蒙古文北京版《甘珠爾》

（六）滿文及其文獻

滿族先民爲女真人，曾建立金朝（1115—1234）。明代女真分爲建州、海西、東海三大部落。努爾哈赤是建州女真的酋長後裔，他1583年起兵，1616年基本上統一了女真各部，在赫圖阿拉建立後金。後金十年（1625）遷都盛京（今遼寧瀋陽）。1626年在攻打寧遠城戰鬥中，努爾哈赤戰死，其子皇太極即位。天聰九年（1634）十月皇太極改國號爲清，定族名爲滿洲。

努爾哈赤在位時十分重視文治。建州女真在擴張中，內部發布政令、記錄公務，對外文書往來日益增多，而無自己民族文字可用，祇能依靠蒙古語來交際，造成很大不便。于是，明萬曆二十七年（1599）二月，努爾哈赤下令創製自己民族文字，命額爾德尼、噶蓋二人參照蒙古文字母創製滿文，俗稱"無圈點滿文"或老滿文。老滿文因其本身的局限性，只通行了三十餘年。天聰六年（1632），皇太極令達海對老滿文加以改進。改進後的滿文字母旁加圈點，有了較爲完善的字母體系和拼寫法，具有區別于蒙古文字母的明顯特徵，俗稱"有圈點滿文"或新滿文。至此，滿文形體終于定型，其後二百餘年再無改變。今天所稱之滿文，多指"新滿文"。另有三十二體滿文篆字，是清乾隆十三年（1748）參照漢文篆書創製。（圖一六）

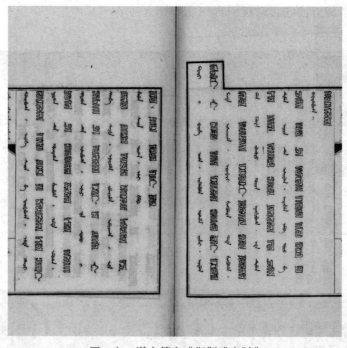

圖一六　滿文篆字《御製盛京賦》

老滿文僅使用了三十餘年，留下的文獻不多，最著名的是《滿文老檔》《國史院檔》等歷史資料。這些檔案資料反映了滿族入關之前的社會生活，其中許多資料爲漢文文獻所不記載，具有重要價值。《滿文老檔》是清入關前後金時期官方編寫的編年體歷史檔册，自公元1607年記錄，止于公元1636年。首批發現于20世紀30年代，計37册，後又發現3册，共計40册。清王朝定都北京後，《滿文老檔》隨之由盛京移至北京，存放內閣大庫，康雍朝作爲判案的查證依據。至乾隆時期，纔有了兩次大的行動：將老檔逐頁裝裱的同時，按滿文12字頭排序，并附新滿文，成《無圈點字書》；乾隆三十九年（1774）命臣抄寫老檔，至乾隆四十三年整個抄錄工作結束，前後四次共抄七部。《滿文老檔》的原檔及後來抄錄的底本、正本原藏清內閣大庫，現原檔在臺北故宮博物院，乾隆時期抄錄的底本和正本在中國第一歷史檔案館。老滿文資料還有一些碑銘、木牌。其中有名的爲位于遼寧省遼陽市太子河喇嘛園村的《大金喇嘛法師寶記》，刻于後金天聰四年（1630），陽面爲滿漢合璧，滿文爲無圈點的老滿文，碑陰爲20行漢文。碑文記載了西藏喇嘛經蒙古至後金傳播佛教，受到努爾哈赤禮遇，圓寂後皇太極爲其建塔立碑之事。

　　清代滿文被尊爲"國書"，又稱清文。清代用新滿文寫作、翻譯了大量書籍，留下了豐富的檔案碑銘等文獻。據載，清朝入關前已譯漢文典籍有十餘部，并刻有漢文《後金檄明萬曆皇帝文》、蒙古文《軍律》。順治朝起，滿文書籍進入了新的發展期，抄刻本十分豐富，譯自漢文的滿文《詩經》（圖一七）、《三國演義》《遼史》《金史》《元史》《洪武寶訓》均現刻本，滿漢文合璧的《御製人臣儆心錄》《資政要覽》《勸善要言》《太上感應篇》等著作也得到刊刻。康熙時代設立武英殿修書處，由武英殿刊印的書一般稱作"殿本"，皇家刻書業更加繁榮。據統計，武英殿修書處從成立到清末，共整理、校注、輯佚、彙編古籍和編纂新書達七百餘種，其中半數有印刷成書。滿文內府刻本更加規範，字體典雅。有些圖書用開化紙大字印刷，紙張潔白細膩，字體墨色勻潤，裝幀精美考究。康熙朝所刊印二十多部滿文書籍，有《日講四書解義》等經書，《清會典》等政書，《御製清文鑒》《御製古文淵鑒》等語言文學類書籍。雍正時期《大清律集解附例》《聖諭廣訓》等也問世。乾隆時期，對漢文儒家經典進行大規模的整理和刊印、繼續編纂聖訓、加强政書的修纂、重視史書的編修，尤其注重滿文工具書的編纂。乾隆時期一大舉措是翻譯滿文《大藏經》，并進行官印。爲此，在西華門內特立清字經館（後改爲實錄館），命和碩質親王永瑢、多羅儀郡王永璿、太子太保伯和珅、和碩額駙公福隆安作爲總裁領先其事。乾隆三十八年（1773）上諭開始翻譯滿文《大藏經》，至乾隆五十五年告成，歷時十八年。全藏共108函，2 535卷，含般若部、寶積部、大集部、華嚴部、涅槃部凡五大部類以及部分單經、密部經儀軌陀羅尼、小乘經律等。滿文《大藏經》編就後刻印了12部，現故宮博物院圖書館存有76函，臺北故宮博物院藏有32函，西藏布達拉宮藏一部全藏。乾隆時期還翻譯刻印了極具特色的佛教經典，如《大藏全咒》《皈依經》《普賢行願品經》等。

　　清代，除了官方編纂刊印的滿文書籍之外，民間書坊抄寫、刊刻的書籍亦很豐富，包括有宣揚封建倫理道德的普及讀物、四書五經、啓蒙讀物、文學作品、滿語文專業類圖書等。（圖一八）

 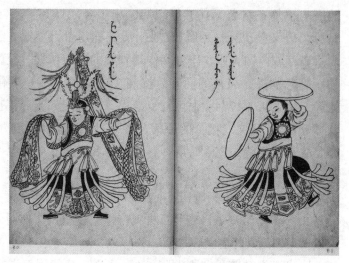

圖一七　滿文《詩經》　　　　　　圖一八　滿文《滿洲祭祀圖説》

新滿文留下的碑銘亦十分豐富，以墓碑爲主，墓主均爲清代王公貴族、文臣武將。這些碑、銘爲研究清代人物傳記和同時期相關歷史文化的重要資料。

滿文文獻中尚見有地圖類珍貴資料，如《木蘭圖式》（圖一九）等，亦具有很高的文獻價值。

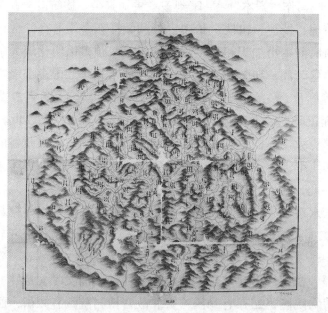

圖一九　滿文《木蘭圖式》

二、婆羅米字母系統民族文字

婆羅米字是印度最古老的字母系統，是現代印度式文字如天城文、孟加拉文、藏文的來源。最早的文獻溯源于公元前3世紀。一般認爲婆羅米字來自阿拉米文。

（一）焉耆-龜茲文及其文獻

用印度婆羅米斜體字母書寫焉耆-龜茲語的文字，從左向右橫寫，有元音字母12個、輔音字母47個，已成文字體系。約用于公元3至9世紀今新疆庫車、焉耆、吐魯番等地。焉耆-龜茲語，統稱吐火羅語，是焉耆、龜茲一帶流行的語言，前者叫吐火羅甲方言或A方言，後者叫吐火羅乙方言或B方言，均屬于印歐語系東部語群。

焉耆-龜茲文文獻載體多爲紙本和木牘，現已發現并刊布的焉耆-龜茲文文獻數量較多，種類豐富，包括佛經、文學作品、公文檔案、經濟賬目、辭書、醫書和洞窟題記、銘刻等。文學類作品中，最爲著名的是劇本《彌勒會見記》。這是焉耆佛教大師聖月（Aryacandra）由印度語梵文改編成的一部焉耆語大型分幕劇作，長達27幕。每幕都標出地點、出場人物和演唱曲調，講述彌勒佛上兜率天以及彌勒在净土的各種趣事見聞。成書于5—6世紀，可稱作中國歷史上最早的劇本。目前所見有二本，一本是20世紀初由德國探險隊發現後從新疆携往德國；另一本是1974年冬在吐魯番發現的殘卷，共44葉，現藏于新疆維吾爾自治區博物館。焉耆-龜茲文圖書還有劇本《佛弟子難陀生平》、故事書《福力太子本生故事》《六牙象本生故事》《木匠與畫師故事》等，詩歌集《箴言詩集》《摩尼讚美詩》等。佛教經典是焉耆-龜茲文文獻中數量最大的部分，較爲重要的有《法句經》《雜阿含經》《十二因緣經》《十誦比丘戒本》《托胎經》《辨業經》等。焉耆-龜茲文文獻大多收藏在國外，以德、俄、法、印等國爲較多。國內也有部分收藏。（圖二〇）

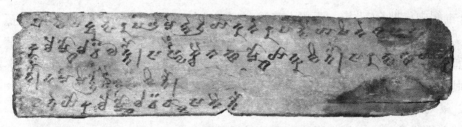

圖二〇　龜茲文木牘《酒賬》

（二）于闐文及其文獻

于闐，古代和田，位于今塔里木盆地南沿，唐代安西四鎮之一，居民屬操印歐語系的塞種人。8世紀末被吐蕃占領，9世紀中葉左右脱離吐蕃統治，在西域與哈喇汗王朝和高昌回鶻汗國鼎足而立。11世紀，人種和語言逐漸回鶻化，所操于闐塞語屬于印歐語系印度-伊朗語族伊朗語支。使用笈多王朝（約320—540）時期的婆羅米字變體記錄于闐塞語，即較爲成熟的于闐文，又稱于闐塞文。由現在發現的文獻來看，公元6世紀以前，于闐國流行漢文與佉盧字，6世紀以後，通行漢文和于闐文。于闐文文獻仍是木牘（圖二一）、木簡和紙本（圖二二）爲多。紙本主要是梵夾裝，紙葉左側有圓孔，以便穿繩相連。另一種是卷軸裝。文獻內容多爲佛經，尚有文書檔案、辭彙集和醫藥書、文學類。

图二一　于阗文木牍《舅卖甥女》

图二二　于阗文《金光明经》

（三）藏文及其文献

1. 藏文的创制

6世纪中后期至7世纪，西藏山南雅砻河流域的悉补野部落联盟强盛，经祖孙三代的努力经营，赞普松赞干布时期统一雅鲁藏布江流域和青藏高原大部，定都拉萨，建立吐蕃王朝。吞弥桑布札，松赞干布大臣，7世纪上半叶，遵赞普之命，与十五名藏族青年赴印度学习，回藏后参照梵文结合藏语实际情况创制了藏文。

2. 藏文的厘定

随着佛教发展，大量佛经流入藏地并被进行翻译。为满足翻译佛经、统一佛经术语等所需，藏文历史上有过三次厘定，分别是8世纪中叶—9世纪初叶，9世纪中叶，11世纪初叶。

（1）第一次厘定：从8世纪中叶赤松德赞（742—797）至9世纪初叶赤德松赞（？—815）时期，是藏文首次厘定规范时期。这一时期出现了著名的九大译师，其中白若杂纳根据当时译语的发展和规范需要，编写了规范译语的翻译工具辞书《梵藏词典》，也称作《翻译名义大集》。这是藏文辞书史上的一个里程碑。814年，在此辞书基础上又编了《语合二章》，也叫《声明学要义二卷》。

（2）第二次厘定：吐蕃赞普赤祖德赞（热巴巾，803—841，即汉文文献《唐书》所记的可黎可足）时期，集藏、印度著名译师，专设译场，统一译名，规定译例，校订旧译经典，新译显密经典，进一步对藏文进行规范。藏史称此为第二次厘定规范。这次规范中形成的藏文结构、拼写规则、创造新词语、表达新概念的规则至今未变。

（3）第三次厘定：吐蕃末代贊普郎達瑪滅佛後，其五世孫阿里古格王意希沃之子大譯師仁欽桑布（958—1055）同入藏的天竺班智達善護、德護、智護一起，共同修訂文字，厘定新譯語。藏史稱此爲第三次厘定規範。

藏文自産生至今，共出現了40多種字體。15世紀以後，常用的有7種，其餘自行消亡。而我們常見的有烏金體（楷體）和烏梅體（草體）。

3.藏文古籍

藏文古籍在現今民族文字古籍中數量最多，按時代可分爲吐蕃時期的古藏文文獻和13至20世紀初的藏文文獻。古藏文文獻主要有四類：一是寫本，如敦煌寫卷；二是金石銘刻；三是簡牘；四是西夏時期刻寫本。文獻載體有石材、金屬、木質、樹葉、樹皮、墻壁、皮革、陶瓷、紙張等。

藏文古籍内容包羅萬象，涵蓋大小五明。

大五明：工巧明，即工藝學；醫方明，即醫學；聲明，即聲律學；因明，即正理學，亦稱邏輯學；内明，即佛學。小五明：修辭學、辭藻學、韻律學、戲劇學、曆算學。

可分爲四大類：大藏經類（《甘珠爾》《丹珠爾》）、文集類、叢書類、綜合類。

藏文古籍裝幀形式有卷軸裝、經摺裝、梵夾裝、綫裝、縫繢裝。

版本常見的有寫本（抄本）、北京版、德格版、納塘版、塔爾寺版、拉薩版等。

4.敦煌藏文文獻

現存最早的藏文古籍依然是敦煌藏經洞出土吐蕃時期文獻，吐蕃占領敦煌時期翻譯、抄寫的佛教經典和社會歷史文書約80個包裹、11個藏文貝葉夾本包。

80個包裹古藏文文獻中不乏罕見的藏文佛教經典，如敦煌本藏文《天地八陽神咒經》、法成譯《善惡因果經》等祇收《大藏經》的疑僞經。然而，如此珍貴的早期文獻却未能留存于國内。

首次踏訪敦煌藏經洞的外國人是英籍匈牙利人斯坦因。很多人認爲他不是學者，所以從王道士手裏所拿到的祇是外表美觀的或者完整的經卷。其實不然。我們看敦煌藏文文獻，英藏部分裏還有很多珍籍，如S736號《南語文獻》，這是一種未知語言的藏文音譯或轉寫本；S51、S52號《入無分別總持經》，S205號《錫杖經》，S213《時非時經》等，均爲早期譯本，充分反映該經文初譯時的原貌。尤其最後者，《大藏經》未收，存世稀見。

1908年春，法人伯希和步斯坦因後塵拜訪藏經洞。他身爲漢學家，深知此批文獻的價值，因此說服王道士，親入17號洞，在那裏翻檢經卷三個星期。他給自己制定挑選經卷的標準有三：一是有年代和題記的文書，二是佛教《大藏經》未收的佛教文獻，三是漢文之外的各種民族文字材料。

依照伯希和制定三個標準，他所拿走的經卷無論從數量上，還是品質上遠遠超出斯坦因劫走的部分。就藏文文獻而言，更是無與倫比，其中不祇有文字性的，還有繪圖類文獻。

英國和法國藏敦煌藏文寫卷共有5 000餘件，劫餘2 000餘件散藏于國内敦煌、蘭州以及國家圖書館。（圖二三）

圖二三　藏文敦煌寫本《大乘無量壽宗要經》

5.藏文《大藏經》

藏文《大藏經》分《甘珠爾》和《丹珠爾》。

藏文《甘珠爾》刻本有9種，寫本有3種。藏文《大藏經》形成之前先形成了三大目録。

贊普赤松德贊（742—797）時期，組織人員將當時已經翻譯的全部佛典，先後編成著名的三大目録，即《旁塘目録》《欽浦目録》和《丹噶目録》。這三大目録爲後期系統編纂藏文《甘珠爾》和《丹珠爾》打下了堅實的基礎。其中《旁塘目録》有單行本流傳，《丹噶目録》收在德格版《丹珠爾》中，《欽浦目録》已不存。目前所見刻本《甘珠爾》有：

（1）永樂版《甘珠爾》（1410），106函，最早的《甘珠爾》刻本。

（2）萬曆版《甘珠爾》（1605），106函，永樂版《甘珠爾》的覆刻本。

（3）理塘版（麗江版）《甘珠爾》（1608—1621），108函，雪域藏地最早的《甘珠爾》刻本。

（4）北京版《甘珠爾》（1684—1692），105函。

（5）納塘版《甘珠爾》（六世達賴時期至公元1731年），100函，衛藏地區最早的《甘珠爾》刻本（圖二四）。

（6）卓尼版《甘珠爾》（1721—1731），108函，安多地區最早的《甘珠爾》刻本。

（7）德格版《甘珠爾》（1729—1733），103函，木刻原版現存德格印經院并仍在印刷流通。

(8)外蒙庫倫版《甘珠爾》(1908—1910),104函,國外唯一的《甘珠爾》刻本。
(9)拉薩版《甘珠爾》(1920—1934),100函。

圖二四　藏文納塘版《甘珠爾》

6.豐富多彩的藏文古籍

作爲我國少數民族文字古籍中存量最多的一種,藏文古籍存世十分豐富,涵蓋大小五明所有內容。從8世紀古藏文文獻,經元明清衆多抄刻本(圖二五),到民國時期刊刻的拉薩版《大藏經》,時間跨度極大。從書寫材質上看,除了大量的紙質文獻外(圖二六),還有數量可觀的金銘、石刻(圖二七)、木簡以及樺樹皮文獻等;除常用墨汁書寫外,尚用到金銀汁等多種礦物質顏料(圖二八)。

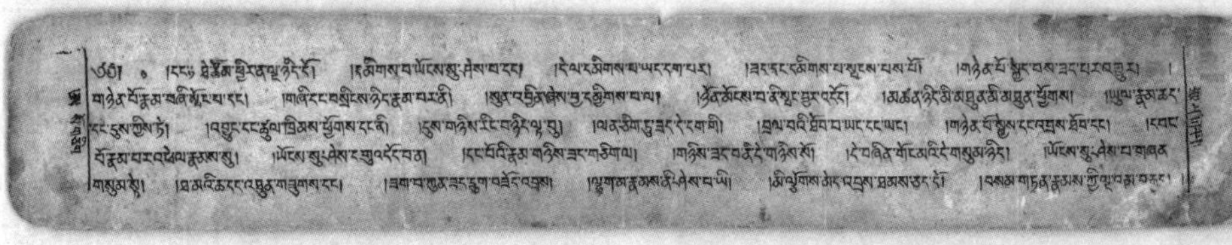

圖二五　藏文元刻《阿毗達摩俱舍論》(西藏切嘎曲德寺藏)

圖二六　藏文明刻《藥師佛八如來壇場經》

圖二七　公元823年《唐番會盟碑》(薩仁高娃拍攝)

圖二八　藏文《聖般若波羅蜜多能斷金剛大乘經》

（四）八思巴字

1260年蒙古忽必烈即位，封西藏八思巴爲國師，命其創製新字，于至元六年（1269）頒行，此即以藏文字母爲基礎所造的八思巴文。八思巴文作爲元朝官方文字，譯寫過多種語言，行用一百一十餘年，但因種種原因，未能普遍推廣，元亡後漸被廢棄。所存文獻多爲碑銘、符牌等（圖二九）。

（五）傣文及其文獻

傣族是跨境民族，在我國境内主要居住在西雙版納傣族自治州、德宏傣族景頗族自治州以及耿馬傣族佤族自治縣、孟連傣族拉祜族佤族自治縣等地。

傣族有自己的文字，用來記録傣族語言。傣語屬漢藏語系壯侗語族壯傣語支。傣文是在13至14世紀左右隨着小乘佛教的傳播在傣族地區逐漸流行的。歷史上有四種形體不同的文字，即傣仂文（西雙版納傣文）、傣納文（德宏傣文）、傣繃文和傣端文（金平傣文），皆從梵文演變而來。其中以傣仂文歷史最爲悠久，據史書記載，始用于1277年。留存文獻中，以此種文字書寫者最爲豐富，多用鐵筆刻于貝葉上。傣納文（德宏傣文）約始用于14世紀，此種文字的古籍皆爲紙質寫本。傣族信仰小乘佛教，傣文古籍以佛教經、律、論爲主，但世俗文獻也相當豐富，政治、法津、文學、歷史、天文曆法、醫療、科技等方面都有涉及。（圖三〇）

圖二九　八思巴文《天寧寺帝師法旨碑》拓片

三、阿拉伯字母系統民族文字：察合台文

察合台是成吉思汗次子，其封地在天山南北路及阿姆河、錫爾河之間。13世紀初建立察合台汗國，1347年分裂爲東西兩部分。西察合台汗國所轄即今中亞烏茲別克斯坦、塔吉克斯坦、吉爾吉斯斯坦、哈薩克斯坦諸國及阿富汗北部地區，1370年演變爲帖木爾汗國。東察合台汗國包括今新疆及哈薩克斯坦的一部分，是由察合台的後裔禿黑魯帖木爾建立，這是第一個接受伊斯蘭教的蒙古汗王。在其統治下，天

圖三〇　傣文《大藏經》

山以北有約16萬蒙古人接受了伊斯蘭教。從此伊斯蘭教在新疆日益發展。

從14世紀開始，新疆和中亞地區的突厥語民族在喀喇汗王朝維吾爾語的基礎上逐步形成了一種共同的、超方言的書面語，由於伊斯蘭教的關係，這種書面語受到阿拉伯語和波斯語的深刻影響，採用阿拉伯文的28個字母和波斯文的4個字母進行拼寫。這種文字通行于察合台汗國，是該汗國的官方書面語，故稱察合台文。

在察合台文通行的幾百年中，出現了許多著名的思想家、文學家、詩人和科學家，留下大量文獻資料，其內容涉及哲學、宗教、文學、歷史和自然科學等多方面。

著名的有《納瓦依詩集》（圖三一）、《拉失德史》《突厥語大詞典》《福樂智慧》《真理的入門》《情之所鍾》等。留存至今者幾乎都是晚期抄本和印本。

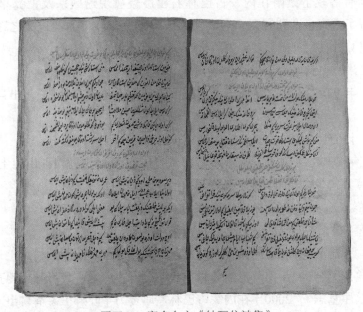

圖三一　察合台文《納瓦依詩集》

四、漢字系統的民族文字

（一）契丹文及其文獻

早在公元4世紀，契丹人就遊牧于西喇木倫河和老哈河一帶。有史以來分爲八部，八部中迭剌部經濟發展最快，勢力最強，著名的阿保機是迭剌部人，于後梁開平元年（907）即契丹汗位，916年稱帝建國，國號契丹，建元神册。契丹會同元年（938）阿保機之子耶律德光改國號爲大遼。遼朝于1125年被金朝覆滅。

契丹原無文字，耶律阿保機稱帝後，于神册五年（920）正月，命耶律突呂布和耶律魯布古等創製契丹文字。這種文字沿用漢字橫平豎直等書法特點，還直接借用了一些筆畫簡單的漢字。這種文字大約有三千多個，歷史上稱爲契丹大字。契丹大字中有的像漢字一樣，一字一個音節，有的則數字一個音節，每字代表一個音素。契丹大字并不適合契丹語音節較多、語法中有粘着詞尾的特點。于是，天贊年間（922—926）遼太祖之弟迭剌創製了另一種契丹文字，史稱契丹小字。此文字是拼音文字，基本上是音素文字。

契丹大小字創製後，與漢文同時流行于遼國，但契丹文使用範圍并不廣泛，很多契丹人習慣使用漢文。金滅遼後，契丹字還通行了一段時間，直到金明昌二年（1191），金章宗下令廢止契丹字。此後，西遼地區仍使用契丹字，蒙古滅西遼後，契丹字最終被廢棄。

遼太祖阿保機十分重視本民族歷史的纂修，仿照宋朝成立國史院，設國史監修官。所修國史包括起居注、日曆、實錄等，并用契丹文翻譯了《貞觀政要》《五代史》《通曆》《陰符經》《方脉書》等漢文典籍。契丹字還用于外交書函、著諸部鄉里之名、書寫詩歌、刻石記功，甚至還用于考試。然而，至今留下的契丹文文獻仍以碑銘爲主。1922年，比利時傳教士凱爾在内蒙古巴林右旗慶陵發現遼興宗及仁懿皇后哀册，于1930年又發現了道宗皇帝和宣懿皇后哀册，破解了沉寂多年的契丹文之謎，并將哀册與《郎君行記》對照，糾正了多年來將後者認爲女真文的誤識。

契丹大字銘刻有：

遼咸雍八年（1072）刻立《大遼大黄帳蘭陵郡夫人建静安寺碑》，出自内蒙古寧城縣十家子村；

遼重熙二十五年（1056）刻《故太師銘石記》；

遼大安五年（1089）刻《蕭孝忠墓志》，1951年遼寧錦西縣西孤山出土；

《耶律延寧墓志》，1964年遼寧朝陽縣柏樹溝出土；

《蕭袍魯墓志》，1965年遼寧省法庫縣柏家溝鄉前山村出土；

《北大王墓志》，1975年内蒙古阿魯科爾沁旗沙日温都發現；

《耶律習涅墓志》，1988年内蒙古巴林左旗烏蘭達壩蘇木浩爾圖村出土；

《耶律祺墓志》，1993年内蒙古阿魯科爾沁旗罕蘇木蘇木古日班呼碩嘎查出土；

《永寧郡公主墓志》，2000年在内蒙古巴林左旗寶力罕吐鄉王家溝村出土；

金大定十六年（1176）《李愛郎君墓志》，已故賈敬顏先生舊藏拓片；

契丹小字碑刻有：

遼天會十二年（1134）刻《大金皇帝都統經略郎君行記》，碑在今陝西省乾縣司馬道村乾陵前；

《興宗皇帝哀册》，1922年內蒙古巴林右旗索博日嘎蘇木遼永興陵發現；

《仁懿皇后哀册》，1922年內蒙古巴林右旗索博日嘎蘇木遼永興慶陵發現；

《道宗皇帝哀册》，1930年內蒙古巴林右旗索博日嘎蘇木遼永福慶陵發現（圖三二）；

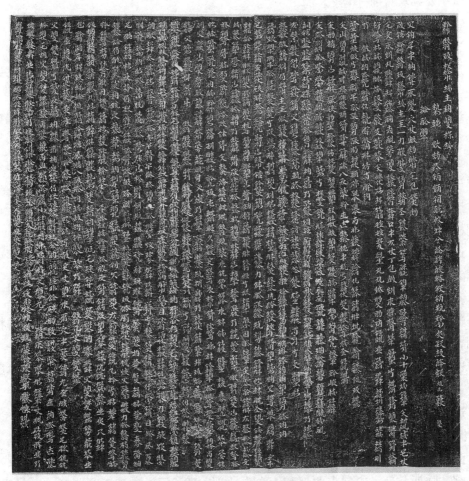

圖三二　契丹文《道宗皇帝哀册》拓片

《宣懿皇后哀册》，1930年內蒙古巴林右旗索博日嘎蘇木遼永福慶陵發現；

《蕭令公墓志》，1950年遼寧阜新市清河門出土；

《故耶律氏銘石》，1969年內蒙古翁牛特旗毛不溝村出土；

《蕭仲恭墓志》，1942年在河北省興隆縣梓木林子村發現；

《許王墓志》，1975年遼寧阜新蒙古族自治縣流井溝出土；

《耶律仁先墓志》，1983年遼寧北票市蓮花山出土；

《耶律宗教墓志》，1991年遼寧北鎮市鮑家鄉高起村出土；

金大定十年（1170）刻《金代博州防禦使墓志》，1993年內蒙古敖漢旗新地鄉老虎溝村出土；

《海棠山墓志》，1991年發現于遼寧阜新蒙古族自治縣海棠山；

遼乾統八年（1108）刻《澤州刺史墓志》，1994年發現于內蒙古巴林左旗三山鄉南溝村；

遼大安四年（1088）刻《耶律永寧郎君墓志》，1995年發現于內蒙古赤峰市喀喇沁旗宮營子鄉鄭家窩鋪村楊家北溝；

《耶律弘辯墓志銘》，1996年內蒙古紮魯特旗烏日根塔拉4號遼墓出土；

遼大安八年（1092）刻《耶律迪烈墓志銘》；

遼乾統十年（1110）刻《義和仁壽皇太叔祖哀冊》《故宋魏國妃墓志銘》，1997年內蒙古赤峰市巴林右旗索博日嘎蘇木瓦林茫哈遼慶陵陪葬墓耶律弘本墓出土；

遼大康八年（1082）刻《耶律慈特墓志》，1997年內蒙古阿魯科爾沁旗白音溫都蘇木沙日寶特嘎查出土；

遼大安十年（1094）刻《耶律智先墓志銘》，1998年遼寧省北票市小塔子鄉蓮花山村出土；

遼壽昌五年（1099）刻《耶律奴墓志銘》，1999年遼寧省阜新蒙古族自治縣大板鎮腰衙門村出土；

遼乾統元年（1101）刻《韓敵烈墓志》，1996年內蒙古赤峰市巴林左旗白音罕山韓匡嗣家族墓出土；

《韓高十墓志》，1995年內蒙古赤峰市巴林左旗白音罕山韓匡嗣家族墓出土；

遼壽昌六年（1100）刻《室魯太師墓志碑》，2000年發現于內蒙古通遼市紮魯特旗伊和背鄉水泉溝；

遼乾統二年（1102）刻《耶律副署墓志》，1996年內蒙古阿魯科爾沁旗罕蘇木蘇木古日班呼碩嘎查耶律祺家族墓出土；

遼大康四年（1078）刻《蕭特每闊哥駙馬第二夫人韓氏墓志銘》。

（二）西夏文及其文獻

西夏（1038—1227）是以党項族為主體建立的封建王朝，其地域包括今寧夏、甘肅大部，陝西北部，內蒙古西部和青海東北部。1032年，夏主李德明之子元昊繼位，取締唐宋賜其祖的李、趙姓，改用党項姓"嵬名"。1036年，元昊命大臣野利仁榮借用漢字創製蕃文，以記錄党項族語言，并尊為國字，"教國人紀事用蕃書"，在境內推行。共有六千餘字，元代稱河西字，後世稱西夏文。西夏文不僅在整個西夏時期使用，西夏滅亡後仍沿用了數百年之久。西夏文文獻數量豐富，種類繁多，其內容涵蓋佛經、漢文典籍譯作、法律、歷史、文學、辭書等各方面，還有碑銘、官印、錢幣等。

西夏文自創製之日起，在各種領域被廣泛使用。西夏首先從中原翻譯儒家經典，在現存的西夏文古籍中發現了刻本《論語》、寫本《孟子》《孝經》。同時，西夏將中原地區有較大影響的史書、類書和兵書翻譯成西夏文,如將《貞觀政要》譯成西夏文時改稱爲《得事要文》,并刻印出版;如將《類林》全部譯成西夏文,并刻印出版;《孫子兵法三注》《六韜》《黃石公三略》等兵書也被譯成西夏文。

西夏翻譯漢籍更多的是佛經。西夏在11世紀30年代至70年代之間曾先後六次向宋朝贖取《大藏經》,并利用50多年時間,將漢文《大藏經》譯成西夏文本,稱作"蕃大藏經",收820部3 579卷經。西夏時期所翻譯的單經,數量龐大,刻本、寫本、活字本皆存。國家圖書館藏《西夏譯經圖》(圖三三)生動描繪了西夏惠宗時期(1068—1086)譯經的真實情況。

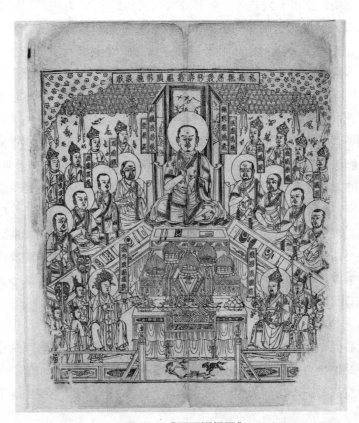

圖三三 《西夏譯經圖》

西夏時期,用西夏文編纂了諸多經典,韻書《文海寶韻》《音同》《五音切韻》,史書《實錄》《奉使日記》《夏國世次》,法典《天盛改舊新定律令》《貞觀玉鏡統》,類書《聖立義海》,蒙書《番漢合時掌中珠》《新集碎金置掌文》,辭書《纂要》,文學作品《新集錦合辭》,曆書《儀天具注曆》,醫書《治熱病要論》《明堂灸經》,以及本土撰寫的諸多佛經,刻本、寫本、活字本皆有存,充分反映西夏本土文明的發達、本土文化的繁榮。

1227年,建國近兩百年的西夏王國被蒙古鐵騎覆滅,西夏文字的地位也一落千丈,文獻典籍漸被湮没,從而消失在人們的視野內。對于西夏文的重新認識,最早始于19世纪初，清朝著名西北史地學者張澍在武威發現西夏《重修涼州護國寺感應塔碑》，不僅使這一重要文物重現于世，也使消亡已久的西夏文又為世人所知。然而，西夏文獻的大批出土，應始于黑水城遺址的發現與挖掘。黑水城是西夏在西部地區重要的農牧業基地和邊防要塞，是元代河西走廊通往嶺北行省的驛站要道，也是西夏、元代在黑水流域沙漠中的一片綠洲。14世紀因黑水河改道北流，黑水城被沙漠吞噬，成為無人居住的死城。到了19世紀，這無人聞知的神秘遺址——黑水城却引來了眾多外國探險家的關注。

1908年，俄國探險家科兹洛夫（П.К.Козлов）受沙皇指派，率隊到中國北部考察，其主要目標就是黑水城。考察隊在城內的街區、寺廟遺址上很輕易地就挖出了十多箱文物文獻，包括絹質佛畫、錢幣等。考察隊將挖掘物經蒙古驛站運往俄國聖彼得堡後，便離開了黑水城。這批文物中那些沒有人認識的文字和造型獨特的佛像讓聖彼得堡的俄國地理學會當即做出決定：科兹洛夫探險隊放棄原計劃深入四川考察的行動，立即返回黑水城，不惜一切代價，集中人力、物力對黑水城展開更大規模的挖掘。

1909年6月，科兹洛夫又率領考察隊進入黑水城遺址。由於在城區內收獲不大，科兹洛夫便將目光投向了城外的一座距古城西墻約400米、位于幹河床右岸的大佛塔。此次考察具有劃時代的意義。考察隊員打開了佛塔，塔內從上部到基座擺滿了大量的文物、文獻，他們似乎找到了一座古代的博物館和圖書館。這些珍寶被運到聖彼得堡後，文獻資料存放在當時的聖彼得堡亞洲民族博物館，即今天的俄羅斯科學院東方研究所聖彼得堡分所，文物存放在艾爾米塔什博物館。

此次發現，被譽為和殷墟甲骨文、居延漢簡、敦煌遺書并稱的20世紀初最為重大的考古發現，為西夏學和其他各項研究奠定了材料學的基礎，并形成泱泱大觀的嶄新學科。俄藏黑水城文獻以西夏文獻為主，數量巨大，多達8 000多個編號。2002年由上海古籍出版社出版了《俄藏黑水城文獻》11册。

步科兹洛夫後塵，英籍匈牙利人斯坦因在第三次西域考察活動中，即1914年也到黑水城尋找發掘，得到不少西夏遺物。此部分遺物現藏于英國國家圖書館，編號達4 000號以上，2005年由上海古籍出版社出版了《英藏黑水城文獻》4册。

之後美國人華爾納、法國人伯希和、瑞典人斯文赫定等人先後到達黑水城，均收獲頗豐。

1917年或1919年，寧夏靈武縣修葺城墻時掘得五個瓦罐，內有許多西夏文寫本和刻本經典（圖三四），之後被輾轉送抵官署，間有10多卷流失到日本、美國、法國等。到1929年由當時北平圖書館收購（圖三五）。

1990年11月下旬，在賀蘭縣金山鄉拜寺溝深處挺立了900多年的西夏方塔被不法分子用炸藥炸毀。第二年8月，寧夏文物考古研究所對古塔廢墟進行了歷時一個多月的清理發掘，發現了一批極為珍貴的文物，是1949年後出土西夏文獻最多的一次考古發現。最重要的發現當屬古塔廢墟中出土的西夏文佛經《吉祥遍至口和本續》。專家研究發現，此經不僅是藏傳佛教密宗經典中最早的印本，而且在海內外也屬孤本。這批珍貴文獻現收藏于寧夏文物考古研究所。經多方努力，2006年起，由上海古籍出版社開始

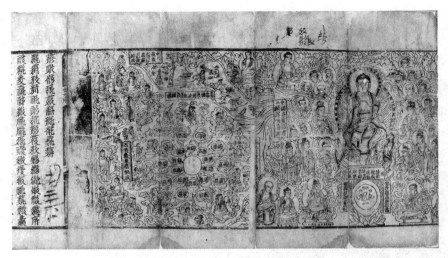

圖三四　西夏文《金光明最勝王經》

出版大型圖集《中國藏西夏文獻》。

　　2015年，國家圖書館從寧夏私人手中購藏一批西夏文獻，可稱近百年來首次大批量出現的西夏文獻，含刻本、寫本及活字本，内容多爲世俗文獻，很多内容可填補西夏書籍史空白。現正由國家圖書館修復師們加緊修復，以儘早公布于世，供西夏學界廣泛研究。

　　（三）女真文及其文獻

　　女真族先民商周時期稱作肅慎，漢代稱挹婁，南北朝時稱勿吉，隋唐時爲靺鞨，自遼代起纔使用女真一名。遼太祖征服女真後將一部分納入其直接統治之下，是爲熟女真和回霸女真；另一部分發展較緩慢的叫生女真。生女真中以完顔部爲核心的部落聯盟最爲强大，其部逐漸統一了生女真。

圖三五　西夏文《大方廣佛華嚴經》

　　遼天慶三年（1113）十月女真族首領康宗死，次年其弟阿骨打起兵反遼，天慶五年正月建國稱帝，國號大金，年號收國，國都會寧（今黑龍江哈爾濱市阿城區白城）。十年後與北宋聯合滅遼，兩年後又滅宋。金貞元元年（1153）遷都燕京，國界北至外興安嶺，南至淮河，東臨大海，西與西夏、蒙古相鄰，與西夏、南宋分掌中國一百餘年。

　　女真人原無文字，阿骨打建國後命丞相完顔希尹創製文字。完顔希尹依漢文和契

圖三六　女真文《奧屯良弼餞飲題名跋》

圖三七　《女真進士題名碑》拓片

丹字，于天輔三年（1119）製成女真字。金王朝爲了推行女真字，在上京和各路府設立了專門學校，置教官教授文字。這些學校中學習女真語的課本是完顏希尹編撰的《女真字書》。

據史料記載，女真文也有大小之分，但傳世女真文文獻祇有一種，難以斷定其爲大字還是小字。當時譯自漢文經典的女真文圖書有《易經》《書經》《孝經》《論語》《孟子》《老子》《劉子》《楊子》《列子》《文中子》等，還有史類圖書《貞觀政要》《新唐書》《史記》《漢書》等，但未能留存至今。女真文文獻留存下來的亦多爲金石碑銘：金世宗大定七年（1167）三月刻《海龍女真國書摩崖》、金世宗大定二十五年刻《大金得勝陀頌碑》、金大安二年（1210）刻《奧屯良弼餞飲碑》（圖三六）、金興定二年（1218）七月刻《北青摩崖》、金哀宗正大元年（1224）刻《女真進士題名碑》（圖三七）、《慶源碑》等。尚存紙質文獻有《女真字書》、黑水城出土文獻殘葉等。

（四）方塊白文及其文獻

白族主要居住在雲南省西北部以洱海爲中心的大理白族自治州。大理素有"文獻之邦"的美稱，其先民漢晉時期被稱爲"昆明"、唐代稱"河蠻""松外蠻""白蠻"。漢武帝時期，在大理設置了葉榆縣。唐代的南詔國、宋代的大理國均在大理設都，大理一度曾是雲南政治、經濟、文化中心。

白族語言屬漢藏語系緬語族彝語支，有南部、中部和北部三種方言。白族從唐代開始曾使用以漢字爲基礎的方塊白文，以記錄白語。爲了與後來新創製的拉丁字母白文相區別，人們通常將其稱作"方塊白文"。古代用白文書寫的書籍如《白古通記》等已失傳，現存的白文有紙本文獻、石刻碑文和銅器銘文，時間約在10至15世紀。存世的有12世紀刻于銅像背部的《段政興資發願文》、14世紀的《段信苴寶摩崖》、15世紀的《詞記山花·詠蒼洱境碑》《故善士楊宗墓志碑》《故善士趙公墓志》《處士楊公同室李氏壽藏碑》等。

1956年在大理市鳳儀縣發現了古本佛經3 000多卷册，内有南詔大理國時期（937—1253）的寫本佛經共20卷。最有代表性的是寫經《仁王護國般若波羅蜜多經·囑果品第八》，爲卷軸裝，正文有1 800多個漢字，旁注方塊白文1 700字，白文疏記4 300字。

（五）水文及其文獻

水族主要聚居在貴州省三都水族自治縣一帶，少數散居在廣西西部。水族遠祖是古代"百越"的一支，唐宋時與壯、侗各族一起被統稱爲"獠"，北宋時期在水族居住地區設"撫水州"，"水族"之稱最早見于明代史籍，清代多稱其爲"水苗家""水家"等。

水族語言屬漢藏語系壯侗語族水語支。水書是記録水族語言的文字，稱爲"泐雖"，"泐"爲文字，"雖"即水家。水書共400至500個單字，有的是圖畫字，有的類似甲骨文，有的是方塊字，其中一部分直接借用漢字以諧音。在讀音上或一字多音，或一字雙音節，或文白音同義不同。水書文獻多爲水族先民卜筮的宗教文化典籍，源于《周易》，宋時受《象吉通書》影響，趨于定型，明清時發展到極盛。水族古代天文曆法較發達，留下相關文獻較多。另有記載農事、征戰等方面的圖書。《曆法》（圖三八）是寫于清嘉慶年間的水書，内有四季的時令和節氣，以夏曆九月爲正月，謂"端月"，以十二支紀年。月份以數字表示，年、日、時辰用干支表示。《論攻守》（圖三九）是記録戰争的水書，寫于清嘉慶年間，内容爲作戰陣法。另有寫于清代的《農事占卜》，記録農事吉凶事宜。

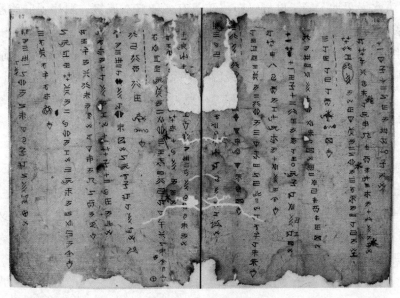

圖三八　水書《曆法》

图三九　水书《论攻守》

（六）古壮文及其文献

壮族世居广西、云南一带，源于古越人，为我国人口最多的少数民族，不同地区的壮族有"布壮""布土""布越""布侬"等十几个不同的自称。状语属汉藏语系壮侗语族壮傣语支。历史上，壮族先民学习汉字形、音、义的规律，模仿汉字"六书"造字法，创制与壮族语言语音相一致的"方形壮字"，又称"方块字"或者"土俗字"。壮族民间普遍用它来记录或书写神话、故事、传说、歌谣、谚语、剧本、楹联、碑刻、药方、家谱、契约、经文等。壮族众多文学作品均用古壮字记录下来并流传至今。

古壮字书籍以当地灌木纱皮制成的纱纸抄写，质地洁白柔韧、防潮、防蛀。《摩则杜》是壮族远古创世神话，共36篇，全为五言律诗，内容反映壮族先民对客观世界朴素、天真的理解和诠释。包括"分天地""分阴阳""分生殖器""只让人讲话""两兄弟厮杀""洪水漫天地"等。麽经《布洛陀》有多种写本流传，记录了壮族麽教仪式、经文、教义，反映了壮族古代先民世界观、宇宙观、道德观和人生观，寄托了壮族人民对美好生活的意愿和追求。《毛洪》是壮族七言叙事诗，抄写于清咸丰之前，叙述某朝尚书张某与翰林毛某为儿女订婚，后因毛家家破人亡，张家悔婚，欲将其女另嫁萧某的故事。另还有合订本的《董永》和《舜儿》，其中包括《董永唱故事诗歌》44页，叙述董永和天仙女悲欢离合的爱情故事。

（七）布依文及其文献

布依族历史悠久，自古居住在南北盘江、红水河流域，所操布依语属于汉藏语系壮侗语族壮傣语支，与同语支的壮语北部方言比较接近。1949年以前的文字大致有三种：一种是方块布依字，一种是拼音型文字，一种是在宗教典籍中发现的文字符号。1949年后，政府以拉丁字母为基础为布依族创制了新文字。现存布依族古籍多为借用汉字的方块布依文来记录，内容丰富多彩。

附：多文種古籍

歷史上，隨着多民族文化的發展與多元文明的交融，祖國文化寶庫中出現了一批多文種合璧的文獻，最早的見于元代碑刻當中。如上述回鶻式蒙古文和八思巴字碑刻多與漢文合璧，以記錄相關事宜。元順帝至正八年（1348）立《莫高窟造像記》（圖四〇）碑額爲"莫高窟"三個漢字，其下爲梵文、藏文、回鶻文、八思巴字、西夏文、漢文六字真言。明代，爲學習少數民族語言，編寫多文種《譯語》，并以多文種刊刻多種古籍。明宣德六年（1431）刻《諸佛菩薩妙相名號經咒》有漢文、梵文、藏文、蒙古文序，正文内容以藏文、蒙古文組成，尤其《聖救度佛母二十一種禮讚經》（即《二十一救度佛母讚》，圖四一）爲漢文、梵文、藏文、蒙古文合璧，是繼内蒙古阿爾吉洞中該文獻梵文、藏文、蒙古文合璧本後又一多文種本，極其珍貴。

圖四〇　《莫高窟造像記》拓片

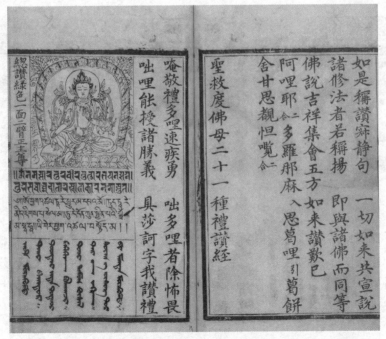

圖四一　明宣德六年（1431）刻四體合璧《聖救度佛母二十一種禮讚經》

清朝作爲多民族融合的大一統王朝，多文種古籍極盛，常見的以滿文、藏文、蒙古文、漢文合璧的佛經爲主，間有其他文種合璧者。國圖藏乾隆第六子永瑢抄寫《二十一救度佛母讚》（圖四二）裝幀精美、紙張考究，盡顯皇家抄書風範；《御製滿漢蒙古西番合璧大藏全咒經》是乾隆帝爲規範翻譯《大藏經》中各種經咒而下令編製的實用性集冊；藏文、滿文、蒙古文、漢文合璧《大乘首楞嚴經》（圖四三），開本大、刊刻精美；梵文、藏文、漢文合璧《聖妙吉祥真實名經》，磁青紙泥金寫本，外觀閃亮奪目。

圖四二　清永瑢抄四體合璧《二十一救度佛母讚》

圖四三　清刻四體合璧《大乘首楞嚴經》

清代所立碑刻中見有衆多多文種合璧者，如北京北海西天梵境中立乾隆御製滿文、藏文、蒙古文、漢文合璧《七佛塔碑記》（圖四四），意在佛法能夠在漢、滿、蒙、藏地區廣爲流傳，以宣揚清王朝民族大一統的繁榮盛世、多元文化共進的博大胸懷。

圖四四　四體合璧《七佛塔碑記》拓片

參考文獻

史金波、黃潤華：《中國歷代民族古文字文獻探幽》，北京：中華書局，2008年。
耿世民：《維吾爾古代文化和文獻概論》，烏魯木齊：新疆人民出版社，1983年。
耿世民：《維吾爾古代文獻研究》，北京：中央民族大學出版社，2003年。
烏·托亞：《蒙古古代書籍史》，呼和浩特：內蒙古人民出版社，2008年。
徐麗華：《藏文古籍概覽》，北京：民族出版社，2013年。

第十一章

域外漢籍版本的鑒定

第一節　東亞漢籍與域外漢籍的界定

本章討論的中心是域外漢籍的鑒定。在討論中心問題之前，首先要講一下在漢籍這一基本語彙中，東亞漢籍和域外漢籍這兩個概念的界定，同時對域外漢籍作一基本的分類。

一、漢籍、東亞漢籍和域外漢籍

漢籍是漢文書籍的簡稱，從古籍版本學的角度説，就是用漢文書寫印刷的古籍。所謂東亞漢籍，是指包括中國在内，東亞地區所有用漢文書寫印刷的古籍。而所謂域外漢籍，則主要是指中國周邊受漢文化深刻影響的幾個國家，也就是古代的朝鮮、越南、琉球和日本，以漢文書寫印刷的書籍。

域外漢籍這個名詞，最早是臺灣學者發明的。受其影響，近二三十年來，它在大陸已經變成一個流行名詞了。但跟漢籍、東亞漢籍内涵外延指向明確，不容易産生歧義不同，域外漢籍這一名稱在使用過程中衆説紛紜，并無統一的意見[①]。有的學者把海外所藏的中國漢文古籍稱爲域外漢籍，也有的學者把海外所藏與所製作的漢文書籍都歸入域外漢籍，這樣的域外漢籍概念如果被引入古籍版本學，不加辨别即行采用，那麽在古籍版本的鑒定與研究中自然會引發較多的問題。因此，爲了使古籍版本的鑒定與研究建立在一個術語明晰的基礎上，有必要將容易引起歧義的版本學詞彙作一邏輯上内涵明確、外延恰當的必要的界定。具體到域外漢籍這一概念，從古籍版本學的角度説，首先應當明確，一部古籍的收藏地不應該作爲界定其版本分類的一個標準。换言之，中國的漢文古籍，無論藏在天涯海角，都仍然是中國古籍，不能稱爲域外漢籍。

同時，也必須指出，在古籍版本學教材中使用"域外漢籍"這一稱呼是一種權宜之計。無論是鑒定古籍還是研究古籍，與其用"域外漢籍"，遠不如用"東亞漢籍"更能廓清問題的本質。因爲在漢籍的版本鑒定和研究中，排除中國的漢文古籍，而單獨作所謂域外漢籍的版本鑒定與研究，必定會以偏概全，本末倒置。因爲從書籍的實際流轉歷程和中國書籍向外傳播的過程來看，域外漢籍中相當部分本子的底本其實還是中國本。如果把中國本排除在外，只研究域外漢籍，從學術上説肯定是不周全的。從古籍版本鑒定的角度講，也應該把域外漢籍和中國的漢文古籍兩者結合起來，因爲祇有那樣，我們纔能分辨清楚哪些書是真正的中國本，哪些書其實不是。

說到東亞漢籍，就不能不提歷史上的漢字文化圈。在前現代的東亞世界中，曾經存在過一個以漢文爲共通的書面交流工具的文化圈，在那個文化圈裏，中國是中心，周邊有朝鮮（包括整個朝鮮半島）、越南、琉球，這三個國家曾經都是中國的附屬國，官方文字或者外交文字長期都用漢文。比較特別的是日本，它地理位置在朝鮮半島的更東邊，文化上受中國影響很深，至今仍使用漢字，但從未對中國臣服過。

14世紀以後，朝鮮、越南、琉球這三個國家跟中國都有了一種基於文化認同的密切關係，政治上三國都定期向中國派遣使者進貢，中國則在它們的新王即位時對之進行冊封。現代學者把這種特殊的國際關係稱爲前現代時期東亞的冊封朝貢體系。從書籍史的角度講，歷史上這三個國家和中國書籍發生關係，首先是通過求購和頒賜兩種方式。朝鮮、越南和琉球派使節來華的時候，會在中國各地尤其是北京買書，這就是求購；明清朝廷派使節到三國去的時候，會拿着內府刊印的比較重要的書送給他們，這就是頒賜。

日本因爲從來都不是中國的屬國，所以古代日本獲取中國書的途徑，早期是由一些入唐僧侶和留學生帶書歸國，後來到江戶時代主要是通過僅在長崎開放的唐船貿易。所謂唐船，就是由福建、寧波、南京等地出發的中國商貿船隻，這些船隻赴日本時，經常會帶去相當數量的中國書籍，在長崎賣給日本書商，這些日本書商又將這些中國書銷往日本各地。

所以，中國漢文書籍原本實物在東亞的流通主要是三種方式：頒賜、求購和貿易。

我們現在界定的域外漢籍，主要是指中國周邊受漢文化深刻影響的幾個國家，也就是古代的朝鮮、越南、琉球和日本，以漢文書寫印刷的書籍。在這個界定裏，是不包括上述在東亞流通的中國漢文書籍原本實物的。但是，這些漢文書籍原本實物却是域外漢籍的底本或樣板。換言之，所謂域外漢籍，就是前現代時期以流傳到朝鮮、越南、琉球和日本的中國漢文書籍爲底本或樣板，傳抄、翻刻或仿製的書籍。當然，這些傳抄、翻刻或仿製的漢籍，其抄寫、刊印和仿製的主體都不是中國人，而是朝鮮人、越南人、琉球人和日本人。

二、域外漢籍的分類

如上所述，域外漢籍這一名詞具有特殊性，所以我們在談域外漢籍分類之前，有必要先介紹包括域外漢籍在內的東亞漢籍的基本類型。

研究東亞漢籍的版本，首先應該綜合層次和區域兩個角度來分別其類型。這個類型主要有三種：第一類是原發性的中國本。在東亞歷史上，漢籍領域内大多數經典書籍的底本都是中國本，無論站在怎樣的民族立場上，這是無法否認的事實。第二類是綜合繼承了中國本而又有各自創造的朝鮮本、日本本。中國書流傳到朝鮮半島和日本，當地的學者、匠人在翻刻或者傳抄的過程中，自己也發展出獨特的漢文著述出版文化，由此這兩個國家各自的漢文書籍熔鑄了本民族的創造，形成了自己的特點，這也是不能否認的。第三類是主要受中國或者中日兩國特定區域版本影響而來的越南本、琉球本。越南因爲離中國中心地帶太遠，除了燕行使到北京買書，後期大部分是和清代兩廣地區人做圖書交易，所以兩廣地區的書籍尤其是廣東刻本，對越南的漢文書籍影響非常大。琉球更特殊，他們自己很少刻書，很多書是委托中國的福建書坊刊刻的。後期也有到日本南部買書再來印刷的，所以琉球本既有中國福建本的特色，也有日本本的特色，然後再帶着琉球自身文化的特徵。像越南本與廣東本、琉球本與福建本這樣的書籍關聯形態，各自形成了一個跨越國界的書籍印刷出版的特定的交流區域，我們稱之爲東亞漢籍版本中的"小交流圈"[②]。

有了上述的基礎，我們再來談域外漢籍的分類，相對而言就比較簡單了。分類無疑應該按國別分，就是日本本、朝鮮本、越南本和琉球本。但各國本子的名稱，還是有必要略加說明。

日本本在中國一般的通用稱呼是和刻本，但在日本書志學界（相當于中國的版本目錄學界），和刻本是單指江戶時代的刻本，并不包括江戶時代之前的刻本或日本的其他形式的印本和寫本。朝鮮本以前也有叫高麗本的，但高麗本這個稱呼有一點問題，因爲朝鮮半島歷史上有一個高麗時代，朝鮮本裏就有高麗本，容易混淆；另外，雖然朝鮮半島歷史上也有一個朝鮮時代，但從現存漢籍的數量上看，朝鮮本多數就是朝鮮時代寫印的書籍，所以邏輯上尚可通融。越南本以前也有叫安南本的，不過安南這個名詞歷史上曾有平定越南的意味，現在采用的話不太合適。所以我們在本教材裏，一律用現代國家的名稱來指代前現代時期域外漢籍的產地，把域外漢籍中現存數量相對較多的三類，分別稱爲日本本、朝鮮本、越南本。需要說明的是，琉球本雖然名稱上沒有任何問題，但現存的琉球本實物太少，無法從鑒定的角度細談，所以我們下面就不單列章節加以討論了。

廣義地講，日本本、朝鮮本、越南本，每一種又可以被分爲三類。第一類是純漢文本，就是書中的文字全部是漢字。第二類是本國傳統文字本。日本、朝鮮和越南都有就漢字來說相對晚起的本國文字，比如日本的假名和漢字拼合的日文、朝鮮的諺文、越南的喃文和"國語字"（所謂"國語字"，是法國傳教士在17世紀爲越南創造的拼音文字），這類本子就是用這些本國文字書寫或印刷的。第三類是漢文和本國文字合璧本。像日本本，常見的是在漢文原文旁加假名訓讀，也有漢文和注本，這裏所謂的"和注"，是指用日文注釋或翻譯漢文。朝鮮本中則有漢文諺注本，正文漢字，下面的小字雙行注則是諺文的注音或者注釋。越南本裏，也有漢喃合璧本及漢、喃、國語三種文字合璧本，後者經常中間是漢文，下面是喃文，天頭則是越南的"國語字"（圖一）。我們這一章討論的主要是第一類和第三類，因爲這些域外漢籍以漢文爲主甚至幾乎全部是漢文，看上去很像中國本，所以需要區分鑒別。

第十一章 域外漢籍版本的鑒定 | 251

圖一　越南刊行的漢文、喃文及國語合璧本

第二節　日本本的鑒定

本節開始，我們將分別討論鑒定域外漢籍版本的具體方法。文字論述基本結構是以印本爲中心，分別討論日本、朝鮮、越南漢籍的刊印小史、基本特徵和鑒定方法，同時在每一節的最後介紹若干種相關的鑒定入門參考用書。

一、日本本的刊印小史

漢字傳到日本，大概在公元3世紀至4世紀之間。當時定居在朝鮮半島百濟的一位叫王仁的中國學者，應日本學者的邀請，帶了《論語》《千字文》到日本去，一般認爲，漢字與漢籍傳入日本，就是從這個時候開始的。

日本什麽時候開始印刷書籍，現在也説不清楚。現存的比較早的實物是《無垢净光大陀羅尼經》，印刷的時間是8世紀中葉的奈良時代。這些體量很小的卷子本《陀羅尼經》，印好以後被放入木質的塔裏，一共有一百萬個，所以叫"百萬塔陀羅尼經"。至于它們究竟是怎樣印刷的，爭論也是很多。有人説是木刻的，有人説是捺印的，也有人説是活字的，甚至還有人説是銅活字的。不過此書是日本人自己印刷的，這一點應該没有爭議。但書印出之後，很長一段時間，在日本一直没有出現任何其他的印本書籍，有一段非常大的空白，這也是比較奇怪的。

從8世紀中葉到13世紀後期，日本刻的書大部分都是漢文佛經，刻書機構也都是寺院，所以當時的版本被稱爲"寺院版"，其中比較著名是"春日版"和"高野版"。春日版是京都的春日神社所刻佛經，高野版指和歌山縣高野山金剛峰寺刻的佛經。這些寺院版的實物特徵跟中國早期的宋版比較接近，一是雕版刻得非常深，二是印刷的墨像漆一樣，烏黑烏黑的。

13世紀中後期開始，寺院版中發展出"五山版"，大量翻刻中國書，主要是南宋和元代的書。五山版的一個非常重要的特徵，是除了刻佛經內典，也刻外典，就是經史子集四部書。它的刻工有一批是中國福建過去的，比如日本東北大學圖書館藏的一部五山版《新刊五百家注音辨唐柳先生文集》，卷四十五末葉有一位中國福建刻工的刊記：

> 祖在唐山福州境界，福建行省興化路莆田仁德里台諫坊住人俞良甫，久住京都阜近，幾年勞鹿，至今喜成矣。歲次丁卯仲秋印題。

這位名叫俞良甫的福建刻工因此在日本一舉成名，到現在日本書志學裏都還有一個專有名詞，叫"俞良甫版"。在13至16世紀之間，不屬于五山版系統，但在日本漢籍的刊印史上也非常有名的，是正平本《論語》，刊刻時間是公元1364年，相當于中國元代至正二十四年。這是現存刊刻年代最早的日本刻本的《論語》，《四部叢刊》所收的《論語》，底本就是這個本子。

16世紀末至17世紀初，因為官版的出現，寺院版一統天下的局面被打破了。政府包括天皇也加入進來，刻了很多所謂的"敕版"。其中有相當一部分是活字本。為什麼這個時候活字本會忽然流行起來呢？因為豐臣秀吉攻打朝鮮，不僅搶了一批珍貴的朝鮮金屬活字本，還搶了一批金屬活字，用于在日本擺印活字本。金屬活字不夠時則再拼湊一些自己刻的木活字。現代學者的研究已經證明，日本現存的一部分銅活字本確實來自朝鮮。

進入江戶時期（1603—1868），商業性的坊刻本也出現了。但儘管是商業出版，日本人刻書還是相當認真的。比如明刻本《儒門事親》，在日本江戶時代有翻刻。跟明刻原本相比，日本翻刻本最後加了一行"太醫先生辭世詩仍附于後"。但它同時在天頭刻一方框，框內是一則校勘記："此詩舶來本共闕，須後考。"可見刻書的態度還是非常嚴謹的。

日本的五山版珍貴等級相當于我們的宋本，但實際江戶早期本子就已經很珍貴了。北京大學嚴紹璗先生說，中國百分之七十的古籍都傳到了日本。基本上早期傳過去的書隔兩百年後日本開始翻刻，後來間隔時間越來越短，所以現在能在日本本裏發現不少中國的佚書[3]。

二、日本本的基本特徵和鑒定方法

中國人很喜歡改裝舊本，一改裝封面什麼用都沒有了，不能用來作為判斷依據了。朝鮮、日本和越南，原則上是不喜歡改裝舊本的。日本本一般是不改裝的，除了在流通當中，比如流傳到中國來了，會被中國人改裝。日本人也會把傳過去的中國本改成日本裝，但自己的書一般不改裝，所以我們可以從外觀上大致判斷它是什麼本子。

日本本的基本特徵，可以從開本、外封、裝訂、紙張、字體五個方面看。

1. 開本

如果把常規的中國本、日本本、朝鮮本放在一起，可以發現，朝鮮本最大，日本本跟中國本的高度差不多，但橫向要寬一點，也就是説，如果一部日本本的高度與中國本相仿，寬度往往要大于中國本（圖二）。中國本一般縱橫爲26厘米×16厘米，日本本則基本爲26厘米×18厘米。中國本縱橫比是1.6：1，日本本大概是1.4：1。日本本橫向更寬，大概跟江户時代中後期日本漢籍大都要加訓讀有關，他們有時把中國本的欄綫也略去不刻，也是爲了留下訓點的位置。

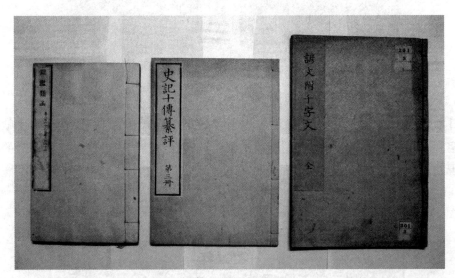

圖二　開本比較（自左至右：中國本、日本本、朝鮮本）

2. 外封

日本本的外封常比中國本的外封要厚，但又比朝鮮本的外封薄。做法是拿一張比半葉書四周大一圈的紙，四邊内折做封面，再用同樣的紙做封底。封面的顔色，常見的是茶色、藍色和橘紅色或醬紅色，中國本封面則没有橘紅和醬紅色的。

3. 裝訂

日本本綫裝的裝訂方式跟中國本比較接近，也是四眼裝訂。但中國本綫裝書的四眼通常中間兩眼比較靠近，日本本則四眼之間是等距離的。從裝訂綫看，中國本是細綫雙股，朝鮮本是粗綫單股，都不太容易斷；日本本是細綫單股，所以容易斷（圖三）。

4. 紙張

日本本内芯用紙比朝鮮本薄，比中國本厚。從肉眼的觀感來看，它跟中國本容易區分，而跟朝鮮本不容易區分，因爲日本本和朝鮮本紙張都有比較明顯的纖維。必須把日本本和朝鮮本放到一起，一個紙薄，一個紙厚，纔能區分開來。

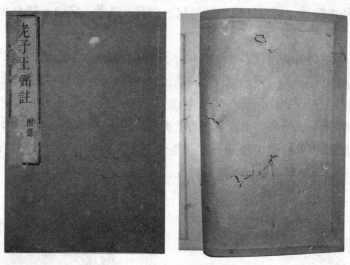

圖三　日本本的外封和裝訂

5. 字體

日本覆刻中國本，字的筆鋒比較峭利。此外現在最常見的江户時代刻本，軟體的楷體字和硬體的宋體字（日本叫明朝體）都有。但江户時代中後期從經部書籍的翻刻中出現的一種橫豎筆畫同樣粗、筆畫的頭尾呈圓形、整體上比較扁方的漢字字體，是中國、朝鮮、越南本中都沒有的，爲日本本所獨有（圖四）。

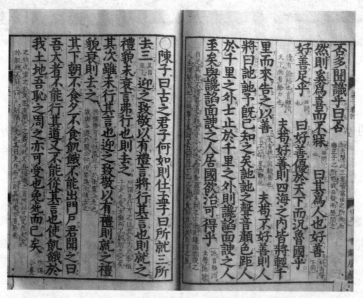

圖四　江户時代中後期漢籍裏筆畫頭尾呈圓形的扁方體的漢字

判定一部書是不是日本本，常常不用依靠字體的判別，因爲它往往刻有假名訓讀，一看就知道了。對日本人來講，直接讀漢籍難度比較大。早期就在行間手寫訓讀，後期翻刻時就直接把訓讀刻上去，大部分書都是如此。日本本裏沒有訓讀的反而不好找，祇有短時期有些日本漢學家出于對自己漢文水準的自負，所刻的書纔不帶訓讀。因此日本本在域外漢籍裏相對而言是最容易鑒别的。

需要注意的是：一，不要弄錯日本的年號，因爲日本有的年號與中國年號是一樣的，比如正德，中國正德是明武宗年號，當公元1506—1521年，日本的正德是中御門天皇年號，當公元1711—1716年。二，江户時代中後期一些以中國明刻本爲底本的覆刻本完全不加訓讀符號，當封面、版權葉（日文漢字寫作"奥付"）和序跋等失去之後，如果不熟悉日本紙的特徵，很容易誤認爲是中國明刻本[④]。三，日本本有異地刻印本。這裏的異地，主要指外國。所謂異地刻印本，就是書版是在一個國家刻的，而印刷是在另一個國家。這方面的實物不算太多，目前發現的主要就是楊守敬用從日本運回國的日本刻醫書的書版在上海再用中國紙刷印的本子。因爲重印前把原版上面的訓讀符號大都剜掉了，很多人以爲是中國刻本，但其實是日本刻本。判定這些日本刻的中國印本，除了看紙張，還有一個途徑，就是找殘留的訓讀符號。因爲從實際情況看，那些書裏多多少少還是有個別的訓讀符號沒有剜乾净（圖五）。

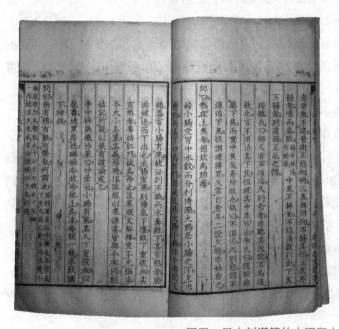
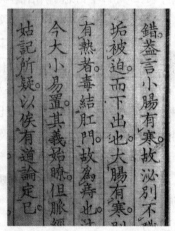

圖五　日本刻漢籍的中國印本

三、日本本鑒定常用參考書

最後介紹幾種學習鑒定日本本時常用的參考書。

1.長澤規矩也《書志學序説》

長澤先生是20世紀日本最著名的漢籍版本學家，他的博士論文專門講和漢印刷史。他的這部《書志學序説》也是東亞漢籍的版本學史上非常有名的著作，特點是把中國書和日本書放在一起比較介紹，而且寫得比較簡潔。

2. 藤井隆《日本古典書志學總説》

這本書是專門介紹"和書"也就是日本古籍的，其中包含日本漢籍。它的特色是比較實用。日本的很多書志學家像我們國內的版本學者比較多地關注宋元本一樣，常常只關注五山版、古活字版。但其實現實中很少有機會看到這些珍本，倒是江户時期的坊刻本有哪些堂號、如何鑒定，反而是更有實際意義的問題。藤井先生自己收藏古書，他的書主要是介紹日本刻本，尤其是列舉了江户時代大量的書坊堂號，以及這些書坊位于何地，主要刻哪幾類書，提供的信息十分有用。

除了上面兩種入門書，還有兩部辭典也值得推薦。

3. 長澤規矩也《圖書學辭典》

"圖書學"這一稱呼，是長澤先生晚年提出來的，擬取代日本流行的"書志學"一詞。雖然現實中這一獨特的用語似乎并未被大多數書志學者所接受，但《圖書學辭典》本身是很小型但很實用的一部版本學辭典。首先，本書不是簡單地按照假名順序排次詞條，而是采用了分類編次法，邏輯很清晰；其次，本書不僅列入了日本本的常用術語，也列入中國古籍版本學的主要術語，方便對照，很有價值。

4. 川瀬一馬《日本書志學用語辭典》

川瀬先生跟長澤先生既是同輩也是好友，他們倆合編的雜志《書志學》，其中發表的論文，很多到現在還是難以超越的。長澤先生主要研究漢籍，川瀬先生主要研究日本書籍，這部《日本書志學用語辭典》，就是主要從和書角度整理相關書志學詞彙的名作。

最後介紹兩種介紹日本漢籍的圖書目録。

5. 長澤規矩也《和刻本漢籍分類目録》

這是長澤先生主要利用自己的藏書，把整個江户時代刊刻的漢籍（中國書的翻刻本）幾乎全部囊括（除了醫書和佛經），用四部分類法編纂的一部具有典範意義的漢籍書目。書中著録的每種書都有比較完備的版本説明，包括後印本和翻刻本。這部《和刻本漢籍分類目録》，現在東京汲古書院已經出版了由作者的兒子長澤孝三整理的增補本。

6. 王寶平主編《中國館藏和刻本漢籍書目》

這部目録的優點是把中國國內各公藏機構（尤其是大圖書館和主要大學圖書館）所藏的日本刻本都列出來了，缺點是因爲是拼卡片做出來的，版本鑒定仍有不太準確的地方。

第三節　朝鮮本的鑒定

與日本本相比，朝鮮本跟中國本的淵源更深。現存的日本漢籍印本中，有一部分是以朝鮮本爲底本翻刻的。而朝鮮本則多直接翻刻自中國本，很少有倒過來翻刻日本本的。因此，朝鮮本的鑒定，相對而言比日本本要困難些。

一、朝鮮本的刊印小史

現在無論是在朝鮮半島的南方還是北方，都把漢字當成外國文字了，但從公元二三世紀的時候漢字傳到朝鮮半島，一直到19世紀末，漢字都是朝鮮半島官方的正式文字。李氏朝鮮王朝15世紀纔創造出現在流行于朝鮮半島的諺文，那是爲了解決當時朝鮮人書面文字和口語不統一的問題，有其合理的成分。這之後漢文、諺文兩種文字在朝鮮半島并行，但官方文字還是漢文。

在書籍史、印刷史上韓國跟中國爭論最激烈的問題，就是誰發明了印刷術。韓國學者的證據是世界現存的最早印刷品《無垢净光大陀羅尼經》是在韓國的慶州佛國寺釋迦塔裏面發現的。韓國人認爲這是在韓國本地印刷的，中國學者則認爲這是中國僧人印刷，被朝鮮僧人帶回去的東西，雙方爭論不休。不過即使這件十分稀罕的印刷品可以確證是現存最早的印刷品，而且確實是朝鮮半島印刷的，恐怕也不能就此推定印刷術是韓國發明的。這是兩個雖有關聯，但性質并不相同的問題。

朝鮮印刷史上比較早的可以確認的具有劃時代意義的成果，是佛教大藏經系統裏的《高麗藏》。11世紀北宋時候，高麗朝派遣使者來中國請佛經回國翻刻，這個翻刻的本子現在已經沒有了。存世的是南宋時候他們再次翻刻的《高麗藏》，這個本子不但翻刻的書還在，連總量高達八萬片的雕版版片都還在（圖六）。

圖六　韓國海印寺《高麗藏》版片庫

朝鮮印本從印刷史上來講最有名的是活字本，尤其是金屬活字本。他們有兩種書比較早，一種是銅活字本《白雲和尚抄録佛祖直指心體要節》，是北元宣光年間（1371—1378）擺印的，現在藏在法國國家圖書館。還有一種是最早的鉛活字印本《資治通鑒綱目》。朝鮮官方和民間都非常喜歡活字，所以他們什麼活字都有，木活字、瓢活字、陶活字，當然官方做的最多的還是銅活字。朝鮮不是産銅大國，但朝鮮王朝却大量鑄造銅活字，爲什麽？這個疑問一直沒有答案。有一種説法，説其背後是有軍事目的的，當時以發展文化的名義進口銅，鑄造活字，實際上是爲了熔銅做兵器。不過這樣的説法是否有切實的證據，還有待考證。

二、朝鮮本的基本特徵和鑒定方法

和上一節講日本本鑒定時一樣，我們也從開本、外封、裝訂、紙張、字體五個方面，講一下朝鮮本的基本特徵。

1. 開本

朝鮮本開本一般都比較大，類似于明代前期内府本那樣的30厘米×18厘米大開本比較多。反過來像中國本中那些中型的本子，26厘米×16厘米大小的本子，現在流傳下來的相對較少。巾箱本更少，而且一般時代都比較晚，是供底層老百姓閱讀的比較通俗的本子。

2. 外封

朝鮮本的外封是域外漢籍中用紙最厚的，要遠比中國本厚，經常使用一種泛光的高麗皮紙。對着光看，可以看見它泛出光來并有暗格的花紋。封面製作的方式跟日本本一樣，也是取比内芯半葉大一圈的封面用紙，四邊往裏面折，再把副葉粘上去。

3. 裝訂

朝鮮本的裝訂孔眼跟中國本不太一樣。中國本綫裝書是四眼，朝鮮本雖然偶爾也有四眼的，但最多的還是五眼裝訂，且是等距離的五個眼。中國本的裝訂綫一般是比較細的，用雙股本色白綫，不染色。朝鮮本裝訂綫一般都比較粗，單股，常染色，而且顏色多與封面顏色相配合（圖七）。

4. 紙張

朝鮮本内芯用紙是高麗皮紙，種類很多。從肉眼的觀感上看，一是大多厚，二是簾紋比較清晰。一般來説，朝鮮本内芯用紙的厚度相當于中國本封面常用紙的厚度。好的朝鮮本用紙比較白，有韌性；中國本用紙很容易破，朝鮮本用紙不容易破。因爲用紙厚、開本大，所以朝鮮翻刻的中國書，同樣的書，要比中國本重許多。李氏朝鮮時代有一個故事，國王説朝鮮的讀書人應該看我們自己刻印的書，開本大，字也大，便于正襟危坐地讀，但很多朝鮮人還是偷偷地從中國買書，因爲中國書比較薄，比較軟，可以躺着卷起來看。

5. 字體

朝鮮本的字體主要有兩個特徵：一是它的漢

圖七　朝鮮本的外封和裝訂

字下筆比較硬，刻本的話，刻書的時候用刀比較粗獷，印出來的漢籍相對於中國本而言，字體就不那麼圓潤。二是中國本明朝中葉以後宋體字比較多，朝鮮本恰恰相反，同時期它的軟體字比較多。這是因爲明朝時候朝鮮燕行使到北京買書，大部分最好的書都是内府本，而當時中國的内府本是軟體字。朝鮮軟體字中最著名的是甲寅字，甲寅字是朝鮮早期第二次做印刷銅活字的標準字形，因鑄于李氏朝鮮王朝的世宗十六年（1434，甲寅年）而得名，其字樣也是從中國明永樂時期的内府刻本而來的。朝鮮後來再鑄的金屬活字以及根據金屬活字雕版的字體，都特別喜歡用這樣的字體（圖八）。

除了上述五個方面，魚尾也可以作爲版本鑒定的參考。中國本的魚尾，要麼白的，要麼黑的，魚尾裏面再搞花樣的幾乎沒有，而朝鮮本在魚尾裏面再刻花的很多。基本做法是在黑的魚尾裏面刻白的四片或者六片樹葉一樣的花紋，有時甚至刻上刻工的名字，這個是朝鮮本的一個非常重要的特徵（圖九）。這個特徵有時在日本刻本裏也會見到，那多半是因爲底本很可能是朝鮮本的緣故，也有可能是一個形式上仿朝鮮本的本子。

圖八　朝鮮本中著名的甲寅字

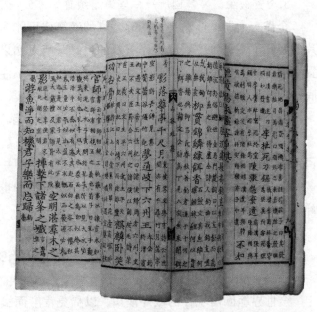
圖九　朝鮮本（魚尾有花，甚至刻刻工名）

鑒定朝鮮本時需要注意的也有三點：一是朝鮮本的開本不是從來都是那麼大的，大開本的形式是朝鮮王朝從中國明代永樂時期刊刻的内府本學去的，所以有時開本不大的朝鮮本可能時代更早，當然晚期也有，需要分析。二是魚尾帶花的朝鮮印本一般時代不會早于李氏朝鮮王朝中期，反而是那些魚尾裏沒有刻花的朝鮮本，有些刊印的時間更早。三是朝鮮本裏名氣最大的是金屬活字本，但事實上從朝鮮本的整體看，還是刻本居多。不過刻本裏有不少是以金屬活字本爲底本覆刻的，甚至是覆刻本的再覆刻，這些本子經常連刊記也一起覆刻了，這需要仔細辨別。

三、朝鮮本鑒定常用參考書

最後介紹幾種學習鑒定朝鮮本的參考書。

1. 千惠鳳《韓國書志學》

所謂"書志學"，是日本、韓國學界的稱呼，大致相當于我國的版本目錄學。千惠鳳先生是當代韓國版本目錄學領域輩分最高也最重要的學者，這部《韓國書志學》是他幾部專著中影響很大的一部，已重版多次。舊版漢字比較多，新版漢字很少了。本書論述很完備，各種各樣的版本類型都有涉及，圖版也比較多。

2. 諸洪圭《韓國書志學辭典》

這部辭典因爲出版年代比較早（1979），所以漢字還比較多，不懂韓文也能猜出來大概意思。書後有《韓國古活字年表》《韓國古活字印本目錄》《古活字標本寫真》（即活字本中的典範印本圖錄），很有實用價值。

以上兩種是瞭解朝鮮漢籍版本的比較重要的入門性質的參考書。以下兩種是朝鮮所藏漢籍的目錄和中國所藏朝鮮本的目錄。

3. 全寅初主編《韓國所藏中國漢籍總目》

全書六大冊，優點是把朝鮮公藏的漢籍儘可能多地收錄了。缺點是這是一個拼卡片的目錄，不是實際看原書作著錄的目錄。所以如果原來卡片品質低，本書反映出來對應內容品質也就低。因此書裏書名後面的版本項注記經常是不太明確的。有些書到底是朝鮮本還是中國本，根本無法判斷。

4. 黃建國、金初升主編《中國所藏高麗古籍綜錄》

書名裏的"高麗古籍"指的不是高麗時代的古籍，而是我們所說的朝鮮本。這部目錄的優點和上面那部《韓國所藏中國漢籍總目》一樣，是把中國全國各地圖書館公藏的朝鮮本大都編入了。缺點是兩位主編所依據的也是抄卡片，很多著錄都衹有"朝鮮本"三個字，什麼時代的不知道。

第四節 越南本的鑒定

全世界範圍內現存的域外漢籍，以稀見程度而論，琉球本排第一，其次就是越南本。這是因爲越南的文獻保存方式第一是石刻，第二纔是書籍。而越南本漢籍之中，印本又比寫本少見。

一、越南本的刊印小史

越南北方從漢代直到五代都在中國的統治範圍以內，文化上具有很深的中國印迹是很自然的。五代以後，越南逐步獨立，同時又跟朝鮮、琉球一樣成爲中國的屬國。直到13世紀，漢字還是唯一的文字。13世紀出現的喃字，也主要是借用中國的字形偏旁，加上表示越語讀音的音符構成的，而音符采用的基礎仍是漢字。在越南歷史上，懂喃字的人比懂漢字的人要少，因爲喃字很難。喃字出現以後，也衹是在非常短的兩段時間，即1400年—1407年以及1788—1802年，在越南被用作正式文字，其他時間裹都是以漢字爲正式文字的。漢字在越南正式退出歷史舞臺，要到1945年，取而代之的是近代法國傳教士創造的拼音文字。這種比較複雜的拼音文字成爲越南"國語字"後，漢字、喃字全部都被廢止了。所以單從書籍的角度看，越南的傳統文化和現代文化之間的割裂是最嚴重的。

越南刻書的開始期比日本、朝鮮都要晚，越南本的主體一直都是寫本。這和越南的歷史有關，更和越南的地理條件有關。因爲越南處于南方，比較潮濕，所以保存和流傳文獻的主要方式是刻碑。據《大越史記全書》記載，陳英宗興隆三年（中國元朝元貞元年，1295），中國元朝使節蕭太登來越，內員外郎陳克用、范討陪同，收得《大藏經》，留天長府副本刊行。一般認爲這就是越南刊刻漢籍的開始時間。

不過越南刻書儘管起步比較晚，後來發展還是比較快的。他們的使節來華，像朝鮮使臣一樣，非常喜歡買書，開了書單過來買。《明實錄》還專門記載了天順元年（1457），安南國王陪臣黎文老向明朝皇帝遞呈的如下啓奏：

> 詩書所以淑人心，藥石所以壽人命。本國自古以來每資中國書籍、藥材，以明道義，以躋壽域。今乞循舊習，以帶來土產香味等物易其所無，回國資用。

他們帶土產過來，要交換的東西就兩項，一是求長壽的中藥，一是濟人心的書籍，而且是"自古以來"的慣例，可見當時中國書籍流播越南的規模一定不小。

現在留下來的越南本，主要是黎朝和阮朝兩個朝代的書。黎、阮二朝相當于中國明清時代。從15世紀開始，越南造紙就比較流行了，印刷業也開始興起。到黎順宗的時代（1460—1504），還設立秘書庫，開始藏雕版，説明刻書業已經很發達了。到了18世紀初，還曾下令禁止購買中國書，以推動本國書業的發展。現存的越南本裹，官刻、坊刻和寺院刻本均有，19世紀官刻的《大南實錄》《越史通鑑綱目》等都是大部頭，書版迄今仍保留着。

二、越南本的基本特徵和鑒定方法

鑒定越南本，首先也應該知道越南本在開本、外封、裝訂、紙張、字體五個方面的基本特徵。

1.開本

越南本的開本似乎沒有什麼特色，基本上跟中國本一樣。尤其是現在留下來的大部分越南本都是阮朝寫刊的，絕對年代相當于清代，所以跟中國清代南方刻的書很像，非常容易混淆。

2.外封

越南本的外封面做法與日本本、朝鮮本不同，而跟中國本相似，是將一張紙對折做封面，一張紙對折做封底，有時候也各用半張紙。但有一點比較特殊，由于越南當地相對而言紙張比較缺乏，又是熱帶，所以常用舊紙粘貼，然後再塗上一層深褐色的膠質顏料防蛀防腐。

3. 裝訂

越南本裝訂方式比較特殊，形式上也算四眼裝訂，但不是標準的綫裝，而是毛裝，在中國也叫螞蝗攀。做法是在封面右側打四個洞，然後第一和第二個洞之間穿綫打結，第三和第四個洞之間穿綫打結，也就是兩根綫，不相連，就在封底後打兩個結，多餘的綫頭一般也不剪掉（圖一〇）。

圖一〇　越南本外封（左正面，右背面）

4. 紙張

越南本內芯用紙的厚度跟中國清刻本基本一樣，衹是質地稍微粗一點。最常見的是一種顏色近乎奶黃色的竹紙。也有用白紙的，時間大多比較晚，而且是機器紙。

5. 字體

現存的越南本，字體也多模仿中國本，軟體的楷體字和硬體的宋體字都有。原則上宋體字比朝鮮本、日本本的更拙，而且有一段時間特別喜歡刻扁方的宋體字。比較特別的是，可能由于寫樣時受到喃字的影響，書中不時出現在我們看來是錯別字的怪字。（圖一一）

鑒定一部書是否越南本相對而言不太困難，因爲越南的黎朝、阮朝都有自己的年號，常常出現在書中。越南人喜歡把內封做得比較花哨，常常有帶花紋的圍欄，裏面畫着游龍。除了外封，越南本也常常在書脊位置塗一層膠，在書根和書口塗一種防蟲的紅色顏料。越南本的書根也經常寫着字，比較特別的是，不是橫着寫，而是竪着寫，這説明越南本是書口朝下竪着放的。這樣的放置方法很古老，在中國本裏衹有宋本中的一部分是被這樣放置的。

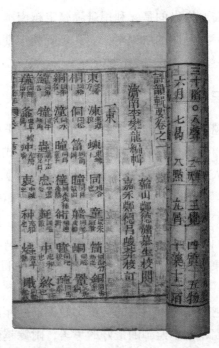

圖一一　越南本字體

　　另外一點也很特別，就是越南本有嚴格的避諱。域外漢籍裏，朝鮮本早期有少量避諱，日本本晚期有少量避諱，但時間都不長，越南本則不僅有避諱，而且最有意思的是它比中國本的避諱還要嚴格。因爲這個原因，越南本的避諱就變成了一個比較準確的鑒定越南本時代的好方法。

　　越南本的避諱方法很是繁複。一是除了常見的換字和缺筆之外，還有顛倒偏旁或者在原字上再增加一個部分的避諱方法。比如在阮朝刻本《奉使燕台總歌》的第四十九葉裏"名槩途中遠宦身"，那個"槩"實際是"利"字，避黎朝開國皇帝黎利的名諱，説明它的底本是來自黎朝的本子。二是不同的避諱方式同時并用。中國本避諱時，要麼缺筆，要麼改字，二法不會混用。越南本則是不同形式同時都用。例如，在阮朝刻本《欽定越史通鑒綱目》中，既有因嗣德皇帝名"福時"而把"時間"的"時"全部寫成"辰"這樣的換字避諱，也有因紹治皇帝的名字是"綿宗"而讓"宗"字都少刻一橫這樣的缺筆避諱。三是同一個皇帝，有不止一個名字，都要避諱。例如嗣德皇帝名"福時""洪任"，所以不僅"時"被全部改爲"辰"，而且"洪"字也都缺筆了。四是除了避帝王的諱，還要避一部分當時或曾經有實權的皇后或皇太后的名字。比如很多越南本裏"華"字都缺末筆，這是避紹治皇帝皇太后的名諱。（圖一二）

圖一二　越南本的避諱
（"華"字缺末筆）

需要指出的是，利用避諱鑒定越南本，對比較早的或者官刻的本子相對而言比較有效；對民間的坊刻本，尤其是阮朝後期的刻本，則不一定有用，因爲那些本子不太注意避諱。

三、越南本鑒定常用參考書

越南本鑒定的參考書主要是實際由王小盾教授主編的《越南漢喃文獻目錄提要》。這部書的價值在于它是第一次用中文形式出版的越南本漢籍的目錄。因爲它的底本是越南人跟法國人合編的《漢喃遺產目錄》，所以優點是不但著錄了越南漢喃研究院的藏書，還把法國幾個主要圖書館、博物館藏的越南本也收進去了，這點對研究者來說是功德無量的。缺點是只按內容列書名，把一種書的可能不同的版本全都列在這個書名下面，并且很少有比較具體完整的版本說明，這不是漢籍的標準著錄方法。此外，日本東洋文庫編有該文庫所藏越南本的目錄《安南本書目》，可以一窺日藏越南本的特色。

越南漢喃研究院的吳德壽教授前些年出版了《越南歷朝之諱名》一書，是目前爲止研究越南本避諱的最好的專著，附錄越南歷朝君主的名諱表，也很詳細，可惜衹有越文和法文翻譯版，中文版尚在翻譯中⑤。

第五節　改裝本、代刻本和外銷書

最後附帶講一下域外漢籍鑒定中應該注意的三種特殊的本子：改裝本、代刻本和外銷書。

一、改裝本

前面講日本本、朝鮮本、越南本的基本特徵和鑒定方法時，都講到了以開本、外封和裝訂來判斷域外漢籍國別的問題，但需要特別注意的是，那樣做有一個前提，就是確定原書沒有被以其他國家古籍的裝幀形式改裝過。如果一部書已經改裝，就不能拘泥于前面所講的鑒定方法了。

東亞文化圈內漢籍的流轉，直到現在仍是一個很普遍的現象。衹要看看現在孔夫子舊書網上日本本之多，就可以明白。從前現代時期開始，無論是在中國，還是在日本、朝鮮半島，抑或是在越南，一個國家出品的漢籍流動到另一個國家去，并且主要是用來閱讀的，大部分都會被後一個國家的讀者改裝，而改裝又往往跟裁切原書開本聯繫在一起。因此，現存的中國古籍和域外漢籍中，都有一小部分是改裝本。像浙江省圖書館藏的一部《春秋左氏全傳白文》，外觀是標準的朝鮮本，但翻開看裹面，其實是明刻本。復旦圖書館藏的一部《歷代將鑒博議》，外觀完全是標準的中國本，裹面還做成了金鑲玉，但其實是朝鮮本（圖一三）。而流傳到日本的中國本，有時會被好事的日本讀者和收藏者裁切天頭地脚，換裝日本紙外封，乍一看開本，跟日本本完全相同。

鑒定這樣的本子，如果祇是機械地看外封、裝訂之類就會出錯。

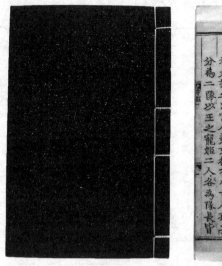

圖一三　改裝本之中國裝朝鮮本

二、代刻本

所謂代刻本，就是外國人出資，委托中國方面刊刻的書；或者是中國人出資，委托外國方面刊刻的書。

目前爲止發現的東亞漢籍裏的代刻本，主要有中國廣東代刻的越南本、中國福建代刻的琉球本和日本代刻的中國本。

中國廣東代刻的越南本，典型的例子是清同治年間（1862—1874）越南人委托廣東書坊拾芥園代刻的《東南盡美錄》（圖一四）。《東南盡美錄》内容上是標準的越南漢籍，寫樣也是越南人自己寫的，但却是在中國刻的，初印也是在中國。比較複雜的是，版片被運回越南後又拿越南紙再刷印了，這就需要結合文獻記載再來作研究[6]。中國福建代刻的琉球本，典型的例子是琉球著名文人蔡大鼎（1823—?）的一系列別集。日本代刻的中國本，大家最熟悉的例子就是楊守敬等編的《古逸叢書》，光緒間（1875—1908）委托日本著名刻工木村嘉平上版發刻。

鑒定域外漢籍裏的代刻本，最重要的是既要觀察書籍實物的樣態，同時又要細看内容。像咸豐十一年（1861）刻本《漏刻樓集》《欽思堂詩文集》，同治十二年（1873）刻本《閩山遊草》《續閩山遊草》《北燕遊草》，以及光緒間刻《續欽思堂集》（圖一五），這些書版式上具有明顯的同一性，字體也很相似，紙張多爲中國清代南方竹紙，前後序跋有不少可以證明它們刊刻于福州，但作者是琉球人。其中還收了一篇文章，是琉球人委托福州書坊代刻詩集的信函，作者講他自己如何請中國書坊刻這些書，所以可以判定它們都是中國福州代刻的琉球本。

圖一四　中國廣東代刻的越南本

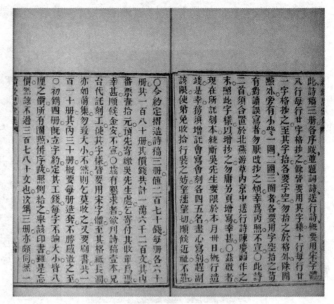
圖一五　中國福建代刻的琉球本

三、外銷書

所謂外銷書，顧名思義，就是不僅書籍實物由中國製作，而且版權也屬中方，但讀者對象主要爲外國人，主要向海外發行的書籍。目前爲止，已經發現且可以歸入東亞漢籍的中國外銷書，大多是19世紀中後期至20世紀初由中國廣東書坊製作，以越南爲對象國的書籍。

從目前現存的實物看，廣東出版、銷往越南的外銷書的主體，并不是純粹的漢文典籍，而是喃文或以喃文爲主的漢喃合璧本書籍。這類書籍的文本大都是通俗的説唱文學，如《趙五娘新書》《昭君貢胡書》等。內封文字全部是漢文，不少都有可以考見的刊刻年份和書版的中方所有者的記名，形式也比較統一。其中大部分是刻本，也有一些石印本，大多以微黄且較薄的中國竹紙刷印，也有用機器紙印的。刊印年代集中在清同治、光緒年間。製作出版方則全部是廣東佛山的書坊，尤其集中在盛南棧、天寶樓、字林書局、寶華閣等數家；而銷售方全部位于越南西貢的華僑聚居區——提岸，因此內封常有"在提岸和源盛發客""在提岸和源盛發兑"之類的發行語，"發客""發兑"都是發售的意思。

中國廣東書坊製作的專門銷往越南的這些外銷書中，也有極少量的純漢文書。目前已經發現的有清同治十二年（1873）佛山金玉樓所刻《大南實錄前編》和清光緒十三年（1887）天寶樓所刻《新撰詞札壹摺》（圖一六）。前者祇有三卷，跟大家熟悉的越南阮朝官刻巨著《大南實錄》不是同一種書；它還有一個後印本，是同在佛山的寶華閣得到金玉樓所刻書版後再印的。後者除了少數地名是喃文，幾乎全是漢文，但據考編撰者"黄静齋"其實是法國人，是當時統治越南南方的法國殖民地當局官員。

圖一六　中國廣東佛山書坊製作的外銷書

鑒定這樣罕見的外銷書，無法用一般的概念化的通則硬套，祇有做具體深入的個案研究，纔能得出比較可靠的結論[7]。

注　釋

①鄒振環教授在所撰《"華外漢籍"及其文獻系統芻議》一文中，對域外漢籍研究史和各家提出的"域外漢籍"概念做過扼要的梳理，可參閱，文載《復旦學報（社會科學版）》2012年第5期。

②有關東亞漢籍版本中的"小交流圈"問題，詳參陳正宏《琉球本與福建本》，氏著《東亞漢籍版本學初探》，上海：中西書局，2014年。

③有關日本漢籍刊印史的詳情，可參閱長澤規矩也《和漢印刷史》（東京：汲古書院）、嚴紹璗《漢籍在日本的流布研究》（南京：江蘇古籍出版社，1992年）等專著的相關章節。

④關于日本覆刻中國本的鑒定，可參閱陳正宏《和刻本漢籍鑒定識小》，《中國古籍文化研究：稻畑耕一郎教授退休記念論集》，東京：東方書店，2018年。

⑤劉玉珺《越南漢喃古籍的文獻學研究》（北京：中華書局，2007年），末附《越南—中國歷史紀年對照表》，表中簡單括注了越南君主的名字，可當目前檢索越南本避諱字的中文版工具書用。

⑥參見陳正宏《越南漢籍裏的中國代刻本》，氏著《東亞漢籍版本學初探》。

⑦有關佛山製作的外銷書的詳情，可參閱陳正宏《越南漢籍裏的廣東外銷書》，程煥文、沈津、王蕾主編《2014年中文古籍整理與版本目錄學國際學術研討會論文集》，桂林：廣西師範大學出版社，2015年。

第十二章

古籍的鑒賞與收藏

中國古代雕版印刷術集中了中國古代造紙、製墨、雕刻、印刷等多種優秀傳統工藝。雕版印刷品，主體是古籍書，自古以來就成爲一門深受官私家重視和欣賞的收藏項目。古籍鑒賞的聚焦點集中于雕版技藝、文字書法、版式風格、各類插圖和圖譜藝術，以及紙張特色等内容。古籍鑒賞是古籍收藏的基礎，瞭解中國古籍鑒定和欣賞的要素，也就打開了古籍收藏之門。

第一節　古籍雕版技藝

古籍雕版，是指中國古代印刷的製版過程。這是中國古代雕版印刷過程的首要環節，也是最重要和最複雜的一道工藝步驟。中國古籍雕版大約誕生于公元5世紀，傳承至唐宋逐漸成熟，成爲一個擁有獨特技藝的行業，直到晚清。

一、古籍雕版技藝緣起

中國古籍雕版工藝，就是在木板上雕刻文字或圖案的過程，爲之後印刷提供使用的底版。所謂雕者，雕琢也。雕字的本義，從周，"隹"即鳥，即上嘴勾曲的大型猛禽，先空中盤旋俯衝撲食，而後啄食。引申爲用鋒利的尖刀雕琢金屬、石材和竹木等，即所謂雕刻。版者，《説文解字》稱：判也，從片，本義爲木板。中國古代印刷術的起步和發展，就從雕版工藝的出現開始。

中國古籍書雕版，追溯淵源，應與更爲古老的中國古代石刻碑版和金石篆刻有關，距今已有至少兩千七八百年的歷史。金石碑刻與雕版印刷的聯繫，可以薛尚功《歷代鐘鼎彝器款識》一書爲例。此書完稿後，于南宋紹興十四年（1144）在江州公庫刻石，是爲《歷代鐘鼎彝器款識法帖》，直至明萬曆間此書始有雕版刻本，稱《歷代鐘鼎彝器款識》，由此可見從書稿，到法帖，再到雕版的過程。古人在藏書目中常將石刻碑版與雕版書籍并列，如南宋藏書家尤袤《遂初堂書目》："成都石刻本、秘閣本、舊監本、京本、江西本、川本、大字本、小字本等。"南宋岳珂《九經三傳沿革例》有同類記載。尤袤的"成都石刻本"和岳珂的"家塾所藏唐石刻本"，均將石質碑版與木質雕版并列，且石版位于最首，可見古人已經意識到石版與木版的淵源和聯繫。

至少在春秋戰國時期，中原地區已經具有成熟的碑刻技藝。現存最早的石刻原件秦石鼓即是例證（圖一），此石刻屬先秦之物當無大誤。從石鼓雕刻工藝可見刻工技藝精良嫻熟，斷非石刻原始狀態的生手所爲，應該有早期長時間和大規模實踐的鋪墊過程。至秦統一，李斯《泰山封禪刻石》《琅琊刻石》和《嶧山刻石》規模宏大；漢有石經數刻，成爲極盛期；唐開成石經、五代蜀石經已成尾聲；而漢魏興起的碑銘、摩崖之類刻石又成新軍，歷經唐宋明清，綿延不絶。碑刻經典，學業上有抄碑，藝術修養上有摩碑。前者難免錯漏訛衍，後者難免失真，于是拓碑技藝應運而生。至晚到唐代之時，拓碑技藝已經成熟且被廣泛應用。在石刻的工藝和材料上，如漢魏石經，碑石高厚，工程耗力巨大，乃舉國之力而爲之。

圖一　秦石鼓之《吾車鼓》拓本

再者，中國古代的金石篆刻印璽，自戰國以至唐朝傳承千年之久，官私應用極爲廣泛。金石篆刻與碑刻都是雕刻成果，所不同之處除用材有別之外，金石篆刻文字反刻，碑刻文字正刻；鈐印與拓本不同，前者正面捺印，後者紙背椎拓。

在碑刻及其傳拓技藝、篆刻與鈐印技藝臻于成熟和廣泛應用的基礎上，已經孕育着更爲便宜且實用的印書技術。魏晉之後，佛教廣泛傳播，從官方到民間，或政治宣傳需要，或爲行善功德，抄經盛行。在此情勢之下，需要更加簡便的方式滿足社會的需求，這直接將木刻雕版印刷推上了歷史舞臺。

二、古籍雕版材料

中國自古就有寫字于木牘竹簡之上的傳統。木質板材，各地取材廣泛易得，且木板輕便，易于搬運輸送和使用。不同的樹種，其材質堅硬程度和韌性雖有不同，但與石材相比，更適合雕刻；木材存量更大，可以滿足雕版印刷市場的需求，也利于收存保管。因此，木材就成爲石材的首選替代材料。

選用木材雕版，一般是要根據印刷品的精細程度、雕版的尺寸等因素選用不同的木材。雕版選材大體上可以分爲三類：

1. 中性板材

雕版書籍所用的材料主要是選用硬度適中、紋理細密的木材，包括梨木、棗木，這些統稱爲果木。古時刻書有"災梨禍棗"之說，表明梨木與棗木是刻書最爲常用的木材。最早在唐時，棗木已經應用于雕版。梨木、棗木都是多年生木本植物，生長較慢，質地堅硬密實，硬度適中，乾濕收縮度不大，具有易于雕刻、墨汁透吸性好和釋墨性均勻的特點。

2. 硬木板材

綫條精細的特殊圖案雕版需要質地更爲細密的木材，主要爲黃楊木。黃楊木生長緩慢，紋理細膩，木質光潔，硬度和韌性俱佳，適于雕刻綫條細密精緻的圖案。明代中期以後，以《蘿軒變古箋譜》《十竹齋畫譜》爲代表的雕版藝術作品，其所需板材紋理細膩程度，梨棗木材難以勝任。黃楊因生長緩慢，難有大料，通常祇能做小面積的版面，且屬于高級貴重木材，價格昂貴，故使用成本極高，非特殊雕版不用。

3. 軟木板材

一些印刷品有版面尺寸過大、時效性強等要求，諸如邸報、題名錄、黃榜等。黃楊、梨棗之類板材料小，雕版尺寸受限制；硬度較大，雕版速度慢。因此一些硬度較爲鬆軟和質地較粗的木板材料也常用于雕版。軟而易雕，快而廉價，無須長期保存。這類板材包括楠木、樺木、梓木、松木、水曲柳等。缺點是不耐磨，吸水性強，易開裂。

雕版選材是一個複雜的過程，需要根據雕版的數量、尺寸、雕刻精細程度，以及經濟性等多種因素考量。如北宋政府的中央教育機構——國子監，印經史方面的書籍，刻板十多萬塊，所需梨棗板材數量巨大，沒有相當存量，難以支撐。

選定雕版板材之後，通常的工藝是將木板鋸成一頁書面大小，刨光陰乾備用。木板乾燥後，將一面或兩面刨平，下一步即可用于雕刻文字圖案。

三、古籍雕版刀法

刻碑屬于石匠的工作，雕版屬于木匠的工作。刻碑工藝過程所需工具和技法與雕版有所不同。石材堅硬，缺乏韌性；而木材富有紋理，韌性較強。雕版與碑刻相比，木材更爲黏刀，二者剜鑿刻剔的力量和手法完全不同，屬于兩個不同的工藝。

刻版是雕版印刷的關鍵工藝。在長期的雕版實踐過程中，由簡單到複雜，逐漸形成了一套固定的雕版刀具，主要有：

拳刀，又稱曲刀、雀刀等，是刊刻雕版最重要的工具。拳刀是因使用過程中握拳式握法而得名，曲刀、雀刀則可能是因刀刃彎曲形狀頗似鳥喙而得名。其主要功用是雕版過程中用于剔除木板上無須印刷的部分，使需要印刷的字或綫條呈浮雕狀凸起。

斜刀，宋元之際均用斜刀，拳刀出現後，斜刀多用于版面精細處的修版以及拉綫。

圓鑿，古時又稱"剮"，又稱之"曲鑿"，多用于打空，剔除版面上無須保留的部分，尤其是大面積的空白部分，如行格空白處（圖二）。

握刀方法大體上有兩種：一是拳握，類似握杵，以肘爲支點，運腕力控制刀鋒，雕版的基本手法是右手握拳刀，左手用大拇指第一關節攏住刀頭控制運刀的速度、方向，并防止側向滑刀；二是指握（類似寫鋼筆字握筆），以小拇指及四指支點，憑藉指力，運用大拇指、食指及中指控制，由此控制刀具的起行收停。

圖二　圓鑿打空留下的痕迹

古代使用的斜刀，須用指握法刻字。這種刀法通常用于較肥厚字體。斜刀直上直下（上下梯形角度較小），刻出的凸出也是上下幾乎垂直，刻過于纖細的字體則不適用。宋板《大藏經》，包括《開寶藏》《萬壽藏》等北宋刻經，字體肥厚，都適合用斜刀雕刻。

拳刀，通常以向右45度角下刀，刻出的凸出筆畫呈45度梯形，極爲纖細的筆畫也易于展現。從現代保存的雕版來看，雕版大師右手執刀并向右傾斜45度，向左運刀不便，因此雕版之時先雕刻字的右半部，而後調轉板材再刻之時，文字的左半部則又成反向的右半部。分爲左右兩次雕刻，非常專業。如此既提高了雕版刻字的速度，又保證了文字左右筆畫綫條的流暢和美感。

四、古籍雕版版式

雕版的版式是指古籍書的版面格式，包括版框、版心、字數、行距等内容。中國古代雕版版式的形成有一個從簡單到複雜、從無定式到有定式、從粗獷到藝術的發展過程，具有明顯的時代和地區習慣的流派傳承特徵。早期的一些經咒佛像等印刷品大都爲單頁，或方或圓，無定式。其後出現的早期大型雕版經卷印刷品上下左右以及字行之間均無界欄（圖三），應是比較原始的版式；後期的經卷印刷品出現了上下邊欄。至于是雙欄還是單欄，通常取決于經濟性要求。如《大藏經》部頭巨大，一般采用上下單欄；而單刻經卷數較少，一般采用上下雙欄。

宋代之後，古籍書的版式逐漸定形，版框、邊欄、書口、魚尾、書耳等成爲一般古籍刻書的定式。之後不同的刻書家、不同的時代、不同地區雖有變化，天頭地脚寬窄、四邊單雙邊欄、書口單雙魚尾雖有變化，都是局部改變，基本版式無大變化。

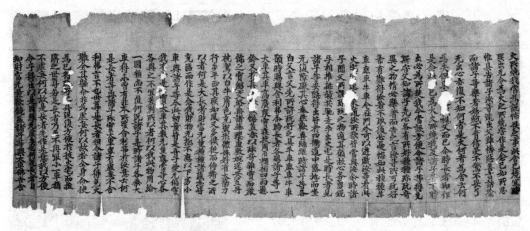

圖三　晚唐刻經（上下邊欄爲後來手繪補畫）

　　刻家不同，傳承的版式風格特點各不相同。如官刻是由官方從各地徵集優秀匠人集中刻印圖書，整體版式四平八穩。尤其是皇家的宮廷刻本，因要上呈御覽，所以更加端莊，往往開本巨大，版面文字疏朗，顯得闊氣。坊刻是由坊主聘請雕版印刷藝人集中于書坊内刻印圖書，其選題與刻印種類都與坊主的學識水準、興趣愛好有着密切關係，長此以往，便逐步形成某個書坊獨特的刻印風格或在某個地區形成坊刻的流派。不論坊刻還是家刻，所用工匠大多具有家族性，世代相承，習慣相因，形成一定時期一定地區的版式風格。

五、古籍雕版字體

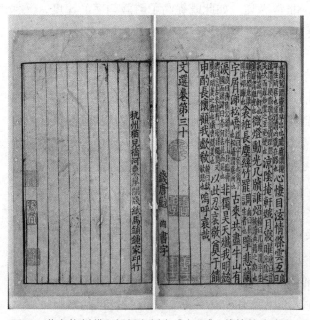

圖四　北宋杭州貓兒橋鍾家刻本《文選》（錢塘鮑洵書字）

　　書籍在雕版之前，先要延請書家或名家將刻書的内容寫成工整書樣，俗稱寫樣。而後將寫樣敷在板材之上，供刻工摹刻。與碑刻不同的是，寫樣有字一面直接粘貼于書版之上（反貼），寫樣文字就成了反體。雕刻工人用刻刀將版面上沒有字迹的部分剔除，刻成反字凸出的陽文即可。這與傳統的璽印雕刻類同。參與寫樣的名家書家書寫刻本文字時或有在書版上留下姓名的，這類雕版可以讓後世看到下真迹一等的名家名流書法，留下了書法藝術的寶貴資料（圖四）。

書家和名家的書法字體與時代、地區的崇尚和習慣關係密切。宋代書家個性張揚，如北宋四大家蘇軾、黃庭堅、米芾、蔡襄，字體都不適于大規模雕版刻書，因此宋代刻書字體以法度森嚴的唐人楷書爲範本。浙刻本重歐陽詢（歐體），最典型的就是字拙，尤以彎鈎内方外圓爲特徵；閩刻本以柳公權（柳體）瘦勁爲特色；蜀刻本顔真卿（顔體）、柳公權（柳體）兼用。元代官私刻書都推崇趙孟頫（趙體），故元代除了繼承宋代以來的字體遺風之外，一些具有特色的刻本多用趙體字。明代之後，官方推崇沈度字體，永樂皇帝稱之爲"我朝王羲之"，用以抄寫《永樂大典》，推向全國，這種字體較趙體字更爲柔美，成爲此後内府本的標準用字。明正德、嘉靖之後，仿宋體形成，此後不論字號大小、字型長扁如何變化，宋體字始終是主流刻書字體。故自明代中期之後，非仿宋字體的、由書家手書上版的版本，稱之爲寫刻本，清代也將其中一部分書法精湛者稱爲精刻本。

書板是一項特殊的書法藝術，除了一些名家的手迹，爲保存書家的書法藝術美感可以保留其個性風格特徵之外，對于書板都有一些專門的統一要求。最關鍵的就是書寫文字筆畫儘量避免不必要的交插。從雕版來說，每多一處筆畫交插，刻工就須多刻幾刀，費時費工。例如宋蜀刻中字群經本《春秋經傳》（圖五），如圖所示的"若"字，下部"口"與撇交插，即爲刻工帶來了難度和工時耗費。

圖五　蜀刻中字群經本《春秋經傳》

六、古籍雕版刻工

刻工指雕版刻字的工匠。中國古代雕版印刷的字，是由刻工和書寫版樣的書手相互分工合作，共同完成的。書手負責書寫版樣，刻工照字樣雕版，專業稱複製雕版。雕工的高超技藝、靈性和豐富經驗是出色地完成雕版最重要的保證。從這個意義上來說，中國古代的雕版藝術事實上是書家或名家和刻工共同完成的作品。高水準的寫樣祇有通過這些高水準的刻工，纔能將寫樣的書法和繪畫藝術水準淋漓盡致地發揮出來。

古時官私刻書，如果對刻書有較高要求，就會邀集一些著名的刻工參與。所以在歷代知名的刻本中，往往可以看到一些刻工名手的身影在一些精彩的版本中反復出現。如南宋時期的刻工劉昭，先後參與雕刻了兩浙東路茶鹽司刻《周易注疏》、南宋光宗時期刻《麗澤論說集錄》《武經七書》、慶元六年（1200）紹興府刻《春秋左傳正義》、嘉泰四年（1204）呂喬年刻本《東萊吕太史文集》《歷代故事》、嘉定十三年（1220）陸子遹溧陽學宮刻本《渭南文集》等十餘部浙刻書籍，堪稱浙江地區的一代名工。

刻工的技藝，歷代均有出類拔萃之輩。清代中期穆大展曾刻《兩漢策要》，此書底本傳爲趙孟頫手書，翁方綱評價得趙書"神理"，經穆大展操刀雕刻，更是將趙孟頫筆意盡情發揮，比之元刻趙孟頫手書上版的《道德寶章》絕無遜色。故而歷朝傳世雕版精品，全在于這些技藝高超的雕版名工的傳神之作。

關于歷代刻工的資料，以往并未受到重視，直到上世紀版本學界纔意識到它的重要性。古代刻工的生存年代和活動地區成爲鑒定古籍版本大致年代和刊刻地區的重要依據。

七、雕版鑒賞與收藏

古籍雕版鑒定和欣賞須遵循從雕版到印刷的各項要素展開。

（一）刀法鑒定

古代雕版工具改良和技藝進步必是一個長期的實踐過程。從早期的雕版中，如韓國發現的唐代咸亨年間刻《陀羅尼經》卷，字體大小不一，筆畫僵硬，世稱古拙。直到北宋初年的蜀刻《開寶藏》，其雕工技藝仍具有明顯的原始性，在橫竪筆畫交叉處，刻工橫刀通過，刀過之處就會留下刀痕，印出來的字就會在橫竪交叉處留下細細的空白。這種刀法實際上就是使用斜刀的結果，因爲如拳刀45度角入刀，則會留下較寬的刀痕，所以必非拳刀刻法。《開寶藏》是一個巨大的工程，這種刀法簡化了筆畫交叉處的複雜運刀過程。通常一個十字交叉處，需要刻八刀，而此刻法只需要六刀即可完成。如此刻法，無須處理拐角細部，可稱簡便。字數以億萬計的經文，當有以億計的十字交叉處，如此可以少刻數億刀。諸如《開寶藏》這樣的大工程，事先必有統一的雕版技藝要求，況且古時刻工多有家族性，這種師徒相傳的雕版特徵就成爲現在鑒定《開寶藏》的依據之一。有此刀法存在者，對；無此，則有疑問。

（二）版面和疏密度

具體表現在上下左右欄格單邊雙邊、書口白口黑口、魚尾白魚黑魚花魚尾、花飾標題等方面的變化。如宋代眉山地區的蜀刻本，魚尾形狀有山字形、不規則凹字形，這對于研究和鑒定宋代蜀刻本具有重要的參考意義。又如書口，宋代刻本多爲白口，元代刻本多用大黑口。宋代雕版中少見花飾，而元代明初福建地區刻本中常有雕刻花飾的習慣。宋代杭州地區刻本的版式，整體上看，疏朗乾净，文人氣足；蜀刻本版式古拙大方，韻味厚重；福建地區刻本就顯得緊凑，這或許與福建地區科舉士人需求多，經濟上又不寬裕的原因有關。

（三）字體個性藝術

中國古代書籍大多屬于普及性讀物，從經濟和市場角度考慮，字體多爲書手的"行活"，即一時一地行業裏流行和不斷重複的字體，缺乏藝術和個性。但是，自宋代以來，也有一些字體具有個人風格，極爲特殊、極具藝術特徵的刻本。宋刻本《草窗韻語》，傳爲著者周密手書上版，書法之美，後世沈曾植呼之爲"妖書"。元刻本《道德寶章》，趙孟頫手書上版，異常精美。清康熙《板橋集》，爲鄭板橋手書上版。清乾隆刻本《冬心先生續集序》（圖六），由金冬心先生的弟子丁敬手書上版，山陰陳又民刻字，字體優雅具有個性，純屬藝術創作，斷非通常的普及性讀物。

很可惜，宋元以來的刻本書絕大部分都沒有留下寫板人的資料。一些刻本書，書板人雖沒有留下姓名，但是經歷代學者、藏家考訂，可推測寫板人。如浙圖藏本《柳如是詩文集》是明刊孤本，其中的詩集《湖上草》，當是傳世唯一的才女柳如是手書上版作品。這類古籍，從書寫版樣、雕版、用墨、選紙印刷的考究程度，以及印刷數量極爲有限等方面可知，自始就是爲鑒賞收藏定製的藝術品，因此從面世起就爲賞鑒家和收藏家所關注，無疑也是後世鑒藏的熱門。

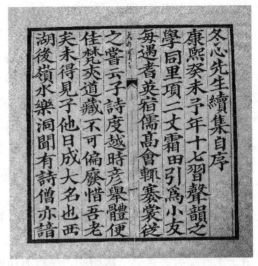

圖六　清乾隆刻本《冬心先生續集序》

（四）刻工技藝

一些長期從事雕版的刻工，具有極高的書法和雕刻藝術水準。在現存的宋代、明代、清代古籍中，在書口、卷端、卷尾處保存了大量的刻工姓名，這些姓名顯然不是寫樣中原有的文字，而是刻工隨手雕刻的文字。從這些文字中可以看到其中一些工匠具有極高的書法藝術水準。如宋刻本《妙法蓮華經》刻工建安范生范山甫（圖七），行草刻名，神采飛揚。欣賞著名刻工的雕版技藝，可以通過真迹與雕版比較，諸如名家手書上版的古籍，其字往往有如書丹碑刻一樣。優秀的刻工刀刻斧劈之時，可將寫樣中的一些瑕疵掩飾過去，從而更加完美，更加典型化，其藝術效果足以同真迹媲美。

圖七　宋刻本《妙法蓮華經》（局部）

（五）印刷技藝和版次

欣賞和收藏古籍，重點在于鑒定版次，主要是初印本與後印本、原本與翻刻本的鑒別。

1.初印本與後印本

初印本是指雕版第一次印刷的書籍。初印本通常字口清晰犀利，少有裂版。事實上，第一次印刷時印張肯定也有先後，特別是印刷數量過大，雕版磨損嚴重，後印印張字口就不及先印的犀利。但是在裝訂過程中先後印刷的印張次第有可能混淆，因此每一次印刷的書籍從理論上祇能確定是一次印刷品，難以再區分具體印張的先後。古人雕版完成後，在初印本之前，可能試印若干部，用以校對，并用紅色或藍色印製，即所謂的紅印本和藍印本，也有用墨印，如墨丁本。這些試印本均未最後定型，當屬校樣本範圍，非初印本。也有例外，如民國間蔣氏密韻樓刻《草窗韻語》《青山集》等，祇有藍印本，無墨印本。

後印本是指在雕版第一次印刷之後，相隔一定時間再次印刷的書籍。雕版耗資巨大，一次印刷後，書版通常會被保存下來，需要時可再次印刷，這就是所謂的後印本。由于木質雕版經過第一次印刷，字口有所磨損而字迹不清爽，或因第一次印刷浸墨再次乾燥，導致板材出現裂痕，又或保存不善導致蟲蛀，以及各種原因導致雕版損傷，致使後印本字迹模糊，版面斷裂。更嚴重的黴爛或蟲蛀，甚至會使版損不可再用而需修補，這種書版稱補版。如朱元璋定都金陵，下令將集中存貯于杭州西湖書院的宋元舊版悉數送往國子監，其中包括著名的宋紹興年間刊《眉山七史》書版。此書版在南宋之後，歷經元明清三代，不斷補版印刷。黃佐《南雍志》所記："洪武、永樂時兩經修補，旋補旋亡。"以至于到清代之時，真正的宋版已經幾不可見，都是元明清修補版，且字迹多有模糊不清者，在直觀上就很醜，屬于多次補版，行家稱之爲邋遢本。

在鑒賞角度，初印本直觀上給人以清新美感，而後印本則讓人感覺不爽，故藏書之家看重初印本，無初印本的情況下，方退而求其次收藏後印本。好的藏書家一定是追求初刻初印本，并常以擁有初印本而自得。例如晚明趙氏小宛堂刻本《玉臺新詠》，初印本中第一卷第一葉上半葉右邊欄上方有斷口，有藏本號稱天下第一者斷口僅1毫米，餘本2到3毫米寬，總之越寬者印刷時間越晚。

2.原版與翻刻本

中國兩千多年封建文化傳承不斷，一些經典書籍因社會需求，尤其是與科舉有關的儒家經典著作，被無數次地重刻重印，如《尚書》《詩經》之類。中國古代重印書籍中，由于沒有著作人版權問題，祇有雕版印刷者的版權，因而出現了特有的所謂原版書與翻刻本問題。原版書，也稱原版，是指某一特定的印刷主體雕版印刷的書籍。所謂翻刻本，也稱覆刻本，類似的稱呼還有"影刻""仿刻"等，是依據某一特定的原版書的字體、行款、版框大小、邊欄界行、版口魚尾等，照樣翻刻的書籍。翻刻書從目的性上可分兩類。一是傳承稀見古籍，如光緒間黎庶昌出任駐日公使時在日本編刻的《古逸叢書》，是在版本專家楊守敬的協助下，選擇流傳在日本的宋元藏本，聘請日本的刻工高手影寫覆刻，以廣流傳。另一類是純粹射利，與今之所謂盜版相類。因某特定雕版字迹優美，版式大方，訛誤較少，市場認同率高，因而翻刻以假冒原本。這類翻刻本到宋代已經出現，明清時更甚。

翻刻本存在的主要問題就是假冒原本。假冒現象有兩種情形：一是以翻刻本冒充前代原本，如明崇禎趙氏小宛堂刻《玉臺新詠》，後人有以此本冒充宋本；一是以翻刻本冒充原本，最典型的例子就是明嘉靖間世德堂《六子》，所見至少有五種翻刻本，翻刻時間亦在嘉靖間，字體、行款、版式摹刻幾無破綻，甚至紙張都無差異，均爲嘉靖白棉紙。這屬于高仿的翻刻本，但大多數翻刻本出于功利目的，往往是粗製濫造。

原本以流傳稀見、錯誤率低、版式字體得體、綫條優美等特點得藏書家鍾愛，但要確得原本，必先有鑒識翻刻本的眼力，眼力全在于見多，多方仔細比較，方可神會。

瞭解古籍雕版和版本的鑒賞，實際上就已經清楚了古籍雕版書的收藏要點，就是要收藏著名的版本，包含了名家手書、名工雕版、選材考究、初刻初印，具有文獻和藝術价值等要素的精刻善本。

第二節　稿抄本的書法藝術

稿抄本、寫本統稱手寫本，是指中國古代用筆在簡牘、紙張等不同載體上手書的書籍文獻。在雕版印刷術誕生之前，古籍文獻均賴此方式流傳普及。雕版印刷術普及之後，除了由著者手筆的稿本之外，因各種原由，其他抄本仍大量存在和流傳，在傳世古籍數量中幾乎占有半壁江山，文獻、文物價值極高。由于歷史原因，宋元以前的抄本保存至今者已稀如星鳳，如中國國家圖書館所藏北宋司馬光《資治通鑒》原稿、宋內府抄本《洪範政鑒》等，歷代視爲鎮庫之寶。再者，晚清民國號稱的文獻四大發現，其中敦煌文獻、明清檔案、居延漢簡均屬此類。稿抄寫本除却文物和文獻價值，多出于名家抄寫，書法精妙，極富藝術感，并具有不同時代崇尚的書法特點，也是不可多得的藝術珍品。

一、古籍稿抄本書法概念

中國古籍稿抄本的概念大體説來包括三類。一是稿本，是指著作人親筆書寫或批改的著述手稿。二是抄本，也稱手抄本、傳抄本，是指按照原書內容用筆抄寫的書籍，即根據底本傳錄而製成的副本，其中的影抄本即完全按照原來的樣式字體摹寫的本子，多爲摹寫宋、元舊本。三是寫本，也稱手寫本，是指相對于刻本書用手抄寫的書籍文獻。

寫本的書法藝術有不同的考量角度，大體可分爲職業化寫本和非職業化寫本兩類。職業化寫本可再分爲商業化和非商業化兩種。

商業化寫本是指以市場營利爲目的的古籍寫本。東漢初期，經師開館普遍，讀書人多，對圖書的需求量也相應增大，出現了以抄書爲業的書手。明清的書坊中也有商業化的抄書，主要是抄售一些部頭大而市場需求相對較小的書，明代的所謂"蘭格抄本"多是書坊抄書。出售抄書，必適應各色人等，因此書法講求清晰、規範、易識，忌諱張揚個性。早期傭書作品世所罕見，新疆吐魯番英沙古城佛塔遺址中發現的《三國志》殘卷，有570餘字，隸書，可視爲職業書手代表作。國家圖書館藏唐龍朔三年（663）皇甫智岌抄本《春秋穀梁傳》（圖八），卷尾記有用紙數量、寫字數量，是職業書手統計工作量和消耗材料的證據，皇甫智岌當爲秘書省書手。自家自用的抄書，無錯訛衍漏即可，大可不必如此工工整整，更不需要統計抄寫字數和耗材數了。而清代號稱揚州八怪之一的金冬心抄經，多以北宋《大藏經》字體，屬于知名書家作品，另當別論。

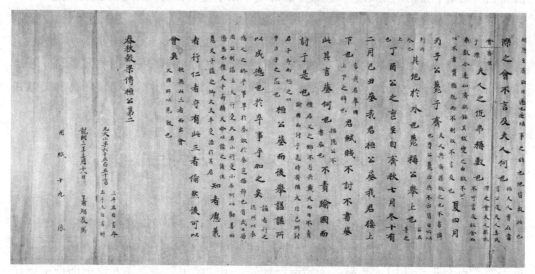

圖八　唐龍朔三年（663）皇甫智岌抄本《春秋穀梁傳》

　　商業化抄書者還包括抄經生。佛家信徒做功德，出資請經生抄經，屬于隱形的商業活動。在書法上，形成寫經體，其字則稱爲"經生書"。經生書面對的是虔誠的宗教信徒，要求抄寫端正、工穩、莊嚴、整齊。這種字體師徒相傳，從晉到唐，書體基本未變，與世俗間的北魏魏碑體、隋唐楷書完全不同。

　　非商業化寫本是指書手爲抄存文獻、資料、著述的寫本，不以市場出售營利爲目的。宮廷書手、政府抄書胥吏雖係職業寫手，但不是以直接商業出售爲目的。據《隋書·經籍志》記載，隋開皇三年（583），曾召京兆韋霈、南陽杜頵等于秘書內補續殘缺，爲正副二本，凡三萬餘卷，藏于宮中，非市場貿易。這類書手雖書法精湛，多有個性，然必經過官方規定的書體訓練，纔能勝任書寫官方文件文獻的工作。這種書體是爲俗語所説的"官字"。其書或經皇上法眼，或經朝臣評鑒，唯有鄭重恭敬書寫最爲安全妥當。從秦統一六國後，各朝都對官方文書、科場試卷等書寫字體有統一要求。今見宋代官場文書用字均爲方方正正的楷體字，明代以《永樂大典》爲代表的臺閣體作爲文書標準用字，清代以館閣體爲官方文件書寫標準用字。清乾隆《四庫全書》抄書者均是具有一定水準的讀書人，屬于文人一類，但是爲了全書整體美觀效果，統一抄書的字體，書法上個性全無。

　　非職業化寫本主要是指名家寫本，包括名人寫本和文人寫本。名人是指在政治、軍事等方面具有一定地位和成就的政治家、軍事家和社會賢達，這類人對國家政治和社會生活具有一定影響；文人是指在學術上和文化上具有一定建樹的思想家和藝術家。

這兩類人在概念上有區別也有重疊，共同之處是抄寫書籍的目的是爲著述、抄存資料、藏書以及賞玩，均非職業和營利目的。如明代的懸磬室錢穀抄本，純屬抄寫保存文獻，收藏自娛。

商業化和職業化的市場要求和雇傭關係下，抄書者往往生計維艱，祗能惟命是聽，難伸己意。寫手的個性難以伸展，因此從書法意義上喪失了特點。唯名家文人寫本書法有意境，不拘一格。名人書法的優點在勢，生殺予奪，大筆一揮之間，非有名望地位者不能也，英雄氣概逼人。文人在意，抒情勵志，學識有得，書寫個性得以張揚，筆法隨心所欲，此乃寫本書法藝術的最高境界。

二、紙張發明以前

春秋戰國列國爭霸時期，也是所謂諸子百家爭鳴時期，各種文獻著述一時繁榮，同時孔子有教無類的私家教育出現，書籍的需求量也隨之劇增，私家藏書已經出現。此間紙張和印刷術均未發明，文獻典籍多賴簡牘載體，文獻典籍的保存和傳播方式均爲書寫記錄和抄寫。春秋戰國時期，以簡牘爲載體的寫本已經大量出現于官方和民間。

秦統一之後，六國消亡，中國政治體制進入封建帝國時代，這是中國古代歷史中最爲重要的轉折。以此爲背景的秦帝國"書同文"，六國文字統一，其代表就是李斯的泰山刻石和琅琊刻石，是爲秦小篆書體。先秦六國之時，列國文字之間略有出入，限制了文化和思想的交流和傳播，秦小篆的出現結束了這種狀態。但是，秦中央政府文書除李斯留下的諸碑石外，沒有更多書法資料。當代陸續發現了相當數量的秦簡，大多數都是地方官吏所書的文書，從書法字體上看，大體上以李斯秦小篆爲基礎，書寫更爲簡便和隨意，書法簡潔明快，隨意奔放，適應日常的公務和軍務之需。從所見的秦簡字體上看（圖九），幾無雷同，各有特點。最重要之處，就是秦小篆中的圓弧筆在書寫過程中筆畫已多呈現橫竪硬直，爲過渡到漢隸做了準備。

漢朝建立之後，文字的書法已經在秦小篆的基礎上進一步發展，形成了漢代的隸書體。從考古發現的大量漢簡（圖一〇），包括敦煌漢簡、居延漢簡、武威漢簡等看，漢簡書法漢隸，已非秦簡小篆。圓弧筆畫基本絕迹，更易于書寫。所見漢簡書法，多有優美隨意之

圖九　秦簡字體　　圖一〇　漢簡字體

作，實不在漢碑名刻之下。

秦文字的統一和秦小篆到漢隸書法字體的變化，方便了著述的書寫和文獻資料的記錄，以簡牘爲載體的寫本文獻在數量上的突破成爲可能，極大地促成了兩漢時期的學術發展和文化興盛，爲此後兩千年中國傳統文化奠定了基礎。東漢之際，在都城長安的槐市已經出現了具有相當規模的書肆。這種書肆，此後逐漸發展成爲集刻書和售書爲一體的書坊。

三、刻版發明之前

魏晉南北朝隋唐五代時期素稱爲中國書籍史上的"寫本時代"，是指紙張發明之後，替代了以前的簡牘，成爲新的文獻資料的載體。紙質寫本文獻開始盛行，抄書成爲風尚。這一時期，造紙術已經成熟，古籍大多以紙質寫本形式傳播。

1924年在新疆鄯善縣發現的1 090餘字晉人寫本《三國志》殘卷，爲4世紀的遺物，隸書正書；國家圖書館藏敦煌文獻中有唐寫本《尚書》《老子義疏》，楷書正書。諸如此類的正書大部頭書籍，當爲職業書手抄寫。

現存的唐代以前的寫本文獻，内容大多爲佛經，即經生抄寫的佛教經典，書法大都爲寫經體。值得關注的是初唐中央政府最高階層信仰佛教，爲做功德，政府機構書手也參與寫經。此時朝廷内因褚遂良等楷書名家的影響，朝廷官方使用的文字是楷書，所以這類抄經楷書味重。

四、刻版發明之後

雕版印刷術發明後，寫本文獻的主導地位逐漸被各種印刷型文獻所取代。但是由于各種原因，寫本文獻仍然廣泛存在。究其類型，大致有五：

1.大型類書

一些部頭過于巨大，受經濟制約，不適宜雕版印刷的小衆書籍，以抄本形式存世。這類寫本往往是動用國家之力編寫的，如宋代初年編撰的四大書、明代編纂的大型類書《永樂大典》和清代編纂的《四庫全書》。從書法上來看，這些書籍均爲職業抄手所寫。這類官修寫本抄手字體事必先經統一訓練，可稱字體劃一，雖顯氣派，但缺乏個性之美。民間書坊也有部分傳抄書籍，以卷帙浩大的類書居多。坊抄大部頭書籍追求速度，往往數名抄手參與，字體未經統一訓練，字體不一，實不美觀。

2.檔案性文獻

宋代宮廷有《洪範政鑒》，明清兩代的實錄、清代的《歷朝聖訓》《方略》等，這些書内容是關于皇家生活和國家軍政機要的記錄，是不適于對外公布的大型文獻。

3.禁毀書籍

一些政府禁書，諸如《推背圖》及色情書籍之類，民間士商人等常以夜讀禁書爲樂，在民間傳抄甚多。

4.著作人手稿

不論是初稿,還是修改稿、謄清稿,以及讀書人的筆記功課等,雖學術水準不一,然數量甚夥。稿本均爲罕見秘笈孤本,文獻、文物價值極高,書寫個性突出,情趣盎然,觀之令人愛不釋手。

5. 名家名抄

明清之際,一些文人雅士和藏書之家對于一些罕見流傳的版本抄書爲藏,成爲一時風氣。這股風氣一直延續到清代民國,相關抄本數量相當可觀。孫從添在《藏書紀要》中談及明中至清初江浙抄書,稱吳寬、太倉王元美、嘉興項子京、虞山趙清常、洞庭葉石君諸家抄本俱好而多,毛子晉、毛斧季、錢遵王各家"俱從好底本抄錄"。爲保存文獻版本抄書,選定好底本,本身就是大學問。這些抄書家也都是一時知名的學者,其書法也非等閒之輩能爲,所抄之書均爲歷代藏書家所看重。

五、稿抄本的藝術鑒賞和收藏

寫本文獻因其重要文獻、文物、書法藝術價值,受到歷代官家和民間藏書家的重視和喜愛,尤其是名家的寫本、稿本和抄本。所謂名家抄稿本必有姓名,有名有姓,是欣賞和收藏抄稿本的第一要素。

歷代名家抄本,美惡不一。名人和文人寫本在書法上有一些共同的特徵。古代名家經科舉訓練,都具有用筆書寫官書字體的基本功,可適應在官場做事,而平時則可寫出個性特徵鮮明和張揚的書法字體,具有兩面性。名家多有抱負和追求,書法雖有臨碑寫帖的功底而不拘泥于碑帖的章法,不以書法技巧贏人,變化多端。名家思想和地位在一時一地處于相對自由的王國,不求被時人賞識和認同,隨心所欲,無拘無束。名人氣韻和文人內涵構成所謂名人書法和文人書法。代表性的名家稿本抄本,如國家圖書館藏《沈石田書稿》,近年市場所見明錢穀懸磬室抄本《北史摭言》、毛氏汲古閣抄本《陶淵明集》、鮑廷博知不足齋抄本《金光集》、勞氏丹鉛精舍抄本《松雨軒集》等,個性特徵往往一望即知。

汲古閣毛氏抄本(圖一一),即所謂毛抄本、毛抄。代表人物是毛晉(1598—1659),字子晉,別號潛在,晚號隱湖。毛氏抄本分兩類,尤以影抄本名聞天下,底本多爲宋元罕見秘本。行格款式、字迹,雙鈎描寫,一如原書,稱"下宋元真迹一等"。尤其是原書已不見存世,後人由此可一睹宋元珍本原貌,故爲世人所珍視。毛氏影抄本,紙上或有打蠟,正文有白齋粉塗改字迹。非影寫本毛氏抄本,版心下方有"汲古閣"三字,書欄外有"毛氏正本汲古閣藏"字樣。

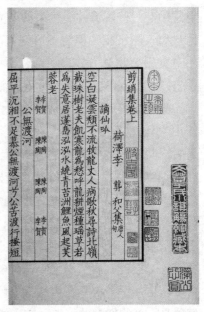

圖一一 毛氏汲古閣影宋抄本《剪綃集》

鮑氏知不足齋抄本，即鮑廷博抄本。鮑廷博（1728—1814），字以文，號淥飲，祖籍安徽歙縣長塘，故世稱"長塘鮑氏"。好藏書，室名"知不足齋"。購藏江浙地方名家所遺，編有《知不足齋宋元文集書目》，刻有《知不足齋叢書》。鮑氏喜抄書，字體端正，有古意，世稱鮑廷博抄本。乾隆四庫館開，詔求天下遺書，鮑氏進呈圖書626種，多爲宋元舊版和舊寫本。近年日本大倉集古館轉讓北京大學的古籍善本中，就有當年鮑氏進呈本多種。

丹鉛精舍抄本，即勞抄本。勞權（1817—？），清藏書家、校勘學家。字巽卿，號蟫隱，浙江仁和（今杭州）人。與弟勞格專攻群經諸史，有"二勞"之稱。其藏書樓名"丹鉛精舍""燕喜堂"等。後世吳昌綬搜羅勞氏父子四人的文字，輯爲《勞氏碎金》刊行。勞氏得見珍本輒抄存，故所抄之書必爲秘本，素爲學界看重。在古籍善本定級中，清代抄本，唯勞抄本和毛抄本被定爲國家一級文物。勞抄本小字工楷，抄寫用心，清新秀麗，雌黃修改，或有蠅頭小字題記，爲歷代抄書所獨有。

寫本畢竟是直接手書而成，數量大，層次懸殊，隨意性較大，不類雕版印刷品有一個複雜工藝過程，能提供一些硬性指標的鑒定依據，書法標準和認定標準不一，鑒定難度較大。但評價捨取，當有公認的原則：

一是時間。寫本年代是鑒定和收藏的重中之重。如敦煌寫經，沒有題記記錄抄經年款的寫本大都要參照有年款的寫本紙張、字體，進行比較和歸納，以確定年代。早期寫本存世罕見，市場流通更爲有限，是收藏熱點。收藏家追求最早年代和最晚年代稿抄寫本，敦煌寫經卷的時間尤其重要，早則可證抄經之始，晚則可證藏經洞封洞之期。對于一部著作手稿也是如此，早則可見原始構想，晚則可見成熟之狀。

二是內容。寫本畢竟是書籍，不是藝術創作，因此寫本的內容不可忽略。如敦煌寫經中有一些疑僞經，後來的《大藏經》多不收入，流傳罕見。此類經皆非主流經卷，雖抄寫工陋紙粗，但實不可輕視。明清之際的抄本，大都是一時流傳罕見之物，否則不會動用如此氣力抄寫一過，不可單純以書法論。歷代稿本更是如此，往往是著者隨手書寫，多有塗鴉，斷不可因此而忽視。

三是罕得程度。罕是指罕見，得是指難得。手稿抄本和寫本存世量幾占古籍半壁江山，且大都是唯一的，與已經得到社會承認的化身千百的印刷刻本書不同，必須在著者、時間、內容、書法等方面，具一特點，方能令人矚目。僅以書法特點爲例，如在敦煌寫經中，有一些特殊書體抄經，如大德高僧書法造詣高深，所抄經卷亦非尋常之物。有以章草書法抄經，如國家圖書館藏唐寫本《法華玄贊》。章草本是漢魏之際的藝術字，熟練掌握技巧難度很大，用以抄經無本可尋，至爲難得。還有政府書手抄經，多有楷書，不類寺廟經生隸書味重，如國家圖書館藏唐上元三年（676）王舉抄《妙法蓮華經》卷三、唐儀鳳元年（676）劉弘珪寫《金剛般若波羅蜜經》等均係唐宮廷書手書寫。這類手抄經卷在書法上有較高的水準，反映了初唐楷書書法藝術已普及的狀況。這些具有書法特點的經卷，賞心悅目，必得收藏之家青睞。

四是名望。名家所處的社會地位和人際關係優越，所知所見與衆不同，或內涉機密，或見多識廣，或藝術天分高于常人，所書手稿寫本，斷非僻鄉俗手能比。尤其是名人書法的氣勢、文人書法書卷氣，非單純的技術修煉可得，更多是與政治、軍事、文化的追求和地位，對美的深厚修養，以及個人品格與操守相關。例如明末清初的名人王鐸、黃道周，在官場寫得一手臺閣體字，而其平素書法嫵媚拙拗，個性彰顯。現存的《王鐸詩稿》等稿本，其字體亦非用心創作，呈現閑散舒心、輕鬆自由的書法風格。總之，書者名望的高低，直接影響寫本的地位和價值。

第三節　古籍插圖與版畫

在書籍產生之後，插圖作爲文字含義的補充，即書籍中給文字做配圖的畫應運而生。西方稱之爲插畫，英文稱爲"illustration"。源自于拉丁文"illustraio"，爲照亮之義，引申義爲插畫可以使文字含義變得更準確清晰，對正文內容起補充說明作用。插畫是一種視覺直觀傳達形式，表現真實的生活和美的追求，具有極高的藝術性。中國古籍插圖，在雕版印書時代，以雕版版畫的形式表現出來，因此古籍插圖也稱古籍版畫，二者概念在邏輯上大部分重疊。祇是古籍版畫內容涵蓋圖譜、年畫、木版水印等，範圍更廣。中國古籍版畫在世界雕版印刷史中曾占有重要地位，也得到歷代藏書家和愛書人的鍾愛。

一、古籍插圖起源

古籍插圖起源于古老的原始圖畫。在文字誕生之前，圖畫是原始人類最初記錄歷史、表達情感、交流信息的重要方式。中國古代的文字也是在這種原始圖畫中衍生出來的，有明顯的象形文字特徵。

圖畫祇能簡單現實地記錄歷史、表達情感、傳遞信息，具有極大的原始局限性，難以記錄和表達複雜抽象和思辨的內容。文字誕生後，單純的文字記錄和表達可能代表多重含義，加之歷史的演變原因，一些已經逝去的概念和事物文字記述不清，有可能產生想象上的分歧。如西周禮制中的服飾、車馬配飾，先秦詩歌《詩》《離騷》所涉及的植物、動物、神怪等。圖畫表達可以還原歷史的圖像，表達的內容是唯一的，更爲準確。因此圖畫與文字既獨立并行，又相互關聯，相輔相成，這就是國人所說的圖畫和文字結合的"圖書"。山東保存的漢武梁祠畫像和榜題文字，就是文字與圖畫結合最好的例證，其中所謂的"功曹車""尉卿車"，如無圖案，後人何能知曉其狀？反之，有圖無文，後人將難以判定何爲功曹車、何爲尉卿車。

中國古代書籍插圖，從秦漢簡牘、帛書、碑刻上的繪畫已經可見。

秦漢之後，隨着魏晉佛教信仰催生出大量社會需求，宣傳和崇拜佛教的經書用"變相"圖解經文，純粹手繪圖案速度慢、表現不一，數量巨大、圖像規範的雕版印刷佛教經書插圖的出現成爲中國古代版畫插圖的起源。今之所見，現存我國有款刻年月最早的版畫是舉世聞名的咸通本《金剛般若波羅密經》卷首圖扉頁畫，題記刻于唐懿宗咸通九年（868）。

宋代雕版書籍插畫有了長足的進步，應用範圍擴大到醫藥書、歷史地理書、考古圖錄書、日用百科書、文學藝術插圖和圖譜等社會生活各個方面，繼而到明代進入鼎盛時期。

二、古籍插圖概念

中國古籍插圖，一般是指在雕版印刷發明後，附在古籍書中，用傳統的雕刀在木版上雕刻後印出來的版畫，包括俗稱的出像、繡像、纂圖等，廣義上還包括圖譜等。

中國古代版畫的畫、刻、印者相互分工，刻者祇照畫稿刻版，稱複製版畫。後來畫、刻、印都由版畫家一人來完成，這種版畫稱創作版畫。必須注意，現代所稱複製版畫，嚴格意義上是要求在版畫的創作者監督和認可下，刻工按照創作畫稿雕版。而中國古代版畫大都缺失了創作者的監督和認可，刻工所用畫稿大都是轉手臨摹之物，并非原稿，因此中國古代的插圖版畫不是嚴格意義上的複製版畫概念。

中國古代木刻版畫技藝在9世紀中葉已經達到相當熟練的水準。插圖表現的內容大體上可作以下分類：示意插圖，包括小說戲曲等文學作品內容情節插圖，這類配圖的文字內容淺顯易懂，更多的是展現場景和意境，因而圖案創作者更易發揮其藝術創造力，雕版大師也更容易展示其雕刻技巧；崇拜插圖，包括宗教經典鬼神鑒戒等圖畫，宗教是有教義和定式的活動，從繪圖到雕版自由發揮的餘地有限，如元明清之際的《觀世音普門品經》，配圖雕版雖有表現手法差異，但大體圖示內容基本相同；知識性插圖，包括器物、服飾、植物、動物、天文、地理標識性繪圖等，要求的是準確無誤，不強調要求藝術發揮，如宋本《纂圖互注周禮》中的《天子玉路圖》《次宸几筵圖》以及大量衣冠服飾等版圖。此外廣義的版畫圖案，還有一些出版商的商業標記，如牌記和防偽徽記等。

插圖按大小有不同形式分類，大則有通版連刊，如清代康熙時所刻的《萬壽盛典》近百五十葉，或整版插圖；小則有方寸之間的符號。形式上或集中在卷首、或上圖下文、或在書中插頁等，通常與內容有關，方便對應，諸如童蒙小學、拳譜、養生之類書籍，隨文字插圖展示，方便使用者。

三、圖譜概念

圖譜指有系統地將一組或一套圖畫分類編輯的圖集，是爲了通過圖像更好地展示事物的一種形式。通過圖集的系列圖像展示，讀者可以準確規範地瞭解和解析事物，從而獲得相應的知識、經驗、技巧，以及感官上的享受。圖譜是插圖發展到一定高度的產物，在某種意義上可以說，圖譜是插圖的集合。

中國在北宋時期就已經出現圖譜。代表作品就是北宋嘉祐八年（1063）版《列女傳》，繪圖者傳爲晉代顧愷之。南宋景定年間（1260—1264）的《梅花喜神譜》是第一部雕印的畫譜，也是第一部最標準的圖譜，內容專一系統，前後彼此關聯，現存爲1261年金華雙桂堂的重刻本。此譜開中國古代畫譜先河，之後各類圖譜遞出不絕，內容涵蓋廣泛，大體上可歸爲以下四類：

知識性圖譜類，包括專業學術圖集，諸如《六經圖》、中醫植物藥材圖、針灸圖、建築圖，以及童蒙類；歷史地圖譜，《博古圖》等；德育教育圖譜，《耕織圖》《養正圖解》《列女傳》等。

文學圖譜類，包括小説戲曲圖譜，如《離騷圖》《紅樓圖詠》等。

教材畫譜類，主要爲學習繪畫等各種技能的教材之類，如宋代的《梅花喜神譜》，1603年杭州雙桂堂所刊的《顧氏畫譜》，清代的《詩餘畫譜》《十竹齋畫譜》《芥子園畫傳》（圖一二），以及石譜、琴譜、拳譜、養生譜等。這些圖譜供傳習者揣摩之用。

藝術賞玩類，如《程氏墨苑》《方氏墨譜》，以及硯譜等。《十竹齋箋譜》《蘿軒變古箋譜》等收錄文人雅士的"箋紙"。酒牌版畫有著名畫家陳洪綬《水滸葉子》《博古葉子》。純藝術賞玩的版畫圖譜製作要滿足欣賞性和藝術性要求，更能體現版刻藝術家的技藝水準和美學觀念。

圖一二　清康熙李漁《芥子園畫傳》

四、拱花餖版

中國傳統國畫兩大主流派系，一是工筆重彩爲特色的北畫，講求層層烘染；另一是墨筆寫意爲代表的南畫，講求筆墨。而這兩點對于一般的點綫面版畫表現手段來講，力不能及。版畫是通過點綫面的疏密、大小、曲直，體現遠近透視、陰陽層次、濃淡厚度。很長一段時間，古代版畫無法將國畫的色彩和筆墨層次淋漓盡致地表現出來。直到明代萬曆年間，版畫工藝技術終于實現了一次大的突破，出現了餖版和拱花技術，從而使中國古代的工筆重彩繪畫和水墨繪畫實現版刻印製成爲了可能。

餖版是中國傳統木版浮水印中的一種特殊印刷工藝。出現于明代萬曆前後，亦稱爲彩色雕版印刷。此工藝是依據色彩不同的繪畫原稿，按照用色分類，分別勾描和雕版，一色雕一版，然後依照由淺到深、由淡到濃的原則，逐色套印完成作品。由于刻出的分色雕版瑣碎堆砌，狀如古時祭祀用的貢品餖飣，故稱餖版。

拱花是中國古代一種不着墨的刻版印刷方法。它是在雕板上雕出有凸出或凹下的綫條，用凸凹兩版嵌合，施以壓力，使紙張表面拱起形成點綫面的凸紋，用以表現器物和花紋。這種印刷技術類似現代的凸凹印、浮雕印。"拱花"法分兩種：一種是不用任何色彩，只把紙在版上壓印，素白的花紋就一一凸現在紙上，這種凸顯出來的花紋，多半是天上舒卷的白雲、層叠起伏的山巒、河流中的波紋、葉子上的脉絡等，其中一些凸起的圖案與彩色的畫面相映襯，更顯得精彩而多變，這種方法行業術語稱之爲"素拱"。另一種則是在印好的彩色圖案上壓印，使花朵或器物的花紋凸現出來，畫面不僅有立體感，而且層次也更分明，此種方法行業術語稱之爲"套拱"。

明天啓六年（1626）由顔繼祖輯稿，吴發祥刻版，在金陵出版了《蘿軒變古箋譜》，拱花餖版木刻彩印箋譜，是爲拱花餖版印刷的開山之作。明天啓七年，徽州胡正言在金陵采用餖版套色出版了《十竹齋畫譜》，把竹梅蘭石等圖畫印出了色彩和濃淡乾濕的變化，幾乎達到了可以亂真的程度。崇禎十七年（1644），又采用餖版加拱花的技術，印製了《十竹齋箋譜》（圖一三），把白雲、流水等圖案的綫條凸現出來，使彩色畫面增加了立體感。胡正言的《十竹齋箋譜》較《蘿軒變古箋譜》印量大、存量多，流行傳播廣，對後世的影響較大，成爲中國古代餖版拱花印刷的代表作。

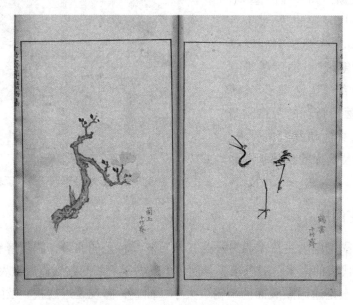

圖一三　《十竹齋箋譜初集》第四册

五、著名插圖版刻家族和書鋪

今之所見中國古代版畫最早史料爲唐人馮贄《雲仙散録》，載"玄奘以回鋒紙印普賢像，施于四方"。所見最早版畫實物是在成都東門唐墓中發現的《陀羅尼經咒圖》，時代爲唐至德間（756—758）。圖中刊有"成都府成都縣□龍池坊□□□近卞家印賣咒本"，説明版畫很早就進入市場。成都卞家就成爲中國古代最早見諸於記録的版畫插圖書鋪。

兩宋年間，各種與社會生活以及學術有關的版畫内容出現，從而爲版畫所表現的内容打開了無限的領域，版畫數量劇增。到明代晚期萬曆、天啓之際，版畫製作和印刷進入了前所未有的鼎盛時期，專注版畫的書坊林立，畫派和刻工流派紛呈，争奇鬥艷。在全國形成了幾個版刻插圖地區和書坊，產生了一批版畫鐫刻的能工巧匠，構成了各有地方特徵的版畫流派體系。

1. 徽州地區

明萬曆時，徽州版畫稱雄海內（圖一四、圖一五）。著名書坊汪光華玩虎軒刻有《琵琶記》《北西廂記》。徽刻至精，加之地方上乘紙墨，歷來皆被收藏家、版本學家所重，在中國版刻史上爭得了特殊地位。

圖一四　有像《列仙全傳》九卷

圖一五　《坐隱先生精訂捷徑奕譜》

更重要的是在徽州練就了一批版畫精工。其中如徽州的歙縣虬村黃氏刻工家族，著名刻工如黃一楷、黃一彬、黃一鳳兄弟三人，先後參與起鳳館刻《王鳳洲李卓吾評北西廂記》、七峰草堂刻《牡丹亭還魂記》、香雪居刻《校注古本西廂記》《元曲選》等，黃守言刻《方氏墨譜》，黃建中刻《博古葉子》，都爲世人稱道。正是由於黃氏名家輩出，把徽派版畫推上了新的高峰。自明萬曆一直到清康熙末年，在一個世紀的時間內，新安黃氏一族所刻書達兩百餘部，能圖者有一百多人，成爲一支陣容龐大的版畫隊伍。與黃氏家族并稱的還有汪氏家族，有汪士珩版《唐詩畫譜》、宛陵汪館版《詩餘畫譜》。汪氏家族更注重畫工技藝，以汪耕爲代表，直接參與版畫繪稿。畫師與雕工結合，形成了完整的版畫製作印製鏈，從繪圖到雕版，綫紋細如毛髮，轉動柔和，景物環境如山石、地磚、窗欞都刻得繁密工細，形成了細膩、精巧、流暢的徽州版畫，即"徽派"。徽州幾大家族版畫繪畫雕刻技藝獨步天下，而家族的世襲性，形成技術上的壟斷，于是由臨近地區，如江蘇、浙江等地書坊力邀，徽州刻工走向四方。

2. 金陵地區

金陵留都是明代江南政治、經濟、文化中心，人文薈萃，衣冠士庶聚集，官私刻書業十分發達，書肆、私家刻書坊有名可考者凡九十三家。至明萬曆間，金陵地區版畫進入最爲興盛發達的時期。金陵書業中，以唐姓坊肆爲最盛，首推唐富春的富春堂，刊有《新刻出像增補搜神記》《新刻全像三寶太監西洋記》，數量不下百種，諸唐家書坊所刻總數逾兩百種。金陵的周姓書肆可考者十四家，都以刻印小説爲主，其中周曰校萬卷樓刊有《新刻校正古本大字音釋三國志通俗演義》《國色天香》等。雄踞金陵的富春堂和世德堂等本是建安派的餘脉，版畫風格延續建安派，人物形象古樸天真，綫條方折有力。而流寓金陵的徽州刻書家，如歙縣人鄭思鳴主持的奎璧齋刊行了明焦竑編撰的修身養性之書《養正圖解》，黄應光等爲汪耕環翠堂所刻《人鏡陽秋》《坐隱圖》《坐隱先生精訂捷徑弈譜》，胡正言的《十竹齋箋譜》等，版刻也漸趨精細工麗。金陵版畫以濃重的晚明社會和士人生活場景爲内容，或古樸豪放，或工雅秀麗，風格迥異，多角度再現，被稱爲"金陵派"。

3. 蘇州地區

明天啓、崇禎至清初，蘇州書業頗爲活躍，版畫藝術發展也很迅速。葉敬池（書種堂）和葉昆池最有名，二人皆刊行了大量的插圖小説戲曲，如《醒世恒言》《石點頭》《南北宋志傳》等。蘇州爲明晚期文人雅士、畫家書家聚集之地，多有知名畫家爲版畫創作畫稿底本，加上優秀的刻工鎸刻，作品質量繪刻俱精。蘇州版畫也多在形式上有所創新，如崇禎年間刻印的《一捧雪》傳奇，采用了團扇形的版式，直如蘇州園林的透視景觀，爲畫面增添了靈動之氣。

4. 杭州地區

杭州古稱武林，南宋時已是刻書中心之一，至明代中後期出現了一批著名的版刻書坊，雙桂堂、集雅齋、容與堂、古杭秋爽堂、夷白堂等名肆刻印了大量的小説、戲曲、畫譜等類書籍。萬曆三十一年（1603）武林（今杭州）名畫家顧炳輯摹的《歷代名公畫譜》（圖一六），將文人寫意畫意境引入版畫，是一部頗有影響的畫譜。加之徽州刻工多數流寓杭州，杭州成爲徽派版畫的第二故鄉，留下了不少插圖版畫精品（圖一七）。如徽工黄應秋、黄端甫同刻張氏版《青樓韻語》插圖（圖一八），可稱杭州版畫的優秀作品。汪成甫與洪同良、項南洲同刻《吴騷合編》插圖也是明代版畫史中的重要作品，成爲杭州版畫的代表。杭州是人文薈萃之地，插圖繪畫高手輩出，又有徽州各刻工鎸版，遂使版畫藝術展現新的水準，形成以典雅寫意、意味悠長爲特點的武林派版畫。

圖一六　《歷代名公畫譜》四卷

圖一七 《張深之先生正北西廂記秘本》五卷

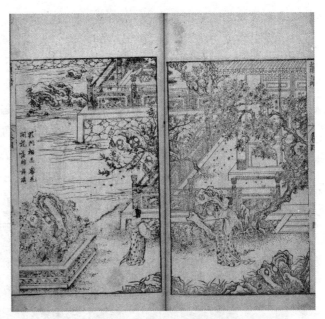

圖一八 黃應秋、黃端甫同刻張氏版《青樓韻語》

5. 湖州吳興地區

吳興閔、凌兩家盛行的套版印書，其中多有附圖，如閔刻《明珠記》《艷異編》，凌刻本《琵琶記》《西廂記》等書。黃一彬天啓間爲凌濛初刻《西廂記五本》的插圖，爲套版印刷插圖的優秀代表作品。湖州版畫作品數量不多，但均延請名家校刊、徽州精工，用上等紙張，套印成書，色彩斑斕，賞心悦目，爲收藏和鑒賞家所重。

6. 福建地區

以建陽爲中心，自宋代以來，就是中國雕版印刷事業最爲發達的地區之一，明代刻印盛況依舊。擁有余氏、劉氏、熊氏等赫赫有名的刻書家族，比較著名的書坊有余象斗雙峰堂、余建泉文臺堂、劉氏安正堂、熊氏種德堂等二十餘家。建陽書坊所刻書籍，尤以小説、戲曲等通俗文學作品爲多，多附有刻圖版畫。建陽版畫多爲民間工匠繪刻，文人畫家參與不多，保持着民間刻印的質樸風格，形成了粗獷的福建版畫風格，稱閩派版畫。明郎瑛《七修類稿》評之曰："蓋閩專以貨利爲計，凡遇各省所刻好書，聞價高，即便翻刻……故一部止貨半部之價，人爭購之。"正是由于建陽書坊出書迅速且"值最賤"，且所刻又多爲民間喜聞樂見的小説、戲曲之類，纔使其有廣闊的市場，從而在激烈的書業競爭中爭得一席之地。

清代插圖版畫藝術遜于明代，但也不乏一些偶出的版畫雕刻家，如湯尚所刻蕭雲從《太平山水圖畫》、蘇州朱圭所刻《凌烟閣功臣圖》《無雙譜》，以及朱圭入清宮後主持鎸刻的《萬壽盛典圖》《耕織圖》等作品，顯示了極高的雕版水準。金陵版畫中李漁1679年餖版印製的《芥子園畫傳》廣爲流傳，成爲對後世影響極大的一部繪畫教科書。

7.北方地區

萬曆以後,由于新安版畫風格的影響,大江以南的木刻版畫幾乎同歸于工緻甜潤的徽派作風,從此版畫的地方色彩便不那麼明顯了。從現存的北方刻本來看,山東、北京、平陽等地的版畫,仍保持着粗獷風格。

萬曆四十三年(1615),山東朱壽鏞等雕印《畫法大成》(圖一九),此書爲藍印本,是一部圖解各種畫法的教科書。其繪圖筆力剛勁,人物形象,潑辣生動,是難得的北方刻本。

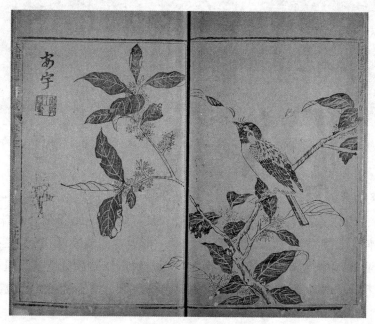

圖一九 《畫法大成》八卷

明代晚期的北京刻本,無論是官刻,還是坊刻,都少有著錄。現存有張居正刻于北京的《帝鑒圖説》,是專爲教育小皇帝朱翊鈞編纂的。書中每則故事都配單面整版圖一幅。

六、插圖圖譜的鑒藏

版畫插圖和專業的圖譜在世界上歷來都屬于藝術品,對其關注的焦點是版畫畫師(畫工)、版畫刻工和書坊出版商。賞鑒具體細節可從構圖效果、刀功細膩度、雕版技巧、形象準確度等方面觀察考量。

1.版畫畫師

中國古代版畫,是版畫畫師與雕工共同完成的藝術品。版畫畫師,是指專業從事版畫稿繪製的從業者,水準高者稱畫師,低者稱畫工,是將繪畫創作移植到版畫過程中的中間人,他們直接影響着版畫作品的水準。可是中國古代版畫畫師地位低下,長期未受到關注。其原因與中國古代版畫起源有關，來源于西域早期佛教的繪畫和雕塑藝術，至隋唐之際，都已經形成了一些定式，諸如說法圖、涅槃圖等，缺失了專業從事版畫創作的畫家群體。歷史的原因造成了中國唐代開始版畫刻書鋪依據畫師畫工的臨摹畫作雕版即可，與原創畫家沒有直接的關係，更無嚴格的著作版權概念。古代畫家大多不熟悉版畫表現語言和藝術的特點，也很少直接參與監督版畫製作過程，在版畫製作中沒有地位。例如《列女傳》插圖傳爲晉代顧愷之所繪，與宋代的書鋪出版商家毫無關係。現在能夠確認畫家與出版有直接關係的就是宋板《磧砂藏》經首《説法圖》(圖二〇)，版面下有"陳昇畫"字樣，此係最早有畫家題款的版畫作品。此圖用量極大，故雕刻不止一

圖二〇　宋板《磧砂藏》經首《説法圖》

塊，其他圖案完全一致，但大多下方題款處爲空白，可見畫家創作不爲各界所重。如陳洪綬的畫稿《博古葉子》，雕版爲徽州名工黄子立所刻，《虞初新志》記載："章侯死後，子立畫見章侯至，遂命妻子辦衣殮，曰：陳公畫地獄變相成，呼我摹刻。"可見陳洪綬時已逝，與雕版之事無關，且黄子立所見洪綬畫稿是否爲真迹，亦未可知。何況作爲著名畫家創作，價格一定不菲，必定是經過轉手摹繪上版雕刻，斷非原稿上版雕刻。托名畫家畫稿乃常見之事，如武林刻春宮圖《風流絶暢圖》《花營錦陣》之類，大都冠以仇英繪。清代朱圭被召入内廷成爲皇家御用雕版大師後，于康熙末年參與雕刻王原祁、宋駿業、冷枚等繪《萬壽盛典圖》，看似這是畫家與雕版刻工合作的作品，實際此時作者主筆王原祁等已經辭世。且此稿爲多人合作，版本不一，設色彩繪，而雕版爲綫條摹本刻版，當爲鐫刻名家朱圭根據繪本臨摹鐫刻出的又一個版本。清代同光時期的畫石名家周棠，爲箋扇社等雕版花箋紙出售畫稿，并不參與雕版印刷，印數更與畫家無關了。

2. 雕版刻工

中國版畫歷來更看重版畫刻工。伯希和從敦煌取走的後晉開運四年（947）曹元忠《觀世音菩薩造像》，下有刻工名"匠人雷延美"。這就提出了一個版畫刻工定位上的問題。現稱古代版畫雕版人爲刻工是不太合理的，清代郎世寧的《平定準格爾戰圖》送到法國銅版雕版刻印，法國雕版刻工均爲法蘭西皇家藝術學院的雕版藝術大師，西方的刻工稱藝術大師。宋本《妙法蓮華經》版畫插圖有"建安范山甫刻"，書法靈動自然，水準可與任何名家媲美。應該説，中國古代版畫有其特殊性，畫家的繪畫展現爲版畫時，需要刻工的加工處理，提煉成適于雕版的版畫稿。典型例證就是著名的

明萬曆《青樓韻語》插圖，其中第十一幅圖所題唐妓薛濤詩句中，刻工黃一彬藏名于右上角的花叢之中，因爲版畫插圖作者張夢徵原稿中斷不會如此寫上刻工名字。這就可以解釋爲何古代版畫作品絕大部分都是重刻工，刻工留下了姓名，畫師留下姓名者甚少。

3.書坊出版商

事實上，一部中國古代優秀的版畫作品離不開書坊出版者高水平的審美水準和獨到眼光。凡有刻，必請名工。優秀的刻工得到出版商的認可，標志着某刻工的技藝成熟和社會對其的肯定。書坊出版商對刻工的認可，也是市場中藏書界和鑒賞家的認可。因而尋求知名的出版商、知名刻工的作品就成爲收藏和鑒賞中國古代版畫的捷徑。當然，延請名工的費用甚高，必然增加雕版印刷成本，從這個意義上來說，一部上好的版畫作品，在開始就是付出金錢堆出來的精品之作，這離不開出版商的眼光、資本和魄力。

4.構圖效果

古代好的版畫，首先是整體布局給人以視覺上的衝擊。可密可疏，可繁可簡，可俗可雅，通過巧妙構圖，以豐滿密集和蕭疏簡淡等不同風格來襯托表現主題風格。如戲曲小說插圖中，構圖有如戲曲表演，要有角，有名角纔有好戲。每幅插圖，人物是主體，比例多占畫幅之半。人物的精神、性格、動作是主綫，也是圖像注解的重點。背景如戲臺上的道具，是襯托主體的裝飾和陳設而已。背景大多是對故事人物活動的時間、地點作非描述性的交代，即所謂的"境"。版畫追求趣味，畫面意圖清晰坦率，主題敘述直白明確就好。中國古代版畫中，如《聖迹圖》以及一些帝王圖，主角大而配角小，不成比例，但并不影響觀感，因爲觀者目光關注的是畫面主角。

5.刀工細膩度

版畫最終是由點、綫、面構成的圖案。刻工綫條處理得流暢細膩的版畫作品，如清初朱圭刻《凌烟閣功臣圖》，人物髮鬚細如絲綫，可稱巧奪天工，令人歎爲觀止，自是收藏和賞鑒之家鍾愛之物。

6.雕版技巧

版畫雕版技術上分爲凸版與凹板。凸版版畫主要是在版的平面上用刀刻去畫稿的空白部分，留下有形象的部分，版面未被刻去的部分凸起，故稱凸版。多用于版畫中的點和綫。凹版與凸版相反，是在版平面上刻出凹綫，滾上油墨時，即可印出黑地白綫的圖像，專業稱爲"留黑"。大面積的留黑往往表現夜晚、背陰、逆光處。簡單幾刀刻畫，常可獲得版畫特有的藝術效果。這種刻法，元代版畫已經應用，明清漸多。乾隆《臺灣府志》"八景圖"中鯽潭霽月就以此手法表現夜景。凸版與凹版結合，表現手法就更爲豐富。

7.形象準確度

版畫表現的內容廣泛，一些圖畫內容爲知識類、教材類的版畫要求表現的內容寫實和準確，不需要藝術化的變形和誇張，否則可能誤導讀者。因此，欣賞和評價這類版畫就需要從形象表現的準確度來考量，內容包括人物、器物和植物。如明萬曆間的金陵版畫，其中的王圻編撰秣陵陶園臣刻槐蔭草堂藏板《三才圖會》，這是古代百科全書，內容表現應力求準確。

8. 套印的準確度和層次

版畫雕版完成後，經過印刷纔算完成，而手印版畫又有多種印刷技巧，爲版畫家藝術創造的一個組成部分。難度最大的就是餖版印刷，特徵是木刻浮水印，實現彩色套印。難點是逐色套印，套色要求極爲精準。印刷過程中，按照先淺後深的順序，餖版逐塊印刷，部分還需多次重複印刷增厚，且可隨時調製色彩濃淡，使一色可在一個版上印成富有層次變化的畫面，又可兩色叠印產生第三種色。整個印製過程有分版、刻版、對版、着色、印刷，工藝要求複雜，難度高，費工費時。當代餖版印刷的巔峰之作，北京榮寶齋印製的五代畫家顧閎中《韓熙載夜宴圖》，分成套色木版一千六百六十七套，每幅需印刷八千餘次，共計印刷近三十萬次，歷時八年，複製成三十五幅。因而餖版彩印版畫，僅看所費工時人力就已經可知其珍貴了。

9. 翻刻問題

版畫作品，雅俗共賞，深得各等人士賞識，市場銷路自是廣大。因此，精品一出，市場常常供不應求，各種翻刻本隨之出現。如清代改琦繪《紅樓圖詠》，所見翻刻本至少有五種，朱圭所刻《凌煙閣功臣譜》《無雙譜》等翻刻本也多見。由于翻刻者逐利，用工多爲俗手，用料粗劣，而刻工製作原本功力不濟，又往往偷工，致使作品不堪入目。尤其是一些知識類和教材類插圖圖譜，如翻刻極夥的《芥子園畫傳》，其中套印偏差，色彩失調，據此學習，害人不淺。

第四節　古籍刻書用紙

造紙術是中國古代四大發明之一，也是中國古代對于世界文明的重大貢獻。自漢代造紙術發明以後，紙本逐步取代簡牘成爲書籍流傳的載體，大大地促進了文化的傳播與發展。印書紙張爲古代手工業製造品，從原料使用範圍擴大到造紙工藝技術的改良，存在不斷發展和進步的過程。同時，原料地域的限制，造紙坊工藝技術特點，尤其是一些特殊配料和特殊工藝的使用，呈現出不同的紙張特性和特徵。另外在印書過程中，書商還有一些別出心裁的花樣。因此，紙張鑒定和欣賞就成爲古籍研究和藏書家鑒賞的重要內容。

一、普通印書用紙

雕版印刷技術經過唐五代應用的萌芽期，到北宋之時，已經進入成熟和興盛時期。加之科舉制度的確立和推行，刺激更多的人讀書，社會對書籍的需求量大增。爲滿足市場的巨大需求，雕版印刷書籍的內容已不局限于佛經，範圍急劇擴大，書籍印刷數量劇增。雕版印刷所需的紙張非同一般的書畫、包裝之類用紙，一定是要經濟耐用，抗翻閱折叠磨損，也要有相應的生産數量，存量要大。

大規模書籍印刷，首先是要解決用紙數量的需求。書籍用紙用量較大，動輒會以數千張，甚至數萬張計，所需原料隨之相應增加。麻類植物是古人衣着的基本材料，衣食住行爲生活基本需求，不可能無限制地應用于造紙，探尋新的紙張原材料，促進紙張原料的多樣化發展就成爲第一要務。自宋以後，由于造紙業的發展，麻紙的優勢地位逐漸被別的紙類所代替。唐代李肇在《翰林志》中有"凡賜與、徵召、宣索、處分曰詔，用白藤紙"之説，可見唐代已經用藤皮之類纖維造紙。宋蘇易簡《紙譜》："蜀人以麻，閩人以嫩竹，北人以桑皮，剡溪以藤，海人以苔，浙人以麥稭稻稈，吴人以繭，楚人以楮爲紙。"足見宋代造紙原料除原有的麻藤之類，已經擴大到竹、苔、麥稻稭稈、繭、楮皮，此外實物中還有桑皮等。紙張製造原料取材範圍擴大，造紙原料多樣化，爲造紙數量增加提供了保證。現存的宋代古書，福建地區的閩刻本多用竹紙，山西平水本多用麻紙，四川眉山地區的蜀刻本和浙江刻本、江西地區刻本多用桑皮紙，證實了宋代書籍用紙的多樣性。

書籍印刷用紙要求耐折叠磨損，同時要經濟實惠，即要價廉物美。書籍使用者多數爲讀書人，書籍造價昂貴，影響發行。如宣紙印刷效果很好，美觀好用，但是受到産量和經濟性的限制，并不一定適應大規模印刷使用。

二、特殊印書用紙

所謂特殊印書用紙，是指滿足市場非正常需求印書使用的紙張，不受時代、地域以及各種自然環境和生活環境制約，具有非商業化和不計成本的特點，往往是爲追求新奇，滿足一些文人雅士的偏好。這類印書用紙包括以下幾類。

1. 公文紙

兩宋之時，國家機構上下行文文書數量極大，公文使用紙張品質潔白堅韌，爲上等皮料生産。按照宋代的有關公文保管規定，超過保管時間年限後，即可處理。這種存量巨大、質地優良的紙張爲書坊所看中，用于書籍印刷。因此從宋代之後，公文紙印書已經多有存在。臺灣省圖書館藏宋乾道間公文紙印本《李賀歌詩編》、傳曾鞏《局事帖》所印《三國志》，均爲北宋公文紙印刷。用于印書的公文紙屬于前朝舊紙，因此，公文紙印本受到一些好古的鑒賞家和藏書家追捧。明清兩代，此風延續不斷，直至民國初年徐乃昌翻刻明小宛堂《玉臺新詠》時，還在用乾隆公文紙印刷。

2. 舊紙

指非當時生産的紙張。宋明之時一些印書天頭地脚特別闊大，後世有印書之家利用這類殘書，裁取天頭地脚而後拼接，使之成爲適于印書的紙張。使用舊紙印刷并不一定是要冒充宋元古本，更多是爲滿足當時文人雅士好古和獵奇的心理。

3. 藏經紙

指宋元時期佛教《大藏經》印刷用紙。此紙質地厚實，屬于麻紙一類。宋元之際《大藏經》印刷之風盛行，自《開寶》始，《萬壽藏》《毗盧藏》《趙城金藏》《慈溪藏》

《磧砂藏》《普寧藏》等都是用藏經紙。《大藏經》每冊首尾均有富裕的空白扉頁。于是，明清兩代也曾出現過拆取宋元印本《大藏經》首尾空白扉頁印書的現象。如晚明趙氏小宛堂就曾以此類藏經紙印刷《玉臺新詠》（圖二一），清代有金冬心以此類藏經紙印刷《冬心先生詩集叙》。

4. 箋紙

指在造紙原料中加入特殊材料成分，或采取一些獨特的工藝造出的紙。在造紙原料，即紙漿中加入的特殊材料有金片、銀片、雲母片等；在紙的加工技術方面使用特殊技法和工具，如羅紋紙等。宋代一些箋紙種類已經開始用于印書，而後進一步的發展和創新，到明清兩代各種箋紙盛行。印刷書籍用紙在質地上一般推崇白色和其他淡雅色，以鮮明靜穆爲要。箋紙是紙張中特殊加工的產物，製作工藝相對複雜，成本較高，因此多限于藝術創作的書法繪畫等用量相對較小的書籍印刷。在一些特殊的書籍印刷本中，偶見少

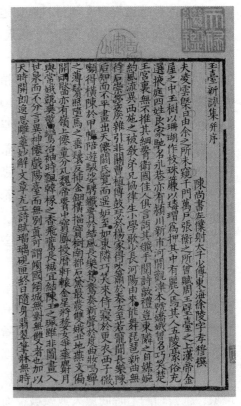

圖二一　趙氏小宛堂刻宋元藏經紙印本《玉臺新詠》

量用箋紙印刷者，明代萬曆間刻本《武備志》是一部大書，此書就有序言部分用灑金箋紙印製的印本。

5. 仿古紙

主要指仿製古代名貴和雅致的紙張，如清代乾隆年間仿製澄心堂紙、金粟山藏經紙等。清初仿宋羅紋紙，此紙也稱羅紋箋，屬于箋紙一類，宋代曾有製作。此紙加工工藝獨特，紙張明顯可見紙紋，質地爲皮紙一類，世稱羅紋紙。宋之後工藝失傳，至清代又有仿製，成爲仿古羅紋紙。這類紙張價格不菲，多用于書畫創作，也有少量用于印刷書籍。清康熙太湖席氏掃葉山房刻《唐詩百名家全集》就有用紅筋螺紋紙之類的印本。紅筋螺紋紙亦屬于仿古羅紋紙，極爲別致。

特殊用紙印刷書籍，紙張數量上沒有保障，成本極高，完全是爲了滿足小衆士人賞玩和收藏之需。但是在衆多用紙大體雷同的古籍書中，這種另類的書籍有如萬里青山一點紅，奪人眼目，平添出許多趣味。

三、紙張藝術鑒藏

紙是中國古代對于人類文明的重大貢獻，歷史悠久，品類繁多，因此，中國古代印刷紙張的研究和鑒賞自古以來就是熱點。

紙張的製造過程會受到材料產地地域環境、製造工藝技術的局限和發展過程的影響，這就給紙張的鑒定留下了可供後人考證的痕迹。

1. 地區性

中國地大，地理氣候環境不同，植物生長分布不同，加之古代交通運輸不便，這直接影響到製造紙張的原材料取材，因此古時各地的紙張生產受植物生長地域環境限制。比如，竹子較少生長北方，桑楮爲大葉植物，寒地不宜生存，均不具有產量。不同地區造紙，必定是因地制宜，選取最爲易得、資源充足，以及實用的原材料。如宋代之時，福建產竹，多產竹紙；蘇、浙、蜀、贛多楮、桑，多產楮皮、桑皮紙；山西產麻，多產麻紙。各地印刷書籍通常都會使用當地生產的紙張，因爲來源方便，可以減少不必要的成本。這種地區性痕迹，爲後人鑒定一些沒有牌記題記、前序後跋，甚至無頭無尾的宋代殘本書籍的印刷地區提供了綫索。

2. 時代性

時代性是指國家整體政治經濟在一定時期對紙張生產影響留下的歷史痕迹。盛世國家人民富裕，對紙的生產品質有較高要求，因此盛世之時多有好紙，反之衰世紙張品質就差。從敦煌藏經的紙張變化來看，魏晉隋唐盛世抄經紙張品質較好，尤其是北魏、隋代，以及唐貞觀到開元、天寶間，朝廷委托寺廟抄經，抄經紙張品質上乘。唐末五代以降，國家分裂，戰亂頻繁，抄經紙張品質水準日下。于是出現了一些反常的現象，紙張理論上時間愈久愈殘破，而實際中敦煌寫經中往往紙張韌性好、品相好的經卷是年代較早的，紙黑殘破韌性差的反而是晚期之物。這種情形在清代重演，康乾盛世之時朝廷印書開化紙品質極高，嘉慶之後國力日衰，印書紙張品質也隨之下降。民間更是慘澹，晚清之時印書多有用草料粗紙。

3. 歷史性

是指紙張生產工藝發展變化留下的歷史痕迹。傳統的造紙工藝技術在不斷地改良和發展，如用竹子造紙，竹本身生長周期短，纖維短直，與麻、楮皮、桑皮纖維長度和韌性區別較大。製作竹紙的工具改良，反映在紙張成品上就是紙張的簾紋變化。抄紙用的紙簾由竹篾和絲綫編織而成。魏晉隋唐之時寫經紙纖維粗，而這時抄紙簾竹篾也粗壯，約爲2毫米~3毫米，編製絲綫間距可達30毫米~50毫米，隋唐之時的寫經紙張簾紋直觀有三指寬，以此工藝造出的紙張通常會較厚。隨着造紙植物纖維處理水準的提高和原材料的變化，植物纖維更短更細，抄紙竹簾的竹篾也要求更加細密。竹篾由粗變細，爲了保證抄水時竹簾不變形，編織絲綫密度相對增加了，以提高過水時的抗壓性。以此工藝造出的紙張成品簾紋相應由寬變窄，宋代刻本用紙簾紋通常20毫米~30毫米，即古籍鑒定行裏常言的"宋紙二指寬"（圖二二）。明代之後，工藝技術繼續改良，紙漿處理愈細，簾紋愈窄，明清之際通常所見印書紙張簾紋爲10毫米左右。這些歷史留下的痕迹，對於鑒定古籍極有幫助。

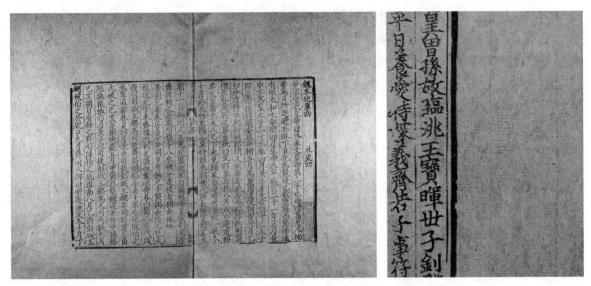

圖二二　元大德信州路儒學刻本《北史》（編織簾紋寬度約25毫米）

4.專用性

古代官方印書用紙通常是定點采購，最典型的就是清初的殿本所用的開化紙，細膩白柔。民間翻刻本紙張品質不能等同皇家宮廷。清代官方所用的其他紙類，如連四紙，均爲上乘用紙，而民間用紙差之遠矣。在實際應用中，如清乾隆《武英殿聚珍版叢書》，用紙潔白均匀，而外聚珍翻刻本則紙質粗劣。明清易代，各地原材料不盡相同，製作工藝有別，紙張種類繁多，印書紙張千變萬化。但是一些知名的刻書鋪和刻書之家用紙前後連貫，諸如晚明湖州閔齊伋、凌濛初刻書以套印出名，其印書紙張更是講究，均爲萬曆之後的白紙。又晚明毛氏汲古閣印書，傳刻經史百家書籍，又刻《津逮秘書》十五集等，皆宋元以前舊帙，據稱曾到江西訂購竹紙，此紙紋理細膩，質地薄軟，淡黃色，吸墨性好，產量大，適于印製古籍。毛氏所訂購紙張皆有毛氏記號，世稱這種紙爲毛邊紙。後世所見翻刻毛氏汲古閣本，紙張粗劣，不可與真正毛刻本相比。

各地造紙大都就地取材，使用各種不同原料，製造的紙張名目繁多，如繭紙、白棉紙、毛邊紙、開化紙、開化榜紙、連四紙、太史連紙、草紙、宣紙、棉連紙、混合紙等。加之歷代鑒賞之家的專用術語混亂，諸如麻紙，有稱白麻紙，有稱黃麻紙，也有稱皮紙，令人眼花繚亂。但用紙的材料畢竟是客觀的實物，現代顯微技術的進步和發展對于紙張原材料的鑒定將會有定論。主觀上的紙張欣賞，取捨就會受到個人文化背景的影響。對于紙張的藝術欣賞，包括圖案、色澤，諸如白紙黃紙，因人而異，各有所好。如清初康熙皇帝好古，對開化之類白紙無興趣，更喜歡紙色微黃的連四紙，此紙紋理細膩，古香古色，有舊紙和歷史滄桑的感覺。所見《康熙字典》初印本，就是用此類紙印刷，實爲康熙自己留用翻閱賞鑒之本。

印書紙張的多樣性、藝術性，都爲中國古籍的欣賞增加了色彩和豐富的内容。綜上所述，把書法、雕刻、紙張、墨質等多種中華文化精髓融匯一起，產生的每一部書籍，可以説就是一件令人玩味無窮的藝術品，自然而然地也成爲大家競相争奪收藏的無上神品。

第十三章

古籍裝幀與修復實踐

第一節　古籍裝幀技藝

中華民族有5000年文明史。在漫長的歷史長河中，我們的先民創造的書籍浩如烟海。在書籍的載體使用上，經歷過甲骨、青銅、石刻、竹木簡、帛等材質。

造紙術發明以後，世界上纔出現了紙質的書籍。所以，中國古代書籍從載體材質上劃分，應分爲兩個部分：即非紙書籍和紙質書籍。我們在這裏説的紙，是中國古代傳統手工紙。受到古代傳統手工生産方式的局限，生産出來的紙幅面不可能很大，這就必然造成一部書要用數張、數十張，甚至數百張紙纔能完成的情况。在寫本的時代，單張紙寫滿字就是"書葉"，仿照在紙出現以前應用過很長時期的竹木簡的形制，將若干書葉通過一定的方式連接在一起，就産生了紙書最早的裝幀形式——卷裝。

雕版印刷術出現以後，爲適應書籍印刷"一板一印"的需要，書籍用紙幅面規格逐漸固定。原來流行的書葉連接在一起的裝幀形式已經不能適應這時的需要，由此産生出裝訂成册的裝幀形式。

因爲有了紙，紙發明以前即已經大量存在的非紙文獻，如甲骨文字、青銅器銘文、石刻文字等，也通過"拓片"的形式得以複製和保存。這些拓片文獻經過裝裱，進而也就有了這類文獻專有的裝幀形式——册葉。

綜上所述，紙對中國古籍裝幀形式的影響是十分重要的，紙張的薄厚是决定采用何種裝幀形式的關鍵因素。

一、非紙文獻的裝幀

1. 簡策

又稱簡册，做法是將削成細長條形狀的竹、木簡用細繩編連起來，然後從尾向頭卷起存放。這種形式比較簡單，操作方便。竹、木簡都是硬質材料，用細繩編連起來以後，就可以舒卷自如。從先秦時代直到東晉王朝，竹、木簡（圖一）曾經流傳了很長時間，并對後世中國古代書籍的裝幀形式産生了極其深遠的影響。

圖一　簡策

2. 帛書

帛書的裝幀現在知道的有三種：

（1）折叠。這種方法主要使用在面積較大的帛圖帛畫上（圖二）。

（2）裝盒。這種帛書的書葉面積基本相同，呈長方形，寫好以後，按順序將書葉叠放好（圖三），然後裝進一個方盒中（圖四）。這種裝幀的意義，在于完全脱離了竹木簡編連成册、卷起收藏的傳統習慣，爲中國古籍逐漸向册葉制過渡創造了條件。

（3）卷裝。這種帛書還是模仿簡册將所有書葉連接成一個長條，再卷收起來。由于帛書較軟，直接卷起來不太方便，人們就用一根小板條或小棍粘在帛書的左端，以此爲軸將帛書卷起收藏。有些帛畫爲了觀賞，就在帛畫上端粘上一根細杆作杆，中間拴上一根綫，以便懸掛。

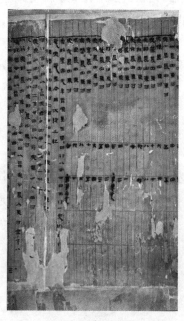

圖二　折叠的帛書

圖三　順序叠放的帛書書葉

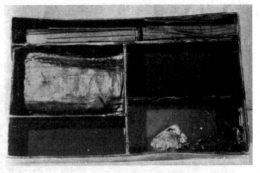

外　　　　　　　　　　　　　　　内

圖四　帛書盒子

二、紙書的裝幀

1. 卷裝

裝幀方法：先將所有書葉連接成一個長條，紙張較厚的就像簡策一樣直接卷起，薄的就模仿帛書加個小棍當軸，然後再卷。爲了區別，人們就把沒有裝軸的稱爲"卷子裝"（圖五），裝有軸的稱爲"卷軸裝"（圖六）。"卷子裝"其實原來也是有軸的，軸可能在流傳過程中遺失了。"卷子裝"和"卷軸裝"可以統稱爲卷裝。卷裝是中國古代書籍中常見的裝幀形式。到了宋代，人們爲了保護書籍和增加書籍的觀賞性，在卷裝書籍正面四邊接鑲綾、絹、錦等絲織品，書葉反面通裱褙紙，再經绷平、砑光，然後加裝天杆、地杆。經過如此裝飾，書籍變得平整光潔、典雅大方，顯得十分美觀（圖七）。橫向展閱的卷裝紙書人們稱之爲"手卷"，豎着懸掛欣賞的稱之爲"立軸"或"掛軸"。直到今天，我國書法和繪畫作品的裝幀一般還采用這種形式。

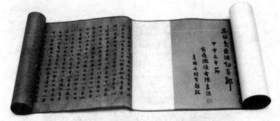

圖五　卷子裝　　　圖六　卷軸裝　　　　　圖七　裝潢精美的卷軸裝

2. 梵夾裝

梵夾裝在隋唐時期傳入我國。製作方法很簡單：把貝葉碼放整齊，前後各用一塊與貝葉規格相同的薄木板夾住，在木板中心兩側各鑽一個直徑2至3毫米、貫穿木板和全部貝葉的洞，再拿一根長繩，把繩子的兩頭分別從兩個洞中穿出，把木板和貝葉串連在一塊并捆紮起來（圖八）。因貝葉上刻寫的經文多爲梵文，因此叫作"梵夾裝"。

梵夾裝不是中國古籍傳統裝幀的主要形式，在我國南方少數民族中有使用這種貝葉刻、寫佛經的。這種裝幀形式對我國古代書籍傳統裝幀經摺裝產生影響很大。漢文、藏文、蒙文等文種的佛教經典也有類似這種裝幀的（圖九）。還有的板上不穿洞，因此也就無須穿繩，而用綢緞等軟布將全部書葉包裹起來。這樣的書籍，確切來說應該叫作"夾裝"了（圖一〇）。

兩側鑽洞　　　　　　　　　　　前後護板

圖八　貝葉經

紙本　　　　　　　　　　裝有木質護板

圖九　梵夾裝漢文佛經

圖一〇　蒙文夾裝佛經

3. 經摺裝

做法是：將寫、印好的書葉先粘連在一起成一長條形，再按固定規格左右均勻摺疊，然後在首尾兩葉紙上各粘上一張厚紙作爲書皮。由于佛、道經典多采用這種裝幀形式，所以稱"經摺裝"。經摺裝也是中國古代書籍中比較常見的裝訂形式（圖一一）。

許多人認爲經摺裝是對卷軸裝的一種改進形式，但在英國、法國珍藏的經摺裝敦煌遺書中，每張書葉都在固定位置空出3至4個字，留一小塊空白，空白中間位置畫一個圓圈，圓圈中間還有打洞的（圖一二）。這種做法實際上是準備用細繩把書葉全部連在一起製作梵夾裝的書籍，衹是書葉摺疊的部分没有被裁剪掉而已。所以説，摺裝或者説經摺裝書籍，是受到梵夾裝的影響改進而來的。

圖一二　書葉中打洞的唐末五代經摺裝書籍

還有一點很有意思，有的宋元摺裝佛經書皮與現在我們常見的經摺裝佛經書皮的裝法明顯不同：宋代裝在卷首，元代裝在卷尾，書皮寬度是書寬的兩倍還多，從左右兩個方向分別包裹整册書籍（圖一三）。日本學者島田翰在《古文舊書考》中講到的類似日本"囊草子"的大概就是這種裝幀。他以爲這就是宋人張邦

圖一一　常見的經摺裝書籍

基在《墨莊漫録》中提到的"旋風葉"，認爲由於張邦基叙述得不太清楚，後人根據他對旋風葉的解釋，認定用一整張書皮包裹經摺裝書籍右側，把書籍首、尾粘在一起的裝幀就是中國古書旋風裝。

外觀　　　　　　　　卷首　　　　　　　　　　　　卷尾

圖一三　元代經摺裝書籍

4. 旋風裝

這種裝幀形式流行于唐代末年至宋代，名稱起源于宋代張邦基《墨莊漫錄》中關于"旋風葉"的記載。具體做法是：將寫好的書葉按順序排好，放在一張長紙做成的底紙上，然後在每張書葉的左邊（或右邊）塗上漿糊，逐葉碼齊粘好。粘好的紙邊再用一根破開的細竹管夾住，竹管上打三、五個眼，用麻綫縫住加固。也有不用竹管的，而是把書葉的一端全粘在一根細木棍上。這種裝幀形式的外形，很像現代的小掛曆。衹是底紙長些，橫著看罷了。這種裝幀形式的意義，在于它把一個長卷子按一定規格摺疊成幾段，從而改成了一個個短卷子，并保留了卷裝書籍的特點。這無疑是對書籍卷裝形式的一種改進。英國、法國都藏有這種裝幀形式的敦煌遺書（圖一四）。

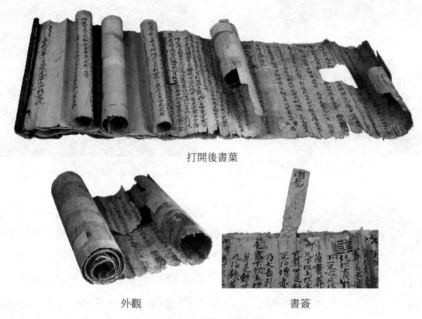

打開後書葉

外觀

書簽

圖一四　旋風裝書籍

5. 粘葉裝

這種裝幀形式流行于唐末、五代時期，名稱亦源于宋代張邦基《墨莊漫錄》中關于"粘葉"的記載（圖一五、圖一六）。這種裝幀形式的書籍視書葉紙張薄厚有兩種做法：

圖一五　唐五代時期的粘葉裝書籍

（1）書葉紙薄的就單面書寫，把有字的一面作爲正面，相向對摺，無字的一面爲背面。書葉與書葉之間，背面相對。除第一葉上半葉和最後一葉下半葉外，各葉背面統統塗上漿糊，按順序使兩葉之間的背面依次粘連，把全部書葉連接起來成爲一册。

（2）書葉紙張較厚的，寫字之前先對摺一下，摺口向右，分成四面。紙背

圖一六　宋代粘葉裝書籍

向上的一面爲第一頁，向下的一面爲第四頁，紙面相向的兩頁依次爲第二頁、第三頁。依紙背、紙面、紙面、紙背的順序書寫，然後把書葉排好，在每張書葉背面摺縫處塗上2至3毫米寬的漿糊，依次粘接起來。這樣，就成了一本近似正方形的册子。這種書籍的外觀和現代無綫裝訂的書差不多。祇是把書平放時，書口、書脊多是傾斜的，角度在45度至60度之間。這也許是當時的人們爲了便於翻閱而特意設計的。書的四個角大多被剪切成圓弧形，可能是因爲要經常隨身携帶、翻閱的緣故。在英國、法國國家圖書館收藏的敦煌遺書中，就有不少是這種裝幀形式的。

6.縫綴裝

這種裝幀形式流行于唐末、五代時期（圖一七）。裝幀方法爲：把幾張書葉叠放在（多爲四張）一起對摺，成爲長方形一叠，幾叠放在一起，用綫串連（圖一八）。這點和現代書籍鎖綫裝訂的方式非常相似，祇是穿綫的方法不太規則。這樣裝訂的書具備了現代精裝書的全部特點，書葉用紙先進行摺叠排版，再展開將文章按照排列好的頁碼順序雙面書寫，寫好以後經過摺叠使頁碼相連，然後剪裁整齊。在敦煌遺書中就有這種裝訂形式的書籍。這種裝幀形式是迄今爲止發現的最早的現代精裝書的原始形態。

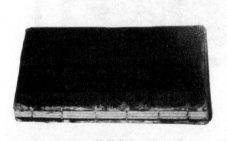

絲織書皮

紙書皮

圖一七　縫綴裝書籍外觀

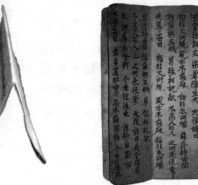

| 書葉對折疊放 | 成疊書葉 | 用綫連綴書葉 | 縫製成書 |

圖一八　縫綴裝方法

7. 龍鱗裝

又稱"魚鱗裝"。這是在宋代宣和年間，裝裱工匠爲修復書葉兩面都有字的書籍而創造的一種裝訂形式。做法很複雜：第一步，把兩層宣紙粘在一起作爲底紙，在底紙首尾及上下兩邊接鑲綾、絹等絲織品。第二步，在最後一張書葉右邊塗上2至3毫米寬的漿糊，書葉和底紙左邊對齊，粘好。再按照一定的距離，將倒數第二葉、第三葉……依次向右粘貼在底紙上。正數第一張書葉因是單面書寫，所以整幅粘在底紙上。第三步，在底紙四周鑲上絲織品，并在底紙没粘書葉的那面，再裱上兩層宣紙。第四步，經過繃平、砑光，最後在底紙右端裝上木軸，左端裝上細木條。卷收時從右向左卷，這點和常見的卷裝書籍不同。故宮博物院收藏的相傳爲唐代吳彩鸞所書的《刊謬補缺切韻》是現存唯一的一件龍鱗裝書籍（圖一九）。

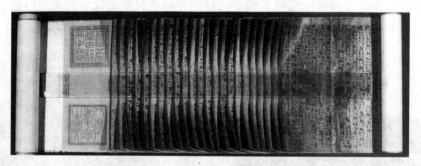

圖一九　龍鱗裝《刊謬補缺切韻》

8. 蝴蝶裝

蝴蝶裝也稱"蝶裝"（圖二〇）。裝訂方法：將書葉有字的一面相向對摺，和粘葉裝相仿，集齊後的書葉背面相對；摺口處每邊塗上2至3毫米寬的漿糊（有遼代蝴蝶裝書籍，書葉中縫部分塗抹漿糊的痕迹寬達1厘米）；摺口依次粘好作爲書背，切齊其餘三面；再用一張比書葉稍長一點的厚紙作爲書皮，書皮正中間和整個書背粘緊，把所有書葉包裹起來。因書葉的中縫被粘在書皮上，打開時書葉兩端上下扇動，與蝶翅相仿，所以叫"蝴蝶裝"。許多宋、元版圖書都是這種裝訂形式的。遼代，有些蝴蝶裝書籍書葉中縫處沒有塗漿糊，而是在書葉集齊後，將書背部位用綫穿連，這是最早的用綫平訂形式的書籍。

宋代蝴蝶裝

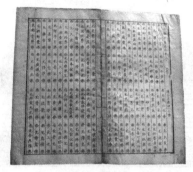
遼代蝴蝶裝（中縫）

未塗漿糊、書背平訂的蝴蝶裝

外觀

圖二〇　蝴蝶裝書籍

9.黃裝

清代著名藏書家黃丕烈（1763—1825），黃裝的創始人，江蘇長洲人，字蕘圃，號復翁、佞宋居士。爲保護藏書避免蟲害，他改進了蝴蝶裝書籍的裝幀方法：在兩張書葉的背面書口部位，點少許漿糊使其相互粘住。書背的處理不再像蝴蝶裝那樣塗滿漿糊，而是直接用書皮包裹，從而避免版心部分被蠹蟲蛀壞。由于這種裝幀始自黃丕烈，所以這種蝴蝶裝的改進形式就被後人稱爲"黃裝"（圖二一）。

圖二一　黃裝書籍

10.包背裝

裝訂方法：將書葉無字的一面相向對摺，集齊後的書葉字面相對，摺口處墩齊作爲書口，書葉左右兩側欄綫以外適當的地方打眼、穿撚，再切齊天頭、地腳、書背。雖然折口方法和蝴蝶裝相反，但用一張厚紙作爲書皮包裹書背的方法同蝴蝶裝。包背裝的外形和現代平裝書籍基本上一樣（圖二二）。

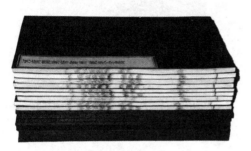
書口和書背

外觀

圖二二　包背裝書籍

11.綫裝

這是古籍中最常見的裝訂形式。書葉的摺法、訂法和包背裝一樣，祇是裝書皮的時間和書皮的裝法不同。書皮不再用一張比書葉稍長的整紙包裹書背，而是把它裁開，分成面積比半張書葉稍寬些的兩張。書葉碼齊，用紙撚訂在一起之後，就分別粘在封面、封底，切齊天頭、地腳、書背三面後，打眼、訂綫。綫裝書的出現，提高了書籍裝訂的速度，適應了較大規模書籍生產的需要。所以，我們今天看到的古書絕大多數都是綫裝的（圖二三）。

12.毛裝

這是手稿、抄本書使用最多的裝訂形式。方法非常簡單：書葉折法和綫裝一樣，折完後碼齊，粘上書皮（也可不粘書皮），打眼、穿撚（圖二四）。

圖二三　綫裝書籍

圖二四　毛裝書籍

第二節　古籍修復設備、工具與材料

工欲善其事，必先利其器。要做好古籍修復工作，必須具備一些必要的設備與工具。祇有設備齊全、工具合適，再加上豐富的材料、高超的技藝，纔能在修復古籍時得心應手。

一、修復所需主要設備

1.古籍修復工作室

《古籍修復技術規範與質量要求》中對古籍修復工作室的基本要求爲：每工作崗位使用面積不應小于10平方米，房間的最小面積不應小于30平方米[①]。就面積而言，2006年制定的這一要求顯然已不適應當前古籍修復事業的發展。自2007年"中華古籍保護計劃"實踐以來，國家和各級政府加大了對古籍保護事業的投入，古籍修復工作室的內涵較以前豐富多了。

以國家圖書館文獻修復中心爲例，其修復室面積近千平方米（圖二五）。比四年前擴大了400平方米。修復室劃分出修復區、理化實驗室、設備間、庫房、照相室等幾大功能區。祇有面積擴大、人員和設備不斷充實，纔能夠爲古籍修復創造更好的條件。另外，在光源利用方面，修復古籍要避免陽光直射，以防止天然光綫中的紫外綫輻射造成文獻老化、褪色等。使用照明設備時，要本着一個原則：被選用的光源既能夠滿足特定使用的目的，又要把對藏品的危害降到最小。爲減少燈光中的紫外綫輻射，建議使用LED燈。因爲在衆多燈具中，LED燈的紫外綫强度、熱效應反應、顯色性能以及頻閃、節能環保等方面的表現最優。若修復室没有條件進行照明改造，在使用日光燈時也要儘可能選用無紫外綫的日光燈或有過濾紫外綫功能的燈具。在溫濕度控制方面，要求門窗具備一定的密閉性，并裝有良好的通風設備，能夠將溫度控制在22℃左右，濕度控制在55%左右。在設施方面，要有較完備的防火、防盜、通風和空調控溫設施，室內也要具備給排水設施及加熱用的電源。

圖二五　國家圖書館文獻修復中心

2.工作臺

工作臺是古籍修復人員修復古籍的操作臺。古籍修復所用工作臺一般比較寬大。以國家圖書館所配備的工作臺爲例，其長爲180cm，寬90cm，高80cm。工作臺係左右兩端承重的寫字臺式，一側裝有抽屜，一側裝有保險櫃。一般爲木質材料，同時要

圖二六　古籍修復多功能工作臺

圖二七　大漆罩面案子

圖二八　複合木罩面案子

求表面平整、光滑、無裂痕或疤痕、無掉色、無暴漆、耐水浸。（圖二六）

3.裱案

又稱畫案，俗稱案子。通常用于托裱書葉、字畫。材質分純木和複合木兩種。純木案面的製作工藝又有大漆罩面和油漆罩面兩種。

大漆罩面案子：選用結實木材拼製成一定尺寸的面板，然後披麻掛灰，經桐油浸透後上漆製成平整光滑的案面（圖二七）。大漆罩面案子表面平滑，耐水浸、耐酸碱。但製作周期長，費用高。普通油漆畫案，製作周期短，但不耐高溫和酸、碱。

複合木罩面案子：面板爲複合木，底座爲金屬支架。其製作周期短，不易變形（圖二八）。尺寸分爲：400cm×200cm、300cm×200cm、180cm×90cm。

4.大墻

大墻又稱壁，有木板墻和紙墻兩種。用途爲紙質、絲質材料的繃平與晾乾。

紙墻：選方木拼合釘成木框，并依靠膨脹螺絲與金屬三角支架固定在墻上。木板框與墻面留40cm至50cm距離以利于通風。根據紙墻大小，將木框內分割成20cm至30cm見方的方格。框架建好後，用堅固的皮紙裁出大于方格5cm至6cm的大小，并在紙四周刷稠漿，從框架正面每隔一格堵糊蒙上，并把大于木格的紙邊包在格子的背後繃緊。這個過程稱爲"扒磴"。待乾後再補糊其他空格。這一層完成後，用整紙滿刷稠漿，依次糊在紙墻上，直到糊完15層左右。紙墻的優點是透氣性能好，但祇適于氣候比較乾燥的北方。（圖二九）

木墙多以實木板或五合板釘在木框上製成，外塗清漆或不塗漆直接使用。木墙的優點是製作簡單，不易發黴，且容易清理，尤其適用于南方。缺點是容易變形。

還有一種可移動板墙，也叫活壁子，是一種不固定在墙上并可以移動的壁子。做法與紙墙或木墙相同。活壁子優點是兩面糊紙或釘木板，兩面可用且方便移動，適用于工作室面積小、裱件幅面小或工作環境不固定的情況。（圖三〇）

正面　　　　　　　　　側面

圖二九　紙墙　　　　　　　　　圖三〇　可移動板墙

5.壓力機

壓力機是用于壓平書葉的一種專用機械（圖三一），有手動、電動兩種。壓平舊書使用手動壓力機，壓平新書可使用電動壓力機。

手動　　　　　　　　　手動　　　　　　　　　電動

圖三一　壓力機

6.切紙機

切紙機是用于裁切紙張、紙板、冊頁、新書的專用機器。（圖三二）

7.顯微鏡

顯微鏡是用于觀察古籍紙張内部狀況的光學儀器。（圖三三）

8.照相設備

對古籍進行拍照存檔的設備。（圖三四）

手動　　　　　　手動　　　　　　　　電動

圖三二　切紙機

 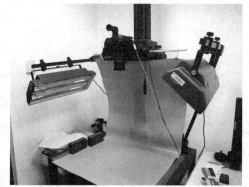

圖三三　電子顯微鏡　　　　　　　圖三四　翻拍臺

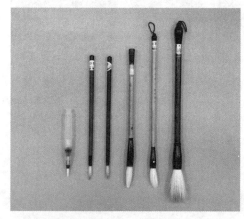

圖三五　羊毫毛筆

二、修復用主要工具

1.毛筆

古籍補破的主要工具，一般選傳統中、大白雲筆，即羊毫毛筆。（圖三五）

2.排筆

托裱書葉的主要工具。由若干支竹管羊毫筆并接而成。常見有6管、8管、18管等規格。

品質要求：筆管大小一致，連接緊密，色白質净，柔軟且彈性佳，不掉毛。（圖三六）

3.棕刷

也叫排刷。用棕樹皮加工的棕絲編製而成。用來將托裱後書葉、書衣進一步排實。

品質要求：棕刷應選用細、勻的棕絲編製，整體扎結緊密而不鬆散，軟硬適中，富有彈性。（圖三七）

圖三六　羊毛排筆

圖三七　棕刷

4.板刷

即油漆刷。刷稠漿時使用。柄爲木質材料，刷頭多爲豬鬃。木柄下方以金屬材料連接和固定鬃毛。（圖三八）

5.漿糊碗

放置修補古籍所用漿糊的器皿。要求最好爲不銹鋼材質，平底。（圖三九）

6.漿糊盆

製作漿糊、盛裝漿糊的器皿。要求具有一定重量，不易滑動，高度適中（以排筆放進去不躺倒爲標準），材質以不銹鋼、陶瓷爲佳。（圖四〇）

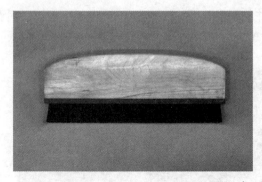

圖三八　板刷

圖三九　漿糊碗

圖四〇　漿糊盆

7. 籮篩

過濾漿糊專用。材質爲銅或不銹鋼。目數，以100目至200目之間最佳。（圖四一）

8. 水槽

清洗書葉、染紙設備。規格要求長100cm、寬80cm、高10cm左右。材質可用不銹鋼、搪瓷、塑膠。（圖四二）

9. 錐子

古籍打書眼、釘紙捻時使用的工具。材質爲硬鋼。要求尖頭、平頂，尺寸爲14cm至18cm之間。硬度保證在打眼時不彎折。（圖四三）

10. 剪刀

剪齊書葉所用的工具。要求開合順暢、刃口鋒利。（圖四四）

11. 鑷子

揭啓拼對書葉、夾挑紙片的工具。要求頭部勿要太尖利，以平頭最佳，閉合緊密。（圖四五）

12. 針錐

扎眼裁方、揭裱書葉等的輔助工具。一種做法是用大號縫衣針，將靠近針鼻的部分釘進小木塊或細藤棍內；另一種做法是用紙條將縫衣針後半段層層卷緊，爲防潮還可外裹錦、絹或綾條。（圖四六）

13. 啓子

用來揭啓書葉、啓下貼墻繃平後裱件的輔助工具，故稱啓子。啓子一般以竹片削製，長約30cm，寬1cm至1.5cm。（圖四七）

圖四一　籮篩

圖四二　水槽

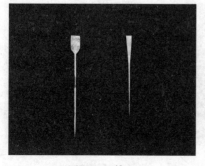
圖四三　錐子

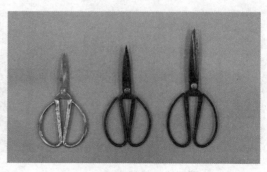
圖四四　剪子

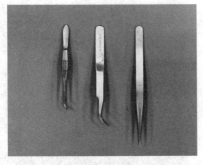
圖四五　鑷子

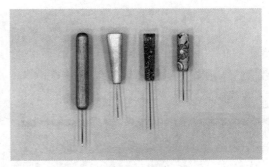
圖四六　針錐

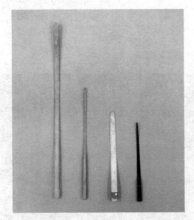
圖四七　竹啓子

要求將竹節處設計在啓子頂端以增强牢固度，避免使用過程中劈裂。啓子頂端呈半圓形，前半部分薄而光滑，後半部逐漸粗厚。

14.尺子

裁切書葉、丈量書葉尺寸的工具。一般傳統尺子材質多以楠木、杉木做芯，左右兩邊鑲竹條。寬窄、薄厚、長短可根據需要定製。現代尺子形式多樣，有鋼尺、鋁尺、有機玻璃和玻璃鋼等。（圖四八）

要求無論什麽材料的尺子，都應保證絶對的平、直，木質材料的尺子使用後最好垂直懸掛以免受壓、受潮後變形彎曲。

15.刀具

裁、割紙張，裁齊補、托書葉廢邊的工具。分竪刀、横刀和多用途刀。竪刀如傳統馬蹄刀；横刀主要用來割斷紙張；多用途刀既能裁又能割，如現代美工刀。（圖四九）

16.噴壺

噴壺在古籍修復中用來噴水、展平書葉。要求噴出的水花需細膩均匀。（圖五〇）

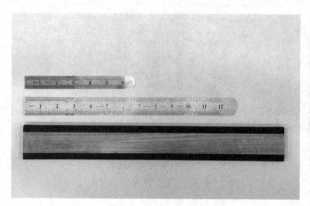

圖四八　各類修復用尺

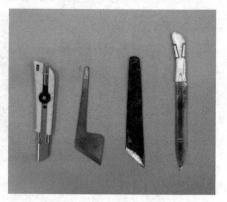

圖四九　刀具（由左及右：美工刀、馬蹄刀、竪刀、橫刀）

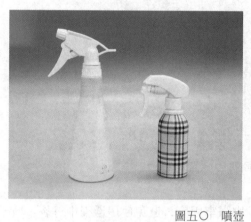

圖五〇　噴壺

17.補書板

補書板是補書時墊在書葉下面的重要工具，是直接接觸藏品的操作臺，起隔潮、吸水作用，通常規格爲60cm×40cm。傳統補書板以數層草紙板合成，四周用布包邊，上下糊白紙。現代修復工作人員在動漫拷貝台的基礎上發明了透光補書板，借助LED光源，將書葉破損情況清晰呈現，一目瞭然，修復品質得到了極大提高。（圖五一）

18.裁板

裁板是用于裁切的輔助工具。傳統用硬雜木製作，現代多采用五合板或塑膠板。（圖五二）

19.錘書板

古籍修復中錘書環節專用。以漢白玉石材爲最佳，大理石次之。要求表面光滑平整。規格爲40cm×30cm×5cm。（圖五三）

傳統型

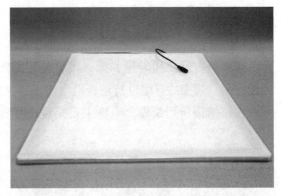
透光型

圖五一　補書板

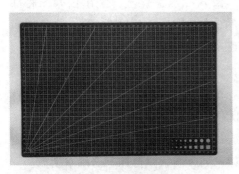
圖五二　PVC切割墊板

圖五三　大理石錘書板

20. 敲錘

敲錘是古籍裝訂時下錐打眼用工具。材質爲棗木、榆木等硬雜木。形制爲四棱長方體，手握處稍窄。規格爲35cm×7cm×3cm。（圖五四）

21. 平底鐵錘

平底鐵錘是古籍修復錘書環節工具，由鐵錘頭和木柄兩個部分組成。錘頭爲長方平底，規格爲高8cm，表面及底部爲3.5cm×3.5cm，木柄長約25cm。（圖五五）

圖五四　敲錘

圖五五　平底鐵錘

三、古籍修復材料

1. 漿糊

漿糊是古籍修復時補、托、鑲、裝等操作的必備粘結材料，在修復工作中起着關鍵性作用。漿糊的好壞以及是否恰當使用直接影響古籍壽命和修復品質。

古籍修復所用漿糊，原料主要是從小麥麵粉中提取的澱粉，俗稱粉子。此種提取方法古已有之，唐代張彥遠在《歷代名畫記》中就有提及："凡煮糊必去筋，稀緩得所，攪之不停，自然調熟。"[②] 具體提取方法是：麵粉加水和成麵團，醒一小時左右，將麵團放入較薄的白布中扎緊，浸入冷水盆揉洗，洗出白漿，將揉出的白漿倒入另一盆內沉澱，原盆加清水繼續揉洗，至布包中不出白漿爲止。洗出的白漿隔天換水，直至表面水質澄清。最後將水倒掉，將白色膏體沉澱自然晾乾，成爲澱粉。（圖五六）

圖五六　自製小麥澱粉

提取澱粉後即可製作漿糊。製作方法有衝製法和熬製法兩種。

衝製法：水與澱粉比例爲1∶4。將澱粉與水1∶1調成糊狀，再加三份沸水衝成。

熬製法：水與澱粉比例爲1∶3。將澱粉與水按1∶3比例調成糊狀，直接上鍋隔水熬成。

2. 染色材料

古籍歷史悠久，千百年來受風塵、烟熏、陽光等外界因素影響，其紙張大都呈現古舊之色。爲求修補材料與原件和諧匹配，往往要求對修復用紙進行配色。修復用紙也可選用舊紙，合適的舊紙外觀及紙性與原件一致，相得益彰。但相對新紙，舊紙韌性自然較差，并且隨着文獻保護與修復理念不斷完善，目前可使用的舊紙數量越來越少。在這種情況下，選用恰當的新紙作爲修補材料，以仿古染色技術將其染成與原件近似的顏色，既達到"整舊如舊"的修復要求，又能保證補紙的牢固度與韌性，從而確保最終修復品質。

爲紙張染色古已有之。風行于晉唐時期的"潢紙"是我國現存最早的染色紙，是將手工麻紙經由黃檗藥汁浸泡後而成的染色紙，此過程稱爲"入潢"。"裝潢"一詞即由此演變而成。此種染色技法在歷史上多有記載：東晉著名的醫藥學家葛洪在其著作《抱朴子》中就有黃檗染紙的記述；北魏賈思勰在《齊民要術·雜說第三十》中亦有專門一節詳細介紹了染潢過程，文曰："染潢及治書法：凡打紙欲生，生則堅厚，特宜入潢。凡潢紙滅白便是，不宜太深，深則年久色闇也。"[③]

對古籍修復所用紙張進行染色時，所用染料大體分爲三種：植物染料、礦物染料及其他染料。下面介紹幾種常用的染色材料：

（1）橡碗子

橡樹的果實，也稱橡斗，其外形如一小碗，故俗稱橡碗子。以橡碗子染色，在明代即有記載。明代高濂《遵生八箋》卷十五："黃柏一斤，搥碎，用水四升浸一伏時，煎熬至二升止聽用。橡斗子一升，如上法煎水聽用。胭脂五錢，深者方妙，用湯四碗，浸榨出紅。三味各成濃汁，用大盆盛汁，每用觀音簾堅厚紙，先用黃柏汁拖過一次，後用橡斗汁拖一次，再次胭脂汁拖一次。更看深淺加減，逐張晾乾，可用。"④清《武英殿刻書作定例》中也記錄了"刻書作"所用染色材料，其中一份采購清單中記錄了多達十幾種染色所需物料，包括石綠、石青、朱砂、樹棕、橡碗子、梔子、定粉、白礬、胭脂、黃花水、黃丹、貼金油、銀朱、廣花末、雄黃、藤黃等⑤。橡碗子包含在內。用橡碗子染出的紙張，古樸典雅，根據染汁濃度，可染出米黃、土黃、褐色等。（圖五七）

（2）梔子

梔子爲茜草科，梔子屬，常緑小喬木或灌木。梔子是被廣泛使用的黃色植物染料。所謂植物染料是從植物的根、莖、葉、花、果實中提取得到的。《唐六典》中記載："凡染，大抵以草木而成，有以花葉，有以莖實，有以根皮，出有方土，采以時月。"使用梔子作爲染色劑，準確說是用梔子果染色。梔子的果實中含有梔子黃素，不僅可染纖維，也可作爲飲料和水的添加劑。梔子黃色素屬于直接性染料，不用媒染劑即可染色，但若使用媒染劑可提高色牢度。如在鹼性溶液中，耐光和耐熱性會得到提高。直接染色時，可把梔子果實切碎，用水浸泡、搓洗，最後沸煮製成溶液并過濾用于染色。用梔子溶液染成的紙張，顏色呈黃色，可用于修補書皮等。（圖五八）

圖五七　橡碗子

圖五八　梔子

（3）薑黃

薑黃爲薑科植物。薑黃的根莖是較早被利用的藥材。薑黃也是一種傳統的天然染料，其主要成分是薑黃素。用薑黃溶液染出的紙張呈亮黃色。（圖五九）

（4）茶葉

用茶染紙宜選用全發酵的紅茶或普洱茶，染後可得褐色紙張。（圖六〇）

圖五九　薑黃

圖六〇　普洱茶葉

（5）墨

單獨使用墨或墨與藤黃、墨與赭石、墨與花青等相調，可染成灰色系列修復紙。（圖六一）

（6）紅花

紅花爲菊科，紅花屬。紅花色素存在于紅花的花瓣中，有紅花紅素及紅花黃素兩種色素，因此可以染出紅色與黃色兩種色相。紅花紅素溶于鹼而不溶于酸和冷水中，紅花黃素溶于酸和水而不溶于鹼。提取紅花色素染液時，先將一定量的紅花洗净加入水中，可以加少量醋酸，浸泡過濾

圖六一　墨汁、國畫顔料

後即可得到紅花黃色素。如此反復進行2至3次，讓黃色素完全溢出。再將分離出黃色素的紅花擠乾，放入一定量的40℃～50℃溫水中，再加入10g/L濃度的蘇打溶液，反復揉搓紅花，待水液成茶色時，表示提出紅色素，30分鐘後過濾。如此反復進行2至3次。染色時。在紅色素染液中加醋酸至弱酸性，即可染紅色。

3.修復用紙

修復用紙一般用傳統手工紙。傳統手工紙的原料以木本植物韌皮纖維和竹草類植物的莖杆爲主，常分爲麻、皮、竹、草四大類，涉及的植物種類大致有三四十種，常見有十多種（圖六二）。依照原料的不同，可將傳統手工紙分爲麻紙、皮紙、竹紙、草紙和混料紙五種類型。有些特殊工藝的紙張還可以按加工方法進行更細緻的分類，比如宣紙（圖六三、圖六四）。有關紙張分類的介紹詳見第十四章。

以上簡要介紹了古籍修復所需設備、工具與材料，對古籍修復者來説，這些是必備條件。從中不難看出，其絶大部分都依舊遵從傳統。隨着近年來國家和社會對古籍保護與修復的重視，特別是2007年"國家古籍保護計劃"實施以後，古籍修復事業進

入了一個全新的歷史時期。爲適應新發展、新需求，古籍修復所需設備、工具與材料也在不斷改良出新。傳統與現代相結合，將使古籍修復工作更加科學、修復手段更加合理與多樣。而更科學有效的古籍修復設備、工具與材料也必將進一步推動文獻修復事業的發展。

圖六二　國家圖書館文獻修復中心紙庫

圖六三　虎皮宣　　　　　　　　　圖六四　灑金宣

第三節　古籍裝具

中國古籍的收藏、保護與典籍相伴而生。書于竹帛、鏤于金石、槧于梨棗、藏于石室的理念，讓珍貴的古代典籍雖迭經歷史上的政治動蕩、兵燹水火之厄，還有浩如烟海的遺存。在前人衆多的保護方法和手段中，書籍裝具的出現和使用使古籍得到保護，并使之安全傳承。

根據與古籍結合的密切程度，裝具可以分爲庫房、外裝具、內裝具。外裝具主要是指放置書的箱、櫃、櫥、架等，內裝具指直接接觸到書籍的帙、函、套等。

一、庫房建築

1. 石室金匱

所謂"石室"（圖六五），就是用石頭砌築的房子；所謂"金匱"（圖六六），即銅製的櫃子。"金匱石室"可以很好地起到防盜、防火、防蛀、防水的作用，又能基本保證室內恆溫、恆濕，並避免光照、灰塵的侵襲，對保存珍貴檔案、古籍是非常理想的選擇。過去的皇家檔案庫、皇家書庫較多使用"金匱石室"的形式。

圖六五　石室

圖六六　金匱

圖六七　皇史宬

明嘉靖十三年（1534）七月，嘉靖皇帝下詔仿古代"石室金匱"之義，命內閣諸臣建造"神御閣"于南內，即今之皇史宬（圖六七）。內有貯存明清皇家實錄、訓誥、玉牒的金櫃150餘個。

2. 石渠閣

西漢皇家藏書之處，約在公元前200年，由漢初丞相蕭何主持建造，目的是收藏秦朝的圖籍、檔案。石渠閣周圍以磨製石塊築成渠，渠中導入水，圍繞閣四周，對防火、防盜十分有利，故此得名。漢武帝以後石渠閣由單一的檔案典籍收藏機構發展成爲兼有學術性質的場所。1952年，西北大學歷史系師生在西安附近漢代未央宮北面發現石渠閣遺址。

3. 藏書樓

民間私家築樓藏書早在晉代就已出現。西晉著名史學家、《三國志》作者陳壽，廣尋天下古籍，規模達萬卷，故其藏書處名爲"萬卷樓"。創建于明嘉靖年間的浙江省寧波市"天一閣"爲現存最古老的私家藏書樓（圖六八）。"天一閣"在建造時，充分考慮藏書安全，樓前建有水池，一旦失火，可就近汲水搶救。"天一閣"建成後，天下藏書家爭相效仿，甚至皇家藏書樓也仿照"天一閣"的式樣進行建設，最著名的當屬《四庫全書》庫。

乾隆三十六年（1771），為庋藏《四庫全書》，乾隆皇帝命人仿天一閣式樣建造了七處藏書樓，分別是北京紫禁城"文淵閣"（圖六九）、圓明園"文源閣"、承德避暑山莊"文津閣"（圖七〇）、杭州"文瀾閣"、揚州"文匯閣"、鎮江"文宗閣"、瀋陽"文溯閣"（圖七一）。

圖六八　天一閣外景

圖六九　文淵閣

圖七〇　文津閣

圖七一　文溯閣

二、古籍的外裝具

古籍外裝具，指放置書的箱、櫃、櫥、架等。

1.金匱

皇史宬的金匱特點明顯，外包銅皮鎏金，保證不被鼠齧、蟲蛀，裏面是樟木櫃，防止書蟲孳生。主要收藏明清的皇室檔案。

2.書架（圖七二）

現藏國家圖書館的文津閣《四庫全書》原裝書架（圖七三），其材質為楸木外包楠木，有排架圖，為便於查找，每架上刻有書之部類。下隔較高，利于防水火，不闊不狹，利于通風取書。該書架歷經三百餘年，保存完好，是舊時書架的經典之作，優點是通風性好、存取方便,但易落灰塵,難用鎖具,安全性能稍弱。

3.書櫥

亦稱書櫃(圖七四)。古代書櫃是用于存放古籍的較大型裝具。使用書櫃存放古籍,既可以直接擺放,也可以將古籍放入函套後再放入書櫃。書櫃具有存儲空間大、密閉性能好、防塵、遮光等功能,是保護古籍的第一道屏障。

存世最早的古代書櫃除了"天一閣"的明代書櫃(圖七五),還有原收藏在皇史宬、現存中國第一歷史檔案館的"龍櫃"。"龍櫃"用來盛放清代玉牒,充分展現皇家氣派。

圖七二　文淵閣書架

圖七三　文津閣《四庫全書》書架

圖七四　清皇家書櫃

圖七五　天一閣書櫃

4.書箱

國人向有珍視書籍的傳統。古人愛書,愛及書箱,美其名曰琅笈、琅函、錦篋等。最初,書箱的體積并不大。始于漢代的"巾箱",本是放置頭巾的小箱子,後亦用于放置檔案、信札、書卷等,後來人們對書品小巧的書籍,冠名爲"巾箱本",意爲開本很小,可置于巾箱之內。

書箱起到保護書籍、固定擺放位置、便于搬運、防塵、遮光的作用。(圖七六～圖七九)

圖七六　組合書箱

圖七七　書箱

圖七八　書箱

圖七九　内置抽屜式書箱

三、古籍的内裝具

古籍的内裝具是指與古籍直接接觸的裝具，其變化和發展與古籍裝幀形式的演變相關，同時又受地域因素的影響。

1. 囊篋

春秋戰國時期，中國古籍的裝幀形式爲簡策。編簡成册後的書籍從尾卷起并捆好放入布囊或筐篋中。囊篋是這一時期書籍的内裝具形式。

筐篋意爲書箱，多以竹條編製而成。篋易于搬運、通風好，此種裝具形式春秋時已有之，并爲後世延用。《晏子春秋·雜下十八》中有言："厚取之君而不施于民，是爲筐篋之藏也，仁人不爲也。"盛放書籍、公文及信函的袋子，又稱書囊。多以絲布製成，亦爲簡册裝幀時期的一種裝具。《漢書·東方朔傳》中有"集上書囊以爲殿帷"之句，説明漢初已經用"囊"來裝書了。與筐篋相比，書囊更便于携帶，所以逐漸成爲古人傳遞文書的主要裝具。

2. 帙

帙又作"袟"。《説文解字》中對其解釋爲"袟，書衣也"。是中國古代較早使用的裝具，用于包裹書籍，屬于直接接觸書籍本身的内裝具。帙的主要材料有紙、麻布、絲絹等。1954年湖南楊家灣戰國墓出土的竹簡放在大漆盒中，全部以絲帛包裹。1998年湖北隨州孔家坡出土漢簡也包裹在麻織品中。國家圖書館所藏敦煌遺書，在其剛入藏時均有紙帙包裝（圖八〇），斯坦因在描述王道士賣給他的經卷時說："很平軟的黃色卷子，外裹以絲織物，甚爲柔軟。"法國集美博物館藏敦煌遺書中有單層麻布的帙，英國維多利亞博物館藏敦煌遺書中則有雙面絲綢的帙。另外，在少數民族文字古籍中，亦有很多使用帙作爲内裝具（圖八一）。

圖八〇　敦煌遺書包裝用紙帙

圖八一　少數民族文字書籍包裹用帙

帙具有美觀、隨形等特點，可以不拘泥于原書形態，與木製裝具相比價格低廉。但亦有其不足，即固定、收攏性能較差，容易散開。

3. 函套

函套是裝具隨着古籍裝幀形式不斷發展而革新的產物。唐宋時期，中國古籍裝幀形式已由卷軸裝逐步過渡到以蝴蝶裝爲代表的册葉裝幀形式。這一改變也帶來了裝具的變革，函套應運而生。

（1）函，亦稱盒或匣。根據材料的不同，又分爲石函、木函等。

目前關于石函出現時期尚未有明確記載，但根據史實，最遲在唐五代時期就已出現。浙江博物館收藏有北宋里安東陽南寺塔的浮雕彩繪石經函（圖八二），1966年浙江里安慧光塔出土的北宋檀木經函（圖八三），爲現存早期石函及木函實物。

圖八二　北宋里安東陽南寺塔浮雕彩繪石經函

圖八三　里安木經函

現在所見舊藏書函以木函爲主，材質主要有檀木、楠木（圖八四）、紅木（圖八五）、影子木（圖八六）、樟木（圖八七）、楸木等。從保護書籍的角度出發，楠木與樟木兩種材質最爲理想，尤以楠木做盒面、樟木做夾板爲佳。楠木盒面硬度適中、質輕、紋理美觀、古樸典雅，功能上又防潮防水；以樟木做夾板，上下夾書，利于書的平整，且樟木防蟲效果顯著。兩者内外搭配，相得益彰。因此，如今國家圖書館針對特級、甲級善本書大都配以此規制的木函。

圖八四　金絲楠木書函

圖八五　紅木書函

圖八六　影子木書盒

圖八七　樟木盒

國家圖書館所藏《四庫全書》是目前配木函最多、保存最完整的中國古代圖書，共6 144函，分經、史、子、集四部。其函套盒面刻字分四種顏色：經爲綠，史爲紅，子爲藍，集爲灰；材質是楸木。（圖八八）

函的特點：遮光、防塵、防水、防潮、防蛀。因其密閉性能好，因而能够減緩温濕度變化，抗擊外界重力，保持書籍的平整，是古籍的貼身衛士。國圖使用的一些做工精良的古籍木函，可放置水中幾小時不滲漏。

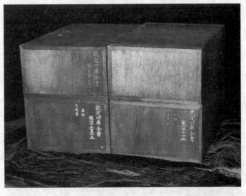

圖八八　《四庫全書》楸木函

圖八九　錦套

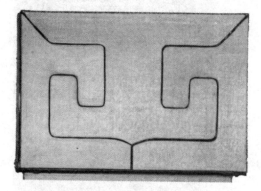

圖九〇　山字套

圖九一　錦面雲頭套

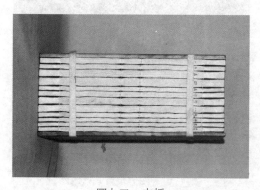

圖九二　夾板

（2）套，是除木函外被大量使用的古籍內裝具。主要材質爲布、錦及紙板。布以純棉布爲主，錦以"宋錦"爲主，以布、錦包裹紙板或木板（圖八九）。所謂"宋錦"，指宋代發展起來的具有宋代藝術風格的一種織錦，形成于兩宋，鼎盛于明清。花紋大都爲滿地幾何紋，或自然小花型。套的主要形制有四合套、六合套等。所謂"四合套"就是將書的封面、封底、書口、書脊四面包合起來，故稱"四合套"；如果將書頭、書脚也包合在一起，就稱作"六合套"。在此基礎上，人們又在紙板或木板上設計出月牙、雲頭、山字等圖案，製作出月牙套、山字套、雲頭套（圖九〇、圖九一）等。

與木函相比，套也具有防塵、遮光、防潮等作用。另外，書套輕便、美觀，樣式多樣，製作成本相對較低，故被廣泛使用。但在使用函套時，也要考慮地域、氣候等外界因素。孫從添在《藏書紀要》中提到，因南方雨量多、空氣濕度大，認爲"書套不用爲佳，用套必蛀"。葉德輝《藏書十約》也指出，南方藏書"用夾板夾之最妥，夾板以梓木、楠木爲貴，不生蟲、不走性，其質堅而輕"。而北方氣候少雨、多風沙，防塵任務大，故可用書套藏書。

4.夾板

夾板是介于函與套之間的古籍內裝具（圖九二）。所謂夾板，是取與原書大小一致的木板（樟木、楠木、杉木等）兩塊，分別放置于書之上、下，并在每塊木板上各釘兩組孔洞，用于穿繩并繫緊固定。從外觀看，其受梵夾裝影響很大。

以上簡要歸納了古籍的傳統裝具類

型。從中可知，我們的先人爲保護古籍，設計、製作了多樣的裝具。書之有裝，亦如人之有衣。千百年來，古籍裝具就如同一件件華美的衣服，把美與實用相結合，護祐着我們的古籍。同時，其亦具有歷史文物價值。因此，我們在重視古籍保護的同時，也應提高對古籍裝具的保護意識，從而讓歷史文化更加完好地代代相傳。

注 釋

①《古籍修復技術規範與質量要求》附錄A，北京：北京圖書館出版社，2007年，第9頁。

②張彥遠撰，秦仲文、啓功、黄苗子點校：《歷代名畫記》卷三，北京：人民美術出版社，1963年，第47頁。

③石聲漢譯注，石定枎、譚光萬補注：《齊民要術》卷三，北京：中華書局，2015年，第365頁。

④趙立勛等校注：《遵生八箋校注》，北京：人民衛生出版社，1994年，第577頁。

⑤故宫博物院、中國第一歷史檔案館編：《清宫武英殿修書處檔案》（第二册），北京：故宫出版社，2014年，第806—807頁。

第十四章

古籍保護的科技基礎

第一節　古籍保護的概念與原則

一、古籍保護的概念

我國歷史悠久，古籍浩如烟海。隨着歲月的流逝，由于内在因素（酸化和材質的變化）、外在因素（温度、濕度的劇變，光的照射，有害氣體的侵蝕，昆蟲的蛀蝕，微生物的滋生），以及各種天災人禍造成古籍紙張的變質和損壞，甚至造成無可挽回的損失，時至今日古籍已經百不存一了。這些遺存的古籍具有非常重要的文物性、學術資料性和藝術代表性。保護古籍就是傳承文明、保護歷史。

古籍保護是根據古籍製成材料的理化性能及損毁規律，研究和采取保護古籍的技術措施，减緩古籍製成材料的損壞速度，最大限度地延長古籍的保存時間和使用壽命。

古籍保護包括爲保存古籍文獻本體而進行的全部活動，其核心是保存古籍文獻本體。具體措施包括采取各種措施使古籍文獻載體的損害減到最小，抑制造成損害的因素，從而使古籍文獻載體處于穩定狀態，防止損害進一步發生等。

古籍保護分爲預防性保護和搶救性保護。預防性保護基于防患于未然的理念，在藏品完好的情况下，采取各種措施杜絶可造成文獻載體損壞的自然與人爲因素，也稱爲主動性保護。預防性保護貫穿于古籍文獻收藏單位與古籍文獻相關的所有活動之中，包括原生性保護和再生性保護。

原生性保護以維護和保護古籍原件爲主，主要包括環境控制、材料控制和灾害預防等。環境控制就是保證庫房及展廳等存放古籍文獻的環境温濕度、光照、空氣品質等適宜且穩定。材料控制是指保證與古籍文獻相接觸的各種材料如書櫃、書架、裝具、襯紙等不對文獻產生加速老化的作用。灾害預防是加强對危及古籍文獻的各類灾害的風險評估，建立防灾體系，降低灾害對藏品的危害幾率與損害程度，提高預防能力。

再生性保護是通過格式變换達到維護其内容的目的。常見的再生性保護方式有縮微複製、數字化和影印出版等。

搶救性保護是對已經損壞的古籍文獻采取補救措施以保護古籍文獻實物，或對形態結構加以修復，儘可能地使其恢復原狀，從而保護文獻實物的遺存，也被稱爲被動性保護。主要是對破損後的文獻載體進行處置（消毒、去黴、殺蟲），抑制對其造成損害的因素并使文獻載體重新處于穩定狀態，或采取措施（如修復、脫酸）防止損害進一步擴展。

古籍保護的研究對象是以紙張爲載體的書寫或印有文字的古籍，其組成材料主要有紙張、油墨、染料、顏料、裝訂材料及粘結劑等。古籍保護工作和研究中涉及的專業有物理、化學、生物、造紙、印刷、環境、建築、通風等。

古籍保護的主要研究項目包括：

1.鑒定古籍文獻載體的真偽；
2.研究古籍的製作工藝；
3.分析測定古籍製成材料的成分、結構及性質；
4.研究古籍製成材料損毀的原因及老化機理；
5.研究古籍保護材料；
6.研究古籍保護修復技術；
7.研製古籍保護設備；
8.研究古籍保護環境檢測與控制技術；
9.制定和研究古籍保護相關標準。

二、古籍保護的原則

1.古籍保護的方針

古籍保護一直堅持"保護爲主、搶救第一、合理利用、加強管理"的十六字方針。把握好保護和利用、繼承與發展的關係，合理利用，讓古籍更好地爲人類社會發展服務。

保護爲主是指保護古籍是第一位的，利用古籍是以保護爲前提的，是在合理範圍內的利用，是有限制的利用。防患于未然的預防性保護可以減少對文獻載體損壞，還可以避免因搶救性保護帶來的風險。從投入藏品保護的全部成本和效益來看，預防性保護也比搶救性保護更爲可取。預防性保護雖然先期投入的人力、物力與財力的成本可能更高，但對尚未被損壞藏品的保護是全覆蓋，因此，從長遠看其保護的成本會比搶救性保護更低。在強調搶救性保護的同時應逐步加強預防性保護。

搶救第一是指搶救仍然是古籍保護工作的主要內容之一。無論何時，古籍文獻原件都是我們搶救的對象，保護古籍必須要搶救古籍原件。

合理利用是指在古籍保護中應處理好長遠利益與眼前利益的關係，對于利用率高的或具有較高價值的古籍更應如此。不能祇顧眼前利益濫用古籍原本，致使文獻載體過早劣化。因此，對于傳世的珍貴古籍，原則上以藏爲主，一般應提供複製件以供利用，不能直接使用原件。

加強管理是指做好古籍保護的管理工作。加強管理是保證古籍保護工作有效運行必不可少的條件。有效的管理不僅能保障古籍的安全、保障古籍保護工作順利開展，而且能節約時間，降低經濟成本。

2.古籍保護的原則

古籍保護的原則有：最小干預；分級保護，優先重點；以防爲主，防治結合等。

最小干預原則是指對古籍的保護處理等要控制在最小的範圍内，不能過度干預。最小干預原則已成爲世界範圍内的主流共識。在古籍修復中應避免干預過度造成對古籍價值和内容的改變。凡短期没有重大危險的部分或者在没有充分依據的情況下，不應進行更多的干預。必須干預時，應儘可能地少對古籍本體進行干預，附加的手段應祇用在最必要的部分。

分級保護，優先重點。我國古籍收藏數量衆多，收藏單位的存藏條件差異較大，如果全部古籍都進行重點保護，經費的投入將非常巨大，很難一步到位。因此，在這種情況下，應區分古籍的不同級別和珍貴程度，有重點、有針對性地對古籍進行分級保護，在條件和能力允許的情況下逐步擴大保護的範圍和保護的力度。

以防爲主，防治結合。以防爲主強調了防重于治的保護思想。以更主動、更積極的保護方式預防古籍的損壞，降低"治"的難度與數量，徹底改變古籍保護工作的"臨時救援"角色。防和治要有機結合。

第二節　紙張的概念及性質

一、中國造紙術的歷史

衆所周知，紙是中國古代四大發明之一。中國手工紙歷史悠久，源遠流長。關于中國造紙術起源的時間，過去有不同意見，概括起來説有以下三種：一是以三國時期張揖和南北朝時期范曄爲代表，認爲紙是東漢蔡倫于公元105年發明，造紙的材料爲縑帛。二是以唐代張懷瓘和宋人史繩祖爲代表，認爲公元前2世紀，也就是西漢初即已有紙，蔡倫不是紙的最早發明者，而是改良者。按第二種看法，西漢紙仍爲絲質纖維，而植物纖維造紙始自蔡倫。三是以考古資料爲依據，認爲西漢時即有植物纖維紙，這就把中國植物纖維造紙技術起源提前了200年。這一結論也在不斷得到實物佐證，如1957年西安灞橋出土的西漢麻紙，1986年甘肅考古學家在天水市郊放馬灘西漢墓中發現的麻紙等。

魏晉南北朝時期，造紙在産量、品質等方面又有所提高，原料範圍擴大，設備更新，出現了新的工藝技術，用黄檗汁浸染紙張以防蟲蛀等措施得到應用，這種染潢技術是我國人民的首創。

隋唐五代時期，造紙術達到興盛，造紙原料範圍比魏晉南北朝又進一步擴大，成本降低，紙製品在日常生活中廣泛應用。同時，在改善紙漿性能、改革造紙設備等方面也取得了一些進步和提高。隨着對外文化交流的發展，造紙術從東、西、南三個方向傳播到日本、阿拉伯、印度、尼泊爾等東亞、西亞和東南亞國家和地區。

宋元時期爲古代造紙術的成熟階段，造紙原料除了原來的樹皮、麻、破布和舊魚網，又增加了竹子、稻草、麥稭等。由于造紙原料範圍的擴大，造紙技術的革新，造紙設備的改進，這一時期造出來的紙比前代數量更多、品質更高，如竹紙和麥稻稭紙的製造，標志着造紙史上的新紀元。紙在繪畫、印刷等方面廣爲應用，同時紙品還用于製作衣服、帳、被和枕頭等，成爲縑帛、紡織品的部分替代物。

明清時期爲造紙術的集大成階段，不但造紙的原料、技術、設備和加工方面大爲改進，紙的產量、品質、用途、產地也均比前代有所提高與擴展，甚至還出現了專門記載造紙和紙張加工技術的著作。

隨着紙的需求量日益增加，原來傳統手工造紙已不能滿足社會發展和日常生活的需求。在工業革命浪潮影響下，清光緒十三年（1887）于香港設大成造紙廠，李鴻章于1891年引進了西歐造紙機器和技術，在上海創辦了機器造紙廠——倫章造紙廠，從此，我國造紙業開始步入機器造紙階段。

二、紙張的分類

1. 手工紙與機製紙

按照生產方式可將紙張分爲手工紙和機製紙。手工紙以手工操作爲主，利用竹簾人工逐張撈製或澆製而成。成紙質地鬆軟，吸水力強，適合水墨書寫、繪畫，也用于古籍保護和修復。機製紙是指以機械化方式生產的紙張，如凸版印刷紙、新聞紙、膠版印刷紙、銅版紙、書皮紙、字典紙、拷貝紙、板紙等。手工紙和機製紙的區別還體現在紙漿的製漿工藝上，手工紙多采用傳統的鹼性製漿工藝，經過泡、漚、蒸、煮、曬等步驟，工藝歷時較長；而機製紙多采用化學製漿、機械製漿，或者兩者結合，生產周期短，效率高。

機製紙是以木材原料爲主的植物纖維經機械磨成木漿，再經化學蒸煮，漂白後上造紙機成型乾燥製成的紙張。而手工紙的製造是用麻、韌皮、竹、草等植物纖維原料，工序包括堆漚發酵（把原料中的非纖維素和可溶性雜質清除）、煮料（用石灰、草木灰等和水蒸煮原料，進一步把原料中的木質素及果膠去除）、洗料（把煮好的漿料放入布袋中，在河水或流水中衝洗，去除石灰和殘渣）、曬白（即曬料，就是變原色紙漿爲白色紙漿。傳統的曬白法就是把洗净的漿料運到向陽的山坡上攤開，日曬雨淋約兩三個月時間，直到紙漿顏色變白爲止。現代技術則會利用化學製劑漂白粉、雙氧水或漂精來漂白，這種方法雖然時間上比自然漂白快得多，但對纖維損傷極大）、打料（即把漿料進行捶打、碾碎。過去一般用脚踏碓打料，勞動強度大，生產效率低，現大都采用石碾或打漿機進行打料）、撈紙（又稱抄紙入簾，就是把竹簾投放入紙槽內，讓紙漿纖維均勻地平攤在紙簾上，多餘的水從簾縫漏出，形成一層薄薄的濕紙頁）、榨乾（又稱壓水）、焙紙（也稱曬紙、烘紙，是將濕紙刷在土焙或鐵焙的平面上，使之在適當的溫度下迅速乾燥成型。所謂焙，乃溫火烘烤之意。在傳統造紙過程中，土焙方法一直是造紙中重要技藝之一，但到了20世紀90年代，普遍采用鐵焙曬紙。鐵焙具有建造便捷、表面光滑平整、勞動效率高的優點。但其傳熱快、熱力大，沒有利用土焙烘乾的過程緩和，這多少會影響到紙張纖維的交融程度和成紙品質）。

采用中國傳統造紙工藝造出的紙，其PH值顯示爲中性或弱碱性。又由于處理方式溫和，纖維完整，紙質柔軟，確保了手工紙極佳的耐久性和抗老化性能。而機製紙一般呈弱酸性（采用現代技術施膠可以製得製性紙，紙面挺、硬、脆，吸水性差）。

根據造紙原材料的種類，傳統的手工紙大致分爲麻紙、皮紙、竹紙、宣紙和藤紙等。

2. 麻紙

是我國最早出現的植物纖維紙，是古人以麻纖維爲原料抄造的紙。從漢代起一直到唐代的千餘年中，麻紙是我國用量最多的一個紙種。前文中提到紙的起源時，概括了三種意見，其中第三種看法認爲西漢時即已有植物纖維紙，這一結論得到了考古結果的認證。考古出土的西漢紙，原料顯示爲麻。又有南北朝范曄《後漢書·蔡倫傳》載："自古書契多編以竹簡，其用縑帛者謂之爲紙。縑貴而簡重，并不便于人。倫乃造意，用樹膚、麻頭及敝布、魚網以爲紙。元興元年奏上之，帝善其能，自是莫不從用焉，故天下咸稱蔡侯紙。"説明蔡倫不是紙的最早發明者，而是紙的改良者，但他的貢獻在于擴充了造紙原料。

造紙術發展到宋代以後，由于皮紙和竹紙工藝的不斷進步，產量不斷提高，麻紙的生產規模開始逐漸縮小，到清末時全國僅有陝西、山西等部分地區有麻紙生產。麻紙逐漸没落。近幾年，隨着傳統文化被大力弘揚，一些麻紙作坊又重拾舊業，開槽抄紙，瀕臨消失的麻紙又逐漸恢復。

3. 皮紙

使用韌皮植物纖維抄造，其原料種類繁多，主要有楮（構）皮、桑皮、檀皮等，占皮紙產量的絕大部分。

（1）楮（構）皮紙

以楮樹皮爲造紙原料，歷史早有記載。三國時吳國人陸璣在《毛詩草木鳥獸蟲魚疏》中寫道："穀，幽州人謂之穀桑，或曰楮桑；荆、揚、交、廣謂之穀。中州人謂之楮桑。……今江南人績其皮以爲布，又搗以爲紙，謂之穀皮紙。"《新華字典》中關于"穀"字的解釋爲："穀，也叫'構'或'楮'。"由此可見，"楮""構""穀"爲一物也。通常北方人稱爲"楮樹"，南方人稱爲"穀樹"，中原人稱爲"構樹"。嚴格講，構皮與楮皮是兩種植物，但形貌、性質相似，造紙常視爲一物。在傳統手工紙的發展過程中，往往是楮、構通用，構皮即是楮皮，楮皮亦是構皮，現代人常將楮、構兩種皮料紙統稱"構皮"。但總的來説，楮皮比構皮的纖維更細緻。

構皮紙與麻紙相比，後者表面較粗澀，紙質手感較硬；前者較綿軟，纖維細且較後者短，容易抄得均匀而緊密的薄紙。因此，構皮紙更宜于書寫、繪畫及印刷。構皮紙的這些特性深受文人墨客喜愛，唐代文人稱其爲"楮先生"，甚至以"楮"字代替"紙"字，所謂"楮墨"即"紙墨"。

流傳下來紙質爲構皮的文獻，當以"敦煌遺書"年代最早。1900年，敦煌石室發現的唐咸通九年（868）雕版印刷的《金剛經》的紙張就是以楮皮爲原料抄造的。另外，明永樂年間，建于江西南昌府西山的西山官局所造高級楮皮紙，用以抄寫《永樂大典》。

（2）桑皮紙

我國是世界上種桑養蠶最早的國家。在將桑葉用于養蠶之餘，人們發現將其枝條嫩皮剝下來，經漚製、蒸煮、春搗等工序後，亦可製成紙張。

據文獻考證，桑皮紙出現的時間略晚于構皮紙，大約在魏晉時期。北宋蘇易簡《文房四譜·紙譜》記錄："雷孔璋曾孫穆之，猶有張華與祖雷煥書，乃桑根紙也。"此處所謂"桑根紙"一般認爲就是桑皮紙。衹是學者們對"根"字有不同看法。有些學者認爲其指樹枝、樹幹，也有人認爲是桑樹的根皮。但不論是哪種看法，其屬桑皮紙是没有太大問題的。

儘管有關桑皮紙文獻記載始于魏晉，但這一時期的古紙樣品中桑皮材料并不多見，因爲考古及歷史文獻證明，魏晉時的造紙原料還是以麻爲主，而桑皮紙在隋唐時期纔大量出現，以敦煌遺書爲典型代表，且敦煌卷子用紙多被加工成"硬黄紙"。此紙是唐代比較常見的一種加工紙，將麻紙、構皮紙、桑皮紙等經黄檗染製、塗蠟、砑光等工序加工而成，多用于抄寫佛經。唐代桑皮紙實物還有韓滉《五牛圖》，其畫心部分即爲桑皮紙。著名的清乾隆高麗紙亦爲桑皮紙。前些年故宫修繕倦勤齋通景畫，發現其褙紙爲乾隆高麗紙，但因真正的乾隆高麗紙已十分稀有且寸紙寸金，于是當時的修復人員在全國範圍内尋找紙坊仿製，最終選定安徽潛山桑皮紙。

從纖維特性上來看，桑皮和構皮纖維的尺寸十分接近，衹是桑皮纖維略長于構皮。而二者較明顯的區别在于紙張的色澤：傳統工藝生産的構皮紙一般白中略帶灰，而桑皮紙則是白中略顯黄；桑皮紙表面具有比構皮紙明顯的絲質光澤。總之，桑皮紙的"顔值"略高于構皮紙，其光亮如絲、潔白柔滑、緊緻堅韌的特性，讓桑皮紙更顯高端大氣。

4.竹紙

與麻紙、皮紙不同，抄造竹紙不是取其韌皮纖維，而是利用其莖杆纖維，是將整個竹杆漚浸、搗爛後提製出纖維。

關于竹紙的起源，一種説法是晉代已有生産，另一種説法則認爲起源于宋代。從事物發展的客觀規律來看，兩種説法似乎并不矛盾。因爲任何事物的産生都要經歷萌芽、認識、普及等發展階段。故潘吉星先生考證認爲"唐代末期竹紙已初露頭角，但産地不廣、産量有限，并没有引起人們的更大注意和普及，而竹紙的大規模發展是在北宋以後"。這一觀點是比較科學的，迄今我們所能看到的最早竹紙實物也是從北宋開始出現的。

與皮紙相比，竹紙有很多長處。南宋人施宿在《（嘉泰）會稽志》中認爲竹紙有五大優點："惟工書者獨喜之。滑，一也。發墨色，二也。宜筆鋒，三也。卷舒雖久，墨終不渝，四也。惟不蠹，五也。"總結了竹紙表面光滑、受墨性好、容易運筆、墨色不變、抗蛀性好的特點。唯"惟不蠹"説法誇張，因爲在所有紙中竹紙最易蛀蝕。其實，竹紙在當時還有一個更顯著的優點即價廉易得。

自宋代竹紙脱穎而出之後，紙的應用範圍再次擴大。竹紙和皮紙成爲占統治地位的紙種，這種趨勢一致持續到19世紀末的清代晚期。同時，作爲一類紙的總稱，竹紙在發展過程中出現了很多品種，如毛邊紙、毛泰紙、元書紙、玉扣紙、連史紙等。這些品種的紙不但可用于書寫，也大量應用于印刷。故宫博物院藏王羲之《雨後帖》、王獻之《中秋帖》、米芾《珊瑚帖》等都是竹紙，國家圖書館所藏很多宋元刻本也都是竹紙本。

5. 混料紙

所謂混料紙，顧名思義是由兩種以上原料混合而成。

1901年，維也納大學植物學家威斯納在化驗斯坦因從新疆發掘的唐大曆三年（768）至貞元三年（787）五種有確切年款的文書紙張時，發現其中有用破麻布和桑皮、月桂纖維混合製漿的紙張。這批新疆出土紙張應當是早期混料紙的實證。其將野生樹皮纖維摻入破布纖維中，可降低紙張生産成本，又可改善紙張品質，一舉兩得。

宋元時期還有將竹料與其他原料混合製漿造紙，這又是一個新的創舉。如故宫博物院藏米芾的《公議帖》《新思帖》爲竹、麻混料紙，米芾《寒光帖》爲竹、楮混料紙。由于竹紙原料爲野生竹，所以造紙成本低，但竹纖維均長1mm至2mm，不及麻纖維和樹皮纖維，而後兩種的原材料供應則不及竹類充足。因此，將竹纖維與其他植物纖維混合製漿，所造紙張兼具竹紙及皮紙優點，成本適中，得以流傳至今。較常見的混料紙有麻皮混料、麻竹混料、皮竹混料、皮草混料。

6. 宣紙

宣紙主要原料是榆科多重生木本植物青檀皮，故宣紙爲皮紙。但確切地説，宣紙也是一種混料紙。

關于"宣紙"一詞，過去人們一直認爲是以地名來命名的。唐時，因涇縣歸宣州所轄，故將宣州地區所產高級紙張冠以宣紙名。而現在普遍認同的觀點是時間意義上的"宣紙"，即產生于明宣德年間、以青檀皮和沙田稻草爲原料的手工紙，所以也稱"宣德紙"。

宣紙在明代以前的原料成分是純青檀皮，但到明代中葉之後，宣紙原料發生變化，開始摻入了沙田稻草。從紙性角度説，如果采用單一原料青檀皮，因其纖維較長，成紙後質地較硬，柔性不足。而稻草纖維較短，所以將青檀皮與稻草結合造紙，一方面增加了成紙的綿柔度，另一方面也緩解了青檀皮原料供量不足的壓力。

宣紙品類衆多，一般按用料、形制、薄厚進行分類：

（1）按用料不同分類

特種净皮：皮漿和草漿配比爲80%皮漿、20%草漿；

净皮：60%皮漿、40%草漿；

綿料：30%皮漿、70%草漿。

（2）按薄厚不同分類

宣紙厚度由薄至厚依次爲扎花、綿連、單宣、夾宣。

（3）按加工方法分類

生宣：是直接從紙槽中抄造出來的宣紙，經焙乾而成的未經加工處理的原產品，亦稱原白紙、原紙。以上介紹的各種宣紙品種均爲生宣。生宣吸水性、潤墨性好，較適宜傳統山水、人物寫意畫的創作。

熟宣：熟宣又稱"礬紙"，是在生宣的基礎上經過加膠礬處理後的宣紙。有固色、防黴、防紙張伸縮的特點。

加工宣：是指在生宣基礎上施以染色、灑金、砑光、填粉、施膠、塗蠟等不同工藝加工的宣紙，故稱加工宣。將生宣製作爲加工宣，使其達到增進美觀、改善品質、防蟲避蛀等不同效果。宣紙加工紙名目繁多，包括各色箋紙（將生宣通過染色、加料、擦蠟、砑光、撒金銀箔片等方法製成的紙張）、蟬翼、虎皮宣、色宣、灑金宣、礬宣、雲母宣等。

三、紙張的物理性能

紙張的物理性能包括定量、厚度、緊度、挺度、平滑度、柔軟性、塵埃度、伸縮率與尺寸穩定性、抗張強度、伸長率、撕裂度、耐折度、白度、不透明度和光澤度等。

1. 定量

定量俗稱克重，是指單位面積紙張的重量，一般以克/米^{2}來表示。定量是紙最基本的一項物理指標，是紙及紙板最基本的一項品質指標。

2. 厚度與緊度

厚度表示紙張的厚薄程度。以一定的面積一定的壓力下測定紙張厚度大小，一般壓力爲（100±10）千帕。

緊度是指每立方厘米的紙或紙板的重量，以克/厘米^{3}表示。緊度是衡量紙或紙板結構鬆緊程度的指標，是紙和紙板的基本性質。它與紙張的多孔性、吸收性、剛性和強度有密切的關係。

3. 平滑度

平滑度是指在一定的真空度下，一定容積的空氣通過受一定壓力的試樣表面與玻璃面之間的間隙所需的時間，以秒表示。平滑度決定于紙張的表面狀況，如果紙面凹凸不平，紙的平滑度就很差。

4. 白度

紙張白度的字面意思是指紙張的潔白程度。紙張的白度是指白色或接近白色的紙或紙板表面對藍光的反射率，與用藍光照射氧化鎂標準板表面的反射率相對比來表示。

紙張的白度主要由紙漿決定，紙漿的白度越高，成紙的白度也越高。紙漿通常采用漂白的方法提高其白度。其次，填料也對紙張的白度有影響。而從紙漿本身來說，漂白程度越高，紙漿中的木質素含量越低。

木質素最容易氧化，尤其在光照、高溫和鹼存在下，氧化更爲迅速。木質素發生氧化磺化等反應時，顏色由白變黃。因此同一種紙顏色越黃，其老化變質程度越深。白度也通常作爲紙張老化程度的一個重要指標，同一批紙張，其白度越低，老化程度就越嚴重。

白度的檢測按照國家標準《紙、紙板和紙漿 藍光漫反射因數D65亮度的測定（漫射/垂直法，室外日光條件）》（GB/T 7974—2013）。

5. 抗張強度

抗張強度是指紙或紙板能承受的最大張力。通常以絕對抗張力表示，即一定寬度的試樣的抗張力（牛頓）；或以裂斷長表示，即一定寬度的紙條在自身重力作用下而裂斷時所需的紙張長度（米）；或以橫向切面的抗張力表示，即以試樣單位橫截面的抗張力（牛頓/米^2）表示。抗張強度是物理特性中的重要參數之一。抗張強度是比較複雜的，它是耐破度、抗撕力和耐折度等的一個組成部分，裂斷長係抗張強度、厚度和定量的函數。構成紙的抗張力有四個主要因素：纖維結合強度、纖維平均長度、纖維內部組織方向交錯系數和纖維原來的強度。纖維結合力的大小和性質是影響有效抗張強度最重要的條件

抗張強度的測試采用抗張強度儀，測試方法參照《紙和紙板 抗張強度的測定》（GB/T 12914—2008）。

6. 撕裂度

撕裂度爲將預先切口的一叠試樣（通常4層），用一垂直于試樣面的移動平面擺施加撕力，用擺的勢能損失來測量在撕裂試樣的過程中所做的功。紙的撕裂度就是紙與紙板抗衡裂的能力。撕裂度與纖維長度及其內部組織方向、纖維本身的強度以及紙的結合強度和交織情況有關，與紙的耐折度有一定的關係。

撕裂度是紙張物理強度的一項重要指標，在文獻保護領域也非常重要，在國家標準《信息與文獻 文獻用紙 耐久性要求》（GB/T 24423—2009）中，將紙張的撕裂度作爲紙張強度性能的代表性指標，標準中提到，對於定量大于70g/m^{2}的紙張，紙張縱向和橫向撕裂度應不小于350mN。

撕裂度的測試方法參照《紙和紙板 撕裂度的測定》（GB/T 455—2002）。

7. 耐折度

紙張的耐折度是在規定的實驗條件下，在專門儀器中將試樣折斷前所能經受的折叠次數，以雙折次數表示。也有以往復折叠次數的對數（以10爲底）表示的。耐折度是檢測紙的機械強度的重要指標之一，它決定于抄紙原料纖維的長度、強度、柔韌度和纖維之間的結合力。其中主要是纖維的平均長度，其次是纖維結合力。原材料的纖維長度越長，纖維強度越強，結合越牢固，其耐折度越高。通常情況下，麻纖維＞韌皮纖維＞竹纖維＞針葉木纖維＞闊葉木纖維＞草纖維。

耐折度的測試方法參照《紙和紙板 耐折度的測定》（GB/T 457—2008）。耐折度的測試儀器有肖伯爾法和MIT法，兩者的一個主要區別是肖伯爾法往復折叠的度數近180度，而MIT法往復折叠的度數爲135度。下面將以MIT法爲例介紹其使用方法。

耐折度測試時的標準張力爲9.81N，如果雙折叠次數小于10次或大于10 000次，或

者實驗研究目的需要，可以減少或增加張力，文獻保護研究中對于手工紙多采用4.91N甚至更低標準，使用非標準張力都需在實驗結果中注明。

8. 紙和紙板的伸長率

伸長率是指紙或紙板受到一定的張力後，至裂斷時的伸長對原試樣長度之比的百分率。伸長率是衡量紙張強韌性的一項重要指標。實際上是紙張拉斷時的極限應變。伸長率愈大，表示紙的彈性愈好，紙張就愈不易破損。

9. 紙和紙板的伸縮率

伸縮率是指紙張浸于一定溫度的水中起出并風乾後尺寸的相對變化。以尺寸的增減量對原試樣尺寸之比的百分率表示。

10. 紙和紙板的縱橫嚮

紙張具有一定的方嚮性，縱嚮是指紙張與紙機運行方嚮平行的方嚮。由于纖維排列大多數順着造紙機運行的方嚮，而且在這方嚮上紙張承受着較大的牽引力。橫嚮是指紙張與紙機運行方嚮垂直的方嚮。在測定各種物理性能、光學性能時，一定要考慮紙張的方嚮。抗張強度和耐折度縱嚮比橫嚮大，撕裂度是橫嚮大于縱嚮。

紙和紙板縱橫嚮測定法有紙條彎曲法、紙頁卷曲法和抗張強度鑒別法等。

四、紙張的化學組成及其性質

製漿造紙的原材料主要有木材纖維原料、非木材纖維原料和棉稈等植物纖維原料。其主要化學組成爲纖維素、半纖維素和木素。其中，纖維素和半纖維素都是碳水化合物。木素則爲芳香族化合物。此外，植物纖維原料還含有少量其他組分，如樹脂、脂肪、蠟、果膠、澱粉、蛋白質、無機鹽、單寧和色素等。

1. 纖維素的性質

纖維素是地球上最古老、最豐富的天然高分子，是取之不盡用之不竭的、人類最寶貴的天然可再生資源。纖維素的分子式爲$(C_6H_{10}O_5)_n$，其中含碳44.44%、氫6.17%、氧49.39%，是D-吡喃式葡萄糖酐彼此以β-1,4苷鍵連接而成的綫型同質多聚物，屬半剛性高聚物。根據來源的不同，纖維素分子中葡萄糖基的數目，即聚合度（DP）在100～14 000很寬的範圍。

纖維素大分子中的每個葡萄糖基環均含三個醇羥基，即C(2)、C(3)位仲醇羥基和C(6)位上的伯醇羥基，它們對纖維素的性質起着決定性影響。纖維素可以發生氧化、酯化、醚化等反應，分子間能形成氫鍵，纖維素可吸水、溶脹以及接枝共聚等，這些都與分子中存在着大量羥基有關，且不同位置羥基的反應能力也有所不同。同時，纖維素分子的兩個末端具有不同的性質，一端的葡萄糖殘基中的C(4)位上多一個仲醇羥基，另一端的葡萄糖殘基中的C(1)位上多一個伯醇羥基。伯醇羥基上的氫原子極易轉位與氧環的氧結合，使環式結構變爲開鏈式結構，這時C(1)位碳原子變成醛基，表現出還原性，由于纖維素的每一條鏈衹有一端具有隱性醛基，故整個大分子具有極性和方嚮性。

纖維素并非完全的結晶體，目前普遍爲人們所接受的纖維素超分子結構理論是二相體系理論。X射綫研究表明，纖維素是由結晶區與無定形區交錯連接而成的二相體系，其中還存在相當多的空隙系統。在結晶區内，纖維素分子的排列具有規律性，呈現較清晰的X射綫圖譜，但與低分子的晶體不同，是不可見的隱晶，不具有以特殊角度相交的鏡介面。結晶區與結晶區之間有無定形區，結晶區與無定形區之間没有明顯的界限，而是逐漸過渡的，這一過渡區又稱爲次結晶區，每一結晶區稱爲微晶體。在無定形區中，纖維素分子排列的規律性較差，但也不是完全缺乏秩序如同液體狀態一樣，而是有一定規則性，一般取向大致與纖維軸平行，衹是排列不甚整齊，結合得較爲鬆弛而已。由于纖維素分子很長，所以一個纖維素分子可以貫穿幾個結晶區、無定形區。至于結晶區與無定形區的比例、結晶的完善程度，均隨纖維素的種類而異，且在纖維的不同區域，多少也會有所不同。

2. 紙張的化學性能

紙張的化學性能包括酸碱度、聚合度、銅價、結晶度、水分含量和灰分含量等。

（1）酸碱度

紙張中的水可溶性物質會改變純水 $[H^+]$ 和 $[OH^-]$ 的平衡，從而產生氫離子過剩。在某一特定條件下，用標準碱性溶液進行滴定，所測得的過剩的 $[H^+]$ 濃度，即爲紙的酸度。

紙張的主要成分纖維素在碱性條件下比較穩定，而在酸性條件下容易發生氧化、降解等化學反應，使纖維分子聚合度降低，纖維變短，紙張的pH值下降，物理強度減弱，從而嚴重影響紙的保存壽命。

紙張酸度的檢測方法有滴定法和pH計法，pH計法又分表面pH值法和抽提液法。表面pH值法是采用酸度計上的平頭電極測試紙張表面酸度的方法。測試時在要測試的紙張下面墊一張塑料布，在紙張上滴一滴蒸餾水，然後將平頭電極放到紙張表面的水滴位置，約1分鐘後，讀pH值。該方法主要用於文獻中紙張的無損測試。這種方法和抽提液法的pH值接近，所以是一種簡便、可靠的方法。

表面pH值法測得的pH值與紙張本身的pH有一定差異，并且不同類型的紙張其差異的規律性也不完全一致。因此在研究中，對於可破壞的樣品通常采用水抽提液法。

水抽提液法可參照《紙、紙板和紙漿 水抽提液酸度或碱度的測定》（GB/T 1545—2008）。

（2）聚合度

紙張中組成纖維素的葡萄糖基的數量稱爲聚合度。在分子式 $(C_6H_{10}O_5)_n$ 中，n爲聚合度，通常用DP表示。由于分子鏈兩個末端基環比鏈單元多出兩個氫和一個氧原子，即相對原子質量多了18，纖維素大分子的聚合度DP=n+2。n的數值爲幾百至幾千甚至一萬以上。聚合度的大小跟纖維的強度有直接關係，聚合度越大，分子量越大，即分子鏈越長，纖維的機械性能越強。木材纖維素的聚合度爲6000～10000，棉花纖維素的聚合度爲10000～15000，苧麻約爲10000，亞麻爲9000。

葡萄糖單元的相對分子量為162，纖維素的相對分子量M=162×DP+18，因此采用測定相對分子質量的方法測定其聚合度。測定相對分子量的常用方法有：化學方法，如端基分析法；熱力學方法，如滲透壓、蒸汽壓、沸點升高、冰點下降；動力學方法，如超速離心沉降速度法；光學方法，如光散射法；其他方法，如凝膠滲透色譜法等。造紙行業中，通常采用黏度法進行測定相對分子質量，進而計算其聚合度。

（3）銅價

100克絕乾紙漿纖維，在碱性介質中，于100℃時將硫酸銅還原為氧化亞銅的克數稱為紙漿的銅價。銅價可確定水解纖維素或氧化纖維素將某些金屬離子還原到低價狀態的能力，這類反應可用來檢查纖維素的降解程度、變質程度以及用來估算還原基的量。也可將銅價看作是紙漿樣品中許多雜質，例如氧化纖維素、水解纖維素、木素和糖等那些具有還原性物質的一種指標。因此常用于鑒別紙漿纖維的變質程度。銅價的檢測參照國家標準《紙漿銅價的測定》（GB/T 5400—1998）。

（4）結晶度

纖維素的結晶度是指纖維素構成的結晶區占纖維整體的百分率，它反映纖維素聚集時形成結晶的程度：

$$結晶度 X_c = \frac{結晶區樣品含量}{結晶區樣品含量+非結晶區樣品含量} \times 100\%$$

紙張內的纖維素的聚集態結構為超分子結構，包括處于平衡態時纖維素大分子鏈相互間的幾何排列特徵，主要包括結晶結構（晶區和非晶區、晶胞大小及形狀、分子鏈在晶胞內的堆砌形式、微晶的大小）和取向結構。纖維素大分子是由1,4-β苷鏈連接的D-葡萄糖單元構成的綫性鏈。與其他高分子聚合物比較，植物纖維素分子的重複單元是簡單而均一的，分子表面較平整，使其易于長向伸展，加上吡喃葡萄糖環上有反應性强的側基，十分有利于形成分子內和分子間的氫鍵，是這種帶狀、剛性的分子鏈聚集在一起，形成規整的結晶結構。根據X射綫衍射的研究，纖維素大分子的聚集，一部分的分子排列比較規整，呈現清晰的X-射綫衍射圖，這部分叫作結晶區。另一部分分子鏈排列不整齊，較鬆弛，其取向大致與纖維軸平行，稱為無定形區。測定纖維素結晶度常用的方法有X-射綫法、紅外光譜法和密度法等。

第三節　古籍用墨

一、中國墨的發展史

墨為文房四寶之一，中國墨作為最古老的書寫材料已有4500多年的歷史。根據選擇的原料不同可以分為三個時期：漆墨階段、松烟墨階段和油烟墨階段。

在人工製墨產生之前，人們曾使用天然"墨"如赭石、木炭、石墨等可以在被寫物體表面留下書寫痕迹的物品。商朝開始，我國開始進入漆墨階段。漆墨就是將天然顏料溶于漆中而形成書寫材料。嚴格來說，漆墨還不能稱爲墨，但這却是製墨史上的一個巨大進步。天然顏料溶于漆中書寫和繪畫比僅用純粹的顏料留下的作品保存得更持久，色澤更艷麗，達到了經久不變、永久保存的目的。但由于漆極易氧化，液態漆加顏料製成的墨水不易保存，祇能隨製隨用。

秦漢時期出現了松烟墨。松烟墨是用松木不完全燃燒產生的烟灰，再拌之以漆、膠而製成。松烟作爲其主要原料，松材選取、烟窑設計、燒窑手法、收烟方式都十分講究。比較製墨的有關文獻，以《墨經》對墨的論述最爲詳細。

松烟墨的質量優于石墨，但這時期的墨還沒有製成墨錠，僅製作成小圓塊，不能直接用手拿着研磨，必須用研石壓着來磨，因此這種小圓塊的墨又稱爲"墨丸"。

東漢時期，墨品的製作采用模具，墨質更加堅實，形態更加美觀，可以手持直接研磨。漢末至魏晉之後，製墨技藝有了長足的發展。漢末六朝的書法家韋誕，把珍珠、麝香等貴重藥物摻入墨中，造出了"一點如漆"的松烟墨。韋誕也因此被後人尊爲墨的發明者。到了唐代，塊墨不僅聞名于中國，而且當時的徽墨已經聞名于世界。唐墨有呈極細的條棒狀的，也有棱柱或者圓柱形，但多數則呈所謂舟狀。

唐代時期，逐漸出現了油烟墨。古人曾用菜油、豆油、豬油、皂青油、麻油、桐油等煉烟造墨，其中以桐油煉烟爲墨寫成的字墨色黑潤而光亮，經久不褪。元代及明代早期，名墨逐漸以油烟墨爲主，油烟墨又以桐烟墨爲主。松烟墨黑而無光，桐烟墨則顏色黑、有光澤，書寫成的字迹不易脫落。

唐代以後，歷代製墨名家輩出，如南唐的李廷珪，北宋潘谷，明代程君房、方于魯，清代曹素功、胡開文等，尤其是製墨名家李廷珪的墨，頗爲時人喜用珍藏，更有"黃金易得、李墨難求"的美名。

墨汁研發始于清朝同治年間的謝崧岱先生，他兩次趕考都不如意，決定從商。于同治四年（1865）在北京琉璃廠44號開設了第一家生產和經營墨汁的店鋪，取名"一得閣"。

二、墨的種類及性質

根據形態，中國墨可分墨錠和墨汁兩大類。除黑色墨以外，還有朱砂及銀朱所製作的朱墨、朱磦、石黃、石綠、砷碌白、紫鉚、黃丹、雄黃、赭石等顏料墨。

墨和墨汁中的色素成分爲碳黑，是碳氫化合物加熱分解或不完全燃燒時形成的，其化學成分是碳。碳黑的物理化學性質穩定、耐光、耐熱、耐酸碱、耐氧化，不易和其他物質起反應，也不溶于水、油和一般溶劑，其耐久性非常好。

製墨的主要原料爲炭墨烟、動物膠、防腐添加劑。動物膠爲一種蛋白質，由骨膠原經水解而成，種類以骨膠、皮膠爲多。歷代曾用鹿角膠、魚鰾膠、牛皮膠等，其作用是使炭墨的微粒粘固在一起，便于製成塊狀，使書寫的字迹牢固。

添加劑的作用有三：防止動物膠生黴，保持墨色不褪；除去膠臭；增加墨的滲透力，使字跡與紙張結合更加牢固。常用于防腐的有龍腦、麝香、丁香、冰片等。

墨汁的主要原料爲炭烟、膠料、添加劑和溶液等，一般經由機械加工而成。炭烟的種類繁多，用各種礦物、植物及動物原料經燃燒或熱分解而成。膠則除動物膠外，多采植物膠（阿拉伯膠）或各種合成膠如亞克力膠、聚醇樹脂等。添加劑則有各式穩定劑、滲透劑、濕潤劑、防腐劑、芳香劑等。

第四節　影響古籍保存的因素

古籍文獻產生之時，其自身載體材料理化性能確定，因此，古籍文獻保存的外界環境是影響古籍文獻保存壽命的重要因素。這些因素主要有溫度、濕度、光、有害氣體等。下面分別進行介紹。

一、溫濕度

1. 溫度

溫度是物質分子、原子無規則運動的宏觀表現，是用來衡量物體冷熱程度的狀態函數。國際上常見的溫標有攝氏溫度（℃）、華氏溫度（℉）、絕對溫度（K）。在一個標準大氣壓下，純水開始結冰時的溫度（冰點）爲0℃，純水沸騰時的溫度（沸點）爲100℃。在0℃和100℃之間劃分100等分，每一等分就是1℃。攝氏度用t表示，單位爲℃。

對紙張來説，30℃左右就屬于高溫。高溫條件下，文獻載體内空氣膨脹，紙張中所含的水分揮發，紙張脱水，脆化、變形，膠黏劑失效，紙張變硬、變脆，柔軟度、韌性和機械強度減小。紙張纖維素在60℃以上降解，溫度升高，紙張的物理強度性能降低。溫度升高可使紙張變質的化學反應速度加快。溫度每升高10℃，化學反應速度會增加2至4倍。高溫還有利于有害生物——黴菌的生長繁殖。一般細菌、黴菌生長的最佳溫度爲25℃~37℃。

2. 濕度

濕度是表示物質含水量的常用概念。影響古籍保存的濕度是指空氣中的濕度，濕度有相對濕度和絕對濕度之分。

水在紙張中的存在形式有三種，即化學鍵結合、吸附和結構滲透。化學鍵結合是指纖維素分子鍵之間可以形成氫鍵，吸附是指水的單分子層覆蓋在纖維表面，結構滲透是指水在紙張毛細管中的滲透。正常情況下紙張的含水比例在7%±2%。當保存環境的濕度發生變化時，紙張發生吸濕和解吸，其含水量與環境的含水量之間存在一個動態平衡。相對濕度太低時，紙張脱水收縮，變得僵硬發脆，紙張容易脆化。

紙張保存環境最理想的相對濕度爲50%。環境濕度超過65%時，紙張就會發生吸濕，纖維膨脹，機械強度降低。實驗表明，當相對濕度由40%增加到80%時，紙張抗張強度降低25%；相對濕度由50%增加到90%時，紙張抗張強度降低42%。相對濕度過大時，紙張易粘結成"磚"，帶來更大的損害。

相對濕度太高有利于有害生物的繁殖，增加有害生物對古籍的侵蝕。微生物的機體含有70%～90%的水分，同時其新陳代謝也必須有水分參與。古籍害蟲體內含水量約占50%～90%，它們的生理活動也離不開水。

潮濕的環境也會加劇有害氣體、灰塵等對紙張的損害。空氣中的有害氣體二氧化硫、三氧化硫、二氧化氮等與水反應生成酸，同時，紙張中的輔料明礬更易水解生成硫酸。

溫度和濕度對古籍紙張耐久性還具有協同效應，即兩者的綜合作用大於它們獨立的作用之和。有研究證實，如果設定溫度爲15℃、相對濕度爲50%條件下的紙張的壽命標準壽命指數爲1，那麽溫度每升高10℃，這個指數將是原數的五分之一，即紙張的實際壽命或祇有原來的五分之一。溫度一定，相對濕度升高或降低20%，紙張的壽命將減少一半或提升一倍。

合適的濕度可保證紙張纖維之間形成氫鍵，保持紙張的物理強度。濕度較高時，容易滋生蟲黴。濕度過大也會使紙張變潮水解，削弱紙張組織。濕度過低，氫鍵斷裂，導致紙張變脆，不利于文獻的保存。

3.適宜的溫濕度

恒溫恒濕是延長文獻保存壽命最基本、最簡單也是最有效的手段，適宜的溫濕度可避免各種蟲黴病害的發生。

善本書庫環境溫濕度的控制要求如下：

溫度：16℃～20℃；濕度：50%～60%。

普通古籍書庫溫濕度控制要求，見表1：

表1

地區	溫度（℃）	相對濕度（%）
北方地區	14～22	45～60
南方地區	16～22	45～60
西北地區	14～24	40～60

二、光

1.光的概念

光是一種能引起視覺感應的電磁波，具有波動和微粒二象性。廣義上，光是指所有的電磁波譜。狹義上的光是人類眼睛可以看見的一種電磁波，也稱可見光。一般人眼所能接受的光的波長在400nm～700nm之間。像紅外綫、紫外綫等都屬于不可見光。紅外綫頻率比可見光低，波長更長，含有的能量較低。紫外綫的頻率比可見光高，波長更短，含有的能量較高。對古籍造成傷害的多爲紫外綫或者靠近紫外區的可見光。

太陽輻射至地球大氣外層的陽光是一個連續的能量光譜，其波長範圍約爲0.7nm～3000nm。穿過大氣層後，部分長波輻射被水蒸汽和二氧化碳吸收。最後，衹有短波部分到達地球表面。

波長小于175nm的短波紫外輻射被高于地球表面100km的大氣層中的氧所吸收，而175nm～290nm的輻射則爲同溫層臭氧所吸收。臭氧層的最低平均緯度爲海拔15km，在海拔25km～30km外密度最大。被臭氧層吸收後所剩餘的太陽光中的紫外部分，即波長爲290nm～400nm的輻射。

2.光照對古籍的影響

光對紙質文物是有損害的，假如把紙質文物（報紙或書）放在陽光或紫外燈下直接照射，就會發現紙張變黃、變脆，甚至粉碎。

光對古籍的危害，一般認爲是光的熱作用與光化學作用造成的。光的波長越短、頻率越高，能量越大，輻射熱就越強，因此紫外綫短波對紙質文物的危害最爲嚴重。據研究發現，紙張在太陽高度角爲40度時，照射50個小時就會變黃、變脆。在没有遮擋的空間，太陽高度角爲73.2度，温度40℃時，物體每平方米每小時受到陽光輻射所產生的熱能值爲756千卡。這種光輻射熱作用于紙張時，就會引起紙張的理化反應。當温度高于30℃時，就會加速紙張變黃、變脆。同時，光的破壞作用具有累積性，即其破壞力是光能量與其時間的乘積。在光熱輻射的作用下，紙張吸熱，温度升高，就會對紙張造成破壞。

古籍紙張在光的照射下所進行的化學反應稱爲光化學反應。纖維素是由300～3000個葡萄糖分子脱水聚合成的長鏈大分子化合物。在光照射下，纖維素會加速水解爲葡萄糖分子。在有氧存在時，會發生光氧化反應，加速其氧化作用，生成容易粉碎的氧化纖維素，降低紙張的抗張强度。半纖維素是多聚糖分子的混合物，在光照射下，會加速水解，容易生成溶于水的木糖、甘露糖等。而木糖、甘露糖在光照和氧的作用下，很容易被氧化生成羰基發色團和羧基助色團，半纖維素的返黃現象就是受這些取代基團的影響而產生的。木質素爲碳氫化合物，其分子具有芳香族的特性，它的結構單體是苯基丙烷。苯基上可連一個也可以連兩個甲氧基，還可以連羥基或酚醚鍵。在光照射下將會加速其氧化過程，温度越高，氧化越快，氧化後變爲褐色的氧化纖維素，促使紙張强度降低，變黃、變脆。木質素在光氧化過程中生成的發色團和助色團以及木質素中存在的琨型結構的低分子碎解物，這些將對紙張的返黃產生重要影響。

3.防光控光的措施

古籍文獻的防光措施包括防自然光和人工照明光兩個方面。

對自然光的限制主要應從建築角度着手，如建密閉式陳列館或庫房可從根本上解決日光輻照問題。對有窗的陳列室或庫房，則用安裝百葉窗、遮陽板、厚窗簾，選用毛玻璃、吸熱玻璃、夾層玻璃等措施減少陽光的輻射熱，不要讓光綫直接照射到文物上。

防光措施中最重要的是防紫外綫，可采用專用的防紫外綫玻璃或者玻璃塗膜等方式阻止或消除紫外綫的作用。庫房内儘量選取無紫外綫的燈具。

在采取硬件措施的同時，也應在以下方面采取措施：

（1）選用紅外燈感應電源，减少開燈時間；

（2）庫房照明分區控制，减少照明面積；

（3）嚴格控制庫房内的總體照度，將光的損害降到最低；

（4）采用裝具，將古籍放置入櫃、箱、匣、函套等裝具内，避免曝光。

三、大氣污染物

自然狀態下，大氣是由混合氣體、水汽和氣溶膠組成。除去水汽和氣溶膠的空氣稱爲乾潔空氣。乾潔空氣的主要成分有氮氣和氧氣，以及少量的二氧化碳和氫氣、氖氣、氦氣等惰性氣體。大氣中的水汽比氮、氧等主要成分少得多，其含量隨時間、地域以及氣象條件的不同變化很大。乾旱地區空氣中的水汽含量可低到0.02%，而溫濕地區可高達6%。大氣中氣溶膠是液體或固體微粒均匀地分散在氣體中形成的相對穩定的懸浮體系。根據形成過程、對能見度的影響以及顔色的差異等，氣溶膠可分爲輕霧、濃霧、霾、粉塵、烟氣、烟、烟霧和烟炱。

大氣污染包括天然污染和人爲污染兩大類。天然污染主要由自然原因造成，如沙塵暴、火山爆發、森林火灾等。人爲污染是由人們的生産和生活等活動造成的，主要來自固定污染源（烟囱、工業排放等）和流動污染（汽車、火車等各類機動交通工具）。近年來，隨着工農業生産、交通運輸業的發展，以及城市的擴大、人口的增加，大氣污染日趨嚴重。它不僅危害人身體健康，同時也影響着珍貴的古籍等各類文獻的長期保存。

大氣污染物中對古籍有危害的污染物主要有各類酸性氣體（二氧化硫、硫化氫等）、氧化性氣體（如二氧化氮、氯氣和臭氧）和粉塵等。

各類空氣污染物對古籍的危害雖有一定差别，但都會使紙張纖維分子聚合度下降，改變其化學結構，對紙張産生破壞作用。

有害氣體中以二氧化硫和二氧化氮的破壞最爲普遍和重要。其中二氧化硫在大氣中分布廣、危害大，主要來源于含硫煤和石油的燃燒及硫酸廠、冶金廠等工業企業的廢氣排放。部分二氧化硫可溶解于空氣中的水蒸氣中生成亞硫酸，在金屬鹽的催化下被氧化成硫酸。紙張材料或吸收空氣中的硫酸、亞硫酸，或吸收空氣中的三氧化硫或者二氧化硫後再與紙中的水形成硫酸、亞硫酸，其結果均會增加紙張中的酸度，促使紙張纖維的酸性降解，加快古籍的老化變質。有實驗表明，紙張在2ppm～9ppm的二氧化硫中放置240小時後，機械强度可降低40%。二氧化氮也可增大紙張酸性，對紙張纖維造成破壞，同時因其强氧化性可使紙張纖維發生氧化而使紙張强度降低。

灰塵對古籍紙張的破壞主要體現在四個方面：

（1）加劇古籍材料的磨損，使紙張表面起毛，影響字迹的清晰度；

（2）增大酸對古籍的影響。一方面灰塵顆粒本身具有酸性。另一方面灰塵具有粒徑小、表面積大、吸附能力强等特點，可將空氣中的酸性有害物質吸附或者沉積于紙張的表面，對紙張造成酸性損壞；

（3）有些成分複雜的灰塵顆粒吸收了空氣中的水分形成膠狀物，膠狀物吸收水分後分解產生膠粘狀物質，使古籍發生粘結成爲"書磚"。

（4）灰塵常携帶黴菌孢子，遇適宜條件就會滋生黴菌，破壞古籍。

四、害蟲

古籍害蟲取食古籍、古籍修復用澱粉漿糊，在古籍中產卵，其幼蟲會咬損古籍。害蟲還可將携帶的髒物、排泄物黏附在古籍上，污染古籍，覆蓋字迹，影響古籍的正常使用。

1.古籍害蟲的種類及特徵

危害古籍的昆蟲，據資料介紹有70多種，其中80%屬于鞘翅目昆蟲。這類昆蟲多爲小型或者中等大小，體堅硬，咀嚼式口器。前胸發達，從背面看到的爲完整的前胸背板。前翅角質，稱鞘翅，無翅脉；後翅膜質，折叠在胸部，被前翅覆蓋，翅脉簡單。足適于爬行或奔走，各足形狀和數目差異較大。腹部背板8節，腹板5節至8節。幼蟲體狹長，形狀多樣，前口或下口式，單眼0對至6對，觸角2節至4節，胸足3對，一般無腹足，具尾突。

最常見的古籍害蟲有黑斑皮蠹、花斑皮蠹、烟草甲、藥材甲、毛衣魚、嗜卷書虱、檔案竊蠹、家白蟻等。

黑斑皮蠹：體長2mm～4mm，寬1.3mm～2.2mm。表皮黑色，鞘翅表皮無淡色花斑，僅肩角處及翅端稍帶紅褐色，鞘翅上的淡色毛形成清晰的亞基帶環、亞中帶及亞端帶，上述橫帶間無縱帶相連。觸角11節，雄蟲觸角棒5節至7節，末節長度大于9、10節之和。

花斑皮蠹：體長2.2mm～4.4mm，寬1.1mm～2.3mm。鞘翅上的淡色毛着生于毛皮淡色花斑上，形成清晰的亞基帶環、亞中帶及亞端帶（該種鞘翅上的花斑個體變異較大），橫帶間無縱帶相連。觸角11節，雄蟲觸角棒7節至8節，末節長度大于9、10節之和。

烟草甲：體長2mm～3mm。卵圓形。紅褐色，密被倒伏狀淡色茸毛。觸角淡黃色，短，4節至10節鋸齒狀。前胸背板半圓形，後緣與鞘翅等寬。鞘翅上散布小刻點，刻點不成行。

藥材甲：體長1.7mm～3.4mm。黄褐色至深栗色，密生倒伏狀毛和稀疏的直立狀毛。觸角11節，末3節扁平膨大形成觸角棒，3個棒節長度之和等于其餘8節的總長。前胸背板隆起，正面觀近三角形，與鞘翅等寬，最寬處位于基部。鞘翅肩甲突出，有明顯的刻點行。

毛衣魚：體長9mm～13mm。扁長圓錐形，背面被灰黑色鱗片。

嗜卷書虱：體長0.87mm～1.16mm。褐色至深褐色。

檔案竊蠹：體長1.8mm～2.5mm。長橢圓形，深褐色。觸角9節，端部3節膨大，末節略呈紡錘形，7、8節略呈三角形。前胸背板寬大于長，與鞘翅等寬，後方具橫隆脊，正前方呈半月形凹入。

家白蟻：體長5mm～5.8mm。頭及觸角淺黃色，上顎黑褐色，腹部乳白色。

2.古籍害蟲的特性

危害古籍的昆蟲是倉儲物昆蟲學的一個組成部分。這些昆蟲爲了適應儲藏環境，繼續生存和繁殖，有很多獨特的性質：

（1）耐乾

一般昆蟲需要食品含水量在12%以上纔能維持其生存，但這類昆蟲有能力保住水分，取食含水量很少的乾燥食物就能生存。

（2）耐温

倉儲物昆蟲對温度的變化適應能力很強，能抵禦一般昆蟲無法忍耐的高温和低温，最高的可以忍耐48℃～50℃的高温。烟草甲在50℃的高温下能存活一天，-12.5℃下能存活四小時。

（3）耐飢和雜食性

倉儲物昆蟲有很強的耐飢力，多數爲了生活和延續後代，對食物的要求不高，一般屬雜食性。

（4）抗逆

這類害蟲對不適環境具有抗禦能力，多數具有一定的抗藥能力。

（5）繁殖能力強

這類害蟲由于小氣候條件比較穩定，食物充足，抗逆能力強，在適宜條件下繁殖迅速，多數能在1年内連續不斷地繁殖。白蟻蟻后一次可產卵3000粒。

3.古籍害蟲生存的環境條件要求

古籍害蟲生存的環境條件包括温度、濕度、氣體成分。這些害蟲屬于變温動物，自身無穩定的體温，一切生理機能都受環境温度的支配。環境温度對它們的生命活動有很大的影響。這些害蟲的生長、發育、繁殖等一切生命活動，都要求一定的温度範圍，在有效温度範圍内，環境温度越高，體温就相應增高，新陳代謝作用加快，取食量增大，生長發育速度也快。反之，生長發育速度也減慢，甚至會死亡。

按温度對這些古籍害蟲的影響程度，大致可分爲5個温區。

死亡高温區：48℃～52℃，害蟲可在短時間內死亡。

停育高温區：45℃～48℃，害蟲代謝失去平衡，出現昏迷或死亡。

有效温區：8℃～45℃，害蟲生命活動可正常進行。這一温區又可分爲3個區，35℃～45℃爲有效最高温區，22℃～32℃爲最適温區，8℃～15℃爲最低有效温區。

停育低温區：-4℃～8℃，害蟲代謝作用急劇下降，處于昏迷狀態，持續時間過長則會死亡。

致死低温區：-4℃以下，害蟲體液凍結，原生質脱水而失去活性，蟲體生理失調而死亡。

古籍害蟲生存的環境條件第二項爲濕度。水是一切生物生命活動的基礎。害蟲的一切新陳代謝都是以水爲介質的，蟲體内的整個聯繫，如營養物的運輸、代謝產物的排出、激素的傳遞等，都衹有在溶液狀態下纔能實現。水分不足或缺水，都會導致機體正常生理活動的中止，甚至死亡。因此，蟲體内必須保持一定的水分含量，以維持其正常生理活動。一般蟲體含水量占體重的46%～92%，但從幼蟲到蛹以至成蟲的發育階段中，蟲體的含水量有逐漸降低的趨勢，到了成蟲，蟲體含水量會降至46%～67%。

蟲體獲得水分的途徑有三條：從食物中獲得水分、利用體内代謝水、通過體壁和氣管系統吸收空氣中的水分。

爲了保持一定的水分，蟲體必須不斷從環境中獲得水分，也會不斷地從體内排出水分，以調節體内水分的平衡。排水的途徑有呼吸時由氣孔滲出、通過體壁蒸發和隨同糞便排水三種途徑。如果蟲體内獲得的水分與失去的水分不能得到平衡，它的正常機能就會受到影響。低濕（濕度在50%以下）會使蟲體發育延滯，高濕（濕度60%～100%）能促進害蟲的新陳代謝和發育速度。

古籍害蟲生存的環境條件第三項爲氣體成分。昆蟲和其他生物一樣，在整個生命活動中必須進行呼吸，若呼吸停止，生命也就停止了。古籍害蟲的生命活動與庫房内氧氣含量有密切的關係。庫房内氧氣含量在8%以下時，對各種害蟲的生命活動都會起到不同程度的抑制作用；在1%～2%的低氧狀態下，一定時間内各種害蟲一般都會由于缺氧而死亡。當然，蟲種不同，對低氧的耐受力也不同。藥材甲在$-60℃$～$-10℃$的低溫下都能生活，它不僅可以咬食錫箔，而且能把很厚的鉛板咬得千瘡百孔，除了鋼鐵外，没有不能被它咬食的。許多驅蟲的植物藥材，氣味散盡後，就成爲藥材甲的食物。

烟草甲在温度爲84℃的環境中，經過20分鐘纔能被全部殺死；在$-14℃$的條件下，經過14天纔死亡。用來驅蟲的烟葉是它喜愛的食物。

花斑皮蠹的幼蟲，斷食後4年之久也不會死亡，成蟲能耐飢8年而不死。可見，古籍入庫前的空庫消毒十分重要。同一種害蟲的不同蟲態中，蛹的耐氧能力最強，卵和幼蟲次之，成蟲則最敏感。

由于這些古籍害蟲的生命活動主要依靠氧氣，高濃度的二氧化碳和氮氣以及其他惰性氣體對它們有一定麻醉和毒害作用，而且這種作用隨着濃度或温度的增加以及時間的延長而加劇。通常二氧化碳對害蟲的致死濃度臨界值爲30%左右。如果結合薰蒸機進行處理，則濃度4%以上的二氧化碳，就會提高一些薰蒸劑的藥效，獲得良好的防治效果。

古籍害蟲處于不同發育階段，對古籍的危害程度不同，殺滅的難度也不同。卵是大型細胞，卵外有卵殼，殼較硬，用來保護卵，因而殺滅的難度最大。

幼蟲（或若蟲）正是生長發育期，要吃大量東西，因此對古籍的直接危害最大。幼蟲期越長的蟲子，對書的危害力越大。幼蟲（或若蟲）比蟲卵易于殺滅，但比成蟲生命力旺盛，也比成蟲難以殺滅。到了蛹期，蟲子的嘴、翅膀都縮成一團，不吃也不動，新陳代謝緩慢，外面有蛹套保護。因此，殺滅蟲蛹比幼蟲（若蟲）難，但比蟲卵容易。成蟲期蟲子的主要任務是交配、繁殖、產卵，任務一完成，蟲子就死了。成蟲期的蟲子一般抗藥性不大，比較容易被殺死。

由上可見，從殺滅古籍害蟲看，其殺滅的難易程度由大到小的排列次序是：卵、蛹、幼蟲（若蟲）、成蟲。因此，古籍生蟲後應徹底殺蟲，不能滿足僅僅殺死成蟲或幼蟲。蟲蛹與蟲卵一般都在書脊處或折叠處，難以發現但危害很大，需要設法殺滅。

4.殺蟲措施

殺蟲可用物理方法或者化學方法。物理方法有低温冷凍法、微波輻射法、鈷-60輻照法、空氣置換低氧除氧法等。

（1）低温冷凍法

最常用的殺蟲方法是低温冷凍法。在致死温度環境下，昆蟲會發生一系列生理變化，如新陳代謝停止，細胞膜破裂。細胞膜破裂，細胞内的游離水就會外溢到細胞間隙而結冰，隨着冰晶體的不斷擴大，細胞膜受到機械破壞，原生質脱水濃縮以致凝固，從而破壞害蟲的基本生理組織，使其無法進行正常的新陳代謝活動，蟲體就會死亡。

低温冷凍可以殺滅各種害蟲。温度越低，致死時間越短。不同蟲種對低温的耐受力不同，花斑皮蠹、黑皮蠹等對低温耐力最強，其次是書虱、藥材甲、檔案竊蠹，最不耐低温的昆蟲有毛衣魚、米象等。同一蟲種不同蟲態，對低温的耐力也有一定差異，但差異不大。

試驗證明，冷凍殺蟲對有機纖維強度、字迹、色彩均沒有明顯的影響，是目前最好、最易推廣的一種殺蟲方法。

（2）空氣置換低氧除氧法

氧氣是昆蟲生命活動不可缺少的條件，當氧氣含量低于2%以下，昆蟲體内的物質分解，機體新陳代謝活動及活性都會受到破壞，從而使昆蟲因缺氧窒息而死。常用的方法有真空充氮和抽真空等。

（3）化學熏蒸法

這種方法是利用化學物質來破壞害蟲的生理機能，致使害蟲中毒死亡。按其侵入蟲體的途徑又分爲胃毒滅蟲、接觸滅蟲和熏蒸滅蟲三種，其中以熏蒸殺蟲效果最佳，應用最廣。在一定温度條件下將藥物置入密封的環境或容器中，并保持一定的密閉時間和一定的氣體濃度，通過藥物揮發以殺死或控制蟲黴等有害生物。常用的熏蒸劑有環氧乙烷、甲醛、銃酰氟等。

五、有害微生物

古籍紙張的主要成分是纖維素，以及半纖維素和少量木質素等，此外，用漿糊修補過的破損古籍還含有澱粉，這些有機物均能被微生物分解利用。有些有害微生物能分泌纖維素酶，將纖維素分解爲纖維二糖，再經纖維二糖酶作用，生成葡萄糖。葡萄糖爲有害微生物提供良好的碳源和能量，可被其直接吸收利用。能够分解纖維素的有害微生物主要有黴菌中的綠色木黴、球毛殼菌、鐮刀菌、黑麴黴、烟麴黴、産黄青黴、毛黴等，以及放射菌中的纖維放綫菌、白色放綫菌、黑紅旋絲放綫菌，細菌中的黏細菌、梭狀芽孢桿菌等。

有害微生物在代謝中分泌的各種酶對紙張成分進行脆化分解，使它們的化學鍵斷裂，并以此爲營養，吸收入細胞內，從而破壞紙張，導致紙張機械強度大大下降以及澱粉膠的失效。有害微生物分泌的酶在分解紙張的同時，還生成多種有機酸，如草酸、乳酸、丁酸、檸檬酸等。此外有害微生物細胞在呼吸代謝時也能産生一些有機酸，如甲酸、乙酸、乳酸、琥珀酸等。這些酸性物質會加速古籍紙張纖維的分解，同時汙損和遮擋古籍字迹，影響古籍的使用。

特別需要注意的是黴菌。黴菌是絲狀真菌的俗稱，凡生長在營養基質上，而形成絨毛狀、蜘蛛網狀或絮狀菌的真菌稱爲黴菌。它分布極廣，種類很多，約有四萬種。常見的有根黴、麯黴和青黴。

根黴：在自然界中的分布很廣，我們常在麵包、饅頭等澱粉質物品上發現它們。根黴的菌絲無橫隔，在培養基或被寄生物上生長時，有營養菌絲産生葡萄枝。葡萄枝的節間生有假根，假根像植物的根系一樣，深入被寄生物內部，在假根處長出菌絲（即生殖菌絲）。菌絲發育成熟後，頂端生孢子囊，內含孢子。孢子破裂後，孢子散落，再繁殖。

麯黴：麯黴的菌絲體由具有橫隔的菌絲構成。通常是無色的，老熟時漸變爲淺黃色或褐色。營養菌絲匍匐于寄生物表面，生成足細胞，分生孢子梗便從足細胞上生出，其頂端膨大形成丁囊，在丁囊處生輻射狀小梗，小梗頂端生出分生孢子，隨菌種不同，孢子可呈黑、黃、白、綠色。

青黴：青黴菌絲具有橫隔，基部無足細胞，分生孢子梗由氣生菌絲分化而成，頂端不形成膨大的頂囊，而是形成掃帚狀的分枝，構成分枝的小梗生成串孢子，大部分爲藍、綠色。

當古籍紙張感染黴菌時，黴菌就會以紙、澱粉漿糊、膠料以及油墨等作爲養料，毀掉古籍製成材料。據試驗，黴菌在3個月內能毀壞纖維的10%～60%，從而引起紙的機械強度降低。黴菌在吸取營養過程中，會分解出有機酸，使紙張的酸性劇烈增加。試驗證明，長了黴的書籍紙張，在幾個月內酸性增加了兩倍。黴菌在紙上繁殖時，使紙纖維變得濕潤和膠黏，以致造成書頁黏結。尤其在高濕、堆壓的情況下，粘結成紙磚，難以揭開。除黴有效的方法是化學熏蒸法。

第五節　古籍保護科技手段

一、光學顯微鏡

現代顯微技術能够觀察物體的形態、結構，并且能够對物體的組成成分定性和定量，顯微鏡與計算機相結合可以進行圖像分析、模擬等，爲探索物質的奧秘提供了强大武器。

光學顯微鏡中最常見的普通光學顯微鏡利用目鏡和物鏡兩組透鏡系統來放大成像，由機械裝置和光學系統兩大部分組成。機械部分包括鏡座、支架、載物台、調焦螺旋等部件。光學系統由物鏡、目鏡和聚光器等組成，與計算機連接的顯微鏡通常還配有CCD采集系統，從而實現圖像在計算機上的顯示。

在古籍保護中光學顯微鏡的用處非常多。對于紙張，可以放大後分析纖維的種類、紙張填料的種類。對于危害古籍保存的昆蟲和各類黴菌，也可以直接進行放大觀察或者染色後放大識別。此外，古籍保護相關的材料都可使用光學顯微鏡進行放大觀察和研究。

二、電子顯微鏡

1933年，德國人E.Ruska製成了世界上第一臺以電子束作爲"光源"的顯微鏡，即透射電子顯微鏡。其理論依據爲：電子束通過電磁場時會產生複雜的螺旋式運動，但最終的結果是正如光綫通過玻璃透鏡時一樣，產生偏轉、匯聚或發散，并同樣可以聚集成像。與光學顯微鏡的區別主要有：在電子的運行中如遇到遊離的氣體分子會因碰撞而發生偏轉，導致物像散亂不清，因此電鏡鏡筒中要求高真空；電子是帶電荷的粒子，因此電鏡使用電磁圈來使"光綫"匯聚、聚焦；電子像人肉眼看不到，需要熒光屏來顯示或使用感光膠片作記錄。

除此之外，還有掃描電子顯微鏡和掃描隧道顯微鏡。從放大倍數上來看，普通的光學顯微鏡通常能夠放大幾十倍、幾百倍，最大極限約爲千倍，最小可觀察到微米級別的物體。掃描電子顯微鏡能夠放大幾千倍甚至上萬倍，最小可觀察到10nm左右的物體。透射電子顯微鏡通常可放大幾萬倍到幾十萬倍，可觀察到0.1nm左右的物體。而掃描隧道顯微鏡的橫向解析度可以達到0.1nm～0.2nm，縱向解析度可達0.001nm。

三、紅外光譜

一定頻率的紅外綫經過分子時，被分子中相同震動頻率的鍵震動吸收，記錄所得透過率的曲綫稱爲紅外光譜圖。紅外光的波長爲0.75μm～1000μm，分爲近紅外（0.75μm～2.5μm）、中紅外（2.5μm～25μm）和遠紅外（25μm～1000μm）三個區。大多數有機物和無機物均有相應的紅外吸收光譜。物質的紅外吸收光譜是其分子結構的反應，是確定化學基團，鑒別未知物的最重要的工具之一。

在紙張研究上應用較多的是近紅外光譜。近紅外光譜分析是指利用近紅外譜區包含的物質信息，主要用于有機物質定性和定量分析的一種分析技術。世界上最早運用此分析法是在19世紀的英國圖書館。由于此分析法需要首先建立數據庫，因此目前的應用還受到限制。

四、紫外-可見分光光度

紫外-可見分光光度計是利用物質的分子或離子對某一波長範圍的光的吸收作用，

對物質進行定性分析、定量分析及結構分析，所依據的是光譜，即分子或離子吸收入射光中特定波長的光而產生的吸收光譜。按所吸收光的波長區域不同，分爲紫外分光光度法和可見光分光光度法。與其他光譜分析方法相比，其儀器設備和操作都比較簡單，分析速度快，同時也具有靈敏度高、選擇性好、精密度和準確度較高及用途廣泛的特點。紫外-可見分光光度法檢測的理論基礎是朗伯-比兒定律。利用紫外-可見分光光度法可對物質進行定性、定量分析，廣泛應用于環境檢測、生物化學、食品衛生、農業化學等各領域。

五、色譜法

色譜與蒸餾、離心、電泳、過濾、超濾等一樣，也是一種分離工具。首先認識到色譜分離現象的是俄國植物學家霍偉特。1906年正式命名色譜法。色譜法是以試樣組分在固定相和流動相間的溶解、吸附、分配、離子交換或其他親和作用的差異爲依據而建立起來的各種分析方法。由于被分離樣品中各組分與色譜兩相間有不同的作用力，一般爲吸附力或溶解能力，這種作用力的不同導致各組分通過固定相時達到彼此分離。流動相爲氣體的爲氣相色譜，流動相爲液體的爲液相色譜。

色譜具有分離效率高、分析速度快、靈敏度高、選擇性好、樣品用量少、多組分同時分析、分離和測定同時完成、易于自動化等特點，廣泛用于各類物質的定性和定量檢測中。在古籍保護中的一項重要應用就是庫房内空氣質量檢測以及古籍保護相關材料、用品的揮發性氣體的檢測分析。

參考文獻

劉家真:《文獻保護學》，武漢：武漢大學出版社，1990年。
郭莉珠:《檔案保護技術》，北京：中國人民大學出版社，2000年。
王蕙貞:《文物保護學》，北京：文物出版社，2009年。
潘吉星:《中國造紙史》，上海：上海人民出版社，2009年。
劉書釗:《製漿造紙分析與檢測》，北京：化學工業出版社，2004年。
裴繼誠:《植物纖維化學》，北京：中國輕工業出版社，2012年。
董川:《墨水化學原理及應用》，北京：科學出版社，2007年。
張宏宇:《城市昆蟲學》，北京：中國農業出版社，2009年。
董慧茹:《儀器分析》，北京：化學工業出版社，2022年。

第十五章

古籍數字化加工與創意開發

古籍數字化是伴隨信息技術進步而逐漸發展起來的新領域，屬于古籍整理的範疇。自20世紀80年代以來，陸續有古籍數字化產品推出，以滿足圖書館文獻長期保存與使用者日益增長的研究需要，成爲文化遺產保存保護的重要方式之一。多年來，中文古籍數字化工作的現狀、方法、機制等問題一直受到研究者的關注[①]。特別是2007年"中華古籍保護計劃"實施以後[②]，國内的古籍數字化工作發展迅猛[③]。以國家圖書館爲代表的公共圖書館，先後開展大量古籍普查與書影采集、專題古籍數字化建設等大小不同的數字化項目，獲得大量數字化數據，也積累了不少工作經驗。對館藏機構而言，如何利用新設備和新技術，采集并提供更豐富的内容，包括并不限于高清數字圖像等，成爲新時期文獻保護、學術研究與市場應用（商用）等領域日益關注的新課題。

本章即以國家圖書館古籍館的工作實踐爲基礎，總結善本古籍特藏類文獻在數字化加工中所面對的主要問題，結合古籍數字化圖像數據在文化創意產品開發爲代表的傳統文化宣傳推廣方面的應用情況，嘗試編寫一份基本的工作指南。

第一節　古籍數字化是時代之需

一、何謂古籍數字化

"數字化"（Digitization）是指以技術手段對實物數據進行信息采集而形成數字化對象數據。"古籍數字化"，就是從利用和保護古籍的目的出發，采用電腦和網絡技術，將古籍文獻中的語言文字、圖形符號等轉化爲能被電腦識別的數字記號，保存、解釋并傳播古籍文獻信息資源，實現古籍知識發掘和管理的一項系統工作[④]。也就是説，古籍數字化不僅僅是古籍文獻的掃描或文字的錄入，還包括在規範的古籍數字化文本基礎上，以數據挖掘技術（Knowledge Discovery in Database）來深入揭示文本内容，將關鍵字、詞加以關聯重組，從而將大量隱含于文本之内的、有價值的潛在信息加以整理，達到知識發現和創新的目的。因此，古籍數字化是對古籍或古籍内容的再現和加工，屬于古籍整理的範疇，是古籍整理的一部分，同時也是學術研究的一個重要組成部分。

古籍數字化屬于古籍的再生性保護途徑之一，既涉及傳統古籍整理的知識和技能，如版本、目録、校勘，還涵蓋當代最新科學技術（信息技術）。因此，古籍數字化的研究也同時具有古籍整理和信息技術相結合的跨學科特徵，代表着未來古籍整理的發展方向。

二、古籍數字化的發展階段

古籍數字化始于20世紀70年代美國學者的嘗試，我國學者則在80年代初開始對電腦引入人文科學有了初步的認識[5]，并嘗試從理論上闡釋古籍數字化[6]。這一時期臺北中研院史語所開始建設一系列的漢籍資料數據庫。20世紀90年代至21世紀初，古籍數字化的一些具體問題開始得到深入討論，包括字符集、語料庫、OCR識別技術、自動校勘技術，以及圖書館界特别重視的書目數據庫建設，等等[7]。1999年文淵閣《四庫全書》電子版的問世，標志着中文信息處理技術在古文獻處理方面有了重大突破。進入21世紀，大型古籍數字化項目逐漸增多（包括公益産品和商業産品），關于數字圖書館的討論越來越熱，一系列標準規範陸續發布[8]。標志性的古籍數字化項目是"中華基本古籍庫"，爲劉俊文總策劃，北京愛如生數字化研究中心研發製作，2005年完成，共20億字、2000萬頁圖像，500張光盤，收録先秦到民國的典籍一萬種，成爲當時古籍數字化的突出成果。除了大型項目，一些專題文獻，如中醫古籍、農業古籍、敦煌文書、少數民族古籍等的數字化研究成果也不斷涌現[9]。至2018年，古籍數字化已經走過了三十餘年的歷程，經過書目數據庫、全文數據庫等發展階段，在數量、品質上均有很大的突破。特别是全文數據庫的建設，爲更多維度的關鍵字檢索、聚類分析提供了基礎；標準化古籍數字化資源的建設[10]，爲學術研究開闢了一條新的途徑。

三、爲何做古籍數字化

古籍數字化是爲解決典藏與利用之間矛盾的重要途徑之一。就學術研究而言，古籍數字化能够將分散保存的古籍文獻實現異地遠端調閲，降低使用者的時間、精力和資金成本。現存古籍約有十萬種以上且保存分散，各圖書館、研究單位等公藏機構擁有古籍總量超過5000萬册，還有不少私人收藏。跨國界、跨地區的古籍收藏在種類、版本、特色上各有不同。憑一人一己之力遍檢某一版本的書實爲不易。還有一種情况是，一些古籍存在不同程度的破損情况，爲保持書况穩定，一般在修復完成之前不再提供閲覽。據統計，我國目前現存待修復的古籍超過1000多萬册。即使有穩定的庫房温濕度環境控制，可以避免古籍繼續遭受損壞，但以當前的人力和修復條件完成這些古籍的修復至少需要數百年。即使是學術研究需要，爲學者加急修復，没有一年半載，也難以完成一種書"整舊如舊"的修復工作。這樣的情况下，一些來不及修復的古籍，如果祇是蟲蛀較多却尚能翻動，可以優先以數字化的方式拍攝爲圖像來提供給研究者使用。

不同層次的數字化古籍産品，能够滿足不同使用者的需求。古籍的内容博大精深，閱讀時對古漢語能力要求較高，不是一般讀者能夠適應的，且大多爲繁體直書版式，也不符合現代讀者的閱讀習慣。這些内容的文化普及工作，需要用更深入淺出的内容予以展示。對研究者來說，公藏機構的善本珍本管理制度通常很嚴格，非專門研究者也難得一見。這些都影響了古籍文獻的利用與開發。而對應製作古籍的動畫演示、簡體橫排的全文整理、保持原版的書影數據庫等，可以一定程度上滿足這些不同的需求。

遵循實用性和現實性原則，現階段利用古籍數字化技術，將特別珍貴的文獻、調用率高的文獻、有重要内容價值的文獻優先進行數字化，可以解決古籍保護與利用的矛盾。古籍數字化技術能夠存儲海量資料信息，再輔以數據挖掘等深層開發技術，可以實現準確、便捷的内容檢索，實現多維度檢索，最終達到知識發現，爲文化普及和學術研究提供優質的服務。

目前已建好的古籍數字化項目因建設主體不同，内容和針對性也有差別。以教學與科研機構爲主導的數字化項目，如中國社會科學院的"全唐詩""全唐文""十三經注疏""諸子集成"等，規模較大，且有一定的專業性。香港中文大學中國文化研究所推出的先秦兩漢、魏晉南北朝古籍資料庫及竹簡帛書和甲骨文資料庫，臺北中研院的"漢籍電子文獻"系列，都屬于此類。這些數字化對象的選擇性比較強，一般是符合本機構的教學和研究工作實際需求。以圖書館等公益性機構爲主導的數字化項目，比如國家圖書館古籍特藏文獻數字化計劃下的各類館藏資源書目與書影圖像數據庫，上海圖書館的善本數字化項目、北京大學圖書館"秘笈琳琅"善本書目和書影數據庫等，這些項目主要是依據各個機構的館藏特色來完成的數字化產品。

商業性機構所主導的古籍數字化項目，往往規模較大，例如超星數字圖書館和萬方圖書、書同文數字化技術有限公司的"四庫全書""四部叢刊"，國學公司的"國學寶典"，迪志文化出版有限公司與上海人民出版社推出的"文淵閣《四庫全書》數據庫"，中華書局的"中華經典古籍庫"，等等。這些數字化產品關注市場需求，側重加工大型類書和叢書。中華書局則依托大量古籍整理點校本資源，以精校本爲特色，全文檢索功能更爲突出，并設立國家重點實驗室，使古籍數字化產品有了質的飛躍。

書目數據庫的既有成果開始轉化爲知識庫，如國家圖書館古籍館與原北京大學數據分析研究中心合作建設的"中華善本古籍書目導航系統"在2006年推出，因便捷的檢索和突破傳統的關聯關係數據，曾廣爲業界同人認可，使用率相當高。後來由國家圖書館出版社與北京大學數據分析研究中心繼續合作，推出升級版產品——"中華歷代典籍總目"，將所有關于古籍的官私目錄收入其中，用數據挖掘技術，將時代、版本、版刻地、刻工、藏書家、鈐印信息等製作了更細粒度的關聯關係，對古籍版本研究有重要的支持作用。

除了善本古籍，還有一些特殊文獻，比如金石拓片、竹簡帛書、敦煌文書、新舊方志、譜牒、輿圖等，有重要的專業價值，收藏也不平衡，值得以聯合目錄、專題數據庫的形式進行加工，從而滿足此類文獻研究的需要。

第二節　如何開展古籍數字化

一、古籍數字化的基本要素

古籍數字化的基本要素包括加工對象、加工工具、數據管理和人員要素幾個方面。

古籍數字化的加工對象，最重要的是選擇最優最適合的底本。根據不同項目需求，結合專家意見，在館藏文獻的多個複本中選擇最好的底本進行數字化，纔能保證加工對象的基本品質。

古籍數字化的加工工具，主要包括對象數據采集設備（硬件）和作業系統（軟件）。采集設備既可以是拍照設備，也可以是掃描設備，均需要冷光源、無紫外綫、非接觸式設備。設備的選擇，一方面要結合自身的現實條件，一方面要注意與古籍形制相適應。不同形制的古籍需要匹配不同的安全設備，例如常見的綫裝書使用A2幅面掃描儀即可，單張大幅面輿圖或拓片可以使用A0掃描儀，或者軌道式掃描儀。卷軸裝和散頁手稿常常采用托稿臺穩定、玻璃蓋板上下翻動的設備，以避免靜電吸附紙張及托板上下移動造成的藏品意外掉落損壞。甲骨或函牘實物最好使用拍照設備進行對象數據采集。

不同的掃描儀和拍照設備一般都有自帶的軟件系統，能夠調整設備的各項參數，以及托板或蓋板的升降速度等。某一類型文獻正式進行掃描之前，一般要進行設備測試，通過藏品的取放翻合實際動作和掃描設備的利用情況，調整各項參數，保證設備運行過程中的藏品安全，同時優質高效進行數據采集。

古籍數字化的數據管理也是古籍數字化的一項基本要素。如果不直接製作數字化產品，一般的古籍數字化項目中涉及兩類數據：一是描述性元數據，通常與書目資料構成的元素相符，工作中通常參考已編目的機讀目錄格式（按照不同類型文獻的著錄標準製作）。製作該項目的元數據，不同類型的古籍和特藏文獻要求的字段不盡相同，此不贅述。二是管理數據，也就是每日工作中所謂登記入庫的對象數據信息。一般包括對象數據格式、資料大小、存儲介質、存儲位置、數據采集時間、采集人、質檢時間、質檢人、存儲位置、存儲登記人等信息。

古籍數字化實施過程中還有一個重要的因素是人員。人員主要包括：整理者，即古籍整理人員，負責對擬數字化古籍進行掃描前的版本確認（選擇最適合的版本）、書況核對（是否有破損）；加固者，即古籍修復人員，負責對確需數字化的古籍中殘破部分進行加固、修復，以便後續進行掃描或拍照；加工者，即古籍數字化數據加工人員，負責對象數據的采集，圖像數據質檢、修正，數據管理。大型的古籍數字化項目還需要有相應的協調管理機構和具體的項目協調人員，以負責處理項目實施過程中版本更換、修復、統計登記、進度控制、安全管理等各種事宜和突發狀況的應對。

二、古籍數字化的形式與内容

古籍數字化的形式和内容有不同的分類方法。一種是從文獻類型來看，可以分成書目、文獻内容、書目兼文獻内容幾種形式。文獻内容的數字化，按數據格式可以分爲圖像、文本、圖像和文本三種類型；按完整程度可以分爲部分數字化和全文數字化等。

古籍數字化工作要考慮的具體内容，包括項目收録的古籍品種、册數、葉數，載體材料（紙張、墨色、版式、是否帶有裝具），對象數據和元數據的格式等。如果進行全文識别（OCR）還要確認采用的符號系統是哪種標準（GB2312、GBK、ISO/IEC，集外文字處理等）。需要注意的是，數據采集的過程要求準確、真實，儘可能完整清晰地反映古籍原貌。根據不同項目的最終成品要求形式不同，可能至數據管理完成或對象數據完成發布，項目就可以完結了。

古籍數字化資源産品的常見類型，包括目録數據庫、圖像資源庫、知識庫等。

以國家圖書館爲例，在完成全館古籍普查登記的同時形成了普查登記目録庫，以自建或合建的方式發布了多個古籍數字化資源庫，例如中華古籍資源庫、敦煌遺珍、甲骨世界、西夏碎金、數字方志、中華尋根網（家譜）、碑帖菁華、宋人文集、徽州善本家譜，以及海外漢籍資源圖像資源庫——哈佛大學哈佛燕京圖書館善本特藏資源庫、東京大學東洋文化研究所漢籍影像資料庫，等等。其中，"中華古籍資源庫"于2016年向社會公衆免費發布，國家圖書館已經綫上發布超過10.6萬部（件）館藏古籍善本數字影像，是我國公共圖書館古籍數字化的重要成果。

上述各類數字化産品中絶大多數是書影和書目數據庫，即包含古籍書目元數據，并對應相應的部分或全書的書影。使用者可以按照題名、作者等關鍵字加以檢索或直接瀏覽，使用相關資源。在各類書影（影像）數據庫中比較有特色的，如首都圖書館建設以館藏古籍爲基礎的"古籍珍善本圖像數據庫""古籍插圖庫"等系列館藏特色數據庫。其中"古籍插圖庫"包含古籍插圖資料一萬條，標引内容包括人物、小説、戲曲、軍事、宗教（佛教、道教）、動物、植物、風景、建築、歷史故事等不同主題。讀者可以通過插圖題名、繪圖者、刻印者、圖像主題、圖中人物、地點、成圖方式（木版畫、石印、影印）、繪製年代、插圖選取文獻題名等多種途徑使用關鍵字進行檢索，也可以分類瀏覽。

除了書目和影像數據庫，實現了全文數字化的主要是"數字方志"[11]。該項目由國家圖書館古籍館地方文獻組負責設計和監製，主要是整理、加工編製館藏清代（含清代）以前的方志資源，製作全文的pdf和jpg格式數據進行發布。目前已經完成發布六期數據，正在建設第八期數據。

甲骨文獻數據庫成果有多家單位發布。香港中文大學中國文化研究所古文獻資料中心開發了漢達古籍資料庫檢索系統——甲骨文資料庫[12]，以7種主要大型甲骨整理書籍爲基礎，載入卜辭53 862片，逾100萬字。臺北中研院史語所的甲骨文拓片資料庫，整理了4萬多件甲骨拓片，製作了21 156條圖像資料和元數據[13]。華東師範大學中國文字研究與應用中心建設的中國文字數字資源[14]，其中花園莊東地甲骨檢索系統主要提供花園莊東地甲骨文的全文檢索，系統所依據材料爲中國社會科學院考古研究所編著的《殷墟花園莊東地甲骨》（雲南人民出版社，2003年版）。

"甲骨世界"是國家圖書館的甲骨實物和甲骨拓片數據庫[15]，包括：甲骨實物照片，即帶有文字和鑽鑿痕迹的甲骨拍照圖像；甲骨拓片的掃描圖像；兩種圖像對應的元數據信息，即館藏編號、年代、存字數量及釋文等。數據庫已製作目錄資料2964條，甲骨拍照圖像5932幅，拓片目錄2975條，甲骨拓片圖像3177幅，能夠實現全文檢索，并有工具庫鏈接[16]。

三、古籍數字化的建設標準與規範

古籍數字化的建設標準與規範已有衆多研究成果。就圖像采集實踐而言，最初我們較多參考的是臺北史語所傅斯年圖書館的數字化相關規範。這系列規範將數字化工作按流程分爲前置作業和後設資料（Metadata，即元數據）建設兩個主要部分，規範內容涉及數字化流程、古籍掃校系統作業流程、影像掃描拍攝及校驗相關作業標準等，并有善本、印記等不同類型文獻的著錄規範、標題和人名權威檔等。2008至2022年，該館又拓展了相關規範，從全方位工作對象、流程等進行細化，亦加入了項目規劃、色彩管理、外包服務、版權保護與授權等新內容。

2011年以來，國家圖書館古籍館的數字化項目日漸增多，古籍館也漸漸形成了自己的流程和標準。與國家圖書館的數字資源建設標準相比，古籍館所執行的標準至少要滿足館級建設要求，某些方面甚至要求更高，并會向專門部門提出申請修改部分標準，以適合工作的實際情況。

第三節　古籍數字化業務實踐

古籍館的數字化圖像采集業務，主要由經典文化推廣組承擔。該組成立於2011年。最初設置的目的是爲了應對讀者日益增長的數據采集、利用和揭示的需求，以數字化、展覽、講座等形式推進館藏古籍善本特藏資源的利用與保護。

組員的構成基本呈現紡錘型：全組共15人，3名博士，7名碩士，5名學士。專業多元，有歷史（中國古代史、歷史地理、明清史、近現代史）、中文（古典文獻、古代文學、近代文學、語言學）、外語（英語、西班牙語）、工業設計、財會、電腦信息技術，等等。這樣的人員構成，使得文史哲專業可以與軟硬件技術專業相結合，通過共同的工作內容，各自發揮優勢，一方面能夠較好地處理各類主題文獻，一方面可以解決不同專業對話的難題，培養跨專業人才。

除去社會教育相關的展覽講座等內容，目前該組承擔的數字化工作中，90%都是對象數據製作和采集、藏品和數據管理，因此本節的主要內容即以實踐經驗爲主，從工作的流程談起[17]。

目前古籍館的數字化圖像采集工作主要可以概括爲以下流程（圖一），即核對項目使用藏品信息、提取項目使用藏品、藏品交接、圖像采集、圖像質檢及數據登記、圖像處理與數據存儲、藏品歸庫、成品數據交付。

圖一　古籍數字化圖像采集主要流程示意圖

這些流程的執行，需要有一個合適的工作場地。

一、場地要求

數字化采集工作室的場地要求，包括基本的環境條件和場地布局。

1.數字化工作室的環境條件

在實施一個數字化項目之前，要準備適合的作業場地。一般而言，場地要求滿足以下幾個條件：

第一，安全和密閉的門窗。有嚴格的防災系統、門禁系統、監控系統。

第二，建議空間層高大于2.6米，以滿足掃描儀安裝的需要。目前古籍館常用的設備中有幾款大型設備，例如Rencay軌道式拍照設備（圖二），尺寸爲3.4m×2.7m×2.4m（長×寬×高）。如果層高太低，會影響設備散熱，甚至無法安裝。

圖二　Rencay軌道式拍照設備

第三，地面平整、阻燃。儘量不使用地毯。以便于古籍文獻在各個作業區內安全轉移和取用。過道儘可能減少樓梯，使用坡道便于大型藏品通過。

第四，適宜的環境光。拍照設備最好有暗室，掃描儀作業最好也關閉垂直燈光，以營造穩定的拍攝環境。

第五，核實所有擬布局的用電設備的準確功率和工作室的電路承載能力。設備包括掃描儀、照相機、電腦、空調、加濕器、净化器等，所有設備功率之和不能超過全屋電路總功率，以防止發生事故。

第六，最好裝有大功率的中央空調和通風換氣設備，定期通風散熱。保證空氣換新，避免塵蟎積聚。

2.場地布局

滿足上述場地條件後，根據工作量和進度要求，一個工作室內可以布置一台或多台數字化設備和工作人員工位。下圖是古籍館主要的數字化工作室布局（圖三），經實踐檢驗，可行性較強。

從圖三可以看出，整個工作室可分爲幾個功能區：

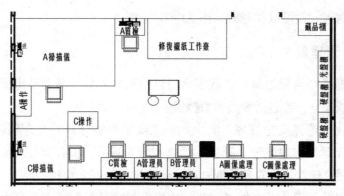

图三　数字化工作室布局

（1）藏品前整理区（含修复）。即藏品进入数字化工作室后，由管理员复查书况，分配加工设备、部分透字文献襯纸等。此项工作可以在襯纸工作台完成。一些小开本的设备分配也可以在书车上简单处理。

（2）藏品保管区。主要是指非加工状态的藏品，要随时收入藏品保险柜。以及暂存数据的光盘和硬盘，在不使用时锁入光盘柜和硬盘柜。

（3）数字化加工区。包括扫描区、质检区、图像处理与数据存储。

各工作区之间要有一个容纳书车通过的通道，以便书车在不同区间移动。

如果场地紧凑，也可以根据实际工作量，采用紧凑型的布局方式。可以取消一个管理员工位，如果空间较小，无法使用书车，在不同工作区移动藏品时，要少于三册，便于管理员手执藏品进行分配。

无论哪种布局，数字化工作室内均无更衣柜和饮水机。这是因为藏品使用区间内不许饮水和放置个人背包。更衣柜和饮水机通常放在距离数字化工作室不远的另外一个辅助工作室内（图四），位置可以相对或相邻。如果场地局促，做好设备使用登记

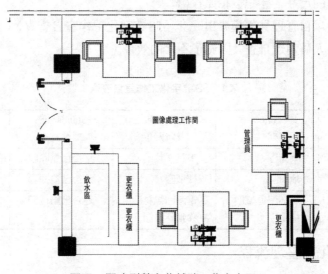

图四　紧凑型数字化辅助工作室布局

後，部分圖像處理人員可以在輔助工作室内工作。

二、項目管理員

項目管理員是全流程協調負責數字化項目的工作人員，負有最重要的安全管理責任，既包括環境安全，也包括藏品和數據安全。

（1）數字化作業區安全管理。數字化加工區域可細分爲前整理區、掃描加工區、拍照區、質檢和圖像處理區等。藏品一旦進入加工區域，所有流程内工作人員均對藏品安全負有監護責任。項目管理員則是對整個工作室的安全負責。

（2）藏品定點管理。不在加工和修復流程中的藏品，按要求一律由項目管理員鎖入保險櫃。項目管理員掌管鑰匙并及時爲加工區更換書籍。質檢和圖像處理結束後，暫存數據的移動硬盤也要鎖入硬盤櫃。

（3）存儲空間檢查。每日工作結束前，項目管理員要及時提醒圖像質檢員檢查掃描電腦和質檢電腦的存儲空間情況，及時進行數據拷貝和備份，然後删去本機數據，保障有充足的空間存儲新的掃描數據，確保數據安全。

僅就掃描流程來看，項目管理員的日常工作如下：

（1）藏品提取。兩位項目管理員與庫房人員清點交接。如有三册以上藏品，則應用書車運至數字化工作室。

（2）分書開工。確認書況，將可以直接加工的文獻交給掃描員，將需要襯紙文獻交給修復員。若遇部分斷綫或需要換綫的藏品，經藏品所在組和文獻修復組負責人確認後，交由修復員進行加固處理，再進行加工。

（3）及時歸位。暫不加工的藏品、加工完畢的藏品在歸還庫房之前要及時鎖入保險櫃。

（4）填表登記。及時核對每日提書清單，建立和更新項目進度表。如有特殊裝具，要補充測量裝具的尺寸，登記後拍照存檔。

在實踐中，項目管理員們摸索出一套《5S數字化工作室自查表》（表1），每日班前班後要求各工位人員勾選自查，收到了不錯的效果。

表1　5S數字化工作室自查表

Sort 清理冗雜	Shine 定期打掃	Straighten 及時歸位	Standardize 標準自查	Sustain 保持
垃圾☐	桌面☐	工具文具☐	是否已删除☐	上班後☐
雜物☐	地面☐	襯紙☐	是否已清掃☐	午休後☐
無用文檔☐	水杯☐窗臺☐ 綠植☐	電源☐綫材☐ 移動硬盤☐	是否已歸位☐	下班前☐

三、數字化前整理流程

數字化前整理看似簡單，却需要有細緻認真的態度，謹慎處理。

1. 確認書目信息

項目管理員根據項目所附錄的用書清單，核對館藏文獻的書目信息（可以通過機讀目錄OPAC系統），包括題名、版本、冊數、存卷情況，根據整理的結果製作《出庫申請單》和《項目進度表》。

2. 辦理出庫手續

項目管理員將《出庫申請單》提交部門負責人審批後，轉交到藏品庫房。庫房人員根據項目要求篩選（若同一版本有多個複本）、提取藏品。

3. 檢查書況

項目管理員與庫房人員同時檢查擬加工藏品的物理狀態、藏品種數、冊數、散葉數量（逐葉清點）。如遇有破損情況，要記錄破損位置，必要時請修復組和藏品所在組人員對是否可以加工進行確認。遇有缺葉、錯葉、重葉、空白葉情況，要逐一核實，做好備注登記。書況檢查記錄將作爲數字化加工、質檢、標引等後續環節的重要參考。

4. 文獻出庫

項目管理員按照書況的最終確認結果與庫房人員辦理交接手續，將藏品提出，準備送至數字化工作室。藏品交接和運輸，需要兩名以上正式員工同時執行。多冊藏品需要使用安全書車加以運輸。需要注意，開放式書車要求密切關注文獻是否滑落（圖五），封閉式書車注意鎖好櫃門（圖六）。推薦儘量使用封閉式書車。

圖五　開放式書車

圖六　封閉式書車

5. 項目管理員進行設備分配

分兩種情況：一種是根據古籍紙墨、開本、裝幀形制、版式與中縫寬度等情況差異，將待加工藏品分配給不同的設備，進行圖像采集；另一種是對一些紙張過薄透字、訂綫過緊導致中縫過窄、版框無法露出的藏品，將其交給修復人員進行處理。

6. 藏品修復加固或襯紙

修復員主要處理簡單的藏品加固或襯紙，全面修復則需移交文獻修復組專門處理。常見的版框夾在訂綫以內等問題，如果可以拆綫，則由修復員拆綫後交給項目管理員，掃描、質檢之後再裝訂回原樣。透字問題可以通過襯紙來解決。需要注意的是，襯紙

圖七　不同規格的襯紙

的尺寸不可過大，以免撐破書口，掃描結束後，要儘快撤出襯紙[18]。能看清字的古籍儘量不襯紙，避免在襯紙和撤紙過程中對藏品造成意外傷害。

特別說明一下，古籍藏品常用的襯紙為宣紙，有機器宣紙和手工宣紙兩種。建議采用手工宣紙，因為手工宣紙顏色自然，軟硬適當，有韌性，不易出死褶，可以多次使用。為提高效率，可以根據古籍常見開本尺寸，請修復人員直接裁好三到四種規格的襯紙備用。根據磨損程度，對備用襯紙定期更換。

襯紙過程一般分四步（圖八），注意襯紙要儘量靠近訂綫，書口位置要留2毫米左右。

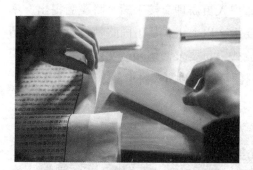

襯紙對折

在筒子葉中輕輕展開

將襯紙移至訂綫位置

書口留空

圖八　襯紙方法示意

7.測量書籍開本、版框尺寸

開本尺寸一般是裝訂後的尺寸，為書籍高度與書脊到書口的寬度（圖九），版框尺寸則主要是半葉版框的寬度與高度（圖一〇）。單位為厘米（cm）。注意南方與北方版框測量的習慣不一樣，古籍館主要是測量外版框。如果是金鑲玉，還需要測量接鑲部分的尺寸。

圖九　開本尺寸測量

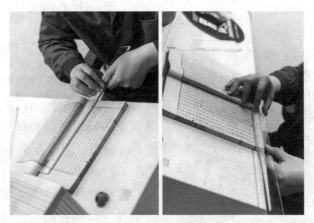

圖一〇　版框尺寸測量

四、確認圖像采集規範

圖像采集規範是數據標準化的重要依據。在數字化作業之前，先要確認項目所需的各類參數要求。

首先，是參數設置。比如掃描儀的位深通常要求24位，拍照是48位；分辨率要求300PPI～800PPI（幅面越小，分辨率要求越高，以保證清晰度）；拍照相機一般要求是數碼後背3300萬像素以上，目前古籍館使用的是8000萬像素設備；對象數據保存格式，掃描文件一般選擇tiff（LZW無損）格式，相機保留源格式（佳能相機一般是RAW格式）；要求有色彩配置ICC文件校正顏色。以古籍館的項目而言，目前都要tiff格式數據（相機拍照的數據也可以轉爲此格式）。普通的古籍影印出版項目，常用400PPI分辨率數據；彩色仿真用項目（比如高仿複製）通常要求600PPI分辨率數據。而用于館藏保存級別的文獻圖像，均要求600PPI以上分辨率。

其次，數字化開始時，要求在藏品旁邊加放色標（色彩導表）。色標有多種樣式，古籍館之前主要采用柯達色卡（圖一一），近兩年部分設備使用了愛色麗24色色卡（圖一二）。同一種藏品，色卡擺放的位置最好統一，如在藏品左側或右側，距離藏品1厘米左右。如果藏品過寬，也可以擺放在藏品上方。

圖一一　柯達色卡

圖一二　愛色麗色卡使用示例（帶灰度卡）

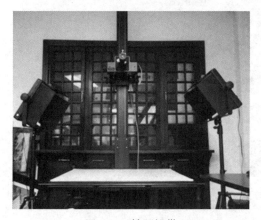
圖一三　拍照設備

五、選擇圖像采集方式

目前古籍館項目的圖像采集主要有兩種方式：拍照、掃描。拍照設備要根據拍攝對象的幅面選擇相機型號，滿足拍攝圖像1∶1輸出，通常配合翻拍架和燈架一起使用（圖一三）。

目前古籍的掃描，大多使用專業的零邊距或非接觸式高清書刊掃描儀，逐葉掃描文獻，生成圖像數據。A2以下書刊掃描儀能够滿足絕大部分古籍綫裝書或册頁裝藏品的幅面要求，是目前數字化過程中使用的主力機型。掃描儀的光學分辨率要求600PPI以上，色彩位深24bit以上。除了古籍，古籍館還有大量契約文書、輿圖、拓片、書畫、宣傳畫（年畫）、外文善本等特藏文獻，尺寸不一，大部分超過書刊掃描儀的幅面。例如幅面超過60cm×120cm的契約文書、60cm×100cm的輿圖、100cm×200cm的石刻拓片等。此外，還有長度在100cm以上的年畫、宣傳畫及敦煌文書等。對如此大量的大幅面藏品進行數字化，利用書刊掃描儀分拍掃描再拼圖顯然不可能，這對設備、人員要求很高，效率却很低。因此，這種類型的藏品通常建議使用雙A0設備進行掃描。

托稿臺是指承托拍攝對象的臺面。一般托稿臺的材質要求無酸，托板要求穩定而牢固。托稿臺可以帶空氣提抽裝置，也可以通過自動調節掃描對象與上下壓平裝置的空間和力度來控制掃描對象的位置和平整度。

爲了營造乾净的環境氛圍，掃描設備通常用背景紙或背景布。背景用品要求單色，不帶綫條和圖案，通常選用深色（黑色或灰色），以突出藏品的樣貌。不選用暖色調的絲絨布做背景，以防止大片反光導致對象數據偏色。如果是拍照方式，則推薦使用18%灰度板（精確的測光板），不會產生光斑。對于部分超薄散葉文獻，則可使用大張白色宣紙作爲背景，以避免深色背景色影響采集原件的圖像顏色。

總之，各類設備燈光要求必須是無紫外綫的同步冷光源；承載古籍的托稿臺必須低溫，不能超過25℃；接觸古籍的一切觸面和配件不能含酸、不能磨損古籍、不能對古籍有任何接觸性傷害。製作高品質的對象數據的原則是藏品儘可能不要反復或多次進入數字化流程，爭取數字化數據采集的"一勞永逸"。

六、圖像采集

（一）着裝檢查和安全管理教育

1.着裝要求

在進入數字化工作室之前，數字化工作人員要準備好着裝。要求穿着舒適、行動方便的衣物，避免穿着一字裙、緊身裙等，禁止穿尖頭或高跟鞋，長髮要束起，禁止佩戴各類手鏈或鑲嵌類戒指，禁止留長指甲或塗指甲油，禁止在接觸藏品前15分鐘內塗抹護手霜，禁止使用任何濃香水。

2.安全管理教育

項目管理員向所有工作人員講解《安全管理與違約處罰規定》，并在工作期間監督執行。具體內容如下：

（1）數字化加工員在開始加工前，需確認藏品保存情況。書籍如有破損、夾框、鬆動、掉葉等情況，要及時與修復師確認能否進入數字化加工流程；在加工過程中，保證書籍的絕對安全，按照規範取、放、翻、合藏品的要求執行動作，做到輕拿、輕放、輕壓。因數字化加工員疏忽、誤操作、隱瞞等原因造成的古籍損壞，加工員負有相關的賠償責任。

（2）藏品用畢，數字化加工員將書簽、書內夾有的任何紙張及物品放回原處，并及時將藏品交還給項目管理員，做好加工登記。書簽遺漏、書籍內夾物分離者，處以×××元/次的罰款。因加工員疏忽導致書籍內夾物丟失的，照價賠償。情況嚴重者，古籍館保有追究相關人員法律責任的權利。

（3）嚴禁携帶任何水及食品進入加工區域，一經發現，罰款×××元。

（4）嚴禁携帶任何存儲量16GB以上的電子設備進入工作區域（含手機），一經發現，罰款×××元。嚴禁在工作期間隨意拍攝藏品，嚴禁工作期間手機上網，一經發現，罰款×××元。

（5）工作區所有用于數字化加工的設備和存放裝置，不得上網和用作私人用途。非數據管理員和圖像處理人員，不得對數據用任何移動設備進行拷貝和刪除等操作，違規者視情節追究其責任。

（6）加工人員對加工區負有安全責任，工作結束離開房間前應確認加工區域所有機器設備均已正常關閉，并切斷電源，鎖好存儲硬盤并關燈。填寫《安全管理登記單》後，方可離開工作室。

（二）掃描員工作

滿足着裝要求的掃描員在工位就位後，首先要做的是爲掃描設備保潔，包括清潔玻璃蓋板和托稿臺，確保上面沒有塵土或劃痕。玻璃蓋板的正反兩面都要清潔。掃描設備和工作電腦開機後，要稍稍預熱，等光源和色溫穩定、飽和後，再開始掃描。最後，將色標和藏品按照要求整齊擺放在托稿臺上，按項目要求設置好采集參數和存儲路徑，準備掃描。

古籍一般以筒子葉、半葉或雙半葉（圖一四）的方式進行掃描，要求環境光穩定，避免反射光或透光。原件以冊爲單位進行數字化，從封面、前護葉、正文、後護葉、封底等依次加工。

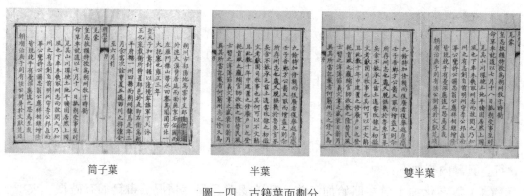

筒子葉　　　　　　　半葉　　　　　　　雙半葉

圖一四　古籍葉面劃分

就綫裝古籍而言，掃描的方法有兩種：一種是將書冊拆綫後，把書葉打開展平，使其成爲版心在中間的完整的筒子葉，然後再進行掃描。這種方法的優點在於，筒子葉的幅面完整，版心居中，背面不透字，字體不會變形，對資料利用、版本研究、製作書影而言，效果都非常好。缺點是書葉容易散亂，且在拆綫和裝訂過程中有可能造成書籍的損壞，特別是酸脆的文獻。如果原書是原裝舊綫，拆綫後是無法再訂回去的，損失了原始的裝幀材料信息。另一種是不拆綫，翻開後直接掃描，即書籍前一葉的B面與後一葉的A面組成一個幅面。這種方法的優點是利于古籍保護，不會導致書葉散亂或重裝時產生錯誤，且便于圖像校對，幅面也符合讀者閱讀習慣。缺點就是版心分爲兩半，成爲雙半葉，而且訂綫如果過緊，容易造成圖像數據靠近書脊的兩行文字變形，版框不直。特別是如果紙張薄透時，需要增加襯紙和撤紙的工作。

然而綜合兩種方式的性價比，古籍典藏單位首先要考慮的是文獻在加工中的安全和長遠的保護，因此大多數善本古籍還是選擇雙半葉或半葉的方法掃描。

1.掃描工作具體步驟

（1）色標的掃描。有兩種方式，一種是不同品種的古籍，可以先采集一拍色標，再掃描全書。另一種是將封皮、卷一卷端、題跋葉放置色標進行掃描。有些項目要求帶標尺，則與色標分別擺在古籍兩側，距離拍攝對象1厘米。如果是拓片、法帖、老照片、地圖等圖像資料，往往每一拍都放色標。

（2）掃描區域調整。即確認每一拍的大小。常規尺寸古籍，以筒子葉或雙半葉爲一拍；超尺寸書籍，如《永樂大典》之類，則半葉爲一拍；其他規格按劃定的分區掃描，相鄰區域保證有重合部分（3厘米以上），以便拼圖成品數據。

（3）掃描要求。按1∶1比例掃描，掃描圖像的四周寬度不超過1厘米。以藏品的上邊緣爲基準，中縫爲中心綫，保持天頭、地腳尺寸不變，左右兩邊的尺寸不變。圖像傾斜角度不大于0.2度。

（4）色彩校正。正式掃描之前，先預掃封面和卷端，如果圖像顔色與原件不一致，須先進行設備色彩校正，再開始正式掃描全部內容。

（5）文件命名與存儲路徑。在軟件系統中，設定好圖像數據的存儲路徑，建立對應的項目文件夾。文件夾命名一般使用"索書號+書名"格式，如果有多册，則按照册序建立子文件夾，以數字命名，如"19332 御製圓明園詩"爲項目的藏品文件夾名，分册子文件夾名爲"1、2、3、4"等。對象數據每拍則按"索書號+書名+册序+流水號+格式"的方式命名。流水號一般爲三位數，如"19332御製圓明園詩001.tiff"。

（6）掃描過程中的質檢。掃描儀在采集圖像過程中，不允許移動藏品。每一拍掃描完，掃描員要及時檢查圖像是否完整、正確。

（7）掃描登記。掃描完一種藏品後，在對應的《掃描登記表》上做好相關信息的登記，包括藏品索書號、書名、版本、册數、掃描文件數、采集日期、采集人、質檢人、項目名稱等。

2.大幅面文獻掃描

掃描大幅面文獻，要先劃定幾個分區，然後按照從左至右、從上至下，再從右至左的順序掃描（圖一五），保證分區之間有局部重合（3厘米以上），便于後期拼圖。加工過程中還需要2至3人輔助托穩或移動藏品。

古籍館在掃描輿圖、拓片等大幅面藏品時多使用兩種設備（圖一六）[19]。一種是平展式的

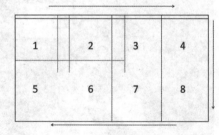

圖一五　分區掃描順序

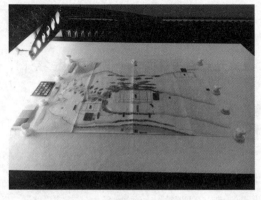

Metis 1300

Rencay

圖一六　兩種大幅面掃描設備工作方式

意大利Metis1300掃描儀，最大單幅尺寸約1.5m×1m，配置吸力風扇，托稿臺上密布吸附孔洞，開啓後可將紙張平坦吸附固定。需要注意，輕薄的拓片（全形拓、烏金拓）在吸力過強的情況下容易被扯破，操作時需特別小心。如果藏品幅面大于托稿臺，可以分拍采集，重復掃描區必須在3厘米以上。分拍采集數量最好在4拍以內，否則就應考慮更換更大幅面掃描設備。

另一種是德國懸掛式Rencay軌道照相機。Rencay懸掛牆面可達3m×2m（長×高），一次成像分爲十幾拍，可數字化2米以上超大幅文獻。爲確保藏品安全，在固定時至少需要四人同時操作。磁力釘固定在邊框四周，間距視文獻具體情況而定。通常是10cm～20cm。

大幅面文獻數字化後的影像數據巨大（數據量通常大于幾個GB），考慮到文件的保存、處理、格式轉換、拼接、檢驗等，一般對掃描設備和電腦配置要求較高。

3.注意事項

掃描時，要注意一些細節，避免返工或損壞藏品。

（1）書籍要擺放平整。如果書葉起伏不平，會導致掃描出來的圖像變形。可以用竹起子之類的平滑工具將書葉理平（圖一七）。

圖一七　以竹起子撫平葉面

（2）不要卷折書葉。

（3）色卡、標尺的擺放位置要統一。

（4）設定自動裁切圖像時，注意儘量使書葉充滿整個版面，不需要留很多空白，不可裁掉天頭地脚。

（5）同一種書每一拍的尺寸（長和寬的像素值）都要保持一致。

（6）掃描中遇到缺葉、缺卷、蟲蛀、破損掉渣的情況要及時記錄下來，報告給項目管理員。

（7）原件表面有其他粘貼物時，先將原件與粘貼物（即保持粘貼物覆蓋狀態）一起掃描，然後再將粘貼物掀開，再次掃描原件。注意不要將粘貼物撕下來。

七、圖像質檢

圖像質檢是古籍數字化流程中非常必要的一個環節。一般我們要求圖像質檢與掃描同日完成，以減少藏品提歸的次數。圖像質檢員的工作是繼掃描員之後的第二次品質檢查，要對發現的問題及時登記，并反饋給掃描員及時采集新的數據。具體流程如下：

1. 確認待質檢藏品

質檢員準備好《質檢數據統計表》，對需質檢藏品的名稱、索書號、所屬項目、册數進行確認，對圖像數據格式（tiff/jpg）進行確認、登記。

2. 領取質檢藏品和圖像資料

質檢員與項目管理員進行待質檢藏品的交接，確定提取藏品的名稱、索書號、種數、册數，同時交接圖像數據暫存盤。交接過程中，要保證藏品和數字化成品的安全。

3. 填寫質檢數據統計表

質檢數據統計主要包括項目名稱、索書號、書名、册數、采集時間、采集人、數據總量、圖像是否合格、問題圖像的葉碼、主要問題、備注、質檢日期、質檢人、處理結果。

質檢內容和要求如下：

（1）所有文件保存位置正確，可以有效顯示。

（2）檢查圖像的規格要求和技術參數是否符合項目要求。

（3）查看圖像是否葉碼連續，是否有跳葉漏掃的情況。發現圖像漏掃，應及時告知項目管理員安排補掃，并將補掃圖像正確回插到存儲位置。

（4）將圖像文件（各種格式）放大到100%狀態，逐葉檢查。主要問題可細化爲透光、透字、有噪點（彩點、彩條、黑邊）、缺葉、殘葉（圖像不完整）、褶皺、模糊、傾斜、重複、缺字、污點、雜物（頭髮、碎屑）、模糊等。此外，還要注意卡和標尺的擺放位置是否與藏品的長或高平行，是否有歪斜。

（5）質檢遇到的問題首先要參考出庫時的書況登記單，如果是藏品本身的問題，可在備注中標明。

（6）按照命名規則，檢查目錄、對象數據、文檔等名稱是否正確。

4. 統計歸檔

按項目統一整理質檢登記表（表2），項目完成後，歸納入檔。

表2　質檢登記表

項目名稱	日期	索書號	書名	册數	是否合格	問題頁碼	問題拍數	采集人	采集時間	數據總量	備注	質檢日期	質檢人	處理結果

每日質檢工作完成後，都要進行數據統計，填寫《質檢登記表》，包括項目名稱、索書號、書名、冊數、采集時間、采集人、數據總存儲量、總拍數、圖像是否合格、問題圖像頁碼、主要問題、備注、質檢日期、質檢人、處理結果等信息。

最後，將藏品和圖像數據完整安全地歸還給項目管理員。

5.注意事項

質檢工作是量與質的結合，不僅要核對每冊掃描圖像的數量，還要檢查掃描圖像的品質，根據原書核對掃描順序和掃描內容。

工作中對藏品要輕拿輕放，愛護藏品，保證藏品安全。

對圖像數據進行校對時，要防止誤操作損壞數據。

質檢工作完成後，對當日的工作進行統計，將藏品和資料盤完整安全地歸還給項目管理員。

八、圖像處理

圖像處理主要包括四個方面，分別是分辨率調整、格式轉換、裁圖、拼圖。個別項目需要加強銳化效果等。一般使用Photoshop軟件進行操作。

圖像掃描一般是采取偏高分辨率進行的，主要是爲了避免因爲分辨率提高而二次加工文獻。分辨率度一般與館藏文獻保存級別一致（國家圖書館保存級文獻要求400PPI），古籍特藏類對標準有所提高，目前善本古籍是600PPI，普通古籍是400PPI。根據不同項目和用途的交付要求，可以通過圖像處理來降低分辨率或進行格式轉換（表3）。

表3　圖像處理的不同要求

級別格式	分辨率調整	格式轉換	裁圖	拼圖
保存級別（600PPI，tif）	否	否	否	是
出版級別（300/400PPI，tif）	是	是	是	按合同要求
網絡發布級別（72/150PPI，jpg/pdf）	是	是	否	是

圖像格式轉換是指將原始采集的圖像根據項目需要轉換爲其他格式，例如RAW格式轉換爲tiff、jpg、pdf等格式，以及tiff轉jpg、jpg轉pdf等。

圖像裁切一般是準備發布數據或展覽用圖時的要求。把圖像數據的葉面四周背景裁去，然後向外擴張80至100像素的黑色接邊。裁切後的圖像更爲整齊、內容更突出。

圖像拼接是針對大幅面藏品分拍采集數據的情況而言。根據重複掃描的區域，手動拼接。注意圖像文字方向以及是否存在因移動而造成的局部變形。統一調整後，拼合爲一張完整的圖像。拼圖數據一般保留後綴爲"psd"（超過1GB的大圖）、"tif"和"jpg"的圖像文件。

九、對象數據管理與交付

無論是存檔數據還是提交的成品數據，都應把對象數據重命名爲規範、明確、便于檢索的文件名。對象數據包括色卡、藏品圖像。色卡一般命名爲"色卡+後綴"，如seka.tiff。藏品圖像命名的規則是"索書號+書名+冊序+3位流水號"。通常使用ACDSee或Faststone軟件批處理即可。需要特別注意的是，如果重掃或補掃的數據未能當日回插完畢，一定要備注好補掃文件的存儲位置，以便儘快完成數據重命名與數據回插。

采集的特殊圖像數據，如因有簽條、粘貼物等而采集的一葉多拍圖像，則圖像數據命名時在原圖像數據的流水號後加a、b等，如"19332 御製圓明園詩001.tiff""19332 御製圓明園詩001a.tiff"。

當一種藏品完成圖像采集、質檢、重補掃、重命名等環節後，即爲合格數據，可以入庫。使用移動硬盤、光盤等介質存儲圖像數據，幷做好登記，以便交付項目使用。數據一般按照三級保存：項目/書號書名/冊序。

如果是出版項目，合同內所有書單藏品都數字化加工完畢後，即可向出版社提交數據。提交時應該核對交付清單、拍數、分辨率（PPI值）、數據格式、數據大小，做好電子版及紙質版《數據流出單》。以備後續出現需要核查是否原書有缺卷缺葉、是否漏掃、是否補配等問題時，能够及時回應。出現類似反饋問題時，項目管理員還需要跟庫房人員協調，必要時核查原件。

十、要點總結

1.對象數據尺寸一致。一種書的所有圖像文件都必須爲同樣尺寸及大小。劃定一個掃描框之後，不能再更改。封底、封面和內頁均爲一樣大小。

2.色卡位置固定、完整。可在掃描該種書籍之前單獨掃描一拍，也可在掃描該種書籍之前與封面及前三拍（最好含卷首）共同掃描。色卡必須是完整的，如有嚴重磨損應當更換。色卡與古籍同框的時候，注意色卡圖像必須是完整的，色卡與古籍的距離爲0.5cm～1.0cm。

3.標尺水平。將標尺水平放置在古籍的下方或垂直放置在古籍的側方，距離古籍1cm～1.5cm。

4.背景乾净整潔。圖像中不要有任何的紙條和雜物。書籍中夾着的紙條，要先取出再放回。襯紙必須乾净整潔，破損的、有污漬的、有字迹的襯紙均不能使用。用于墊高藏品的襯紙，不可超過藏品本身幅面。

5.夾框問題。凡是夾框導致半行字以上變形的書籍，一律不予掃描。經委托方及主管負責人同意後再掃描。凡是夾字情況較輕，可以顯露全行的，必須放慢掃描速度，提高掃描要求，每張圖片必須有完整的中縫框綫兩行。

6.簽條掃描。書葉內所粘貼或零散的簽條，一律要掃描。粘貼在書葉上的，直接掃描一拍；然後將簽條掀開，露出書葉文字後再掃描一拍。若簽條被裝訂在書脊訂綫內，且簽條過窄，可用一張襯紙，從書脊處將簽條遮蓋，壓平再掃描。這樣的情況，比正常書葉多掃一拍。

7. 圖像完整。不僅是拍攝的藏品幅面完整，還包括不能有雜物（碎屑、毛髮）出現在拍攝畫面上，甚至遮擋文字。遮擋文字還有幾種情況，包括訂綫斷開的綫頭擋住封面或卷端文字，紙捻露出遮字，浮簽、褶皺遮字，以及破損處翻折遮字等。

第四節　古籍數字化成果的推廣應用——古籍元素文化創意工作

隨着社會經濟的發展和文化水準的普遍提升，人們對文化產品的需求日益增長。特別是幾年來港臺及國外優秀的文化創意產品不斷進入人們的視野，刺激和促進了國內文化產業的發展。早在20世紀80年代歐美國家開始向全球輸出其文化產業。2009年，臺北故宮博物院啓動了"文創產業研習營"計劃，生產出一大批兼具文化性和趣味性的文創產品，比如引爆兩岸的"朕知道了"手賬膠帶。

2009年，國務院原則通過了《文化產業振興規劃》，標志着文化產業已上升爲國家戰略產業。2016年伊始，國務院連續發布多個文件，明確指出文化創意產品開發的重要性。文化和旅游部系統的37家圖書館被列爲試點單位，要求開展文創工作。

一、圖書館"新"業務——文創工作

圖書館最初的基礎業務應該是書籍的購買、編目、流通、典藏。隨着社會教育功能的拓展，展覽、講座也逐漸成爲各個圖書館的重要業務。應展覽宣傳推廣的工作要求製作的展覽圖錄、紀念卡片等成爲最初的文創產品。

2016年以來，文創產品從邊緣走上舞臺，逐漸在圖書館業務工作中承擔重要的角色。中國圖書館學會在2016年組織了全國圖書館"創客大賽"，拉開了圖書館界文創設計與製作的全國性互動帷幕。2017年，國家圖書館展覽部倡議成立了全國圖書館文化創意產品開發聯盟，并組織了圖書館文化創意產品開發培訓班。2018年文化和旅游部產業司、中央文化管理幹部學院及上海市文化廣播影視局人才培訓交流中心主辦了革命文化主題文創產品開發培訓班。一方面對圖書館文創工作進行指導和培訓，一方面也定期要求各機構建立起適當的組織機制，制定和落實年度主要任務，完善各項支持政策、人才扶植等，并把文創產品開發列入文化文物單位評估定級標準和績效考核範圍。

就古籍館而言，古籍文創工作，同樣也從"順手做"變成更爲積極主動的工作，在上級要求和指導下，努力創新創意，逐漸地打造出了以"文津街七號"爲品牌的古籍文創產品，在市場上有了一席之地。

二、古籍文創——從展覽紀念品到文創產品

古籍的文創產品製作可以追溯到1998年的善本部時代。至2006年，古籍元素文創

產品的設計和製作品種更爲豐富。

（一）主題和定位：讓古籍"觸"手可及

在設計研發和產品製作方面，由部門統籌；銷售則主要爲展、銷結合，銷售對象主要針對觀展觀衆及專業讀者；文創產品種類則集中在書籍、展覽圖錄、高仿或影印古籍、郵品、辦公用品等，兼顧高仿產品關注權威性、收藏價值與低值快消品的實用性和性價比。

2011年古籍館經典文化推廣組成立，當時的目標就是讓古籍真正走近百姓生活，"觸"手可及。具體的嘗試辦法一方面是實物可觸，一方面是故事可觸。

古籍的利用現狀是珍善本古籍保存在庫房，普通人難有機會閱覽；影印古籍大多是黑白乃至縮印效果；數字化古籍品質良莠不齊。基於此，古籍原件的高仿複製成爲重要的解決方法。利用先進的掃描拍照設備，1∶1采集原始圖像，再選取優質的宣紙，以手工印刷的傳統製作方式，從裝幀、材料、印刷各個方面高品質地將古籍仿製出來，使之可以滿足讀者"觸"摸的體驗要求，解決了善本保存與利用的矛盾難題。與此同時，這些高仿品本身也更加具有研究和收藏價值，成爲高端用戶擁蠆的文創產品。

"讓古籍中的文字活起來"是對文博工作者的一個具體要求。"活"化的內容，不僅要準確，還要有趣，并能夠有效送達給受衆。隨着智能手機的日益普及，觸控式屏幕全面取代按鍵，3G、4G、5G網絡的覆蓋，使信息的獲取更加仰賴新媒體。讓古籍中的故事在公衆的手中隨時"觸"發、傳播，成爲我們面臨的新挑戰。例如，2008年前後，新浪微博如火如荼地影響着公衆社交圈。一些文博機構開始設立專職人員經營公衆號，像"首都博物館的文化表情"就頗受公衆歡迎。新媒體渠道的文化推廣已然成爲一種潮流，微博正迅速取代博客，成爲"快"時代的重要傳播媒介。2011年"國圖經典文化推廣"成功注冊新浪大V後，古籍有關的綫下活動，如展覽、講座消息，及時在這個平臺上發布；一些古籍有關的小知識、小故事，常以專門話題的形式連載；一些綫上的古籍知識競猜活動也引發了不少古代文化愛好者的關注和參與。粉絲增長速度非常快。後來，文創產品也會在微博上加以介紹。當時就有很多讀者互動留言，詢問國家圖書館是否有淘寶店，這些好玩兒的東西是否可以網購。然而當時還衹能提供電話訂購和現場付現金的方式。種種的不便利也讓人開始思考：傳達經典文化知識，更好的、更有效的途徑和形式是什麼。

2012年微信全面普及，并且逐漸成爲互聯網主流的即時通信工具。2016年4月23日，古籍館"文津街七號"微信公衆號嘗試推出。希望通過互動，讓熱愛古籍的人，把自己對館藏古籍特藏文獻的學習成果、讀書的體驗，以不同的視角、以輕鬆的方式寫出來分享給公衆，尤其是同樣愛好古籍和傳統文化的年輕群體。于是，鎮館之寶"司馬光《資治通鑒》殘稿"上琳琅滿目的印鑒和題跋被比擬成朋友圈的點贊和留言。一件高大上的善本的流傳故事，被以最貼近網絡社交的形式重新講述出來。雖然衹是朋友圈的轉發，却達到了3000多的送達率[20]。截至2018年12月5日，公衆號共推送文章137篇，擁有了2000以上穩定的粉絲群。其中《永樂攻略》一文，經新華網客戶端轉發，點擊率超過百萬。

2016年起，部門負責人將古籍館文創產品的主題歸納爲"古籍中的故事，生活中的體驗"，新設計的產品都圍繞下面這些主題開展：

讓記憶與古籍相伴——文具文房系列；

讓書在人群中流動——針織產品系列，如書包、T恤等；

讓辦公變得更加有趣——辦公用品，如資料夾、便箋、記事本、變色杯、扇子等；

讓書中的文化漂流到世界的每個角落——藏書票、郵品系列；

古老的文字——甲骨十二屬相鑰匙鏈，西夏文、東巴文系列文創；

認識古籍——古籍書影留真、古籍裝幀教具、DIY綫裝本；

讓傳統文化裝飾空間，美化生活——古籍（畫芯）；

汲古潤今，原來經典離我們很近——影印古籍、高仿古籍；

原來古籍這樣有趣——古籍專題的講座和講座文集；

這裏是北京——北京系列文創。

這些不同類型的文創產品，不是對古籍簡單的複製，而是提取古籍中的傳統元素進行創意設計，使其更契合古籍愛好者、研究者乃至普通人的審美和需求。

（二）古籍館文創工作模式

截至目前，古籍館文創已經形成了以古籍元素爲核心、品類多樣的文創產品，可銷售產品400餘種，綫上銷售近200種。2016年以來，爲了回應國家關於文創產業發展的號召，古籍館對文創工作也做了一些調整。包括：

1. 工作團隊建設

總負責：部主任牽頭，對文創内容、進度統籌、經費進行總體規劃及最終決策。

專人負責：在經典文化推廣組專設文創崗1人，直接負責文創產品的相關工作，特別是經營管理方面。

團隊配合：經典文化組相關文史專業人員配合。

組長：2位，負責"設範立制"，安排合理的工作流程，細化經營管理方案，規範化各類代銷合作協定、訂單，以及財務定期管理；同時對文創工作的任務分解、進度安排、人員調配進行管理。

組長助理：1位，負責財務管理。

其他數字化崗位配合：7位，負責承擔部分文創方案、文創銷售、新媒體管理以及撰寫推薦文章等。

經過一年多的磨合鍛煉，已經初步形成了相對穩定的工作團隊、業務流程和工作規範。

2. 法務工作

明確的法律保障，尤其是知識產權、美術著作權方面法律保護能夠保障文創工作者的權益，鼓勵其創作積極性。2016年，文創小組開始調研同行機構的文創相關法務工作建設。通過走訪國家博物館、故宮博物院，諮詢專利局相關工作人員、律師，當面請教部分設計師等途徑，最終確定以"文津街七號"作爲國家圖書館副品牌注册商標、部分新研發作品申請美術著作權，以商標和美術著作權相結合方式作爲法務保障。

所有與館外機構合作的文創品研發與推廣等相關工作，均諮詢館律師後開展。2018年，國家圖書館成立法務部，對商標注册、品牌管理、合同諮詢、專利申請的工作有了專門的統籌安排，古籍館的文創工作也在法務部的指導下有序展開。

3.品牌建設

文津街7號是古籍館的地理坐標。古籍館擬以"文津街七號"爲名重點打造以古籍元素爲核心設計的文創品牌，包括注册商標、Logo設計，以及各渠道宣傳；注重品牌品質建設與多元設計，增强用户體驗感與品牌認知度，從而有效提升品牌力，擴大古籍文創的影響。

目前，"文津街七號"Logo已經申請美術著作權。以打造四大專藏之一"四庫全書"品牌（紀曉嵐等IP）爲重點，繼續設計研發新的形象，提升《四庫全書》總纂官"紀曉嵐"的形象競争力，這批設計作品也將陸續申請美術著作權。

通過參加中國圖書館學會組織的"創客大賽"，培養設計人才，增强古籍文創知名度。

4.市場調研

2017年3月10日至4月17日，古籍館發起文博機構文化創意產品設計和行銷情況問卷調研，向公衆廣泛徵集回饋意見，并藉此機會搜集對古籍館文創品牌"文津街七號"的改進意見[21]。調研分爲綫上、綫下兩種方式，回收有效問卷共計103份。

參加者以中青年居多，女性比例高，職業占較大比例的依次爲事業單位員工、學生和企業員工，月薪水準集中在5000元～10000元，從事領域中文化教育行業居多。這也是圖書館等文博機構服務的主體人群，他們對文創產品價位的接受區間大約在50元～500元。

調研結果顯示，最受被調查者歡迎的文創產品類型依次爲文具辦公類、裝飾擺設類、家居日用類和饋贈收藏類。驅使他們購買文創產品的因素是設計美觀的外形、精良的做工，以及豐富的文化内涵。

從對國圖文創產品認知程度來看，目前綫上、綫下的宣傳收效旗鼓相當，有許多參與調查者建議采取在便利店設置專櫃、建立體驗店等經銷方式。值得注意的是許多人都提出了國圖文創產品的宣傳力度遠遠不如故宫博物院和國家博物館。

調研問卷反映的古籍文創工作改進方響包括：一、調整市場定位，形成不同價位的完整價格體系產品，注重快消品的品質和推廣效應，提升品牌知名度後纔有利於推廣中高端產品。二、改進設計理念，產品形式應更貼近現代審美和潮流趨勢，除了辦公用品，還應補充日用品產品類型。三、增加銷售渠道，利用既有的銷售平臺，如微店、天貓店，發展網購客户群。四、加大宣傳力度，建議藉助各類新媒體、宣傳媒體來講述古籍元素文創產品故事。五、拓展定製服務，對一些集團客户、中高端客户開放個性化文創委托定製服務可以得到長期效益。

經過三年多的實踐檢驗，古籍館的文創工作日趨完善，"文津街七號"的品牌力已初見影響。2018年底，應國家圖書館要求，文創工作將由館統籌安排。古籍館將在新的政策要求下，繼續發揚實幹精神，挖掘古籍元素內涵，推出更適合用戶需求的文創新品。

5.制訂文創新品計劃

2016年至2018年是古籍館文創產品集中發展的三年，文創工作的流程日益完善，逐漸形成了按季度發布文創新品的模式。

按季度制訂計劃以應對瞬息萬變的市場，并配合圖書館的各種大型活動以互相帶動"熱點"，保持一定時長的宣傳效應。全年文創工作則使用進度表來控制，以不同顔色區分項目進展，一目瞭然。

2016年的文創新品大約有20項；2017年度共提交文創新品計劃43項，推出19項；2018年文創新品計劃55項，推出37項。

6.撰寫文創方案

文創方案是決策的主要依據，因此每期新品都有一個完整的方案，由主創人員、設計人員、監製人員共同完成。包括產品解說和元素說明、完整的設計圖案、製作細節及預算。具體的流程是：

（1）內容甄選

主創人員可以有多人，負責內容甄選。對擬使用古籍元素提出創意，搜集周邊素材，整理創意內容，提取相關元素。同時準備元素故事和設計亮點，對整個產品的文化內涵和表現形式有明確的構思和掌控。甄選後的內容由其中一人負責與設計人員對接。

（2）產品設計

在監製人員的指導下，把主創人員提供的各種素材轉化爲設計圖，包括局部細節圖、產品尺寸、正背側面各角度示意圖，等等。

所有的產品都要附有設計說明，包括元素來源信息、品牌Logo、主創團隊信息、產品材質和使用說明等，注意要表明版權。

（3）監製

監製人員主要負責產品的受衆分析，確定產品的總體風格、製作成本及銷售意見。

監製人員需要匯總全部資料，形成具有操作性的文創產品方案，全程跟進項目的進展，直至產品推出，在文創產品的設計轉化過程中起到至關重要的作用。

7.古籍元素文創產品實例："印·光陰"二十四節氣周曆記事簿推廣方案

（1）產品信息

封套：正面燙金"印·光陰"Logo，背面燙金二十四節氣圖案。

開本：高21cm，寬10.9cm。

規格：130頁/本，1本/套。

材料：封面封底紅色布料硬殼，內頁100g雙色彩印特種紙。

印裝：精裝、四色彩印內頁月份首周、首周背面（此頁素材各月同）、印文釋文、印章頁、雙色印刷（附錄與版權頁）。

設計效果圖（圖一八～圖二二；孟月設計）：

封面設計圖

封底設計圖

封面和封套效果圖

圖一八　"印·光陰"周曆簿設計效果圖

P1　　　　　　P2　　　　　　P3　　　　　　P4

圖一九　彩印內頁設計圖

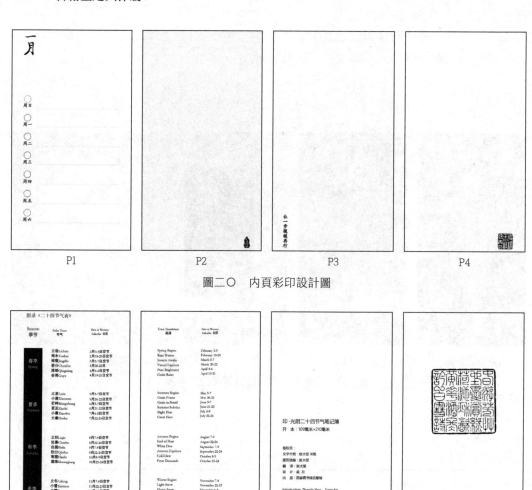

圖二〇　內頁彩印設計圖

圖二一　附錄和版權頁設計圖

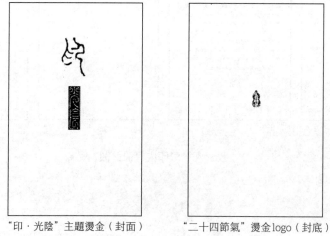

"印·光陰"主題燙金（封面）　　"二十四節氣"燙金logo（封底）

圖二二　燙金頁設計圖

(2)報價説明

經過我們的篩選，發現×××公司的報價最爲合理。以上裝幀形式，階梯報價爲：1000册印刷量單價爲×××元。3000册印量單價爲×××元。5000册印量，單價爲×××元。報價含税、含運費。

×××公司爲×××性質公司，該公司集印務、文創衆籌等業務爲一體，曾推出過×××等代表性文創産品，印刷品質可靠。

(3)推廣文案

光陰·印記

（宋凱　撰文）

"二十四節氣"是中國人通過觀察太陽周年運動，對一年之中時令、物候、氣候等變化規律與社會實踐的認知和總結。通過將太陽周年運動軌迹劃分爲24等分，編制曆法，指導傳統農業生産，影響着整個國家的日常生活。

印，即圖章、印信，是璽、印、章、記之統稱，多作爲權力的象徵和憑信的工具，世界各國對印章的使用大都有悠久的歷史。《周禮》曰"貨賄用璽節"，"璽節"即爲印章。宋以降，金石之學日盛；明以來，篆刻之風流行。清咸豐年間，閩人黄鵷作《三餘印可》，將二十四節氣、七十二物候等歲時内容入印，文字優美，綫條舒展。

作爲中華民族傳統文化結晶，二十四節氣與篆刻藝術成功入選聯合國教科文組織世界非物質文化遺産名録。今選編國家圖書館藏清咸豐三年（1853）鈐印本《三餘印可》以成周曆。伏案之際，既可賞傳統藝術之書法篆刻，又可爲私定專屬的光陰筆記。

方案通過審核後，進入監製流程。意見反饋可以增加另一種辦公用品。于是，主創團隊又追加設計了同元素來源的便箋紙磚。在成品出貨後，準備相關照片（圖二三），進入銷售流程。

"印·光陰"筆記套裝　　　　　周曆簿　　　　　便箋紙磚

圖二三　"印·光陰"成品套裝

三、存在問題與未來計劃

目前古籍館的文創工作還有以下問題亟待解決：

市場不規範，需要防盜版；缺少跨界的設計人員（傳統文化、新技術、藝術設計跨界人才，最重要的是對内容的瞭解）；没有專門國家圖書館推送平臺，不容易形成對公衆的權威銷售渠道；需要經費支援，開發新的産品；政策的規範性和機制的靈活性有待提升，以便發揮各部門的主觀能動性，建立激勵機制的財務管理制度；亟需簡化審批環節，抓住商機以適應瞬息萬變的市場。

有明確的計劃和工作導向，纔能夠更合理地分流不同崗位工作，更有效地發揮人才與業務特長密切結合的優勢。因此，是否要引進設計和營銷人才，是否要着意發展對外合作，是否要擴大實體經營，很多可預見的事項都應提前做好相關規劃。

結合工作經驗，未來古籍元素文創工作需要在以下方面加以注意：

第一，古籍元素挖掘根本上屬于文獻内容研究和提煉，因此必須扎根于可靠的專業研究，保證元素解讀的準確性，以及由此而形成的客户正確認知和良好體驗。

第二，專業設計人員和營銷管理人員的培養是時代之需，應在政策支持和激勵機制等方面加以保障。尤其是要在知識産權保護方面對原創設計加以有效管理和保護，纔能留住人才，利于長遠發展。

第三，優質的産品品質是品牌口碑形成的基礎，而品牌力的影響需要持續的投入。經過一年多的積累，"文津街七號"國家圖書館古籍元素文創已經形成了一定的客户基礎，未來應在資金投入、人力保障等方面加以扶植，支援參加不同類型不同地區的展覽展銷會，以擴大品牌影響與交流，同時增加與優質廠商合作的機會。

第四，團結力量，在宣傳、銷售與研發部門之間做好協調和同步，避免同樣産品不同價格，彼此消息閉塞的情况，形成切實有效的合力，共同打造國家圖書館的古籍元素文創品牌。

其中最重要的是人才引進、行銷信息管道拓展、古籍數字文創産品策劃，并完善高仿古籍監製制度，以保護版權。

第五節　結語

一、"大數據"與"小細節"

"大數據""雲計算"，這些概念近年來不斷充斥互聯網界，也影響着數字化産品的研發和製作。維克托·邁爾-舍恩伯格及肯尼斯·庫克耶編寫的《大數據時代》（*Big Data: A Revolution That Will Transform How We Live, Work, and Think*）中，對"大數據"的含義加以界定，即指不用隨機分析法（抽樣調查）這樣的捷徑，而是采用所有資料進行分析處理。

古籍特藏數字化也必將隨着數字人文研究的興起而預于"新潮流"之中。古籍特藏數字化工作已開展多年，由各機構或企業開發的數字化產品層出不窮，對未來如何結合數字人文發展的趨勢，進行更有效的資料建設等理論研究與實踐工作都有長足的推進作用[22]。以中華書局"中華經典古籍庫"爲代表，古籍數字化產品已經從基礎的目錄庫、圖像庫轉變爲具有學術水準的全文和圖像的知識庫。

IBM提出，大數據具有5V特點：大量（Volume）、高速（Velocity）、多樣（Variety）、低價值密度（Value）、真實性（Veracity）。其最後一個特點却恰恰是所有後期工作的基礎。正如信息技術科學研究領域流行的那句"Garbage in, Garbage Out（GIGO）"[23]。然而對很多具體實施古籍數字化工作的機構和企業而言，如何兼顧保護與利用的要求，安全可靠又真實完整地采集第一手對象數據實爲工作中的重點和難點。

由于古籍特藏類文獻的特殊性，在數據采集過程中有許多有别于新書的要求。結合業務特點，我們曾經對不同類型的數字化項目的作業布局、工作流程、規範操作要點等内容進行了總結[24]，形成了科組的業務手册，成爲所有古籍特藏類文獻數據采集的基本指南。

近兩年古籍數字化采集對象也發生了很多變化，從傳統書籍裝幀的古籍文獻到大幅面石刻拓片文獻，以及近現代手稿，裝幀各異、材質不同的對象對掃描設備、作業流程、操作人員都提出了與書籍數字化不同的新要求。大幅面拓片文獻、手稿等特藏文獻的標準數字化操作流程逐漸凸顯出實際的指導意義。而工作中常常用到襯紙，也可以適當地做好規範化整理。通過各環節標準化規範的建立來最大程度地保證數據品質。

可以説，古籍特藏文獻的數字化采集是所有古籍再生性保護和宣傳推廣工作的基礎，包括古籍影印出版、數字產品製作、文創產品、文創活動、文創服務等各種圖書館的主要業務工作。因此，對每一類型的文獻、每一個技術動作、每一個流程細節、每種加工設備特點都值得深思和總結。這些"指南"性質的總結跟理論研究、原則標準相輔相成，對古籍特藏文獻的數字化工作都具有重要意義。

二、"小作坊"與"大格局"

古籍館有一個文創"小作坊"。言其小，其一是因爲從事專職文創工作的人少，目前衹是由經典文化推廣組現有人員兼任。其二是規模小，囿于條件，文創品生產無法與企業化規模相提并論。雖爲"小作坊"，却負責策劃、設計、製作和銷售全流程的古籍文創工作。

經過三年多的强化，"小作坊"有了三級管理團隊，基于效率管理，形成分工合作的工作模式。在調研和接觸市場的基礎上，對文創產品研發與監製積累了一定的經驗，逐漸將文創品開發方案要素加以確認，使各環節工作更具可行性和操作性。2017年以來，按季度提交的文創品開發方案不斷得到社會認可，文創產品的製作日益精細化，文創故事的講述更側重知識傳達與情感互動，展現了"古籍的另一種打開方式"[25]。

以具體的古籍元素文創產品創意設計而言，2017年的新文創特別重視同一元素的提煉和創意設計在多類型產品上的應用。例如秋季推出的"印·光陰"周曆簿，其設計理念是提煉鈐印的基本要素——印色、印記及釋文，打造好看、好寫、個性化的本子。按節氣，它可以在任何一個時間點開始使用，隨時寫下一段感悟或心語。其燙金印文和紅布封面給人醒目的視覺和有質感的觸覺體驗；大小適宜的開本可以插于書架，亦可隨身攜帶；橫格與白頁并存，滿足筆記和手賬的雙重需求；印記與釋文對照，可以賞析古典鈐印藝術。其底本《三餘印可》的相關解讀，則在微信公衆號等新媒體渠道內同步推出。

以同樣元素爲基礎，還推出了"印·光陰"便箋紙磚，與周曆簿一起，形成套裝推出。它被大家戲稱爲"文可以記事，武可以防身"。便箋紙磚左上角的圓孔，可隨時插筆；180°平展不開膠；700多頁可以用一年；更是背單詞、做閃卡之利器。

同樣，如何"活化"古籍元素也是"小作坊"成員努力探索的問題。例如，文津閣《四庫全書》作爲館藏四大專藏之一，其學術研究蔚然大觀，無論是編纂緣起、參與人員、校勘、裝訂，都有成果問世；但廣博艱深的文獻學知識難以向大衆講述。我們選擇了總纂官紀昀（紀曉嵐）作爲綫索之一，將人物與書籍命運聯繫在一起。紀昀有什麼獨特的稟賦和人生際遇，使之能夠全程參與《四庫全書》的整個編纂過程？他都和哪些人搭檔？有什麼編書的故事？在圖像讀史的時代，我們將傳統的紀昀畫像做了改繪，設計了卡通版紀昀形象，包括上朝版、日常版，借助文創產品，將紀昀形象與《四庫全書》封皮的四個顏色相結合，設計了"書與人"系列新文創產品，如"四庫隨身"手賬、紀昀與《四庫全書》紀念鉛筆，等等。與此前的"四庫知津"筆記本、"四大專藏"資料夾相結合，形成了多樣化的文創辦公用品（圖二四）。

圖二四 《四庫全書》之"書與人"系列新文創產品

做好產品溝通是文創工作良性發展的必經之路。這些精心設計的文創產品，如果不能及時與市場對接，收集相應回饋，對于未來產品的改進和發展也是不利的。因此"小作坊"在領導和同事們的支持下，通過調研、參加展會、聯繫代銷等多種途徑，將館藏古籍元素文創品積極向市場推廣。通過參加北京國際書展（BIBF），"全民暢讀"書吧發現并關注了我們，并已經成功委托定製相關文創。"小作坊"的專業、親民、雅致的設計風格也受到國際客户的青睞。瑞典的維斯塔斯風力公司在第四季度主動聯繫，委托設計該公司2018年日曆，要求將古詩詞、鈐印元素與風力設備相結合。經過幾次磨合溝通，我們選定與風有關的詩句十二則，并做好中英文翻譯，將該公司的風力設備進行手繪（圖二五），日期采用四時印記，最終的設計稿獲得該公司的高度讚賞。這樣，"小作坊"的文創產品開始走向世界大舞臺。

手繪頁　　　　　　　　　日曆頁　　　　　　　　　　　封面
圖二五　手繪設計稿

我們相信，傳承優秀傳統文化，生成"文創產業新業態"，要仰賴最基礎和扎實的具體工作。古籍文創雖然是個"小作坊"，却心有"大格局"。基于2015年對國外圖書館的館藏文獻推廣工作調研[26]，結合國內圖書館、博物館同行工作的調研，關注業界相關研究成果[27]，學習國家在政策保障和激勵方面發布的系列文件[28]，以及各試點單位的文創工作成果[29]。講好古籍故事，需要關注不同時代因爲文化、環境、時空、個人喜好的不同產生的差異，深入理解古籍背後的故事，做好專業學者與大衆用户之間的溝通，使設計的產品具有舒適的感官體驗、簡單實用的交互體驗、友好的情感體驗、愉悦的觀賞體驗以及專業可靠的信任體驗，其生命力纔會持久。

"是什麼，爲什麼，怎樣做"，是古籍工作者在古籍數字化和文創發展之路不斷地追問的問題。不論前路如何，希望我們都能保持初心、不忘本來，繼續敢問、敢做、敢改變，在持之不懈地努力中，肩負起優秀傳統文化傳承與傳播的使命，一步一個脚印地做出更美好的改變。

注　釋

①史睿：《論中國古籍數字化與人文學術研究》，《國家圖書館學刊》1999年第2期，第28—35頁。陳力：《中文古籍數字化方法之檢討》，《國家圖書館學刊》2006年第2期。郝淑東、張亮、馮睿：《古籍數字化的發展概述》，《情報探索》2007年第7期，第114—116頁。朱鎖玲、包平：《我國古籍數字化

進展與研究述評》,《圖書館理論與實踐》2009年第9期,第18—21頁。高娟、劉家真:《中國大陸地區古籍數字化問題及對策》,《中國圖書館學報》2013年第4期,第110—119頁。

② 2007年國務院辦公廳發布《關于進一步加強古籍保護工作的意見》(國辦發[2007]6號),提出在"十一五"期間大力實施"中華古籍保護計劃"。共提出五點要求,包括"進一步加強古籍的整理、出版和研究利用,特別是應用現代技術加強古籍數字化和縮微工作,建設中華古籍保護網"。

③ 基于大量的普查登記資料和各級財政支援,截至2016年底,已完成全國1218家古籍收藏單位的200餘萬條普查資料登記,通過"全國古籍普查登記基本數據庫"公開發布資料40餘萬條。出版119家古籍收藏單位的《全國古籍普查登記目錄》30部57冊。惠夢:《中華古籍保護計劃10年成效顯著》,《中國財經報》2017年4月6日,第二版。

④ 古籍數字化概念與內涵的界定是古籍數字化研究和開發的核心問題。對此,研究者們略有爭議,包括古籍數字化祇是信息載體(介質)的轉換,還是包括內容處理和挖掘分析;是製作對象數據,還是製作目錄、圖像或全文數據庫。相關文章,可參考李明傑:《中文古籍數字化基本理論問題芻議》,《圖書館論壇》2005年第5期,第97—100頁。毛建軍:《古籍數字化的概念與內涵》,《圖書館理論與實踐》2007年第4期,第82—84頁。

⑤ 力一:《蘇聯學者談電子電腦用于人文科學》,《國外社會科學》1979年第1期,第142—154頁。江小平:《法國〈世界報〉談電子電腦進入人文科學問題》,《國外社會科學》1980年第12期,第75頁。

⑥ 欒貴明、李秦:《微電腦與古文獻研究》,《古籍整理出版情況簡報》1985年第127期。曹書傑:《古籍整理與電子電腦應用研究的思考》,《古籍整理研究學刊》1988年第3期,第44—49頁。

⑦ 劉剛:《淺談古籍書目數據庫建設的若干問題》,《北京圖書館館刊》1996年第1期,第80—84頁。陳秉仁:《古籍善本數字化的嘗試——中國古籍善本查閱系統述略》,《現代圖書情報技術》1998年第1期,第22—25頁、第45頁。

⑧ 例如北京圖書館出版社2013年出版的《國家數字圖書館工程標準規範成果》系列著作:趙亮、周晨主編:《國家圖書館網絡資源元數據規範和著錄規則》;徐周亞、龍偉主編:《國家圖書館數字資源對象管理規範》;肖瓏、蘇品紅、胡海帆主編:《國家圖書館拓片元數據規範與著錄規則》。從20世紀80年代至21世紀初期的古籍數字化情況回顧,可以參考耿元驪:《三十年來中國古籍數字化研究綜述(1979—2009)》,《第二屆中國古籍數字化國際學術研討會論文集》,2009年,第12—28頁。

⑨ 胡海帆等:《北京大學古籍數字圖書館拓片元數據標準的設計及其結構》,《圖書館雜志》2001年第8期,第14—18頁。曹玲:《農業古籍數字化整理研究》,博士論文。楊繼紅:《中醫古籍數字化資源建設概述》,《現代情報》2008年第5期,第136—138頁。左漢林:《敦煌文獻的數字化及其基本原則和方法》,《第三屆中國古籍數字化國際學術研討會論文集》,2011年。

⑩ 從理論和實踐角度討論古籍數字化建設標準問題的文章很多,如陳立新:《古籍數字化的進展與問題》提出統一的古籍機讀目錄、漢字平臺、規範文檔、影像處理標準的建設問題,文載《上海高校圖書情報工作研究》2003年第2期,第36—38頁。

⑪ http://mylib.nlc.cn/web/guest/shuzifangzhi[2018年12月20日檢索]

⑫ http://www.chant.org/[2018年12月20日檢索]

⑬ 史語所數位典藏整合系統共有12個專題數據庫,甲骨文拓片是其中之一:http://ihparchive.ihp.sinica.edu.tw/ihpkmc/ihpkm_op?.c51d03070000000000A00000000000000E100F00000000000B6803c13[2018年12月20日檢索],部分甲骨還製作了3D展示:http://archeodata.sinica.edu.tw/1_2/3DAA/object.

php?item=14

⑭ 主要包括商周金文檢索、戰國楚文字檢索、説文解字檢索、花園莊東地甲骨檢索、《古文字詁林》電子檢索、《金文文獻集成》電子檢索、常用古文字字形檢索等資料庫系統。

⑮ http://res4.nlc.gov.cn/home/index.trs?channelid=10［2018年12月20日檢索］

⑯ 前期設計情況，可參見賈雙喜：《甲骨及甲骨拓片影像數據庫的設計和實驗》。http://www.nlc.gov.cn/newhxjy/wjsy/wjls/wjqcsy/wjd8q/d8qgtgjszh/201011/P020101123562106826638.pdf［2018年12月20日檢索］

⑰ 本節內部分數字化流程中的細節要求，多爲組內同人共同討論形成，主要貢獻者有趙大瑩、曹菁菁、馬琳、張偉麗、郭静、孟化、謝非、張晨等。

⑱ 參見張偉麗：《談談古籍數字化工作中的襯紙》，《文津流觴》第59期。http://www.nlc.cn/newhxjy/wjsy/wjls/wjqcsy/wjd59q/gjszh/201801/P020180102622897134524.pdf［2018年12月20日檢索］

⑲ 謝非：《拓片輿圖等單張大幅文獻的數字化注意事項》。http://www.nlc.cn/newhxjy/wjsy/wjls/wjqcsy/wjd59q/gjszh/201801/P020180102622610251876.pdf［2018年12月20日檢索］

⑳ 參見趙大瑩：《讓古籍"觸"手可及》，《中國藝術》2017年第1期，第32—33頁。

㉑ 劉清塵：《基於問卷調查的古籍文創市場分析》。調研報告在經典文化推廣組的指導下完成，問卷的設計、調研的結果，對圖書館發展文創產業有一定的參考意義。《文津流觴》第59期。http://www.nlc.cn/newhxjy/wjsy/wjls/wjqcsy/wjd59q/wccydy/201801/P020180102629649010885.pdf［2018年12月20日檢索］

㉒ 參見史睿：《數字時代圖書館的求生之道》，《光明日報》2017年06月27日，第16版；《數字人文研究的發展趨勢》，《文匯報》2017年8月28日，《文匯學人》，第7版。

㉓ 直譯過來是"如果輸入錯誤的數據，結果也是錯誤的"。通常認爲這句話是IBM程式師George Fuechsel提出的，用以提醒學生必須檢查和重新檢查他們的數據并編碼以確保結果是有效的。.

㉔ 參見《文津流觴》2015年第4期，總第52期。http://www.nlc.cn/newhxjy/wjsy/wjls/wjqcsy/wjd52q/［2017年12月20日檢索］

㉕ 2016年的文創品故事緣起及相關篇章，參見《文津流觴》2016年第4期，總第56期。http://www.nlc.cn/newhxjy/wjsy/wjls/wjqcsy/wjd56q/［2017年12月20日檢索］。

㉖ 《文津流觴》2015年第4期，總第52期。http://www.nlc.cn/newhxjy/wjsy/wjls/wjqcsy/wjd52q/［2017年12月20日檢索］。後由數字化團隊合作出版了《古籍數字化規範數據采集實踐》，學苑出版社，2020年。

㉗ 例如《中國藝術》2017年第1期，將國家圖書館、國家博物館、蘇州博物館等單位的文創產品及其相關工作進行了刊載。微信公衆號"文博圈""愛上圖書館"等也是我們關注業界動態的重要渠道。

㉘ 《國務院辦公廳轉發文化部等部門關于推動文化文物單位文化創意產品開發的若干意見的通知》（國辦發［2016］36號）。2016年5月以來，文化部、國家文物局確定或備案了154家試點單位，并作出了系列工作部署。

㉙ 以國家圖書館爲例，2017年5月22日至24日，組織召開了"全國公共圖書館文化創意產品開發聯盟建設研討會"；9月11日至14日舉辦了"全國圖書館文化創意產品開發聯盟成立暨圖書館文化創意產品開發培訓班"；12月11日至12日組織了"全國圖書館文化創意產品開發創新論壇暨優秀校企對接會"，30餘家副省級以上圖書館與40餘家企業就各自的資源與業務特點進行了充分交流。

編後記

　　中國是古典文獻大國，現存漢文典籍幾近二十萬種之多，世界上沒有任何一種語言的文獻可與之相提并論。如此浩如烟海的典籍，既是承載中華民族歷史文化的寶貴遺産，又是維繫中華文明綿延數千載而未曾中斷的紐帶。對之進行鑒別、管理、研究和利用，是古典文獻專業培養人才的重要目的。

　　2007年，國家決定實施"中華古籍保護計劃"。經過調查發現，由于歷史欠賬和其他多方面原因，我國古籍保護存在古籍底數不清、破損嚴重、修復手段落後、保護和修復人才匱乏等狀況。修復人才當時全國不足百人，相對于需要修復的千萬册古籍文獻而言，可謂杯水車薪。而古籍鑒定人才相比修復人才更加匱乏，存在明顯的人員青黄不接。既往古籍鑒定和保護存在着理論和實踐嚴重脱節的現象，文獻專業的學生甚至教師都難以見到珍貴古籍原件，成爲擅長版本鑒定的古籍專業人才無從談起。古籍鑒定幾乎成爲冷門絶學。

　　有鑒于此，在國家圖書館、國家古籍保護中心的支持下，北京大學中文系古典文獻專業自2007年春季開始古籍鑒定與保護方面課程建設，致力讓學生理論與實踐相結合，真正掌握古籍版本知識，以緩解古籍鑒定與保護人才青黄不接的狀況。課程内容設計涵蓋古籍出版印刷、古籍鑒定、古籍保護與修復、圖書館古籍工作諸方面，力圖勾勒中國古代書籍纂集、形制、刊印、流通的歷史，加深對中國書籍文化的理解。課程采取課堂教學與觀摩實踐相結合的方式，課堂教學主要傳授古籍出版印刷、古籍鑒定、古籍保護的基礎知識，觀摩實踐則重點培養觀察鑒別和操作能力。國家圖書館宏富的館藏以及實踐經驗豐富的行家裏手，彌補了北京大學傳統理論教學的不足。國家圖書館的專家結合館藏敦煌遺書爲代表的寫本、宋元明清刻本、活字本、批校題跋本、佛經、道藏等古籍，指導學生們瞭解這些珍貴文獻的特徵，不僅内容兼具深度與廣度，而且許多知識源自親身實踐，非課堂教學與書本所能提供。跨學科、跨界的教師、教學内容配置，還拓展了傳統文獻學的領域。古籍保護修復方面的教學和實踐，使學生對文獻相關的造紙、材料、檢測技術以及修復倫理、修復理念、修復技法、古籍裝幀等文本内容以外的形式也有所認知，有益于今後的專業學習和研究方向的選擇。

　　總之，通過課程的教學與實踐，使學生體認不同時期的古籍風格，學習古籍鑒定的方法，瞭解古籍修復、古籍數字化與創意開發等相關領域知識，培養起從事古籍工作的興趣，以至成爲具有專業水準的古籍鑒定與保護人才，取得了良好的教學效果。學生普遍反映，能夠走出象牙塔，到收藏單位面對日常在地庫保護的文物級藏品，聽取業内專家剖析古籍不同時期、不同地域的特點，講述鑒定的方法，獲得了大量依賴教科書與版本學所無法得到的直觀認識，提高了鑒別版本的技能。目前，此課程教學模式，已被多所高校效法，并受到圖書收藏單位的歡迎，顯示出其示範性和應用效果。

古籍鑒定與保護課程教學團隊包括國家圖書館、北京大學和其他方面的專家，人員具有不穩定性，教學活動組織不易。爲了充分吸收前期建設成果，合理安排教學内容和教學方式，非常有必要趁熱打鐵，編寫一部專業教材，以保障課程的内容穩定和持續開設。因此，我們以歷次課堂教學的講義爲基礎，藉助國家圖書館豐富的教學案例和珍貴文獻支持，編纂了這部《古籍鑒定與保護》教材。教材撰稿者主要是歷次現場教學的專家，爲加強内容的覆蓋範圍，還特別邀請了上海圖書館的陳先行先生和復旦大學的陳正宏先生加盟。我們希望完成一部立足學術前沿，兼具深度與廣度的古籍鑒定與保護教材，藉之不僅可以學習古籍出版印刷知識，還能提高古籍鑒定的技能，指導古籍修復保護的實踐。形式則是圖文并茂，既可作爲教材，又可作爲古籍收藏愛好者的指南。全書各章節撰稿人分工情況如下（按章次順序）：

劉玉才（北京大學中文系、中國古文獻研究中心教授），第一章、編後記

陳紅彦（國家圖書館古籍館研究館員），第二章、第三章

趙前（國家圖書館古籍館研究館員），第四章

謝冬榮（國家圖書館古籍館研究館員），第五章

艾俊川（中國古籍保護協會古籍鑒定專業委員會委員），第六章、第七章

陳先行（上海圖書館研究館員），第八章

李際寧（國家圖書館古籍館研究館員），第九章

薩仁高娃（國家圖書館古籍館研究館員），第十章

陳正宏（復旦大學古籍研究所教授），第十一章

拓曉堂（原中國嘉德古籍善本部總經理），第十二章

杜偉生（國家圖書館古籍館研究館員），第十三章第一節

朱振彬（國家圖書館古籍館研究館員），第十三章第二節、第三節

田周玲（國家圖書館古籍館研究館員），第十四章

趙大瑩（國家圖書館古籍館副研究館員），第十五章

由于分工撰稿，作者專業背景不同，書寫風格有别，我們雖然力求整齊，恐仍存在諸如内容交叉、觀點齟齬之處，難以達至盡善。但是學校教學和業界對該教材的迫切需求，已不允許細細打磨，姑且先行印出，留待今後繼續修訂。希望專業同道和教材使用者，不吝指正，以利完善再版。

古籍鑒定與保護課程從規劃設計至今，歷經多輪次教學，其間得到國家圖書館張志清副館長和北京大學中文系古典文獻專業兩任主任董洪利、廖可斌教授的大力支持。已故董洪利教授不辭體衰，親自帶領學生赴國圖上課的情景，思起令人淚目。在教材

編纂告竣之際，謹向他們表達由衷的敬意。參與教學和教材撰稿的諸位同人，都是在本職工作之餘，完成此項額外的任務，亦向他們的精誠協作表示感謝！北京大學出版社總編輯助理、典籍與文化事業部主任馬辛民編審自始至終關心該書的出版，博士生張鴻鳴協助組織教學、整理書稿，在此一併表示感謝！

劉玉才　陳紅彥
2023年8月

附記：

本書二印替換了第十一章圖八，乙正了第十二章圖九、圖一〇，並有少許文字調整。

2025年2月